MANAGING ELECTRONIC MEDIA

Making, Marketing, &Moving Digital Content

电子媒体管理

（美）约·范·塔瑟尔　丽莎·波·赫菲尔德　著

高福安　徐建华　编译

中国广播电视出版社
CHINA RADIO & TELEVISION PUBLISHING HOUSE

>>前　言

过去的15年中，数字技术对世界范围内的媒体产生了巨大影响，中国也不例外，因而中国媒体的转型与外国媒体存在许多相似之处。但中国媒体的属性具有特殊性，拥有世界上独一无二的媒体管理体制、规章制度，管理原则和方法，这使得媒体管理者必须考虑到中国媒体的具体国情，才能做出具有针对性的管理。本书在编译的过程中充分地考虑了中国媒体的性质和特点。

"Managing Electronic Media"一书的作者塔瑟尔在《好莱坞报道》杂志工作了十几年，她撰写的文章主要关注于媒体行业数字技术带来的影响。在报道的过程中，她采访了几乎所有新媒体浪潮中的媒体公司和娱乐公司的主管。塔瑟尔发现，管理者们必须应对数字内容创意技术带来的改变，如摄影、非线性编辑、计算机生成的图像（动画和特效）、互联网、渠道和媒体参与者的激增，以及媒体终端的变化，如移动设备、游戏操控台、硬盘录像机、高清电视、蓝光盘以及其他迅速变化的消费型电子设备。

毫无疑问，技术的微小改变会快速影响受众，而受众也迫不及待的采用新的方式以进行媒体消费，因此他们的媒体使用方式和习惯也会改变。受众的行为同时显示出媒体自身有一种不可阻挡的变革趋势，各媒体公司、各层级的管理者都需积极应对。

数字内容创意技术改变了内容生产的速度、弹性和成本，使得消费者可以廉价获得内容。但是有时充满特效的电影，如《泰坦尼克号》，会花费更多的成本。网络化传输使得媒体公司能够雇佣世界各地的有才华的创意人才，为内容产品开发世界市场，大大降低媒体产品传播到世界各地的成本。受众也能够将媒体文件传输到世界每个角落，造成现有的媒体活动和有价值的资源以廉价交易。

媒体行业变革的速度和范围不断扩大。媒体行业依然受到互联网的影响。而且，互联网的新阶段马上就要到来，当前的大学生会在今后的工作和生活中遭遇这个阶段。

本书的目的是为读者理解和参与媒体行业的变革提供基础，探讨了管理者在当今市场的挑战中如何定位媒体组织、在动态的商业环境中如何获得成功的理念和方法。同时，强调管理者也依赖于许多传统的管理理念和过程。

本书来源于对"Managing Electronic Media"一书的翻译，但并不局限于此。由于中美的媒体政策、媒体体制、技术手段、受众习惯等存在很大不同，因而在媒体管理的实践上存在很多不同，分析具体问题时存在很多差异。如果一味照搬美国的媒体管理经验，则会陷入歧途。本书在翻译原版英文书的同时，根据中国媒体管理的实际也进行了内容上的修改、添加和比较，新增加的内容占据全书的1/3以上。

中国传媒大学高福安教授、徐建华博士多年来一直从事媒体管理研究。高福教授多年来一直讲授《媒体管理理论与实务》研究生课程，对中国媒体管理现状有深入了解，他编著的《媒体管理概论》被列为国家“十一五”规划教材。徐建华博士参与多个媒体管理研究国家级项目。

经过资料的梳理、相关文献的查阅，以及笔者对于媒体管理领域的实际经验，本书将中国的媒体管理政策、原则、方法与美国进行了对比，力图更有针对性的反映当前中国媒体管理现状，对媒体管理专业的学生和媒体管理领域的从业者给予符合中国国情的指导、帮助。例如，第三章、第四章、第十六章是本文增加的。第三章介绍了媒体的性质、功能和管理原则。其中主要关注于中国媒体的性质、功能，也对中外媒体的管理原则进行了比较。第四章讨论了媒体管理体制问题，对中国的媒体管理体制进行探究，并对中、美、俄罗斯、印度、德国等国家的媒体管理体制进行了比较分析。第十六章讨论了媒体质量管理的概念，介绍了中国媒体质量管理的标准，分析了质量管理体系设计和实施的步骤。此外，本书的每一章都在翻译的基础上进行了内容的增加和修订，以全面的反映中国的媒体现状，以及中外媒体领域的差异和共通点。

目前，中国的媒体管理教材较为匮乏，大都无法体现中国媒体行业的真实问题，也无法反映媒体行业的未来发展趋势。本书试图全面概括媒体管理的理论与方法，同时兼顾过去、当前和未来，并使读者从中真正获得有价值的指导。

首先，本书内容涵盖“全媒体”的完整产业链。传统的媒体管理书籍大多聚焦于广播和电视行业，对于新兴媒体和创意产业关注较少。此书不仅涉及传统媒体管理书籍关注的领域，而且将媒体领域扩展到电影、音乐唱片、视频游戏、电子出版等各个领域。可以想象的是，这些媒体领域被纳入媒体管理考虑的范围之内是具有开创性意义的。在当今媒体集团日益形成的背景下，“全媒体”的思维方式至关重要。技术的发展使得媒体融合日益加强，媒体管理者应当以更加全面的视角审视媒体行业的转变。

其次，本书既强调理论性，又重视实践性。本书涵盖了管理领域的经典理论，试图为媒体管理专业学生和媒体管理者构建完整的媒体管理理论框架，例如介绍了媒体人力资源管理理论、领导和管理理论、财务管理理论、受众细分理论等。与此同时，本书又强调可操作性，也就是从具体的操作层面对媒体管理进行了剖析，如讨论了与广告商洽谈的具体步骤和注意事项，介绍了媒体行业的商业模型以及各种盈利模式，同时描述了媒体质量管理体系设计的步骤和实施细则。

再次，本书阐释媒体发展的最新趋势，与时俱进，具有前瞻性。当今的媒体管理者必须应对前辈们从未遇到的问题，如数字媒体内容的版权及复制、国际网络、按需消费以及变化的商业模型。本书阐释了媒体发展的新术语，如带宽、数字版权管理、顾客关系管理、分布式工作组、集中化广播管理、自动播放列表、基于服务的播放、重新定位、移动模式、从模拟电视到数字光盘、内容管理。各个章节根据逻辑揭示了管理者在这个竞争性的、全球性的数字市场环境下制作内容、营销内容以及将内容传输给受众的实践衍变。与此同时，本书强调新媒体终端对媒体的重要作用，如手机媒体、IPOD、DVD、车载广播等，这对于当前媒体行业的格局变化具有至关重要的作用。

因此，本书适用于各类读者学习和参考。首先，本书适合作为各大高等院校的教材。目前传媒专业成为高校的热门专业，本书的内容不仅可以帮助媒体管理专业的学生提升专业知识、专业能力，而且能够帮助其他媒体专业的学生（如新闻、编导、摄影、新媒体、导演、制片等专业的学生）把握媒体领域发展的新态势，明确如何在未来的岗位上适应管理者或被管理者的角色。

其次，本书适合作为高等院校的考研、考博指定教材。本书涵盖的知识面广泛，理论丰厚，与时俱进，传媒高等学校的学生通过此书可以获取媒体行业的丰富信息，并且掌握媒体管理学科的前沿理论和实践方法。可以促使考生更为深入的掌握媒体管理学科的现象和本质。

再次，本书适用于媒体管理者和从业者的行为指南。在中国当前的媒体组织，许多管理者并非媒体管理专业出身，往往没有经受过专业的管理知识学习，在制定决策、组织策划、激励、营销等方面往往以经验行事，缺乏必要的媒体管理理论指导。因而作为媒体组织的管理者，应当掌握媒体管理的基本原则和规律，才能在管理和领导时得心应手。作为媒体行业的从业者，也应当掌握媒体行业的发展趋势及媒体管理的基本常识，从管理者的视角审视自身的工作，从而促使自己获得进步和提升。

本书各章主要内容如下：

第一章　介绍媒体行业，它的组成、结构、规模和社会角色。

第二章　对媒体组织进行研究，它们的行为，以及怎样能够成功的、有利润的创造价值。

第三章　讨论了媒体的性质，同时介绍了媒体的传播模式、功能及特点，以及媒体产品生产与传播的过程。

第四章　描述了中国媒体管理体制的现状，并将中外媒体体制特征进行了对比分析。

第五章　研究了领导和管理技巧，强调了媒体行业管理者的商业任务。

第六章　详细描述了媒体公司怎样进行人力资源管理，因为媒体行业已高度依靠创意人才。

第七章　讨论资金的重要性，并探讨媒体组织的财务计划、预算和管理。

第八章　探讨媒体消费者的新范式，他们可能是顾客、观众、听众、读者、使用者、参与者、朋友和追随者，这取决于管理者处于媒体的哪个领域。

第九章　探讨了媒体内容的革命，包括内容生产的传统方法与新方法，内容获取以及用户生成的内容。

第十章　讨论媒体内容营销战略，主要聚焦于组织增长和盈利性。

第十一章　媒体市场细节的探讨，包括内容准备和包装。

第十二章　探讨了销售管理，这对任何媒体都有重要意义，在这个阶段收入变为现金流。

第十三章　介绍内容传输的新技术。有些媒体组织还在用传统方式传输内容，有些媒体组织试图抓住数字渠道带来的机会。

第十四章　讨论了媒体质量管理的概念，媒体服务过程管理，全面质量管理，以及质量标准、质量管理体系的设计和实施。

第十五章　探讨媒体企业运行的方式，展现行业的每个部分在市场领域创造的价值，从而了解收入的来源。

第十六章　介绍一直在演变的媒体行业商业模型，描述了企业将会带给市场的产品以及它们如何吸引消费者。商业模型也包括媒体组织怎样传输产品和服务，以及怎样从中获得收益。

第十七章　介绍媒体法规问题，这些问题影响了国际市场的媒体组织。包括对互联网的探讨。

第十八章　讨论媒体职业道德问题：由于在公共领域的影响力和个人意识，媒体组织必须加强职业道德。

在此，要感谢”Managing Electronic Media”一书的作者塔瑟尔，在本书的翻译和撰写过程中笔者与她进行了密切的联系与交流。同时，要感谢中国广播电视出版社的编辑温雨桐对本书付出的努力。

本书存在的不足之处，欢迎读者批评指正。

>>目　录

第一章　媒体行业：组成、结构和相似性

第二章　媒体组织

第三章　媒体的性质、功能和管理原则

第四章　媒体管理体制

第五章　领导和管理

第八章　媒体消费者：测量和估计

第九章　制作过程管理

第十章 内容营销战略

第十一章 包装、再包装和内容营销

第十二章 销售管理：内部视角

第十三章 内容发行

第十四章 媒体质量管理

第十五章　变化中的媒体价值链

第十六章　媒体行业商业模型

第十七章　法律和规章

第十八章　道德问题

第一章
媒体行业：组成、结构和相似性

不要怨恨媒体，而是成为媒体的一部分。

——杰罗·比亚夫

>> 本章学习目标

→内容产业的结构和特征

→内容产业的组成部分

→内容产业领域中各种不同的企业

→内容产业的商业背景，如变化中的文化、社会、政治和经济

导　语

电影、音乐、游戏、杂志、图书、报纸、互联网、喜剧、戏剧、新闻，这些媒体内容组成了当今媒体世界可见的“外衣”，它们让全世界的受众着迷和疯狂。许多人都幻想成为“公众之星”，如演员、歌手、作家以及记者，也有些人真的去做了。但是在这些景象背后，还有很多有价值的职业，如开发、促进、支持和管理工作，它们能够将其他人的完美作品制作、包装并展现给公众。

电子大众媒体的历史很短。而它的前辈——图书和报纸，已经有几百年的历史。大众媒体现象仅仅出现了150年。基于电子的技术起源于19世纪，但是它完全成为媒体平台是在20世纪，如图1-1所示。

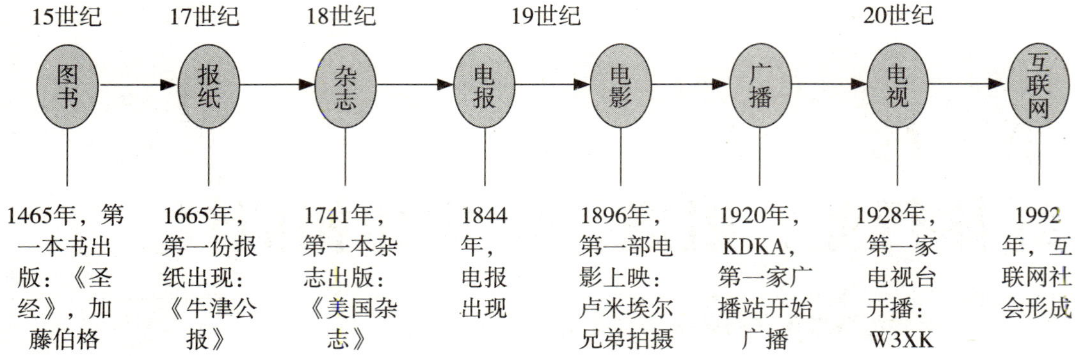

图1-1　大众媒体平台的发展时间线

电子媒体的短暂历史意味着媒体公司的结构与其他古老的工业企业的结构有很大不同。工业企业将产品和生产过程标准化，寻求更高的生产效率，一旦技术被开发出来，生产过程便会持续很多年。但是每个媒体产品都至少有一个独特特征，如电视剧的插曲，以及其他独一无二的特征，包括动画和音乐。只有在传输阶段内容产品才能为传输和消费达到标准化。

同时，媒体企业和其他企业也有相似之处。媒体组织的大多数工作是由管理者发起和支持的，他们是对企业事务的指挥、控制和管理负责的主管。为了完成工作，他们会充分利用人力、财力和技术，以及能够得到的环境资源。

例如，在电视领域，如果一个节目的收视率下滑，电视台的管理者就会开始考虑开发新的节目，以替代那个时间段的节目。他们将会要求制作人和编导提供可能吸引观众的新想法，从中选择，并开发出一些节目。然后，他们会把这些节目提供给部分观众，从而测验节目的受欢迎程度，并最终确定可能成功的节目。同样，音乐产业的管理者经常四处寻找“天才”歌手，他们可能会认为一个特殊类型的表演者（如乡村歌手、hip-hop歌手、民族歌手）将比那些表现平平的音乐家成功的概率更大。

管理者在各种类型的组织、行业、地域、国家和社会中工作，但他们的责任有很多共同点，无论是管理化学公司、大农场、非营利性社会服务机构还是音乐公司。然而每个商业企业和环境都有自身特征，那将影响管理者解决问题和履行职责的方式。

特殊的媒体行业也不例外。即使是普通的、可预测的工作都受到企业权力和组织环境的影响。比如人力资源部门招聘员工受到法律法规的影响；法律部门进行谈判和促进合同的生成受到广电总局的影响；商业发展部门建立合作、财务和会计部门处理收入和支出问题受到企业权力的影响；市场部门在复杂的批发和零售渠道中运作，最终把产品传递到顾客手中，受到市场环境的影响。

第一节　媒体行业的结构和组成

管理者十分了解他们置身其中的媒体行业，他们从许多渠道获得信息。有些媒体企业通过直接与顾客或消费者接触来收集和分析信息。如果管理者无法获得内部信息，还可以获得关于顾客、产品性能以及市场的研究报告。同时，还有很多公共信息，因为新闻报道中经常出现媒体组织信息，媒体组织的财务、技术和文化可能经常被提及。管理者还可以根据自己个人的购买和消费经验获得有价值的信息。

另一个影响管理者决策的因素是媒体在人们生活中的重要性。除了呼吸之外，人们在媒体上花费的时间比其他任何事情都多，他们观看电视、收听广播及阅读，等等。根据人们在媒体上花费的时间，我们会发现：随着广播闹铃的声响，人们开始了新的一天，他们开始听CD、看电视，一整天都会查看和回复邮件，收听车载广播和ipod，观看移动DVD，在手机上玩游戏，浏览互联网，睡觉前还会看电视。美国人平均每人每天接触媒体的时间是9.5小时，每年都会在媒体消费领域支付936.75美元。而人们每天平均睡眠时间却不足9.5小时。

鉴于人们在媒体上花费如此多时间，毫无疑问，媒体对文化、经济、政治、生活和心理都产生了深远影响。

事实上，媒体组成了一个有说服力的虚拟环境，有时它的影响力甚至超过了实体环境。管理者发现它们的商业管理会受到所提供内容的影响，大家是否记得珍妮·杰克逊事件，[①] 很多观众都因此伤心，其所在电视台因此遭受处罚，杰克逊也被电视界封杀。

---

① 2004年超级碗中场秀节目，珍妮在与贾斯汀最后一分钟合唱时，贾斯汀撕下珍妮右胸衣物，使珍妮右胸暴露。这一画面引起全球范围内的轩然大波。珍妮于第二日发表道歉，声明如下“我们原本计划只是露出胸衣，而非直接暴露，此事件纯属服装事故，我向所有感到被冒犯的人们道歉”。

此后全球媒体对珍妮进行恶意中伤式报道。

超级碗事件直接影响了珍妮的职业生涯发展，也被媒体称为载入流行文化史册的事件。珍妮的男友杰梅因·杜普利为此辞去格莱美亚特兰大分部主席以示抗议媒体对珍妮的极度负面中伤。

一、版权行业及其结构

2011年，全球媒体行业的收入达到两万亿美元。媒体行业是“版权行业”的组成部分，即版权行业被认为是一个更大的商业范畴。版权行业的主要业务是生成、生产和传播新的版权内容。版权内容存在差异，但是这些活动的管理非常相似，无论这些内容来自于行业的哪个领域或哪个企业。

版权行业具有以下四个组成部分：

核心企业：这种企业的主要目的是创造、生产、传播或展示版权内容，包括广播、音乐、动画、娱乐软件、报纸和杂志，如图1–2所示。

不完全版权企业：这种企业生产的产品的某一方面或某一部分具备版权保护的资格，如福特汽车公司，它生产的汽车获得了专利，但是没有获得版权。然而，福特公司生产的宣传册、电视广告和其他推广材料受到版权保护。

非专业性支持企业：这些企业为版权内容提供传输、营销和销售支持，包括运输服务商、电信服务商、批发商和零售商。例如电话公司和互联网公司，它们为内容提供传输网络。

互存性企业：这种企业生产和销售的产品使得版权内容的创造、生产、传播或消费成为可能。这种企业包括消费电子产品和媒介的生产商，如电视、DVD播放器、游戏操控台、照相机、手机、发射设施、磁盘和磁带、耳机，等等。它们的技术与设备依赖于版权行业的内容，因为内容可以促使消费者购买播放设备。

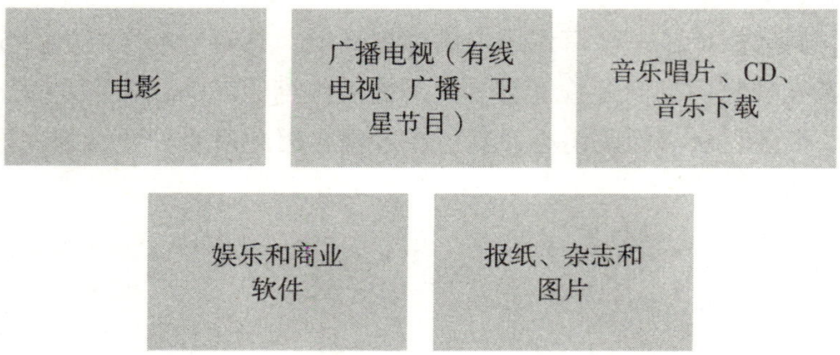

图1–2　核心版权产业

媒体公司是核心版权企业最主要的组成部分。这些公司的主要目的是创造、生产、营销和传播图书、报纸、杂志、广告、音乐和音乐媒介（录音机、CD、预录制磁带）、动画、电视、广播节目、计算机软件（包括视频游戏），如图1–2所示。版权行业是美国经济的重要组成部分，版权类产品也是美国出口额最大的产品。

欧洲的版权行业也同样重要。2000年，版权行业为欧洲经济贡献了1.2万亿欧元，占欧洲总经济收入的5.3%。版权行业雇用了500万名员工，是欧洲总劳动人口的3.1%。在英国，版权内容的创造更加重要，创意产业占经济收入的8%。

核心企业存在很多管理岗位，而支持性和互存性企业同样如此。当前的求职者非常热衷于不完全型版权企业，这种类型的企业向其他行业的公司提供产品和媒体服务，如为汽车、服装、化妆、钓鱼设备、餐馆和汽车清洗公司提供媒体服务。这些公司都需要一定的内容来与消费者、投资商和雇员沟通。逐渐地，这些沟通措施包含了视频和音频，这比印刷行业要求更多的专家和管理人员。

二、媒体行业组成

在版权行业领域工作的员工通常认为他们处于音乐公司、电视公司或电影公司。换句话讲，他们致力于某一特殊领域。即使如此，他们对其他领域也非常了解，尤其是与本公司有密切联系的领域，可能是由于涉及同一内容或专利。

专家们以各种方式对媒体行业进行分类。本章的目的在于把媒体行业分为以下组成部分：电影娱乐、广播和有线电视网络、电视传输、音乐录制、广播、网络广告、网络传输、视频游戏、图书、报纸、杂志和其他印刷品、公司媒介。

创意产业的每个管理者都需要考虑自身资质的特殊性，以及他们面临的市场。一般来说，市场巨大，经常是全球性市场。有些领域的年度综合增长率很高，有些领域的增长率一般。表1–1描述了创意行业各领域的区别。我们可以注意到，所有的领域都面临同样不可避免的挑战：在数字环境下复制和大规模盗版的便捷性。

1. 电影娱乐

洛杉矶、纽约、伦敦、巴黎、孟买和中国香港是全球电影娱乐的中心。此领域的收入包括：电影公司的收入、影院票房收入、视频商店的租售收入、零售店的销售收入以及网络订购收入（包括电影和电视节目的下载，以及通过电子邮件传输的DVD）。此领域不包含通过有线电视、卫星、电话公司传输的收入，因为这些收入包含于电视传输领域。

电影娱乐领域在媒体行业占据很特殊的位置，因为除了票房之外，它还能在媒体行业创造很多附加价值。例如，当一部电影获得票房上的成功之后，同样也会吸引DVD的交易和租售。随之而来可能会生产大量续集、前传或电视剧。电影中的人物可能会被剥离出来，形成其他类型的产品。如果该电影对儿童有吸引力，那么将会有很多盈利性的授权下游产品许可证的机会，如日历、枕套或钥匙链。一个轰动的电视节目也有同样机会，在未来很多年都有附加价值。

表1–1　媒体行业各领域的比较（数据来自普华永道媒体和娱乐市场调研数据）

行业领域	2009年的国际市场规模（单位：10亿）/2008—2011年的年平均增长率（单位：百分比）	增长驱动力	增长的挑战
电影娱乐	92.6/4.9	直接到达用户的数字发行：下载和订购 数字影院 高清DVD	数字复制的便利，版权问题
电视网络	204.6/5.8	高清电视的发展 高清用户家庭和多渠道广告的增多	数字复制的便利，版权问题
电视发行	206.7/9.3	数字用户家庭的增多，服务提供者是有线电视和电信公司，尤其是亚洲	无
音乐唱片	37.7/2.3	数字传输 无线、移动数字传输	数字复制的便利，版权问题 内容质量较低
广播	80.7/5.2	高清广播 卫星广播	陈腐的模式 无特色的内容
互联网广告/接入支出	272.6/5.2	宽带用户数量的扩张 互联网成为社交中心和媒体、娱乐中心	依赖于网络和宽带
视频游戏	44.2/9.1	宽带用户数量的扩张 新游戏的引入 设备更加高级 无线用户的扩张 宽带无线用户的扩张	数字复制的便利，版权问题

续表

行业领域	2009年的国际市场规模（单位：10亿）/2008—2011年的年平均增长率（单位：百分比）	增长驱动力	增长的挑战
杂志出版	110/3.1	现有市场收入的增加	读者和广告商向互联网转移
报纸发行	191.1/2.1	免费报纸成为最大的增长点	读者和广告商向互联网转移
图书出版	135/3.6	电子阅读器和其他电子设备刺激图书行业发展 电子书和专业书的增多	电子销售影响实体书销售 读者向互联网转移
商业信息	100.2/5.8	全球经济活动的繁荣 国际投资的增长 现有市场的高速增长	

电影娱乐领域是媒体行业相对较大的领域，但是与电视网络和电视传输领域相比有些逊色。世界收入预测组织预测未来5年全球电影娱乐业的平均增长率是4.9%。美国和欧洲是最大的电影娱乐市场，但是增长速度缓慢。目前亚洲和拉丁美洲成为世界上电影娱乐业发展最快的市场。

电影娱乐业可以带来巨大收益，但是需要投入巨额资金。高成本为制作者建立了很高的进入壁垒，虽然数字生产技术和传输方式为电影行业降低了一定成本。当前的现实情况是，大片都是由大公司制作，只有少数独立工作室和制作人的作品能够与大公司相媲美。

预测电影娱乐业的收入是一件很难的工作，因为电影娱乐是“轰动驱动”的商业，收入依靠内容。然而，随着新技术的运用，如数字摄影机、现代化的电影院、高清电视屏幕和DVDs、网络订阅和网络下载服务、移动播放和接收以及家庭宽带数目的扩张，电影的收入会一直增加。版权所有者认为，未经允许的内容复制和传播是电影收入增长的敌人。专业盗版和“人—人”传播共同导致了媒体公司的收益降低，具体的损失金额还在核算中。

2. 电视网络

经济学家根据广告收入和来自运营商（如有线和卫星运营商）的收入判断广播和

有线电视网络的规模。同一地理市场的电视网络与电影娱乐组织共同合作，通常情况下它们都属于同一媒体巨头。在美国，此领域由当地电视台和有线电视运营商组成。在欧洲和亚洲，广电行业的收入来自“公众许可费”。这一领域的收入已从2007年的1814亿美元增长到2011年的2283亿美元，年平均增长率为4.8%。拉丁美洲和欧洲是增长最快的区域，但是由于这些地区的广电收入来源于政府驱动的“许可费用”，因而增长速度会日趋缓慢。

世界范围内民众生活水平的提升、广告的增加、高清电视的渗透将会刺激广电行业的发展。互联网视频和视频订购平台的发展会刺激广电收入增长。DVDs的播放将会促进广电收入稳定增长，但是盗版问题成为阻碍广电收入增长的核心问题。

过去，美国广播电视网络致力于创造有广泛吸引力的“轰动型节目”。当时美国只有3个电视台，一个轰动的节目可能获得70%的收视份额。尼尔森媒体调研公司通过收视率和收视份额来分析电视行业的状况。第八章将对这部分内容做详细阐述，即深入分析观众和节目。

目前，电视台数目庞大，观众被碎片化，电视网络必须吸引小众市场。2009年10月，尼尔森公司的数据显示，美国四大广电网络收视率仅为过去的30%：哥伦比亚广播公司的平均观众数目是1130万人，收视率为7.2%，收视份额为12%；美国广播公司的平均观众数目是960万人，收视率为6.2%，收视份额为10%；国家广播公司的平均观众数目是780万人，收视率为4.9%，收视份额为8%；福克斯公司的平均观众数目为760万人，收视率为4.5%，收视份额为7%。即使最受欢迎的电视节目情况也不容乐观。2009年秋，《豪斯医生》的收视率为6.5%，收视份额为16%。

虽然单个电视节目的观众数量减少，但是电视广告的成本却持续上升。在黄金时段，电视广告费用是最高的。原因是目前广告商很难寻找到接触大众的机会。能够吸引大众的媒体才能吸引广告商，事实上电视比其他媒体更能做到这一点。

数字电视节目将会吸引更多的广告，也会促进高清电视传输渠道的发展。同时，DVDs的销售和租赁成为电视网络收入的增长来源之一。经典电视节目和流行电视节目将会有很好的市场前景。对于通过DVDs形式传输的其他数字内容，盗版将会威胁这一新的收入来源。

然而，随着媒体日趋多元化，观众日益碎片化。宽带网络发展迅速，超过5400万美国家庭拥有视频订购服务，超过3500万美国家庭拥有数字视频记录器（DVRs——Digital Video Recorders）。2007年4月9日，苹果公司宣布其已销售2.2亿台ipods。

3. 电视传输

电视传输收入包括观众订购费和渠道费，例如观看付费和视频订购付费。同时也包括亚洲地区通过移动电话播放的电视节目，在这一地区观众必须为此服务付费。电视传输收入的增长速度将会十分迅速。然而，地区之间的增长速度差异很大，亚洲地区的增长速度最快，为18.1%，拉丁美洲的增长速度为12.3%，欧洲、中东、非洲的增长速度为12.3%。

在美国，增长速度相对缓慢，为5.4%，因为观众已经选择了有线电视或卫星电视传输，市场已经饱和，订购渗透率达90%。其他地区的观众没有太多选择，很多地区仅提供卫星节目订购服务。随着电信公司开始提供高速网络接入服务，电视订购和网络接入可能被绑定。然而美国的情况并不相同，电信公司可以在电视网络之外获取市场份额，总的市场份额没有增长。

4. 音乐唱片领域

在世界的每个角落，都存在音乐录制工作。在世界上主要的大城市，录音设备基本相同，无论是在洛杉矶还是利马。美国最大的音乐生产基地是纽约、纳什维尔以及洛杉矶。

在过去的10年中，人们对音乐唱片领域产生了诸多质疑和不满。这些人包括受众、表演者、音乐家和其他媒体行业领域的管理者。他们批评唱片业计划混乱、市场不力、人才匮乏，受众对唱片现状的不满直接导致互联网音乐的崛起。唱片行业的主管必须应对这一转变。为了确保盈利性，管理者制定了各种不同的战略。

音乐行业包括音乐唱片、独立音乐、音乐视频以及通过有线和无线网络传输的付费数字传输。除此之外，这一领域也包括电话铃声收入。全球音乐市场增长缓慢，从2006年的361亿美元增长到2011年的404亿美元，年平均增长率为2.3%。即使在增长速度最快的亚洲和拉丁美洲，年市场增长率仅为5.4%。据统计，美国的唱片音乐领域收入下降了0.4%。

音乐唱片市场正在加速缩小。2007年中期，CD唱片的销售量与上年同期相比下降了30%。一些分析人士将原因归咎为盗版，“人—人”文件共享也是原因之一。然而，也有人指出音乐公司的市场营销手段有待提高。

赫斯克伯格在《纽约时代杂志》中说：“音乐行业正在衰退。它丧失了对广播的控制力；零售终端大量关闭，如Tower公司；音乐电视网（MTV）很少播放音乐视频；曾经有利可图的唱片市场也受到网络下载的影响，其最大的受益者是苹果公司。”

大卫·格芬在《音乐传奇》一文中评论道：“音乐行业整体丢失了对内容的信

念。仅仅10年之前，音乐公司都在制作唱片，不断探索市场前景。但是现在过于急功近利，目前人们关注的不是怎样制作音乐，而是怎样销售音乐。我始终认为，唱片公司的首要任务应当是创作好的音乐。”一篇博文指出当今音乐行业的忧虑："免费音乐下载、对受众的控诉、监视受众、低价劣质产品、高额的媒介费用、贪婪的行业。”

目前，音乐唱片行业正处于从实体传输到数字传输的转变时期。2006—2011年，国际音乐实体传输量年平均下降9.6%。商业环境的转变意味着唱片业必须找到基于数字传输的商业运营模式。

由于数字文件极易拷贝，因此唱片公司为减少自由复制和用户分享付出了极大的努力。2003—2007年，音乐唱片交易联盟——美国唱片行业协会对2万余人进行了警告。同时，唱片公司采取了一系列技术手段，例如为文件格式设置权限，只有指定用户或软件才能播放。这些技术通常被称为数字版权管理（DRM）技术。

5. 广播

广播领域包括以广告收入为主的广播、免费广播站、广告收入和用户订购收入并存的卫星广播。广播公司通常位于国家的金融中心，而运营商可以在任何位置，因为卫星传输是没有地域限制的。如音乐行业一样，广播行业所处的商业环境十分艰难。全球广播年平均增长率为5.2%。在欧洲，广播广告收入的增长率在媒体行业已经退出了前三的位置。在美国，广告收入连续3年持平。虽然广告收入表现平平，但是广告商依然认为广播可以为他们带来盈利，尤其是在中型和大型市场。

成熟的广播市场往往发展缓慢，如美国和欧洲。一些分析人士认为，这受到商业流程的限制，如广告商购买广告时间的复杂性、缺少电子发票以及听众测度的不足。其他分析认为，广播节目形式和内容本身是问题的关键。

慕伦媒体公司的第一副主席兼广播媒介主管史蒂夫·考博认为："广播是一个毫无新意的媒介。每个广播台都采用同样的节目形式，音乐也一样。它们是通用的、迎合白领阶层的。广播同质化非常致命。”

在美国，人们经常抱怨媒体组织整合导致了广播节目听众流失。20世纪90年代，大型媒体公司购买了许多本地广播站。例如，美国最大的广播集团Clear Channel拥有超过1500家广播站。然而，2007年广播集团开始显现解体趋势，尤其是在小型、乡村市场。2009年，许多分析人士预测美国最大的广播巨头将会宣布破产，2009年年末，事实果真如此。同时，其他广播巨头也处于破产边缘。

在美国，联邦通信委员会出台的政策导致了整合的出现，政策规定不再限制公司拥有的广播站的数目。同时，联邦通信委员会降低了本地节目的要求，因而许多广播站仅仅是“自动计算机服务器”，只负责传输其他广播站制作的内容。通过这种方式，整合减少了广播行业的员工数量，导致少量管理者掌控大量广播站。私人广播站的消失也危及到广播的多样性，众多电台只发出一种声音。

分析人士预测，听众在未来几年会转向其他的广播形式，乡村音乐听众将增加24%，新闻谈话类节目听众将增加20%，城镇广播听众将增加15%，西班牙语广播听众将增加14%。其他节目形式，如老人节目、成人夜话、摇滚、爵士等节目形式将会衰退。独立音乐唱片受到主要音乐唱片公司垄断的影响，广播台的付费播放形式使得独立音乐人无法拥有广播时间。目前的文件共享和CD的发展可能会为独立音乐人带来机会，许多人相信他们可以不再依靠广播台，因为广播和音乐销售之间的关联已经打断。互联网为音乐爱好者提供了更有弹性、更加便捷的音乐搜索模式。

6. 互联网

互联网广告是增长速度最快的广告媒介。对于大学毕业生而言，互联网公司是很好的就业选择，因为这些公司存在广阔的工作机会和发展前景。互联网管理者的很大任务在于使外行人相信互联网可以为他们的公司带来收益。

互联网公司无处不在，但是基本都集中于高校附近的科技中心，因为高校可以提供计算机技术和其他信息工程项目，并不断供应人才。在美国，互联网公司集中于加利福尼亚的硅谷、田纳西的奥斯汀和马萨诸塞州的波斯顿。在亚洲，东京、首尔和新加坡是主要的互联网中心。在欧洲，伦敦、巴黎、罗马是互联网发展的中心。在澳大利亚，奥克兰和悉尼是互联网创新的中心。

2003年，全球互联网广告和访问收入占据总广告收入的3%；2011年，这一比例增长到14%。普华永道公司统计，2007—2011年，全球网络广告市场从229亿美元增长到730亿美元，年平均增长率为18.3%。所有的市场经历了两位数的增长。同一时期，全球互联网访问市场从1695亿美元增长到2984亿美元，年平均增长率为12.2%。被调查的市场具有地域差异，因为某些地区已经拥有大量订购者。

2004年，互联网广告收入超过户外广告收入；2007年，互联网广告收入超过广播广告收入；2010年，互联网广告收入超过杂志收入。但是，互联网广告收入远远落后于电视广告收入和报纸广告收入。

全球范围内，互联网广告收入呈两位数增长，年平均增长率大约为18.3%。虽然扩张迅速，但是它始终受到“接入率”的限制。在美国，广告已经长期融入媒体环境，互联网广告市场的发展十分成熟。2007年，40.7%的互联网广告预算来自关键词搜索，其中3/4流向谷歌公司。分类广告占广告收益的25.6%，视频广告占广告收益的3.3%。其他类型的广告形式，例如条状广告和显示广告占互联网广告收益的30.8%。据预测，未来5年关键词搜索的广告收入将持续增长。随着宽带应用的扩张，广告商将在网络上加载更多的视频内容，而条状广告等静止广告的收入将下降。

互联网公司管理者一致认为，阻碍收入增长的要素之一在于缺少统一的有效性测量方法。营销主管通过这种“测量”来说服高层管理者投入互联网预算，在广告活动结束之后，他们也要运用这些“测量”证明广告支出的有效性。

无论是哪种媒介形式，广告的统一语言都是“广告接收次数”。美国互联网广告管理局（IAB）是一家贸易组织，它致力于行业标准的确立。有两家公司参与其中，包括ComScore公司和尼尔森公司。广告商关注同一领域不同公司的测量结果差异，同时关注公司自身报告和测量结果之间的差距。

广告接收次数

指的是个人或家庭接收到广告信息的次数。有时广告商向广告服务机构支付广告费，根据是某一统计学群体的广告接收次数，如“18—35岁的男性”，“25—49岁的女性”，或者定位更加狭窄的人群。关注的人群越狭窄，单位广告价格越高。

2007年，互联网广告管理局的主席兼首席执行官兰德尔·罗森伯格向两大调查公司写信，要求它们召开测量问题的高峰会议：“观众互动测量的过程需要达成一致，同时我们寻求对这些测量的独立审计和审查。随着互动技术的发展，我们还希望开启公开对话，以保证观众测量系统和过程的完整性。”2008年，美国互联网广告管理局发布了“观众到达”测量的规范，希望建立测量标准的统一定义。然而，直到2009年中期，这一问题始终没有解决，尤其是在视频广告等费用昂贵的媒体领域存在测量分歧。

随着行业对广告效果测量方法的收集、统计、开发应用更加一致，互联网广告将会变得更为重要，这是当今网络世界管理者的工作，他们也积极地参与其中。谷歌分析是一种十分流行的分析方法，但是它无法提供中立的测量服务。而尼尔森公司对电视行业的测量更为客观。

一旦测量问题得到充分解决，互联网将会受到更多大型公司的欢迎，因为它拥有到达目标客户的能力。在信息资源缺乏的时代，广告商必须向“大众”提供海量广告。互联网关注的是具有某一爱好和需求的人群，而且具体数量的广告能够到达具体数量的个人，这大大改变了广告和市场战略的格局。

互联网广告依靠到达网站的受众数目，因而互联网公司的管理者尽可能支持宽带绑定。拥有宽带的受众会在网上花费更多时间，宽带允许他们能够接受图片、动画、音频甚至视频。2007年，美国的互联网广告收入占据国际互联网广告收入的52%，但是仅有19.6%的广告收入来自“访问费用”。亚洲的访问费用比例最高，占据全球总访问收入的39%。欧洲是第二大互联网市场，占据全球互联网总广告收入的35.8%。

世界范围内的受众都在由拨号上网转向宽带上网。表1-2展示了拨号连接和宽带连接的人数比例。

表1-2　互联网用户接入率（根据接入类型和地区划分）

地区	接入互联网（%）	接入宽带（%）	拨号接入（%）
美国	76.6	51.9	24.7
西欧	65	49.3	15.7
东欧	26.7	12.8	13.9
亚洲	28.9	15.7	13.2
拉丁美洲	10.6	6	4.6

7. 视频游戏

新世纪以来视频游戏十分流行。2003年，这一行业的总收入超过了动画行业。视频游戏行业的收入包括用户在游戏上的花费，但是不包括硬件平台的收入。游戏硬件平台指的是计算机、操控台和手柄，这些都是电子行业的范畴。游戏可以通过订购进行交易，如零售或下载。视频游戏的类型包括操控台游戏、电脑游戏、在线游戏、无线移动游戏，等等。在美国，视频游戏的广告收入也包含在游戏行业的收入之内。

作为媒体行业的一部分，视频游戏也经历了重创，其销售量波动很大。2009年9月，美国最受欢迎的操控台游戏是《光环》、《承诺》、《莱顿教授》和《死亡的魔盒》；最受欢迎的在线游戏是《星球大战》和《哈宝旅馆》。

操控台游戏的市场是循环的：随着新操控台的出现进行下一循环。设计师会根据新操控台的特征进行游戏设计。当一个新游戏引起轰动和流行，如果游戏者想进入下一阶段的游戏，他们必须购买新的操控台。竞争者引入升级的操控台，游戏开发者创造更多游戏，将游戏本体和设备同时引入，使市场变得更加完整。然后，某家公司引入性能更高的新操控台，循环再次开始。

操控台游戏和电脑游戏一直以来都是竞争者。操控台游戏致力于游戏开发，为用户提供更加快速和丰富的画面，而且价格便宜。而电脑游戏可以模仿任何操控台游戏。电脑游戏“变色龙”的特点使其能够模仿任何平台的游戏，不仅仅是操控台游戏。2007年，微软公司引入Vista操作系统，这一系统的很多特征都是为用户提供更加快速的图像和游戏操作，显示出视频游戏在媒体市场的重要性。

某些游戏的设计不适合个人操作，而是倾向于团队合作。计算机能够提供网络互联，许多人可以共同游戏，有时是成千上万人，这种游戏被称为大型多人在线游戏（MMOGs）。根据游戏的设计，如主题或现实原型，游戏可以分为不同类型。最受欢迎的游戏类型是动作（包括射击）、冒险、作战、角色扮演、情境模拟、体育和战略游戏。还有一些类型也比较受欢迎，包括成人、购物、广告、炮兵、教育、音乐、聚会、桌机弹球、智力、盗窃、生存、恐怖和汽车竞技游戏。

商业模式

商业模式是总体商业计划的一部分，描述公司怎样通过向商业市场提供产品和服务组合来获得收益。第16章将会详细描述媒体和娱乐行业的商业模型。

视频游戏市场的增长反映了图像的丰富度、现实性的提升以及游戏速度的加快。这些特征都要归功于硬件运行速度的提升。宽带网络的发展，无论是有线还是无线，都会刺激这一领域的发展。玩家在游戏时需要实时观察其他玩家的行为，并且能够迅速作出反应。这种实时的图像显现的速度取决于在某一时间点信息提供的速度。

宽带是把双刃剑。一方面，它提升了用户体验，许多人无法离开网络。大型多人在线游戏（MMOGs）十分流行，如《星球大战》、《哈宝旅馆》等游戏，每月都有数百万人订购，这证明了在线游戏的吸引力。媒体巨头开始注意到这一趋势，华纳公司、MTV都已经通过开发游戏化的网络环境提升自身的品牌价值。然而另一方面，宽带允许用户快速下载，游戏软件的版权受到威胁，就像音乐、电影和电视节目一样。

克莱伯·罗宾逊的一天

他是KNBC电视台的主席和总管。KNBC电视台位于加利福尼亚的洛杉矶地区，这是美国第二大电视市场。克莱伯描述了自己怎样成为主席的过程：“这么多年来，我很幸运地经历了电视台的各个重要岗位，如主管助理、销售培训生、销售人员、销售管理者以及销售部门副主席。通过在各个层级的工作，我发现有些工作虽然属于基础性工作，但是也是公司成功的重要组成部分。”

当被问及他怎样在高层节奏极快的岗位上度过自己的一天时，克莱伯回答说：“每天我都要进行收入和支出的预算。同时，几乎每天都要参加会议，包括与新闻人员、工程师和网络员工的会议。每隔一段时间，我都会与市领导和社区组织成员进行交谈。”

这位主管的一天是怎样开始的呢？

他说："首先，我会通过手机获得昨晚的收视率数据。"这就意味着，在克莱伯走进电视台之前，他已经开始了工作。到达自己的办公室之后，他会以极快的速度回复邮件和电话。"然后，我会将最复杂的会议安排到上午，因为这个时间人们更加精神焕发。"

我们都知道，处于组织高层是很困难的，所以能否告诉我们你面临的最具挑战性的事情？

"让员工一直充满激情是最具挑战的事情，尤其是在经济低迷的时候。"

我们得知你非常享受你的工作。那一天中最让你兴奋的是什么时候？

"与一线员工进行交谈，并赞赏他们取得的成绩。我每天都会会见各个部门的主管，但是与一线员工的交谈能够使我充满活力。"

在一天繁忙的工作之后，你会做些什么？

"通常是社区活动或与客户用餐。"

你会对那些梦想成为管理者的人提供哪些建议？

"用心做当前的工作。长期目标十分重要，但是，如果把所有的精力都放在未来的设想，那么你对当前的工作就不会百分之百用心。做好现在，未来的机会才会到来。"

这就是一个目光长远的主管的访谈。

克莱伯·罗宾逊的每日计划表

日期：2009年8月17日	Craig Robinson	
记住： Sarah的生日 确定11月的行程	任务 8：00　企业联合组织项目展示	笔记
主要任务列表 1. 2. 3.	10：00　营销会议 10：30　新闻部门会议	
要拨打的电话 1. 2. 3.	11：30　数字渠道讨论 12：00　与网络小组午餐	
支出 1. 2. 3.	14：30　支出核查 16：00　销售预测会议 18：00　广播实习生会议	

带宽

信息渠道的规模。可以想象一个流动液体的水管，水管越粗，液体流通的速度就越快。

水管在一定的时间内有能力传输一定量的水。例如，某水管每小时可运载5万加仑水。相似的是，带宽的技术测量手段是频率测量，更加常见的测量手段是数据率测量或信息的比特率测量，通常以秒为单位。例如，有能力的公司通常每秒传输3兆比特。

信息渠道是频率的集合，即在空气中传输的电磁波。像流动的水一样，某一渠道能够容纳的频率越高，证明它传输信息的速度越快。

“带宽”这一词语十分形象。“带”指的是一系列频率。频率是空气中移动的电磁波的数目，当然电磁波也有可能穿越建筑物。“宽”是频率的数目。这两者相结合，就组成了传输渠道。

“调制”技术包括调整波的频率。发射台发出电波，接收台根据调制解调器的命令调整波的信息，每次调整幅度为1比特。

宽带的发展、新游戏和高级设备的引入、MMOGs的流行、无线网络用户的增大都刺激了视频游戏市场的增长。对于操控台游戏，基于新操控台的新游戏一旦出现，意味着新的循环开始。在循环的起点和终点，市场会爆棚，工作机会也会增多，因而当前阶段游戏行业是毕业生很好的选择。这一领域的可观收入促使许多教育机构提供了视频游戏课程，并为学生颁发证书和学位。

8. 出版

这一媒体领域包括商业信息、杂志、报纸和图书出版，增长速度缓慢，只有商业信息的年平均增长率超过5%。这些行业市场成熟，都面临着互联网的威胁，尤其是报纸和商业信息领域。随着电子图书阅读者的增加，印刷图书的销量下降，但是会从某种程度上促进图书市场的繁荣。

第二节　媒体行业的共同特征

虽然媒体行业的工作人员对媒体的每个领域都有自己的定义，但是媒体行业的各个领域确实有许多共同点，如对技术极为敏感，在世界范围内都十分受欢迎，拥有信息和娱乐产品的双重属性。同时，它们极易受到文化、社会和政治环境的影响，而且面对着同样的商业挑战和机会。

一、易受技术变革影响

所有媒体都运用技术来创造和传输内容。目前，大多数内容都通过一家或多家媒体到达受众。

新技术的不断出现意味着内容和媒体平台的变革，媒体公司也随着环境变化不断进行自我调整。技术对信息和娱乐领域的限制为媒体公司带来了许多机会，但是技术转变也会打破原有的商业模型。

当今的媒体管理者需要掌握影响公司发展的技术。如果他们不是工程师，那么他们需要找到一种学习技术的方式，从而在关于技术的讨论中游刃有余。媒体管理者只有掌握了影响公司和行业的关键技术，才能赢得同事、合作伙伴以及下属的尊重。

二、全球互联网和宽带"爆发"

网络传输为内容所有者和传输者提供了巨大的商业机遇和挑战。全球性的"无阻碍传输"成为可能，即与实体传输相比，数字产品的网络传输带来了更为方便、迅速和廉价的传输方式。最为重要的是，这种方式能够获得用户的个人身份和信息。

以广播网络为例。电视台或广播台向受众传输节目，但它们并不知道哪些受众观看了节目，受众对哪些节目或哪些广告作出回应，以及受众观看或收听节目的时间。媒体公司可以通过尼尔森公司获得收视率或收听率数据，但是这些数据都是基于很小的样本，无论取样过程多么科学，都无法与网络数据统计的精确性相比。

互联网是一个全面的"数据收集者"。它可以传输任何类型的数据，将数据传输到接收设备，然后对信息进行解码，如文本、声音和图像。这种传输弹性与传统媒体极为不同：电视仅传输视频和音频，广播仅传输音频，报纸和杂志只传输文本和图片，而网络可以传输各种形式的信息。

宽带的"爆炸"意味着受众能够获得更多的数据和内容。全球范围内，超过4亿人享受宽带服务。2008年，全球宽带覆盖比例翻了4倍，从第一季度的0.01%增长到第四季度的0.04%。在美国，2009年85%的居民享有宽带服务，63%的居民订购了宽带服务。2011年，宽带的订购比例超过90%。2009年，欧洲的宽带覆盖率为全球第8位，美国排在全球第11位。

2013年8月，中国国务院印发"宽带中国"战略及实施方案的通知。通知指出，到2015年，初步建成适应经济社会发展需要的下一代国家信息基础设施。基本实现城市光纤到楼入户、农村宽带进乡入村，固定宽带家庭普及率达到50%，第三代移动通信及其长期演进技术（3G/LTE）用户普及率达到32.5%，行政村通宽带（有线或无线接入方式，下同）比例达到95%，学校、图书馆、医院等公益机构基本实现宽带接入。城市和农村家庭宽带接入能力基本达到20兆比特每秒（Mbps）和4兆比特每秒（Mbps），部分发达城市达到100兆比特每秒（Mbps）。宽带应用水平大幅提升，移动互联网广泛渗透。网络与信息安全保障能力明显增强。到2020年，我国宽带网络基础设施发展水平与发达国家之间的差距大幅缩小，国民充分享受宽带带来的经济增长、服务便利和发展机遇。宽带网络全面覆盖城乡，固定宽带家庭普及率达到70%，3G/LTE用户普及率达到85%，行政村通宽带比例超过98%。城市和农村家庭宽带接入能力分别达到50Mbps和12Mbps，发达城市部分家庭用户可达1吉比特每秒（Gbps）。宽带应用深度融入生产生活，移动互联网全面普及。技术创新和产业竞争力达到国际先进水平，形成较为健全的网络与信息安全保障体系。

三、从“推动”到“拉动”

你是否向他人索要过媒体内容，或他人是否向你传输过媒体内容？社会系统及其相关的传播系统呈现“中心—边缘”结构，具有层级概念。可以将组织想象成城市和乡镇，存在商业中心和商业边缘。不同社会拥有不同的结构，因此有些人成为了传播中心，因为他与组织成员的沟通更加频繁，而有些人仅仅是孤立的个体。在具有“上下层级”的社会系统中，主要的信息传输是从中心到边缘，即从老板到员工。在“平面”社会系统中，信息实现双向沟通，领导者能够从员工处获得经验和信息。

当信息从组织中心生成，然后向传播网络的边缘辐射，这种传播方式被称作“推动”。广播网络、电视网络或卫星电视系统都属于“推动”模式。组织决定是否推动信息、推动什么信息、何时推动、传播成本以及信息传播的对象。受众可以选择是否接受来自组织中心的信息。

互联网是双向传播的系统，允许用户请求内容，即从网络中“拉动”信息。在计算机网络中，这种区别被称作“服务商推动，用户拉动”。当信息接受者拉动信息时，信息接受者是决定服务时间和内容的主体。在“中心—边缘”模式中，中心和边缘的地位不对等；而“拉动系统”能够提高组织边缘的控制力。

四、数字下载格式代替实体格式

2006年，国际数字媒体和娱乐产品的收入超过了实体收入。在拨号连接和宽带连接的技术背景下，文本、图片和音频下载成为可能。虽然人们可以通过去电影院或购买DVD观看电影，通过电视或广播接收节目，但是也有很多人从网上下载视频。随着宽带的普及，下载变得更加迅速和便捷，内容下载将会更加受欢迎。

移动设备发展迅速，下载速度已经可以与宽带媲美，这加速了数字化下载的进程，因为移动设备的应用增加了用户下载内容和付费的机会。目前，文本、游戏和手机铃声成为最受欢迎的下载对象，显示出传播设备和娱乐设备的良好前景。

五、移动媒体的风靡

无线传输已经成为全球性趋势。无线宽带移动设备的数量持续增长，包括手机、PDAs、笔记本、掌上电脑等。连接上宽带之后，这些设备能够传输、接收和播放音乐、视频广播、视频游戏。2006—2011年，无线用户的数量从23亿增长到34亿。

随着中国政府“宽带中国”战略的发布，中国的移动媒体面临新一轮机遇。IPAD终端、电子阅读器、智能手机设备已经在中国较为普及。当覆盖城市的无线网络全面建成时，移动媒体用户将可以随时随地地操作电子设备。

六、全球传输，本地多元化

全球传输系统将媒体内容传输到任何国家的任何地方，几乎无所不及。同时，媒体国际化产生了巨大收益，主要来源于用户的接入费用和内容购买费用。国际化的巨大收益促使各大公司开发穿越文化差异的内容，然而，极高的投资水平限制了小公司和中型公司的参与。

虽然全球化运营是一个“甜蛋糕”，但是大多数媒体公司都趋向于本地经营。例如，虽然许多美国受众喜欢日本动漫，但是在国内市场，《南方公园》和《辛普森》比日本动漫获得了更大收益。不是所有的媒体内容都能够进行跨文化传播或跨国传播。喜剧是易于跨文化传播的内容形式，但是戏剧、新闻、音乐和其他内容可能具有地理区域限制。互联网的渗透会加速媒体内容的全球化，长远来看，全球文化将日益趋同，这对于全球化公司是利好消息。

七、内容类型化

大多数媒体行业领域都会将内容划分为两大类型：信息和娱乐。媒体巨头不放弃任何一种类型。电影行业被划分为故事片、纪录片、现实类影片等。在电视、广播和印刷行业，信息类和娱乐类内容的区别十分明显，尽管近年来现实喜剧的播出模糊了两者的界限，如《每日秀》、《科尔伯特报告》等。一些评论家认为这种融合来源于网络电视新闻，炫目的图片、敏感的故事以及迷人的主人公让这种媒体形式受到追捧。

电影、音乐和视频游戏是主要的娱乐媒体。报纸倾向于报道信息，当然也会在不重要的位置安排娱乐性文章。在其他的行业领域中，如电视、广播、杂志、互联网，信息内容和娱乐内容比例相当。

对管理者而言，两者的区别十分重要，因为不同的内容意味着不同的管理标准。娱乐内容必须吸引观众和用户，信息内容必须保证真实性。总之，娱乐产品的创造和传输责任更小，虽然娱乐产品中的色情图片、反叛性内容或其他社会禁止的内容可能引起法律制裁。

信息内容承担着更大的社会责任。必须运用“可信标准”，以限制危害社会或个人的欺诈、诽谤或错误。而且，娱乐产品允许某些暴力镜头的存在，但是信息内容中出现的暴力镜头可能造成严重后果。

八、对社会、政治、文化、经济具有敏感性

文化、社会和政治理念决定了媒体对受众的态度。在内容创造阶段，媒体公司必须给予受众“需要的”或“想要的”内容，但是这都取决于媒体组织运营的环境。内容必须处于受众的文化、社会和政治理念范围之内。另外，媒体内容需要引发受众讨论，因而有时媒体内容会变得极具争议性。

社会环境对媒体内容的管理和规范起到重要作用。第十七章将讨论影响媒体运作和内容的法律问题，第十八章将讨论媒体道德问题。

媒体行业可以分享创意经济的成果。在这些领域中，总体规律是，公司的成功与否取决于创意水平，而创意水平体现为轰动性的大小。在电影、电视和音乐领域，一些主管通过与创意人才建立良好关系来产生管理效用。总之，创意的市场前景影响预算和利润，在第七章中将详细阐述。

总结

本章描述了媒体管理者和主管需要了解的行业情况，包括行业规模、范围和特征。提供了行业领域信息，包括增长的驱动力、增长的阻碍以及挑战。同时，本章探讨了媒体行业各个领域的共同特征，以及面对的外部环境。

下章概要

下章将会详细探究媒体和娱乐行业领域的组织。生产内容、传输内容、营销内容和发行内容的组织将被加以区分，同时还会介绍参与到这些活动中的其他公司。下章涵盖基于创意活动的组织结构、过程、信息流和工作流，以及行业的经济问题。下章讨论的组织包括电视网络、广播台、演播室、内容生产公司、音乐唱片公司以及其他公司，如非营利性组织以及生产和传输内容的政府机构。

案例分析1.1　媒体扩张

阿尔法广播集团拥有28家电视台，包括6家美国广播公司的电视台，14家国家广播公司的电视台，以及8家哥伦比亚广播公司的子公司，同时还拥有61家广播台。集团的主管为整个集团设计了一个战略规划。规划的目标是：

为集团的未来定位

获得更大的盈利性

吸引12—35岁的年轻人

主管决定向其他类型的媒体扩张。你会建议投资什么样的产品或混合产品？报纸、网站还是移动服务？解释你为什么这样建议。

案例分析1.2　成功前的计划

罗伯特在诗歌《寄语老鼠》中很好地表达了一个观点："即使计划再好，也会出现问题。"许多学生在大学时期都读过一本书《老鼠和人》，书名的灵感正是来源于罗伯特的诗歌。这首诗想要表达的信息十分明显：即使再好的计划也有可能失败。

怎样降低计划出现偏差的风险？你可能会回答：调研。但是实际上，许多事实证明，以下方法是通向成功最好的路径：向自己提问，谁是产品的目标顾客？怎样有效到达和吸引这个市场？

在计划制订之前，市场情况的调研是必不可少的。调研需要全面和充分地了解文化差异，例如传统、语言、信仰、人口、政治倾向，以及社会文化和经济环境。对这些变量的理解程度决定了产品或服务成功的可能性。

你没有压力，对吗？

假设你是一家视频游戏公司的管理者，你必须为一款自行车竞技游戏做营销工作。这款游戏被要求在美国和法国推广。

1. 富有创造力地为游戏命名，需要用英文和法文命名。英文名和法文名必须一样吗？

2. 界定目标市场。对玩家喜爱的赛车类视频游戏进行调研。它们有共同特征吗？市场状况相同吗？

3. 界定这款游戏的三个吸引人的地方。这款游戏有什么特色？

4. 美国和法国的营销战略不同吗？为什么？

第二章
媒体组织

六大媒体巨头——维亚康姆、时代华纳、国家广播公司、索尼、福克斯和迪士尼控制美国电视黄金时间98%的商业电视节目，包括商业网络和有线节目；控制美国96%的电影票房；控制非黄金时间75%的电视节目；控制付费电视80%的订购者；控制美国商业广播65%的广告收入。

—— S.克里斯托福森

>> 本章学习目标

→组织的定义

→媒体公司的类型、构成和特征

→媒体实业公司、组织流程、工作流、信息流

→媒体企业的经济特征

→内容价值链和传输链

→变化中的文化、社会、政治和经济环境

导　语

大规模创意产品的开发、生产、营销和传输通常在一个组织内进行。这些组织包括媒体和娱乐公司、大企业的商业部门、艺术家组织、非营利性组织以及政府部门。组织规模必须足够大，能够承担从内容生产到营销等各个环节的各种任务。

由于数字技术和数字网络的出现，个人和小型组织生产、营销、传输媒体产品和娱乐产品成为可能。媒体行业不再只是媒体巨头的天下。马克库班是达拉斯小牛队的所有者，但是不为人知的是，他也是高清有线网络集团的所有者。作为内容创造者

和营销者，他将两个产业进行了区分，前者是“热爱的工作”，后者是商业投机——“盈利性产品”。

当小型媒体公司进入一个大市场，可能是向大客户营销内容产品，或发行一部新电视剧，它们会发现需要一个组织来管理更为复杂的业务。

第一节　定义“组织”

一、组织的多重定义

组织的定义有很多。大多数定义包括以下概念：成员及其关系、目标或目的、结构化活动。另一些定义包括：结构、专业化、协调，等等。例如：

1. 组织是一个结构性过程，通过成员互动达到目标；
2. 组织是合作互动的动态社会系统，目的在于满足个人需要；
3. 组织是一个由投入、过程、产出、回报和环境组成的系统；
4. 组织是系统的人类活动，无论是制作铁锅还是登月活动。

组织一般具备两个基本但是相对的要求：一是人员划分——通过使不同的员工从事多样化的工作来实现；二是工作的协调。

组织存在边界，但是边界通常是可以逾越的。组织在经济环境、政治环境和社会环境中生存，环境为组织带来机会，也带来了限制。通过制定战略、采用新技术、调整结构，组织能够对这些环境要素进行适应，从而达到组织目标。

总的来讲，媒体行业形成了一个“金字塔结构”。金字塔的最底层是自由撰稿人和微型企业，包括个人服务提供商和小型工作室，例如摄影工作室。金字塔的第二层是小型企业，如后期制作公司、道具提供商和演员经纪公司。中型公司占据了金字塔的第三层，它们包括广告公司、公关机构和生产型公司。金子塔的顶层是跨国巨头，如维亚康姆、迪士尼和华纳集团。媒体行业领域的金字塔结构如图2–1所示。

“结构”是组织管理劳动力和协调工作的方式。一些组织理论家将“结构”定义为“传播”，即个人与他人沟通的方式和程度。组织结构有很多形式，其中两种主要的形式是：层级结构和非层级结构。层级结构意味着员工的垂直管理，高层主管对低层员工行使主权。非层级结构意味着组织成员拥有平等的权力和主权。层级结构描述了从上到下的垂直主权结构，非层级结构则描述了水平、横向的主权结构。组织结构的其他要素包括规模、构成、专业化、等级、中心化、职业化以及参与核心活动的劳动力比例。

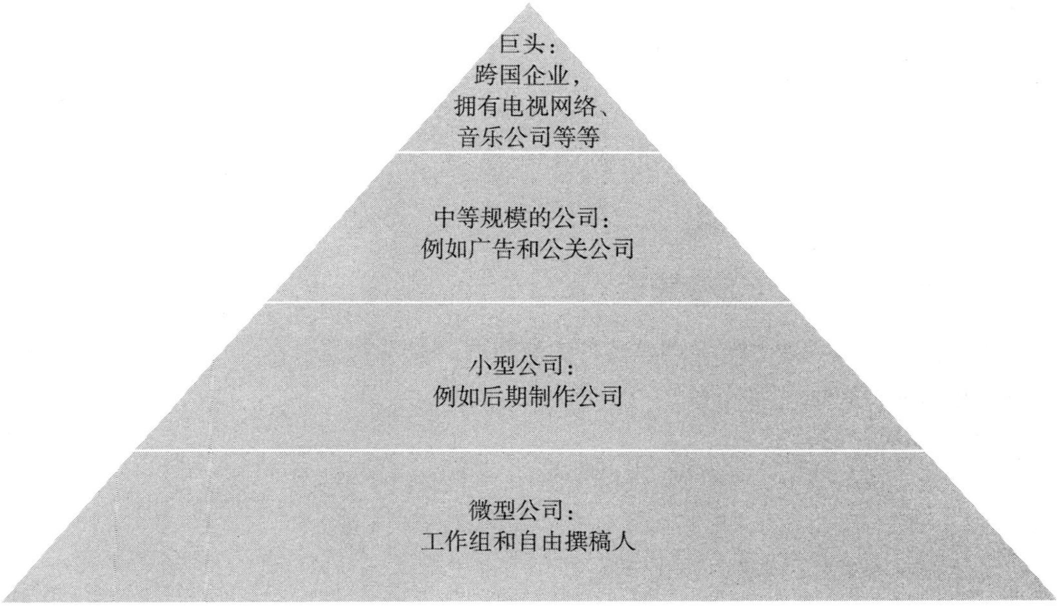

图2-1　媒体行业领域的金字塔结构

基于劳动力分工理论，明茨伯格指出，组织由5个要素组成：

◆战略层：组织总体责任人，包括董事会和高层管理者。

◆运营核心：对组织的产品生产负有责任的人，包括电影制作、电视节目制作、CD制作、唱片制作、期刊发行、市场计划，等等。

◆生产线管理：对工作实施负责的中层管理者，他们执行高层管理者制订的计划、政策和流程。

◆技术层：对生产工作直接负责的人员，例如技术人员、分析人员和计划人员。

◆支持性人员：对非生产性活动负责的人员，包括法律顾问、会计、设备运营和维修人员。

在媒体行业中，历来就有对管理者和内容创意人员的划分。我们可以在媒体组织中听到这些术语。人们往往过于强调两者的对立，但大多数情况下，管理者和创意人员的关系十分和谐，他们共同为产品生产和营销付出努力。管理者通常是以“报酬”和“业绩分红”为目的的雇员，在组织结构中处于高层。创意人员也是员工，但属于高技能的员工，报酬往往由协议决定。管理者必须在不确定性的环境中进行协调和控制，可能会与创意人员产生矛盾，因为创意人员必须发明和开发新产品，但成功与否很难预测。从激励的角度来看，物质奖励会对管理者产生更大的刺激，而创意人员能够从工作本身找到乐趣。一个是为“钱”工作，一个是为“爱”工作。第六章将会详细分析这种差异。

企业需要很多员工共同工作，这就需要协调和计划，以及将多人的努力整合为统一的工作流。组织的协调类型充分反映了组织结构的特征，包括企业结构、专业结构、多元化结构、使命结构和创新结构。

二、组织机构的特征与要素

组织机构是现代管理中管理主体的组成形式，是现代管理活动中管理者行使管理职能、实现组织目标的组织保证。

1. 组织机构的特征

无论是宏观组织机构还是微观组织机构，都具有以下特征：

（1）组织机构作为一个整体，具有共同的目标和任务。换句话说，组织机构是靠共同目标和任务组合起来的一种形式。

（2）组织机构的基本特征是信息交流和分工协作。学者巴纳德在《经验职能》一书中说：“所谓组织机构，就是一个有意识地协调两个人以上的群体活动或力量的合作系统。”

（3）组织机构作为有目的的合作系统，是一种有序的权益角色结构形式，组织中的每个人都有明确的职权、职责和组织关系。

具体来说，组织机构是一个管理系统，这个系统将人员进行分工，功能有所分化。组织中的每个成员担任不同的角色或职务，承担不同的责任，共同协作，为实现共同的目标而有序工作。

综上所述，组织机构是围绕一个共同目标，人们进行分工协作的过程以及由此建立的一种职权结构形式。作为过程，组织机构是在一定的时间和空间内向组织中的各个成员分配工作，统一各种行为的动态活动；作为结构，组织机构是将动态活动中有效合作的相互关系相对静止而形成的静态结构模式。

2. 组织机构的要素

组织机构作为一个管理系统，一般包括下列要素：

（1）人员

组织机构有一定的编制数量，人员按照编制数量来配备。有的是管理者，有的是被管理者。无论是管理者还是被管理者，都要求具有良好的素质（包括政治素质、品德素质、知识素质、业务素质、能力素质等），同时人员之间致力于建立良好的人际关系。这是建立组织机构的基本条件和要求。

（2）岗位与职务

岗位与职务是构成组织机构的重要要素，在组织机构中明确每个人的岗位、任务以及相应的职务，形成一定的岗位职务结构，是设计组织机构必须考虑的问题。

（3）职责与权力

在组织机构中，不同岗位和职务的人享有不同的权力，同时也要承担不同的责任。责任与权力相一致，以达到统一指挥、协调和控制的目的。

（4）信息

组织机构内部以及组织机构内部与外部的联系，主要通过信息的及时传递和沟通来实现。信息传递畅通和反馈及时，可以保证组织机构的正常有效运转。

（5）目标

建立任何一个组织机构都是有目标的，目标是构成组织机构不可缺少的要素，也是组织存在的根本理由。组织目标贯穿于组织运作的全过程，在组织运行中的各个环节都发挥作用。

组织机构中的要素不是孤立的，而是有密切联系的，其要素之间的关系如图2—2所示。

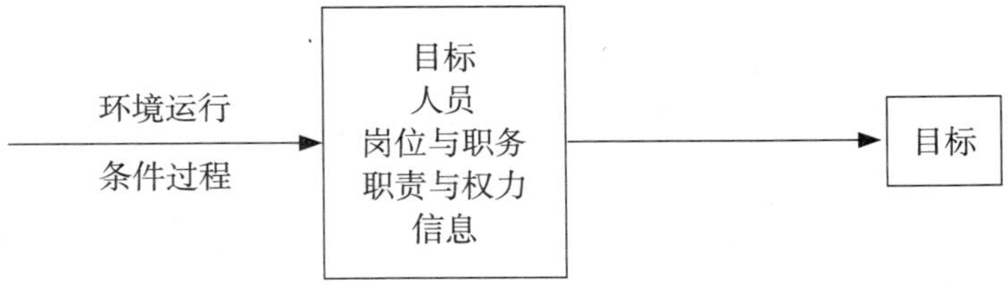

图2—2 组织内要素之间的关系

三、组织机构设计的原则

一般说来，组织机构的设计和建立应坚持以下原则：

1. 以目标为核心，以职能为依据的原则

目标是组织机构的核心。一个行业系统建立什么样的组织机构，主要取决于这个系统确立什么样的组织目标以及准备如何实现这个目标。因此，一个组织机构形式的选择、建立和改革，必须从目标出发，坚持为实现组织目标服务的原则。此外，只有坚持以目标为中心的原则，才会使组织机构中的各级领导和成员形成团结协作的强有力的集体。

设计和建立组织机构，在明确组织目标的前提下，还必须进一步确定该组织机构的管理职能和担负的任务。只有明确了组织职能和任务，才能确定组织机构中应设置哪些部门，配备哪些专业人员和管理人员，真正做到因事设岗，因岗择人。

2. 科学分工与有效综合的原则

马克思曾经说过，“由于分工产生的生产力不费资本分文”。一个高效率的组织机构必须在整体规划下明确分工，在分工的基础上进行有效的综合。因为没有分工的整体只能是混沌的原始物，构成不了现代、有序的组织系统；没有合理的分工，也就无所谓协作，没有协作，就无法明确地进行分工。分工是协作的前提，协作是分工的目的。

要提高组织机构的工作效率，必须对整个机构的工作任务有全面细致的了解，在了解的基础上，再进行充分细致的分解。将工作任务分解成一个个基本要素后，根据明确分工，把每项工作规范化，建立责任制，然后进行科学有效的综合。例如，电视节目生产制作的过程，可分解为节目策划、节目选题、前期制作、后期制作、编辑合成等。

按照组织机构的性质、目标和任务，组织分工大致有4种类型：第一，按社会功能进行专业化功能分工；第二，按自然资源特点进行专业化区域分工；第三，按产品及其构成进行专业化生产分工；第四，按照作业程序进行作业分工。随着社会和科学技术的进步，新学科领域、新行业不断涌现，分工越来越不是一成不变的事情，优秀的管理者往往善于抓住时机对工作任务进行科学的分解和合理的分工。

分工并不是现代化管理的终结，分工也不是万能的。由于分工时特别容易在时间和空间、数量和质量等方面出现相互脱节的状况，所以，也会带来许多新问题。因此，组织机构必须设立强有力的综合管理部门进行有效综合，使各个环节依据一定的规则同步协调，以保证组织目标的实现。

3. 责权对等和才能相称的原则

在组织机构设计和建立的过程中，要根据组织目标和任务设置岗位，再根据岗位的要求，配备相应才能的人员，使岗位要求与人员的才能相匹配，才能达到才能相称。

组织机构中的每个成员和部门总要被赋予一定的职务和权力。与此同时，他

（她）们又必须承担和权力相对应的责任，其中包括对决策和计划执行结果所承担的责任、对下属培训所承担的责任、对管理目标的实现程度所承担的责任等。在组织机构设置中，对权力和责任的划分必须一致，坚持有多大权力就要负多大责任，有什么权力就要负什么责任的原则。

总之，组织机构中的部门、成员责权利要对等，真正做到："在其位，谋其政，行其权，尽其责，取其酬，获其荣，惩其错"。

4. 管理幅度和管理层次适当的原则

所谓管理幅度，亦称管理跨度，是指一个领导者（或管理者）能够直接而有效地管理其下属的人数。如一名厂长（经理）能直接领导多少名部门经理，一个台长能直接有效管理多少名频道（频率）总监等。由于每个人的精力、能力和经验等都是有限的，因此，他们能直接有效领导的人数是有限度的，这里我们特别要强调"有效"。如果超过了有效的限度，势必使管理效率和质量下降。这是因为管理与被管理成员的工作关系是呈几何级数增长的。若设被管理的成员数为n，则主管领导与被领导成员的工作关系数应为：

$$N=n[2^{n-1}+(n-1)]$$

上述公式表明，在组织机构设置过程中，各级主管领导所配置的人员数应有一定的限度，也就是说管理幅（跨）度要适当。否则，管理幅度太大会造成组织机构中领导负担过重和人浮于事；管理幅度太小，则有可能完成不了组织目标和任务。

所谓管理层次，是指组织机构中按垂直隶属关系划分的等级。一般来说，组织机构中的层次越多，权力越集中，组织越严密。但是，管理层次过多，会产生以下困难：

（1）容易造成机构重叠，加大分权和授权的难度；

（2）容易拉大高层领导与基层的距离，使高层主管脱离基层，产生官僚主义作风；

（3）不利于管理指令和信息的快速、高效、准确传递，再加上各层次上的其他干扰因素，会使信息在传递过程中产生失真现象；

（4）会增加办公设备支出和管理费用。

因此，组织机构中的管理层次应当是有限度的，应根据组织机构设置的需要，选择适当的管理层次。

组织机构中，在人员编制确定后，管理幅度与管理层次成反比例关系，即管理幅度越大，管理层次就越少；管理幅度越小，管理层次就越多。那么，在组织机构的设计和建立中，如何处理管理幅度与管理层次的关系呢？一般需要考虑以下因素：

（1）组织机构所处理问题的复杂程度。如果组织机构的规模比较大，需处理的问题比较复杂，则组织机构中的管理幅度应小些，管理层次就多一些。如果组织机构的规模小，需处理的问题相对简单，则可加大管理幅度，减少管理层次。

（2）管理者与被管理者的素质和能力高低。素质较高，能力强，则管理幅度可大一些，管理层次可少一些。如果素质较低，则管理幅度必须缩小，管理层次应当增多。

（4）信息传递的畅通程度。如果信息传递采用先进的方法和手段（如建有计算机网络和OA系统），信息能够及时、准确地传递，则管理幅度可大一些，管理层次就可少一些。如果信息传递技术不够先进，信息传递不够通畅，则管理幅度应当缩小，管理层次应当增多。

（5）管辖的地域分散与集中。如果管辖的区域比较集中，则管理幅度可大些，管理层次就少一些。如果管辖的区域比较分散，则管理幅度应当缩小，管理层次应当增多。

5. 任人唯贤、择优录用的原则

在组织机构运行中，人员素质的高低直接决定工作效率和管理效率。如果人员素质处在一个较低的水平，机构设置再合理，也难以保证组织目标的实现。因此，设计和建立组织机构，必须坚持任人唯贤、择优录用的原则。

为了真正做到任人唯贤、择优录用，必须建立一整套科学的用人制度。根据岗位的需要确定用人的标准，公正、公开、公平招聘各类人员，竞聘上岗，平等竞争，把那些符合岗位要求的高素质人才选拔到各个岗位。同时，引入竞争机制，建立招聘、任用、评价、任免、考核、奖惩等一系列用人制度。

6. 集分相宜的原则

“集”指集权、“分”指分权、“宜”指适应。也就是说，处于组织机构中的各部门，集权与分权要适度。集权太多，容易使组织机构僵化，不利于调动有关部门和人员的积极性和创造性；分权太多，容易失控，使组织机构不稳定。因此，在组织机构设置和建立过程中，哪些部门实行集权，哪些部门实行分权，应由部门性质和任务决定，努力做到“集分相宜”。

7. 精减高效的原则

在建立组织机构时，不但要考虑组织目标能否实现，还要考虑组织成本。高效的组织机构应当是以尽可能低的组织成本达到尽可能好的运行效果。要做到这一点，组织机构的设置应坚持精简、高效的原则。所谓精简就是机构中的部门尽量少，人员尽量精；所谓高效，就是要充分发挥每个人的积极性和创造性，尽可能提高每个部门和人员的工作效率。

四、组织机构设计的内容

组织机构设计主要解决下列问题：

1. 组织机构的纵向层次划分和横向部门划分；
2. 岗位、任务、职责、权力的确定；
3. 人员配备与分工；
4. 具体组织形式的确定。

五、组织机构设计的步骤

组织机构设计除了必须遵守一定的原则外，还要依据科学的程序和方法进行，其主要步骤如下：

1. 确定组织目标

组织目标是决定组织结构的基础和依据，目标不同，其相应的组织结构也不同。因此，明确组织目标实际上是构思组织机构的前提条件。

2. 任务分解与综合

首先把总任务分成相对独立的具体任务，形成一个个分目标，形成相应的部门。然后，把这些分解的具体任务所形成的部门，用一定的关系合理地组织起来。

3. 构建组织机构

根据第二步完成组织纵向管理层次和横向管理部门划分任务，纵横交叉形成组织结构网络。

4. 确定岗位、职责、职务和相应的权限以及它们彼此之间的关系。

5. 选择和配备人员，保证上岗人员与岗位职责要求相一致。

6. 运行检测和评估反馈。

上述第一步和第二步是组织设计的基础和依据，第三、四、五步是组织设计的实质内容，第六步是对组织机构设计的不断完善。最后形成的是一系列组织系统图和职务说明书。组织系统图描述的是组织内部各部门及彼此的隶属关系；职务说明书详细规定各个岗位职务的职权、职责以及与其相关的各部门的关系。

六、组织设计的特点

1. 组织设计是一个动态过程。

由组织设计的步骤可以看出，设计、建立和维持一种合理、科学的组织结构，是通过一系列逻辑思维和程序来完成的。因此，组织设计是一个动态过程。

2. 组织设计需要因地、因时而随机制宜。

在多种多样的组织系统中，目前还没有一种适用于各种组织设计的最优的设计方法，需要管理者根据组织的性质、目标、任务、内外部环境随机制宜地进行创新设计。

权变理论

权变理论产生于20世纪六七十年代的美国。由于当时的西方各国社会动荡，发生持续的经济危机，面对复杂、剧变的社会经济环境，企业迫切需要一种新的管理理论来作指导，提高自身竞争力，以弥补传统理论的不足。在这种历史背景下，权变理论为适应新的管理实践需要应运而生。

权变的意思就是权宜应变，随机制宜。洛什（J.W.Lorch）在20世纪60年代首次提出Contingency Approach（权变方法），实质上是系统管理理论的进一步发展。其核心观点认为，在企业管理中要依据企业所处内外环境随机应变，而不存在“普遍适用、一成不变或最好的”管理理论和方法。

3. 设计和建立的组织机构不是一成不变的，也不是一次可以完成的，它是一种连续的、周期性的活动。

因为任何组织都是社会中的一个子系统，它处在一个不断与外部环境进行能量和信息交换的过程之中。由于环境变化会直接影响组织目标的实现，管理者需要不断为适应新的环境进行组织结构调整。

第二节　中国广电媒体和新媒体的组织机构设置

一、中国广电媒体的组织机构设置

中国广电媒体的组织机构设置通常如图2—3所示。

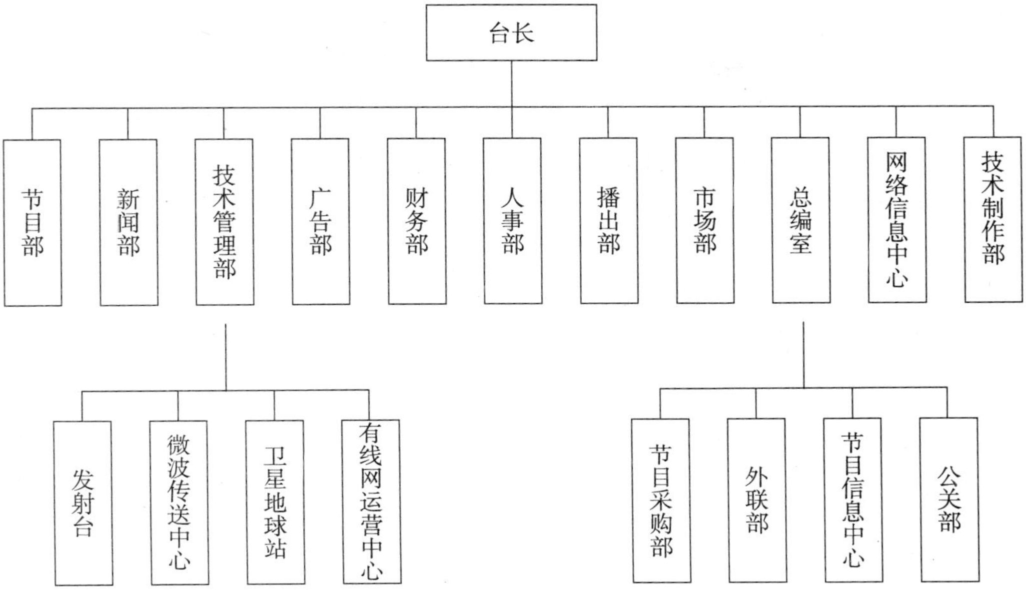

图2-3　中国广电媒体的组织机构设置

上图中，各部门的职责可以简述如下：新闻部主要负责新闻类节目的制作，节目部负责除新闻节目以外的其他各类节目的制作，技术管理部负责节目的制作、播出、传送各环节的协调管理，播出部主要负责节目安全、顺畅地播出。总编室下设节目采购部、外联部、节目信息中心和节目管理部等部门：采购部负责从其他电视台、影视制作公司购买节目；外联部负责与受众联系，建立固定的反馈系统，掌握受众反馈，并整理反馈意见给管理者，进而影响节目定位或者采编策略，从而提高和改进节目质量、增加新闻线索；节目信息中心负责节目信息的存储与管理；节目管理部负责编排节目播出单、制作节目预告。技术制作部管理并提供制作机房、进行演播室管理和维护，一些电视台的制作部门聚集着优秀的后期包装和特效制作人员，负责节目中特别效果的制作。

然而，这只是中国大多数电台、电视台组织机构的基本设置状况，具体到不同级别的电视台，或者电视台发展的不同时期，这些基本设置会有一些变化。如，省级台和中央台内，各个部门的层级划分要细得多，新闻部会有采访部、编辑部、编译部、评论部、特别节目部等，节目部会有少儿部、经济部等。

在中国，由于电视事业在20世纪90年代后发展迅速，电视台的组织机构设置也在不断变化，比如，1993年后，电视节目栏目化的趋势使得很多栏目组本身就成为一个相对独立的管理部门；1998年频道化风潮中，市级以上电视台都开始设置专业化频道，一个频道内部的管理就相当于之前一个台的管理。

此外，观众的需求、技术环境的改变通常也会使电视台的部门设置发生变化，如网络媒体信息多角度、立体化、全方位的特点促使电视台在进行报道时加大了策划的力度，编辑部的功能前移，不再只是进行后期编辑，而是“大脑前置”，在采访前就探讨编辑思路、编辑方针，并渗透到整个报道过程中。很多电视台专门设置了策划部，构成人员既有固定的、紧密型人员，也有不固定的、松散的社会各界人士，即使没有条件成立策划部的规模较小的电视台也非常重视策划的作用，进行“前前期采访”或者“前前期编辑”。

二、中国新媒体的组织机构设置

如今，新媒体、新技术继续影响着广播台、电视台的组织机构设置，大多数电视台的网站已经成为独立部门，规模、效益、人员都很可观。在报纸、期刊、杂志等传统媒体，这种影响也同样存在。当然，新媒体也在不断的从传统媒体中汲取有用的营养，比如，很多新闻网站采编部门的设置和管理上直接借鉴报社、杂志和电视台等传统媒体的模式。正如传播学者麦克卢汉所说，新旧媒体之间并不存在谁取代谁的问题，更多的时候是一种互相影响又互相渗透的过程。这种影响最明显的体现在报道方式、信息组合模式、传播策略设置上，更深层次的影响和渗透也发生在组织机构的设置过程中。

新媒体的组织机构设置还处于一个不断变动的过程中，很难用某一个现成的模式来套用，但和传统媒体相比，新媒体的组织机构设置有三个最明显的特征：一是决策部门很集中，执行部门很松散。常常一个人或者几个人就构成了一个网站的核心决策团队，但网站内容的采编队伍则很分散，可以是任何一个浏览这个网站的网民。二是技术部门的地位得到进一步提升，软件的开发、模块的设计成为新媒体业务中的核心内容。三是服务和互动的功能尤为凸显。全方位地考虑受众的体验，增加更多的参与和互动，“尽可能地提供个性化服务”成为新媒体机构设置的指导思想。

第三节　组织信息流

组织信息流描述个人或组织之间信息传递的方式，存在正式传播和非正式传播两种形式。正式传播是有组织、有主权的传播，组织成员进行工作需要的信息传递、接受和记录。一般情况下，正式传播由组织高层开始，向下传播。非正式传播通常是“人—人”传播，有可能是工作信息，也有可能是其他信息。组织成员经常通过非正式渠道获得组织的真实运作情况信息，并通过非正式传播表达观点和态度。

下行信息流由组织高层发出，上行信息流由组织底层发出。组织内不同层级成员之间的沟通称为“上下级传播”，而“平行传播”指的是同事或部门之间的沟通。同时，还有一些信息流会跨越组织边界，流入或流出企业。

一、美国媒体组织信息流

在当前的美国媒体组织中，计算机网络传播十分普遍。大多数大型公司都引进了企业应用软件，来管理重要信息和支持管理决策制定。企业信息系统将分散的领域进行整合，如会计和财务数据、管理信息、供应链管理以及人力资源系统。常见的应用软件包括Oracle/PeopleSoft，SAP，Microsoft，等等。组织经常对初级管理者和中级管理者进行信息系统培训，鼓励他们使用这些计算机工具收集信息、提供报告。

某些组织还会应用内部邮件系统沟通组织信息。然而，大多数员工通过这一系统发送非正式邮件和个人邮件。研究发现，员工23%的邮件是个人邮件。另一项对526家美国公司的调查显示，36%的主管会监管员工邮件的内容、关键词和时间消耗；55%的主管会接收和审阅员工的邮件。员工在使用邮件时需万分小心：25%的公司都曾因为员工滥用邮件而将其开除。

表2-1　媒体公司的协调

协调的主要形式	组织结构的类型	举　例
直接管理	企业型	个人创意人员，如摄影师、负片剪切人员、演员
工作标准化	机器型	CD/DVD复制公司
技能标准化	职业型	灯光师、编辑、新闻人员、导演
产出标准化	多样型	动画公司、后期制作公司、电视节目制作公司
形式标准化	使命型	图书出版公司、存储类公司
互相协调	创新型	音乐唱片公司、电影公司

美国媒体组织中的员工逐渐开始在办公室应用即时信息软件（IM），他们发现通

过这种方式可以迅速得知其他员工是否在办公室，也可以进行即时交流。根据2006年的一项调查，美国50%的员工下载了IM聊天工具，35%的员工会在工作时间使用。31%的公司表示它们对IM使用有相关政策，但是仅有13%的公司监控雇员的聊天信息。

二、中国媒体组织信息流

中国的媒体组织采用职能型组织结构，导致组织层级较多，机构臃肿。层级繁多使监督和协调的难度加大，管理成本提高。更为重要的是，信息沟通较为困难，从上到下的信息流不够通畅，往往是“上传下达”的信息较多，而从员工到管理层流动的信息流很难保障。

与此同时，横向沟通的信息流动也存在障碍，信息传递常常出现失真状况。职能型的组织结构造成了各个部门之间的横向沟通困难，各部门都追求各自的利益，而不顾全局利益。层级间的信息传递速度慢和信息失真也造成了决策的延误和效率的低下。

然而近几年来，中国媒体组织已经开始应用各种信息系统和软件进行组织信息交流。比如，邮件办公大大增加，使得工作效率得到提升。数字媒体资产管理系统也逐步开始得到应用，提高了数字媒体资产应用的科学性和便捷性。财务软件的应用加快了财务信息的传输速度，使得财务人员和各级管理者能够迅速了解媒体组织的财务状况。

第四节　媒体行业的组织类型

媒体组织的类型有多种，媒体制作者和消费者很难对其进行分类。一个原创音乐人在自家门廊击鼓，而波士顿流行管弦乐队成为音乐行业的一部分；一位作家在破旧的阁楼撰写自己的第一部小说，而J. K.罗琳成为图书行业的翘楚；《泰坦尼克号》和《布莱尔·威驰》是两部十分有名的电影，《布莱尔·威驰》的成本是22000美元，而《泰坦尼克号》的预算是2.8亿美元。如果想盈利，《泰坦尼克号》必须获得5亿美元收入，然而，它最终创造了票房奇迹——18.3亿美元。

同一行业的参与者存在巨大不同，不仅仅是由于规模的区别。它们在以下方面都存在差异：组织类型、活动方式、内容、产品的价值、生产方式、营销、传输过程和渠道、收入来源以及客户关系。本节将会介绍媒体行业的组织类型：内容生产型组织、内容营销和传输组织、内容运输组织、集团以及媒体联盟。媒体巨头和媒体联盟的组织类型呈现多元化，因为它们的业务部门涵盖各个媒体领域。

一、内容生产型组织

在某些内容生产型组织中，内容生产是主要的业务活动。还有一些内容生产型组织仅仅是一个业务单元，它们为公司的主要活动提供内容支持。例如，福特汽车公司的广告、公关和信息部门生产出许多内容，虽然公司的主要业务是汽车的生产和销售。

以内容生产为核心业务的公司包括电影工作室、电视台、网站、报业公司、杂志和图书出版公司。内容生产公司的规模差异很大，有可能是数百亿美元资产的跨国企业，也有可能是小型创意服务提供商。例如，一个工作室可能会参与某部电影的剪辑，其他特效公司、视觉制作公司、音频后期制作公司和其他成百上千的公司都会参与其中，为同一部电影工作。

为了支持组织的主要业务，大公司、非营利组织和政府机构也会参与内容生产。只要组织与顾客、公众或用户有接触，它们都会想方设法制作内容。这些内容包括宣传册、产品介绍、产品目录、视频、音频以及网络内容。逐渐地，公司开始为媒体终端提供免费的内容，不仅仅以商业为目的。

根据行业调查，不以内容生产为核心业务的组织将会日益加大内容生产的投入，每年的增长率约为20%。2005年美国政府出版办公室在印刷和出版领域花费了8.515亿美元。美国众议院发布的《2005年政府改革报告》中指出，布什政府在公关领域的投入是880亿美元，一些投资用于制作向新闻媒体提供的视频内容。如果加上信息化培训和媒介教育的投资，这一数字将会大得惊人。一项2005年的调查显示，非营利性组织在市场传播方面的投入达到90亿美元，除教育性内容之外还涵盖很多领域。非媒体组织内容生产的“爆发”是有原因的，主要是：过去十年信息和传播环境发生了改变，包括顾客行为的改变。人们对互联网的依赖加大，而逐渐丧失了对传统媒体的兴趣，如报纸、百科全书或图书馆。技术使生产的成本降低，数字网络的出现也降低了内容传输成本。

二、内容营销型组织

这些组织向客户营销和传输内容。内容所有者将内容授权或出售给它们，或它们以内容所有者的身份进行营销和传输。这些商业机构包括电视台和广播台、有线和卫星网络、有线和卫星节目服务商、电视和电影制作参与者、互联网集成商和内容提供商。一些内容生产型公司，如HBO，Showtime，以及电视台的附属机构也会从事内容营销和传输工作。由于内容营销和传输组织同样创造、生产、营销内容，它们有时也被看作内容生产者。

一些分析人士对未来的娱乐行业进行了预测，他们建议，电影公司应当对内容生产进行授权，但是应当培养自己的创意人才，使创意工作在组织内部完成。这一模式被称为“拥有销售力的银行”模式。内容完成之后，组织应当对其进行营销和传输。同样，音乐唱片行业应当培养和资助音乐人才，并对音乐唱片进行营销。争议在于，“银行”牺牲了对总体的控制力。然而员工成本和协调成本下降了，组织也可以从创意工作中得到收益。

三、内容传输型组织

这些公司拥有内容传送设备，直接将内容传送给消费者，或传送给分销商，然后由分销商将内容传送给最终消费者。它们一般都是大型企业，包括电信公司、光纤公司、卫星系统所有者和运营商。当然，互联网公司也从事此类业务，它们拥有其他的网络传输技术，如Wi—Fi、光纤微波技术，包括提供多点、多渠道的传输服务（MMDS）。

四、媒体集团和媒体联盟

跨国媒体巨头实施跨国运营，它们的业务常常跨越几大洲。这些公司包括贝塔斯曼集团、迪斯尼集团、通用集团、新闻集团、索尼公司、维亚康姆集团、维旺迪集团以及时代华纳集团。在过去十年，又增加了新的成员，包括互联网内容集成商和提供商—雅虎、谷歌和微软。媒体巨头可能拥有所有的业务单元，如创作、生产、出版、营销和传输内容等部门。这些集团也拥有数百个公司，由于合并、并购、转让，公司的所有权频繁转换。世界上最大的媒体巨头控制的公司列表如表2–2所示。

表2-2　世界主要媒体巨头的控股公司

八大媒体巨头	电视	电影	出版	互联网控股	其他媒体控股
贝塔斯曼（德国）	欧洲最大的电视公司：RTL；第五频道（英国）；22个电视频道的股权	无	自由出版社、克诺夫公司、名人杂志、现代图书馆、班塔姆公司、欧洲的许多日报、世界范围内的80家杂志	Lycos、音乐网络、AOL欧洲	200家音乐唱片公司、BMG经典、RCA、文德哈姆希尔团队、CLT—UFA的最大所有者、RTL广播
通用电气（美国）	国家广播公司、布拉沃公司、Sci-Fi频道、Telemundo、氧气公司、A&E网络的控股、生物频道、天气频道、国际频道	NBC全球（80%的控股）、全球影视、福克斯、罗格、蒂贝卡电影公司、杰西电影公司、肯尼迪公司、Playtone strike	Sci-Fi杂志	电影&电视相关网站、呼噜网、iVillage.com、newsvine.com	音乐公司：Geffen、Motown音乐、因特斯科普；影院：全球联合影院、辛普莱克丝·欧登影院（部分控股）
华特·迪士尼公司	美国广播公司、娱乐与体育节目电视网、试金石电视、历史频道、A&E网络的控股、生活电视	华特·迪士尼电影公司、试金石电影公司、米拉麦克斯电影公司、皮克斯动画公司、好莱坞电影公司、布纳维斯塔国际公司、A&E内部公司	赫伯龙图书公司、迪士尼版权公司	迪士尼相关网站	西塔戴尔广播的主要所有者（大约277家广播站）、ESPN广播、生活广播、美国广播公司、公园&圣地、伊尔斯坦
新闻公司（澳大利亚、英国、美国）	福克斯广播、福克斯新闻频道、福克斯体育频道、福克斯电影频道、福克斯校园体育、国家地理频道、其他国家地区和本地的频道	福克斯电影娱乐公司、21世纪福克斯公司、探照灯电影公司、蓝天工作室	华尔街日报、纽约邮报、道琼斯报、时代周刊、巴伦斯报、标准周刊、世界范围内的许多报纸、图书（如哈勃科林斯图书）	福克斯互动媒体与媒体相关的网站、myspace.com	卫星电视BskeyB的120个频道、天空公司（意大利）、LAPTV、明星频道、TATA天空户外广告公司

续表

八大媒体巨头	电视	电影	出版	互联网控股	其他媒体控股
时代华纳（美国）	哥伦比亚广播公司、HBO电视网、Cinemax、卡通网络、TBS、TNT、True TV、世界范围和本地的频道	华纳布鲁斯电影公司、卡瑟洛克公司、新干线电影公司、电信公司、卡通网络工作室、哈纳芭芭拉公司	布朗公司时代周刊、运动说明、娱乐周刊、财富、民众、MAD	Mapquest.com、美国在线、DCComics.com、Netscape、Truve.com、TMZ.com、Bebo.com、NASCAR.com、PGA.com等	哥伦比亚广播公司（140家广播站）、音乐电视广播、BET广播、想象广播公司、Flags娱乐公司
索尼公司（日本）	索尼映画娱乐公司、哥伦比亚Tri-star、Screen Gems	索尼电视公司、GSN、吉姆汉森·普罗德公司、Mandalay娱乐公司、凤凰电影公司、其他频道和控股公司	无	Everquest	BMG音乐公司、索尼音乐公司、哥伦比亚公司、Epic公司、索尼/洛影院、Metron、魔力约翰逊影院、游戏网站和视频游戏、消费电子产品
维亚康姆（美国）	哥伦比亚广播公司、音乐电视、showtime、史密斯尼恩频道、菲利克斯、Nickelodeon、TV land、VH1、Spike TV、CMT、Noggin、喜剧中心、BET、UPN、国王世界、拼写电视	派拉蒙电影公司、MTV电影公司、尼克尔迪恩电影公司、派拉蒙家庭娱乐	西蒙&斯科斯特、极限音乐图书馆、导演剪辑音乐、尼克尔迪恩杂志	Ifilm.com、jokes.com、Xfire、GameSpot.com、MP3.com、LAST.com、The Show-Buzz.com、Market-watch.com、其他与电影、演出和频道相关的网站	无限广播、韦斯特伍德第一公司、轰动视频、著名演员影院
维温迪（法国）	Canal+Group、国家广播公司20%的股份	无	无	GVT（巴西）电信&线上服务	全球音乐组织、Activision Blizzard（视频游戏）、电信公司的控股

中国也存在许多媒体集团和媒体联盟。如中影集团、华谊兄弟等（见表2-3至表2-5）。中国的媒体集团和媒体联盟往往无法同时占据影视、出版、互联网等多个领域，而是在各自擅长的领域开发产业链，获得价值增长。

表2-3 中影集团的下属机构

<table>
<tr><td>管理部门</td><td>办公室
财务部
人事部
党委办公室
监察室
离退休人员管理中心</td></tr>
<tr><td>全资分公司</td><td>中国电影集团公司制片分公司
中国电影集团公司电影发行放映分公司
中影集团电影数字制作基地有限公司
中国电影集团公司电影进出口分公司
中国电影合作制片公司
中国电影器材公司
北京电影洗印录像技术厂
中国电影集团公司艺术创作人员中心
中国电影集团公司后电影开发分公司
北京电影制片厂
中国儿童电影制片厂
中国电影集团公司北京影视制作基地</td></tr>
<tr><td>事业单位</td><td>电影频道节目中心（CCTV6）</td></tr>
<tr><td>主要控股、参股公司</td><td>中影集团联合影视有限公司
北京中影第一电影制片有限公司
中影动画产业有限公司
中影华纳横店影视有限公司
北京中影元申影业有限公司
中影集团数字电影院线有限公司
中影首钢环球数码数字影院建设（北京）有限责任公司
华韵影视光盘有限责任公司
华影旭光国际影视文化传媒（北京）有限公司
华龙电影数字制作有限公司
北京中影房地产开发有限公司
北京中影物业管理有限公司
中影新农村数字电影发行有限公司
中影海外推广有限公司
中影克莱斯德数码科技发展（北京）有限公司
中影克莱斯德数字媒介有限责任公司</td></tr>
</table>

续表

主要控股、参股公司	辽宁北方电影院线有限责任公司 四川太平洋电影院线有限公司 海南蓝海电影院线有限责任公司 深圳中影南方电影新干线有限公司 中影星美电影院线有限公司 北京新影联影业有限责任公司 北京紫禁城三联影视有限公司 华夏电影发行有限责任公司 北京九州同映国产数字电影院线有限公司 华诚电影电视数字节目有限公司 北京中影联安乐新东安影院有限公司 北京中影恒乐新世纪影院有限公司 北京华星电影院有限公司 深圳南国影联股份有限公司 北京华柯电影洗印有限公司 华索影视数字制作有限公司 中影电通太科广告有限公司 中影寰亚音像制品有限公司 北京中奥影迪动画制作有限责任公司
驻外机构	中国电影进出口（洛杉矶）有限公司、中影集团公司巴黎代表处

表2–4　湖南广电集团下属机构

电视、电影	湖南卫视 潇湘电影集团 湖南潇湘影视传播有限公司 湖南电广传媒股份有限公司 湖南国际电视传播公司 湖南广电移动电视有限责任公司 上海天娱文化传播有限公司
网络	湖南电广传媒股份有限公司网络分公司
广告	潇湘广告装潢贸易有限责任公司 湖南广播电视开发总公司广告分公司
金鹰影视文化城	长沙世界之窗、长沙海底世界、湖南国际影视会展中心、湖南国际会展中心酒店、湖南金鹰城置业有限公司
音像	湖南金蜂音像出版社

表2-5　华谊兄弟集团下属机构

电视、电影	华谊兄弟影业投资有限公司 华谊兄弟影院 华谊兄弟电视节目事业有限公司
移动游戏	北京掌趣科技股份有限公司
演艺经纪	华谊兄弟文化时代经纪公司 华谊兄弟音乐公司 华谊兄弟时尚文化传媒有限公司
网游	华谊巨人信息技术有限公司（控股）
娱乐公园	HELLOKITTY娱乐公园
	华友数码（控股）

作为中国民营影视公司的领头人，华谊兄弟公司针对文化创意产业发展的一系列举措开辟了民营影视公司文化产业发展的新大陆，同时也使自身成为中国的传媒产业“巨头”。华谊兄弟的文化创意产业布局大致包括手机游戏、网游、动漫、音乐、演出以及主题公园六大部分，如图2-4所示。

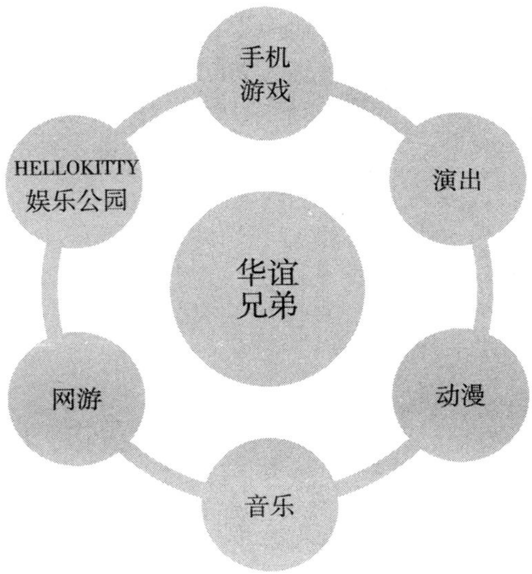

图2-4　华谊兄弟的文化创意产业布局

通过产业链的延伸，中国各大媒体联盟和集团充分发挥出文化创意产业的优势。

多元化的业务互相影响、互相推进，媒体集团内部的下属单位形成业务交叉，中国大型媒体集团获得长足发展。

对于大型集团而言，除了运营自身的企业，它们还支持整个媒体生态，即在某一项目、活动中与其他组织和个人合作。媒体行业生态组成如表2–6所示。大公司对小公司的依赖可能由于产品、服务外包更加廉价和高效；另一种情况是，大公司想要获得某个团队或个人的技术。

表2–6　媒体行业生态组成

公司类型	例　子
媒体集团	主要有：福克斯娱乐公司、派拉蒙电影公司、索尼电影娱乐公司、国家广播公司、华纳布鲁斯公司、博纳维斯塔电影公司 还有：狮门娱乐公司、威斯坦公司、梦工厂
生产公司	美国：Amblin娱乐公司、美国Zoetrope公司、Interscope、卢卡斯电影公司、Mandalay电影公司、摩根克里克生产公司、B计划娱乐公司、解放工作室、PKO电影公司、望远镜娱乐公司、特里马克电影公司、乡村公路电影公司 加拿大：Goliath2生产工作室、Porchlight娱乐公司 欧洲：BBC电影公司、四频道电影公司、EMI电影公司、高蒙特ITC娱乐公司、Pathe、Canal工作室、UGC、UFA 亚洲：金色收获公司 印度：UTV
员工、协会和联盟（包括作家、导演、制作人、演员和表演者、技术人员及服务人员。服务人员包括电工、场景布置、化妆、服装等）	IATSE、NABET、AFTRA、SAG、WGA、DGA
动画公司	皮卡斯动画公司、迪士尼动画公司、想象动画公司、吉普利工作室
特效公司	数字领域公司、辛尼赛特公司、电魔公司、麦格非公司、米尔公司、韵律&色彩公司
后期制作公司：电影、视频和音频	Deluxe娱乐服务公司、TVB、ITFC、声音公司
独立合同人	上面任何类型的创意员工都有可能与一个项目签订合同

续表

公司类型	例　子
媒介复制服务商	一直变化的服务提供商，公司一般与海外投标价格最低的公司签约
发行（电影）和联合组织	拥有自身商业发行单位的所有工作室和网络
影院放映	Regal、AMC、Cinemark、Carmike
零售、租赁和销售柜台	轰动公司、沃玛特、Netflix
娱乐节目和出版	娱乐周刊、民众杂志、电视指南、Blender
消费者电子设备	索尼、松下、夏普、飞利浦

第五节　外国媒体的集团化发展与文化创意产业

数字技术革命的到来使广播电视从节目制作、传输、覆盖方式、市场格局、管理体制都发生了质的变化，也加剧了媒体内部的竞争和外部的竞争与融合。新技术条件下的市场形势，也要求中国媒体尽快上规模、上水平，以大型产业集团的形态应对挑战。

媒体的集团化、产业化发展代表着传媒业发展的大趋势。二者的主要区别在于，集团化侧重于媒体的发展规模，产业化则侧重于合理的产业结构布局和完整的产业链。

一、集团化是规模经济

20世纪90年代至今，对以欧美为主的西方传媒世界而言，兼并、重组、收购、联合……这一幕幕在世界的不同角落轮番上演，此起彼伏。1995年7月31日，迪士尼以190亿美元收购美国国家广播公司（NBC）；1995年8月1日，美国通用电气兼并哥伦比亚广播公司（CBS）；1997年，美国微软公司兼并美国全国广播公司（ABC）；2001年1月，美国在线与时代华纳完成了市值高达3500亿美元的“世纪并购”；2003年10月10 日，美国国家广播公司（NBC）和维旺迪环球公司签署了并购协议，成立NBC—全球公司……现在，以时代华纳（美国在线—时代华纳2003年10月16日起已正式更名为时代华纳）、迪士尼、维亚康姆、康卡斯特、索尼、维旺迪环球、新闻集团等为主的全球50家最大的传媒集团占据了世界95%的媒体市场份额。集团化、多元化、全球化已构成当今世界传媒发展的主流特质，并深刻影响着世界传媒业的发展走向和整体格局。世界传媒集团化发展的兼并浪潮也波及到中国，深深刺激着中国传媒业的神经。

目前，中国传媒市场规模达到1000亿元人民币，从1998年起传媒业利税总额已超过烟草业，成为国家第四大支柱产业。中国传媒集团化以报业集团的组建为发端，传媒的产业化经营已经成了一个不争的事实。

企业间任何一种交易过程都要付出一定的代价，这种代价就是交易费用。而交易费用的大小取决于企业的组织规模及交易形式。如一个多企业的联合体，它就可以形成一定的内部交易市场。与一般的市场交易不同，内部交易市场保障条件充分，交易双方减少了风险和过度竞争，减少了寻找交易伙伴和达成交易过程的活动费用，从而使交易费用降到最低。这种以节约交易费用而产生的对多企业联合体的需求成为企业走向集团化的一种动因，这一理论同样也可以用来解释传媒集团产生的动因。

所谓规模经济，是指人们合理地选择或控制工厂、企业或其他经济实体的规模，以最优化的集聚、组合生产力因素而取得最大的效益。即通过生产集中、经营集中、开发集中，最大程度地降低成本，提高经济效益，实现规模效应。一般通过两种途径来实现生产规模的扩大：一是靠企业内部投资扩大；二是通过企业间的合并、联合。显而易见，集团化是企业联合极为有效的形式。

集团化建设是实现集约经营的有效方式。只要按照市场规律办事，以资产为纽带、以业务重组为链条，打破行政、地域界限，通过兼并、重组、收购、股份制改造，快速提升产业集中度，就必然有利于整合资源、集中优势，实现规模经营。

集团化建设是实现低成本扩张的现实途径。通过母子公司、两级法人体制建立，完善以产权制度、法人治理结构为基础的现代企业制度，有利于盘活存量、吸引增量、优化组合、调整结构、壮大实力、扩张发展，从物质基础和体制机制两方面提高企业的实力和竞争力。

集团化建设的核心是培育自主经营、自我发展、独立负责的市场竞争主体，造就市场竞争中的代表性企业。这不仅能优化组合、集中优势，而且有利于政企分开、政事分开、政资分开、管办分离，打破计划经济体制下传媒单位依附党政部门的局面，使政府专司管理、企业独立经营、事业全力服务，各负其责、各行其道。

经过几十年的发展，中国媒体行业已积聚了巨大的资源，但由于受计划经济体制的影响，条块分割，配置不合理，利用不充分，整体资源配置亟待优化。而优化资源的重要途径之一，就是集团化发展。因此，媒体机构通过联合，取长补短，集中优势，合理配置资源，产生协同效益，形成规模经济以增强竞争实力向集团化发展，是中国媒体行业要走的必然之路。

中国传媒业可以说是朝阳产业。随着中国经济的发展，国际地位的提高，为满足大众日益增长的对丰富的精神文化产品的需求，为扩大中国文化、广电业在国内国际的影响力，中国政府必然会要求广电业做强做大，进行产业升级，对存在的不合理结构进行调整。而一批传媒集团的形成，可以在中国的媒体市场形成规模经济效应，在竞争中发挥主导作用，也有利于抵御国外传媒集团在中国的扩张。

二、国际大型传媒集团的发展经验

国际大型传媒集团的发展通常有4个层次。首先是同类媒体之间的互相兼并：报纸购买报纸，电视台联合成电视网。其次是深层兼并，包括纵向和横向的：纵向指通过并购等手段控制一种媒体产品的整个生产销售过程，例如制片厂购买电影院线，杂志商购买造纸厂，电视台购买节目制作公司等，以此来降低成本，确保产品的销售渠道；横向指的是购买其他不同类型的媒体，如电视台控制广播台、报纸、网络公司等，以有利于各种媒体信息渠道资源的共享，实现效益最大化。第三个层次是媒体和其他产业的融合，如电视行业和电信行业的联姻。最后是地域上的扩张：传媒集团实行“跨国经营”。迪士尼、新闻集团、维亚康姆都采用了上述发展方式。

BBC、NHK和Time Warner 都是世界著名的传媒巨头，通过对其集团化的发展脉络和经营特征进行对比分析，可以对中国的传媒集团发展有一定的启示、借鉴作用。这三家传媒集团中有两家是政府控制的公营电视机构，一家是私营电视机构，但三家发展的共同规律都是：

1. 集团化是媒体经营发展的必然趋势

三大传媒巨头都经历了从单一媒体运作到跨媒体的综合性经营、多元产业发展的过程，经营组织形态也是从简单的单一企业运作模式逐步走向多重结构的集团化运营模式，从而实现了整合资源，极大地提高了竞争实力。

2. 重视对新技术的开发运用是媒体长盛不衰的关键

考察三大传媒集团近半个世纪的发展史，为什么BBC、NHK、Time Warner 能始终走在全球媒体的前列，成为媒体的常青树？我们可以清晰地看到高度重视技术创新所起的至关重要的作用。三大传媒集团都具有对新技术的高度敏感和独特的前瞻眼光，根据技术发展不断革新媒体产业形态。三大传媒集团紧跟新技术发展的整体脉络都是：无线—有线—卫星—数字。

日本国家电视台NHK对技术的开发一直保持高度的热情，在其成立之初，专门负责研究、开发广播电视技术的研究所就成立了。正是由于NHK几十年来对新技术开发、运用的全力倾注，才使其在一次次的技术变革中始终居于同行之首，同时也对日本电视业的发展起到主导作用。

英国国家电视台BBC采用以技术为主导的战略集中于20世纪90年代后半期。在数字化浪潮的大背景下，BBC对数字技术的开发与运用投入了极大的力量。1995年，BBC利用数字技术开通了四套数字广播频道，成为世界上第一家运用数字技术的全国广播公司。紧接着，BBC又开通了数字电视频道、数字直播卫星频道和覆盖全球的BBC Online 商业网站。可以说，BBC近年的高速发展和全球扩张，很大程度上得益于技术主导战略的实施。

从杂志起家的美国传媒巨头Time Warner 的历史就是经营、技术不断创新的历史，集团发展的每一步都留下了技术创新的深深烙印。它虽然与美国在线的合并也许并不成功，但我们从中也能强烈地感受到其顺应传媒业技术变革、引领潮流、抢占先机的勇气和胆略。

3. 高质量的内容生产是三大集团立于不败之地的根本

对于任何一个传媒集团来说，最终决定其市场位置的还是它的产品——媒体内容。内容为王，是传媒集团得以发展的最根本的基础。

BBC依靠以政治时事为主的新闻、评论节目赢得国内市场的竞争优势，依靠制作精良的娱乐节目获得国外市场的认可。

NHK以高质量的新闻、教育节目主导日本电视市场。有统计显示，在近年来日本十大热门电视节目中，NHK的节目占了一半。

定位于娱乐产业的Time Warner，拥有极丰富且多样性的内容是其制胜法宝。它在电影、杂志、音乐、出版物、电视频道、互联网市场全线出击，立足国内并大力拓展国际市场。以高质量内容为其发展的战略基石，从而稳居世界传媒业老大的地位。

第六节　媒体组织流程和工作流

通常，将创意产品引入市场需要经过开发、试制、生产、后期制作、营销和传输。过去，这些活动都是独立运转，工作的每个阶段与其他阶段没有关联。现在，网络化使得创意产品的生产过程更加整合，这改变了组织管理、协调和控制的流程。

在现代组织中，信息传媒自动化的标志是企业资源计划（ERP）的应用。由于运作和活动的范围很广，因此企业资源计划对全球媒体公司的协调和管理是至关重要的。在一项调查中，研究人员发现管理者对ERP带来的效率和控制力感到兴奋，尤其是某些业务流程和规则标准化后带来的效益，如财务和会计、交易以及产品流通。然而，还有一些负面的评价。一些中层管理者对ERP持有反对意见，他们抱怨说ERP系统影响了他们独立决策的能力，流程过于严格，最终造成了适应能力的丧失。他们认为ERP使他们的工作变得复杂和困难，因为他们在运用ERP工作的同时，还需要借助更具适应能力的其他办法，工作量变成原来的两倍。

ERP系统可能会减轻某些管理者的工作，但是也会增加其他管理者的工作负担。某些管理者以收集、分析和报告信息为核心任务，作为“信息管理者”，他们是ERP系统最大的受益者。

一、数字生产线

数字内容便于传输、复制和修改。通过计算机网络的内容传输方便了团队成员、部门之间的合作，也方便了同供货商和合伙人的信息沟通。人们经常将数字传输与传统的传输方式相比较，如人工传递、快递服务，这些传输方式可能耗费数小时或数天的时间。信息传输速度的增加使得工作协调水平大大提高。

我们可以把数字环境下内容的创造和传输想象成一个“虚拟的数字生产线”。过去十年技术发生了重大改变，这种虚拟的数字生产线的每一个部件都已准备就绪。表2–7展示了全球端对端数字内容行业的组成要素。

表2–7　虚拟内容行业的要素

1. 创造数字合成线				
平台	开发：Word输入软件	生产前期准备：项目管理和前期的视觉化软件	生产：数字摄像机	后期制作：剪辑软件
2. 发行				
平台	营销：办公/生产软件	传输：数字网络	发送：数字网络	消费：数字播放器
3. 货币化				
平台	顾客支付：电子银行	财务核算：会计软件	版权所有者的版权：版权管理系统	利益参与者：Word程序软件
→	→	→	→	

研究20世纪早期制造业生产线的衍变是十分具有指导意义的。经过100年的时间，生产线才发展成为支持大规模生产的生产流程。大规模生产技术主要归功于亨利·福特，他依靠前人的技术创造出复杂的生产线，引发了汽车制造业的革命。

精确测量和机械化技术最早是由枪支制造商发明的，这种技术实现了部件更换，生产线也成为可能。1913年，亨利·福特将这种生产线引入汽车生产。

福特生产线实现了大规模生产，获得成功。T型生产线使福特汽车的销售量从1912年的几千辆增长到1919年的200万辆，如图2-5所示。

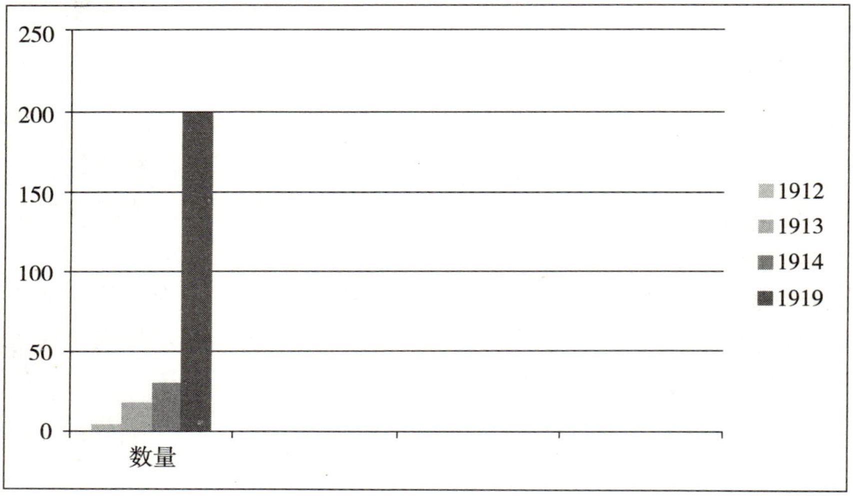

图2-5　福特汽车公司生产的汽车数目，1912—1919

由于应用了新型生产线，福特公司将竞争者远远甩在身后。1914年中期，福特公司的工人可以用1小时33分钟组装一辆汽车，而之前行业的最快速度是12小时28分钟。同年，福特公司的13000名员工制造了260720辆汽车，而其他公司的66350名员工只制造了286770辆汽车。

大规模生产技术在其他行业迅速普及。目前，这一技术的影响覆盖到农业、运输、计算机程序芯片制作以及快餐行业。然而大规模生产的生产线并不适用于内容生产领域，虽然自动传输和支付流程与内容生产领域类似。大规模生产技术的原理如下：

1. 将工作流程分解为简单、可重复的工作；
2. 将流程和工作简单化、标准化；
3. 使用专业化的设备、材料、部件和流程来降低人力投入、增加产出；

4．总体流程系统化。

大规模生产引入之后，媒体和娱乐行业也采用了生产线方式。然而，每个内容产品都是独一无二的。并且，内容产品的流行要求创意人员在创新和传统之间找到微妙的平衡，既要让受众感到兴奋，又要满足他们的需要。结果是，内容创造的许多重要的、昂贵的、资本聚集化的流程都实现了技术和艺术的结合。

在创意阶段，内容产品的生产与汽车和其他制造业产品的生产极为不同。大多数内容产品，尤其是电影，都会着眼于上游和下游市场，包括许可证、授权产品以及一系列的衍生产业。在某个媒介获得成功的内容产品会被其他媒介重新创造，如以电影、电视剧、音乐唱片、图书、舞台剧、互联网、视频游戏、娱乐公园的形式进行展现。

虽然在一个媒介成功的内容产品具有很好的市场基础，增加了在其他领域成功的可能性，但是结果却并不一定如此。内容的跨边界运作需要大量的创意和生产，这样才能满足新环境下消费者的需要。事实上，内容产品的创造者拥有版权，他们十分注意创意产品的价值。如果想要重新创作他们的内容产品，可能需要花费更多的版权成本，降低了最终收益。

在传输阶段，情况正好相反：内容产品可以以低成本复制，比制造业产品的复制成本低得多。为了使媒体产品更具盈利性，同时保证消费者可以低价获得产品，大量生产是必不可少的。同时，在互动的环境下，消费者希望内容产品是满足他们要求和需要的定制产品。内容生产和内容发行的目标看起来有些冲突，这就促进了“大量定制内容生产”。互联网浏览器和媒体播放器的流行是定制化的很好例子。内容提供者解决这一问题的方法是，运用专业化服务器和软件，即内容管理系统。它们允许基于个人请求的内容产品复制。例如，音乐服务商能够提供不同版本的音乐，如原唱模式和卡拉OK模式，或是彩铃模式。消费者甚至可以描述音乐的特征，从而更好地进行选择。

数字生产线的发展对中国的媒体管理也产生了巨大影响。以数字电视为例。在中国数字电视推行过程中，第一步是推进有线电视数字化。但由于长期以来中国媒体管理体制的原因，产业发展面临一些壁垒。首先，中国有线电视行业一直按事业化而非企业化运营，有线电视运营商的市场主体独立经营地位未完全明确；其次，电视台制播分离体制还未形成，社会节目制作市场发育不充分，付费电视内容极度匮乏；再次，中国有线电视没有实行分层经营制，观众没有形成为内容直接付费的消费习惯。由于有线运营商没有能力和动力进行业务创新，因此中国有线电视一直处于功能单

一、收费低廉的粗放经营状态。因此，与西方国家比较来看，中国的有线电视数字化不仅仅是要完成一次由模拟到数字的技术升级，更是一次在数字化新平台上重建有线付费电视运营新体系的制度创新。

中国推行有线电视数字化基本是从试点城市开始的，如青岛、佛山、杭州等城市，其主要目的是探索较好的模式，这些城市从目前推进的效果看比较理想，但深层次存在一些值得思考的问题。

首先是技术标准问题。其中包括机顶盒制式问题。数字电视网络运营商为了实现用户和节目的管理，必须在机顶盒集成有条件接收系统。而有条件接收系统这个产品一方面仍处于“战国时代”，缺乏统一的标准，各家互不相容；另一方面，中国庞大而分散的有线电视网络无论从自主利益出发还是从技术安全性考虑，都不可能仅选用一家的有条件产品作为统一的标准。因此，机顶盒与有条件接收系统的密切绑定使得机顶盒在市场准入方面存在技术和贸易双重壁垒，短期内不能像电视机、手机一样在市场上随意销售。

其次是节目制造商、集成销售商、运营服务商在价值链上站位及分成问题。如果在产业启动的初期，产业链上的运营主体不能准确定位、达成妥协，则有可能会使得数字内容无法传送到终端用户，加剧内容匮乏的矛盾。

第三是网络整合的问题。尽管广电系统的网络整合已经进行了数年，但目前仍是一张没有互连互通的散网。而没有整体规模的网络是很难有前途的，即使在局部区域有一定的规模，其发展空间和运营成本都没有多少优势。

第四是广播电视行业事业化向企业化改制的问题。只有所有的网络运营机构都转制成为企业，按照企业体制来经营运作，有线数字电视行业才能真正建立健全成本核算体系，才能有企业自身的积累和发展，才能实现产业的壮大。

二、数字工作流

项目流程的路径或一系列项目流程的路径被称作工作流。数字领域的工作流与其他领域极为不同。最为重要的区别在于数字工作流聚焦于“位置”，而不是“距离”。在实体领域，产品的传输是人工传输，通过汽车或船只运输。在数字时代，通过电子邮件或服务器，就可以将内容传输给巴黎、香港或世界其他地方的员工。

数字工作流使得传输工作更加迅速、便捷。然而，任何硬币都有两面，数字工作流也有自身的劣势。例如，组织需要一段时间来适应数字工作流带来的技术和管理上的转变，安全问题随之出现。同时，表达创意理念和艺术理念变得更加困难，因为人与人之间的沟通才是最好的理念传播方式。

一项研究对学术出版业进行了调查，最终证明数字工作流的引入喜忧参半，其他出版企业，以及其他内容生产和传输组织的情况与之类似。研究表明，数字工作流的引入改变了出版流程和产品特征，应用程度越高，变化越大。日程压缩，质量提高，最终出版商会获得更多的财务收益。

此项研究的结论是，数字工作流的引入大大改变了出版商的业务习惯。它要求更多的计划、质量控制、员工培训和员工的协调和沟通。因此，比起实体传播背景下的工作流，出版商必须更加依赖于供货商和合作伙伴。

数字中间流程是电影后期制作的一部分，它减少了成本和时间，提高了效率，同时加强了各领域的协调。电影经过剪辑之后，还有很多后期工作，如将原始胶片转化为新格式。这一过程要求许多团队的合作，如底片剪切团队、特效师和特效团队、音乐制作机构，等等。

数字工作流（电影娱乐业）

电影拍摄：以16mm或35mm的胶片拍摄

转换：每日拍摄的胶片都转换为数字格式

负片剪切：使用离线EDL，以手工形式将过长的负片进行剪切

数字中间过程开始

扫描：将电影扫描成数字格式，存放在磁盘上

分级：在高分辨率的区域进行颜色修正

传输：将分级后的材料传输到剪辑工作室

组装：材料在工作室中剪辑，使用基本工具

加入效果：混合、特效、图像处理、美化

清理：移除产品瑕疵，如曝光、灰尘等

加入标题和字幕

加入数字效果：3D、高分辨率动画、其他准备好的数字效果

录制和开发：重新录制到胶片上

无声底片、有声底片、底片发行

母带制作：将电影复制为发行形式——DVD、HDTV、NTSC等

翻正片录制：大量复制副本

存档：为未来发行保存胶片和数字形式的电影

在模拟拍摄的环境下，后期制作阶段需要几周，有时需要几个月。在数字拍摄环境，四周就可以完成。然而，在一些情况下，数字手段并不能缩短电影制作的时间，

数字过程真正的优势在于产品的质量，以及为制作者修正产品带来的弹性。例如，导演可以及时地对数字效果进行修改，在工作室中即可完成，而在模拟环境下，必须要等到电影发送到后期制作中心后才能修改。

三、内容价值链

创意产业不同企业的区别在于业务活动在价值链上的位置，如图2–6所示。生产内容、继承内容和传输内容的公司都属于创意产业，但是某个组织可能会参与一个、几个或所有的活动。例如，新闻集团的业务单元占据内容价值链的几个环节，如福克斯工作室、福克斯电视和福克斯体育。公司的有线网络对其他组织生产的内容进行集成，最终，新闻集团通过自己拥有的媒体渠道将这些音频和视频内容进行传输，渠道包括电视台、有线网络、有线系统和全球卫星服务系统。同样，美国广播公司、国家广播公司和哥伦比亚广播公司创造原始内容、获得其他组织创造的产品、通过自己运营的电视网络传输节目，同时根据协议通过其他广播集团拥有的当地电视台传输节目。而小型制作公司则极为不同，它们有可能仅仅为有线网络制作纪录片。

基础设施				
人力资源开发				
技术开发				
商业开发				
开发和试制	生产	发行	营销和销售	服务和顾客关系管理

深色方格代表支持性活动 白色方格代表主要活动

消费者市场

图2–6 内容价值链

价值链

“价值链”这一术语首先是由米歇尔·波特在1985年出版的《竞争优势》一书中提出。价值链将组织的活动进行分类，通过这些活动，组织才能开发、创造、营销、销售和传输产品或产品组合。在价值链的每个环节，组织能够创造和增加价值。例如，空白DVD的价值不到1美元，但是将电影加入DVD之后，DVD的价值就变成15—30美元。中间的过程包括，工作室开发和生产电影、电影营销、将内容复制到DVD、解码和销售。

价值链的另一个作用是，不同企业在生产流程中增加价值的方式。图2–6中的活动在媒体行业中用不同术语表示：

进货物流=开发和试制

运作=生产

出货物流=发行

营销和销售=营销和销售

服务=服务

四、内容发行链

如图2–7所示，发行链描述了内容从内容制造商或提供商转移到消费者的过程。内容存储于一定的介质中，如磁带、DVD和文件。内容提供商向服务商授权，允许提取和传输内容。发行系统介于内容提供商和消费者之间。远程传输需要通过光纤和卫星网络；而短程传输可能通过无线传输、本次有线传输和电话网络传输。

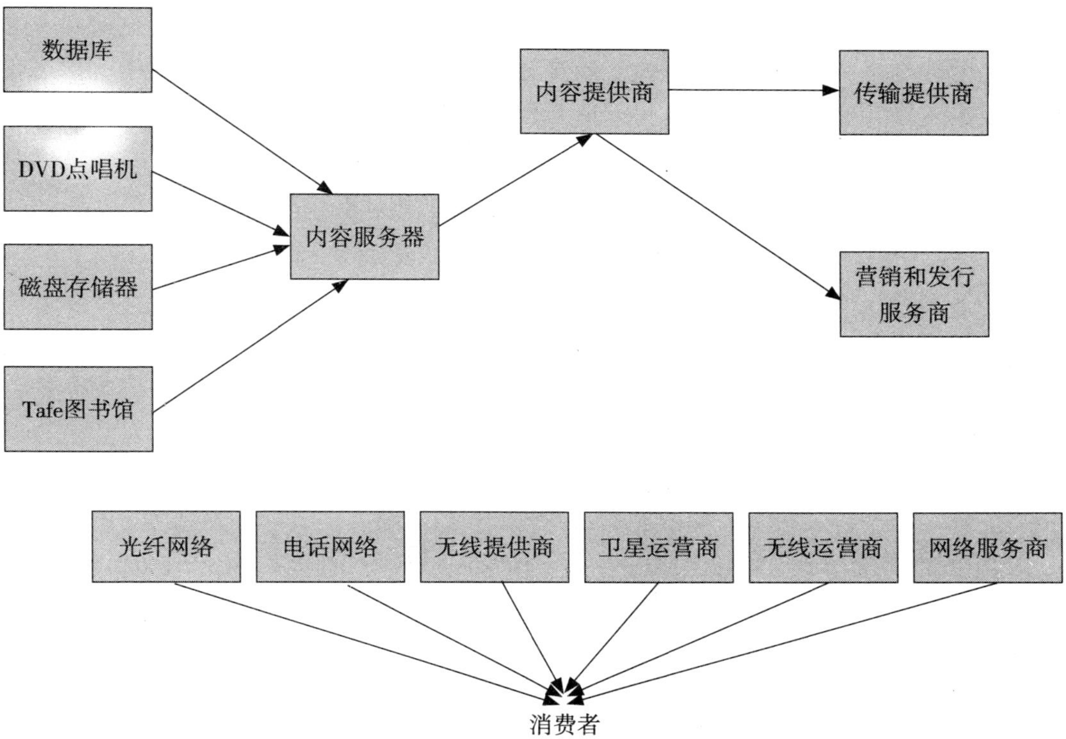

图2–7　内容发行链

在安排内容产品的发行链方面，媒体公司区别很大，这主要取决于它们的业务涵盖范围。ABC、CBS和NBC生产内容，它们向卫星和光纤传输运营商付费，通过它们的设备将内容传输到自己的或附属的电视台。目前，电视台通常是广播集团中心网络的一部分，因此节目会通过光纤、有线网络、卫星或其他无线网络传输到电视台的发射机，即二次传输。内容也可能流向有线网络的主设备。为了使内容到达消费者，电视台拥有自己的发射机，向家庭直接传送节目。

不同的是，福克斯广播公司的母公司——新闻集团，拥有自己的卫星系统。子公司向母公司拥有的卫星公司支付传输费用，因此母公司的支出没有减少。但是，对于新闻集团来讲，这种传输安排比向其他广播网络支付传输费用成本更低，因为新闻集团获得了传输环节的利润。

五、收益链

“跟踪金钱”，这一术语揭示了收益链的含义。它指的是收益流向内容价值链和传输链上各个参与者的方式。收益链以最终消费者为起点，最终回到内容创造者，这是商业流程中十分特别的流动方向。消费者为内容付费，通常是通过信用卡、支票或其他支付工具。如果不是现金支付，那么收益链的过程还涉及银行结算。然后，收益依据版权协议和合同流向各参与者，如内容创造者、版权所有者或被授权者、集成商和传输商。毫无疑问，参与者数目如此之多造成了收益分配的复杂性。

创意行业影响企业的商业因素

商业领域一直在寻求以下三个问题的答案：应当为某个市场生产多少产品？怎样生产？消费者是谁？每个组织必须解决所在市场和所生产产品的这几个问题。如其他行业一样，经典微观经济学原理也适用于媒体行业，如供求理论等。可自由支配收入会影响家庭内容消费预算，空闲时间也是重要决定要素。

创意产业各个领域、各领域不同企业的规模、范围、市场、产品和消费者都存在很大不同。然而，它们拥有一些共同的经济体征。

（1）大多数娱乐市场是差异化市场，企业生产同一类型的不同产品。

（2）创造信息产品的成本很高，复制信息产品的成本很低。用经济学原理来解释就是，信息产品的固定成本高，边际成本低。

（3）它们生产的产品是经验产品，意味着潜在消费者不了解产品的情况，因为他们并没有体验过该产品。消费者只有依靠他人的评价来决定是否使用或购买该产品。

（4）它们都处于注意力经济的背景下：信息产品的销售依靠有时间、有精力、想要消费的用户。

（5）它们都需要依靠技术和整个技术系统。例如，只有通过营销系统、支付系统、发行系统和放映系统，观众才能看到一部电影。

（6）创意产业的许多领域都是“轰动驱动”的行业，试图吸引更加广泛的消费者。

（7）虽然组织一直渴望“轰动”，但是很难预测能使某一产品“轰动”的要素。凯夫斯将商业环境描述为“无人知晓的土地”。

由于创意产业组织的成功取决于创意和创新的程度，因此对创意人才的管理和组织结构的设计就显得尤为重要。一般情况下，组织愿意雇佣能够与创意人才和谐相处并能够把控流程的人，杰米·塔斯由于具有这种能力，而获得了很好的回报。在国家广播公司工作时，她带领团队开发和生产出《老友记》，这部电视剧成为周四晚间黄金时间最受欢迎的节目。塔斯象征了娱乐产业的一个新时代，美国广播公司从国家广播公司抢走了这个管理人才，使其成为ABC娱乐网络的第一个女性主管，那时她只有32岁。

第七节　组织生存的语境：经济和社会要素

所有的公司都在一个庞大的文化、社会、政治和经济语境下生存。这就意味着虽然经典经济学的供求理论是决定企业是否成功的主要因素，但并不是唯一要素。有时，许多经济之外的要素会对企业产生重要影响。一直以来，许多创意产业的参与者认为宏观经济循环对内容产业盈利性的影响小于其对其他产业的影响，如房地产或汽车制造行业。用经济术语来讲，媒体和娱乐产业被称为“反循环的领域”。

然而，当总体经济遭遇巨大下滑，创意产业还是会受到影响。2009年，威克斯曼公司报告了经济衰退对好莱坞的影响，虽然《阿凡达》和《超自然活动》获得了成功。“2009年，坏消息不断。电影制作公司倒闭，独立电影工作室陷入困境，失业大量出现。华纳兄弟解雇了800人，新闻集团解雇了400人，迪士尼解雇了1900人，索尼解雇了300人，狮门影业解雇了45人。由于印度合伙人的撤资，梦工厂经历了几个月的生死挣扎。环球和迪士尼集团都经历了高层管理者的变动，引进了更加年轻和激进的管理者。好莱坞的电影业遭遇了连续的挫败。总体而言，娱乐世界随时可能崩塌”。

创意产业的各个领域情况并不相同，有些领域会受到经济更大的影响。例如，行业分析家安东尼·诺特在2007年的路透社高峰论坛上指出，低广告收入将会让那些依靠广告的公司蒙受损失，如广播电视网络。然而，他同时认为，全球经营和网络经营的公司能够避免经济衰退的影响。

正如Take-Two活动公司的主席施特劳斯·泽尔尼克对创意产业的总结那样："没有一家娱乐公司是真正的反循环，虽然人们一直这样说，但是这不是事实。让我们这样想，如果你丢掉了自己的房子，你就不会有心情为视频游戏付费，即使是圣诞节也是如此。"

创意产业对文化、社会和政治环境极为敏感。唐·艾莫斯公司的危机证实了个人或团体会对某一公共领域的事件做出激烈的回应。媒体是否合理、公正、准确和诚实是评论、对话甚至是法律持续关注的问题。

内容提供商发现这些背景都会对内容产品的自由度产生影响。从商业角度来看，20世纪80年代里根政府的政治决定推动了媒体行业的规定解除。结果是媒体和娱乐行业整合趋势泛滥，直到21世纪这一影响都在持续。

2004年，珍妮·杰克逊在超级碗的一场表演中不慎走光，这引起了一场大风暴。联邦信息委员会（FCC）决定，出现这种问题的广播公司将会遭到更为严重的罚款。从那之后，对非合理性内容的监管变得更加严格。

事实上，我们可以指出，影响社会的主要事件对于媒体的影响力远远大于想象，如9·11事件和伊拉克的持续战争。影响逐渐积累，政治运动和社会态度发生转变，也会对内容企业的运营产生作用力。创意产业有双重作用——美化社会或影射社会。作为社会结构中敏感的角色，内容产品受到社会和政治的极大关注。政治势力和社会公众对内容产品做出回应，反过来影响内容产品的制作。

中国的社会政治要素对媒体组织的影响巨大。中国的传统媒体采取的是双重领导的方式——地方党委与广电部门共同领导。当政治环境发生变化，媒体内容则需要进行迅速调整。如果媒体组织对政策环境不敏感，很有可能造成巨大损失。电视剧《蜗居》曾经因为触及政治敏感问题而遭到禁播，直接造成华谊兄弟集团的股价大幅下跌。

与此同时，文化环境的变化对媒体组织的影响也不可小觑。近几年来，看电影成为民众生活娱乐的热门方式。电影市场也获得空前繁荣，2012年，中国电影票房达到170亿元，创下历史之最。2013年，中国电影票房高达217亿元，这样的成绩与电影文化的繁荣不无关联。

总结

为了达成组织目标，组织必须对劳动分工进行管理，对工作进行协调，因而组织结构的设计是十分重要的。两种最为常见的结构形式是层级结构和非层级结构。其他结构特征是，规模、形式化、专业化、集中化以及核心活动劳动力的比例。组织还存在边界，具有一定的渗透性。

组织由五个要素组成：战略层、运营核心、生产线、技术层和支持性员工。它们通过沟通进行协调。信息可能由上而下流动，也可能由下而上或自由流动。向下流动的信息是"正式沟通"，向上和自由流动的信息可能是"正式沟通"，也有可能是"非正式沟通"。电子信息系统对组织的功能具有重要影响。

创意产业的组织类型有：

◆内容生产型组织

◆内容营销和发行组织

◆内容传输组织

在内容产业中，将内容传递给消费者主要经历六大阶段：

开发

预制

生产

后期制作

营销

传输

技术是创意行业的基础。长期的趋势是，该行业的所有重要流程将转到"线上"，一个端对端的虚拟行业即将形成。这一趋势包括内容发行链、内容价值链和收益链的所有要素。现在不能确定全数字工作流对创意行业的影响究竟有多大。

内容价值链描述了每个参与者在哪个环节增加了产品的最终价值；内容发行链描述了最终产品怎样从内容提供商转移到消费者；收益链描述了消费者为内容产品支付的费用怎样到达传输商、版权所有者以及内容创造者。

对于任何企业来说，经济因素都是必须要考虑的。创意企业的问题在于它们无法回答以下三个经济问题：产品生产的数量、怎样生产和消费者是谁。核心经济学原理指出，供求、可支配收入和空闲时间是主要因素。内容产业是注意力经济，娱乐市场是“轰动型”的差异化市场。内容产品具有经验产品的特性，固定成本高、边际成本低。

创意产业对经济衰退不如其他行业敏感；但是它更易受到大的文化环境、社会环境和政治环境的影响，包括社会态度和风俗习惯。

下章概要

下章主要探讨媒体的本质性问题，包括媒体的性质、功能、管理原则。讨论了媒体的相关概念，分析了媒体的传播模式和功能特征，并介绍了中国媒体管理的原则。

案例分析2.1　媒体组织

你所在电视台的主席正在筹划电视台新闻部门与某一互联网新闻部门的合并。你的任务是研究这两个部门，并开发出一款游戏，使得两个部门可以更好地结合。你的新闻部门主管是约翰，他在电视台工作了35年，对电视台的内部环境和外部环境了如指掌。他不会上网，比起电子邮件来他更喜欢传真，但是他因此而自豪。幸运的是，他的助理可以帮助他回复电子邮件，使他不至于落伍。他有多年的电视市场经验，也开发了一些长期的客户，这对新闻的营销是十分有益的。

一些新来的记者抱怨约翰不与时俱进，当他们提交应用新技术的想法时通常会遭到拒绝，这让他们十分沮丧。更经常的是，他们找助理新闻主管埃里克沟通。埃里克曾经是助理记者，后来做过制作人，用5年时间升到现在的职位。埃里克也理解记者们沮丧的感觉，他经常与制作人讨论新闻报道的意见，然后把信息传达给约翰。

你的下一步工作是对互联网组织进行调研，并对它的运营情况做出总结。大多数网络编辑都有过报社记者的经历，他们好像并不愿意加入广播团队。有种感觉是，记者们放弃了报业的工作，意味着他们也不愿意从事广播行业。这一组织的主管拥有网站开发的职业背景，创新性很强。他与员工相处和谐，而且更像是同事而不是领导。他与制作人共用一个办公室，视频部门的记者经常自由出入他的办公室并与他随意谈笑。

很明显，互联网站的气氛更加自由。合并的消息被公布了，但是没有确定最终期限。电视台新闻部门的氛围与之完全不同，记者、摄像师、剪辑人员都在为新闻报道匆忙地工作，以便在规定时间内完成任务。毫无疑问，将这两个风格完全不同的部门整合成一个统一的团队将是一件多么有趣的事情。

1. 首先，对电视台的新闻部门进行全面的研究。与当地的电视台联系，了解新闻部门的组织结构。更为重要的是，弄明白工作的时间分配：

正常工作时间

位置和头衔

每个新闻报道的截止日期

2. 选择一家互联网公司，进行同样的研究，并画出组织结构图。考虑应当对它采取怎样的运营方式。找出报道的截止日期和突发新闻的报道情况。

3. 全面分析这两个完全不同的部门之后，设计一个计划，使它们能够成功地合并。应当废除、更改或保留哪些职位？解释怎样做以及为什么这样做。

4. 最后，预测合并将给公司带来的收益，以及合并后将会遇到哪些挑战？

案例分析2.2　媒体集团的管理

大不列颠百科全书对媒体整合的定义是，许多媒体公司进行联合的现象，这些公司包括计算机和信息技术公司、电信网络以及内容提供商。其中内容提供商涵盖出版行业（报纸、杂志）、音乐、广播、电视、电影和娱乐软件。媒体整合实现了3C的融合——计算机、通信和内容。在这个案例中，你将分析两家已经合并的公司，从而对当今媒体市场的整合现象得出一些结论。

第一部分

对过去10年中发生的媒体整合现象进行研究，并进行简要总结。回答以下问题：

两家公司合并的原因？

这两家公司分别从整合中获得了什么？

整合的负面影响有哪些？

第二部分

整合两家公司。

研究两个媒体公司或娱乐公司，设计整合计划：

对两家公司进行全面研究。

确定两家公司各自的优势和劣势。

为新公司命名。

可以合并的部门有哪些？必须保持独立的部门有哪些？

合并之后消费者能否获得益处？

你将会怎样为新公司营销？

写一篇关于公司合并的新闻稿。

第三章
媒体的性质、功能和管理原则

这一年来，胡温体制对新闻自由也不是漠然视之，他们提出新闻媒体要“三贴近”（贴近实际，贴近群众，贴近生活），提出过“三性”（体现现代性，把握规律性，富于创造性）。

——《人民日报》总编辑、社长 胡绩伟

>> 本章学习目标

→媒体的相关概念

→媒体的性质

→媒体的传播模式、功能及特点

→媒体产品生产与传播过程

导 语

本书中所说的媒体包涵两个方面的内容：一是媒介本身——指实现了人的器官的延伸，承载并传播信息的各种物理形式，从古代的“结绳”、甲骨到语言、文字、报刊、图书、广播、电视、网络、多媒体。二是指组织实施信息传播、制作信息产品的部门和机构。本章首先对媒体进行分类。

1. 以传播技术划分

一方面是媒体对技术的依赖，另一方面是技术在媒体中的充分运用，二者间结合的程度使得研究者和实践者都得出结论：尽管有各种各样的因素改变、推动着媒体的形态和组织方式，但技术的力量是决定性的，技术的改变甚至能够带来一个时代的文化样态的改变。传播学者麦克卢汉在《理解媒介》中勾勒了技术力量推动下整个人类媒介演变的历程和创造的图景；尼尔·波兹曼在《童年的消逝》中解析了文字的出现是怎样让人类踏上了现代文明的旅程，区分出了一个人的童年和成年，而电子媒介所创造出的影像世界又怎样消除了这种界限，失去了童年的现代人如何在新媒体中实现着虚拟的“原始部落”的娱乐和狂欢。

传播学者对媒体的全面关注，或者说媒体进入大众视野是从印刷术开始的，之后学者基本上采用技术名词来区分不同的媒体和媒体时代。

（1）印刷媒体、电影、电子媒体和数字媒体

15世纪中期的德国，一个叫古腾堡的人将纸、墨以及一些简单的材料结合到一起，采用金属活字技术在简陋的印刷机上成功生产出了世界上第一批不是手抄本的《圣经》。传播学之父施拉姆将这个日子确定为“庆祝大众传播开始的日子”。自此，阅读不再是一种贵族特权，大众可以同样享受文字带来的精神世界的美妙体验。有学者认为，印刷术在西方的大量使用是西方民主启蒙的重要标志之一。

电影出现在19世纪末。1895年12月28日，巴黎卡普辛格大街的“大咖啡馆”成了电影史上的世界第一家电影院，放映了卢米埃尔兄弟拍摄的《工厂的大门》、《火车进站》、《水浇园丁》等短片。之后的一百多年间，基于生物学和心理学的“视觉暂留”原理、物理学的特殊感光系统以及化学药剂的凝像功能，电影成为人类历史上独具魅力的艺术形态。

电子媒体的研制时间几乎和电影同步，从20世纪二三十年代开始，电子媒体就和电影一道，占据了整个20世纪的媒介舞台。1920年，美国威斯汀豪斯公司获得了从事标准广播的第一张正式营业执照。1936年，英国广播公司建成了第一座公共电视台并开始播出电视节目。1956年，第一台用于商业广播的可记录全黑白电视信号的录像机诞生于安培公司，同年11月30日，世界上第一个基于视频磁带的广播实验在这个公司进行。1976年，一个名为“ENG”的系统使电视台的运行成本大幅度下降，大大提高了新闻报道的时效性，还真正使各大电视台告别了电影机采访的历史，进入全面的电视时代。电子媒体运用光电转换的原理和技术，一方面克服了电影摄制技术中不能同步记录声音的劣势，实现了画面和声音同步采录，另一方面又利用磁带同步记录的方法省去了胶片摄制的繁琐工序和由此带来的相对滞后的传播速度，最终，以强烈的现场感、时效性一跃成为媒体格局中的强势媒体。

数字媒体的全面兴起是20世纪90年代的事情，0、1转换的“比特”技术以电脑为载体，引发了人类传播和技术上的又一次革命。甚至，当数字技术强大的兼容性能够实现所有信息的数字化时，传统媒介之间的分界线都会打破，媒介的划分需要重新开

始。因为，随着数字化技术全面进入传统媒体，所有的媒介都会直接、间接地带有数字的烙印。当我们在电视上浏览互联网、收听广播、进行远程教育、视频点播电影的时候，已经无法区分什么来自声音传播、什么来自影像传播。

以电视为例，数字技术不仅带来了数字化的影像，还带来了数字化的传输。和基于电子技术录制的影像节目不同，基于数字技术的节目不仅克服了每次复制的高损耗（一次节目复制次四到五次，图像质量就大大损耗，不能播出了），还改变了人们对影像的认识。这些变化是不胜枚举的，如：数字化影像中的色彩、影调、光线、造型都是由“比特”构成的，因此可以随意调整；数字化的音响系统创造出了立体声，将自然界的声音设置为左、右、中声道和左环绕、右环绕、低频效果声道；数字化影像为后期编辑开拓了更自由、更灵活的创作空间，比起基于电子技术的线性编辑，基于数字技术的非线性编辑具备无数次复制、无限期保存、在各种存储设备间相互转换、随意挑选画面进行任意顺序的剪辑等巨大优势；数字技术将“电视”的概念和其传输的终端“电视机”分离开来，出现了网络电视、手机电视和移动电视；甚至，数字技术使影像不再满足于简单复制和还原人类的感官认知，向着超越人类感官认知体验的方向迈进……

数字媒体的交互性传播特性、便携性的终端设备、移动性的传播过程还在继续颠覆着人们对媒体的原有认知图景。

（2）传统媒体和新媒体

数字技术广泛使用后，媒体的形态发生了巨大转变，一些新兴媒体表现出了和之前媒体截然不同的信息呈现形态、存储方式和传输方式。因此，学者和大众为了区分的方便，对媒体进行了更为简单的划分和界定，即：“传统媒体”和“新媒体”。新媒体只是一个区别于传统媒体的相对概念。

在21世纪初的今天，我们谈论的新媒体主要以光纤通信为介质，包括以双向互动传播为特点的有线电视网，电子计算机通信网，以及一系列基于数字技术的新型媒体。

新媒体的类别有以下几种：

①有线类新媒体：光纤有线电视网；同轴电缆有线网络。

②无线类新媒体：通信卫星（点对点通信）；广播直播卫星（点对面通信广播）。

③计算机类新媒体：大型数据库；E-mail。

传统媒体的功能比较单一，一种媒体延伸了一种感觉器官，如报纸、杂志仅供阅读，广播仅供收听。新媒体的功能则丰富得多，可以在同一时间调动人的多个感觉器官，进行全方位的互动。

2. 以传播内容划分

根据国内外诸多学者的研究成果，大众媒体的基本功能有传播信息、引导舆论、教育大众、传承文化、娱乐消遣等。不同媒体的功能也有所不同，报纸以传播信息为主，广播电视中新闻信息和娱乐内容并重。而根据最近的研究，当前阶段，电视媒体的娱乐功能已超越信息功能。

根据媒体传播的内容及相应的实现功能，可以把媒体做如下分类：

（1）新闻类

新闻的定义很多，国内外对新闻的理解也有一些偏差。在中国新闻界，较多引用的是陆定一在20世纪40年代界定的新闻定义，即：新闻是新近发生的事实的报道。之后的广播新闻、电视新闻和网络新闻的定义皆由此延伸。大多数的新闻定义将重点放在新闻的产品特性上，阮志孝的定义则对媒介机构有所强调。他说："新闻是专业机构认定并传播的，对公众有知悉意义的新见闻。"从这个定义中可以看出，新闻的采制和传播是要经过记者、编辑等一系列"把关人"层层过滤的，受一个国家新闻事业的属性的限定，带有明显的意识形态特征。

1950年，中央人民政府新闻总署召开的第一次全面调整发展新闻事业的全国工作会议上，就规定了新中国广播的任务是发布新闻、传达政令、社会教育、文化娱乐，并把新闻功能摆在首位。

《中华人民共和国宪法》第二十二条规定："国家发展为人民服务、为社会主义服务的文学艺术事业、新闻传播电视事业、出版发行事业，图书馆、博物馆、文化馆和其他文化事业，开展群众性的文化活动。"由国家的根本大法所规定的"为人民服务、为社会主义服务"的方针，是中国新闻事业和媒体传播活动的根本方针。

从根本上说，中国的新闻媒体是"党的喉舌、人民之声"，在党和政府以及人民群众之间积极发挥纽带和桥梁作用。中国的新闻类媒体以党的机关报刊、国家通讯社、广播电视事业为主体，也包括其他的一些专业性报刊、网络媒体等。这些媒体组成了强大的新闻采集、编辑传播体系，从不同的方面和层次满足人民群众对新闻的需求。

（2）信息类

从传播学的角度看，新闻其实是信息的一种，是一种特殊的信息。宁树藩对新闻作定义时说："新闻是经报道（或传播）的新近事实的信息。"这里的信息专指满足人们日常生活需要的一些信息，这些信息一般不存在政治属性的约束。例如大部分经济信息，使人们对所关心的经济事物、经济现象或经济政策有所了解。再比如广告，传播的目的是向受众介绍商品信息，引发购买行为。

（3）综艺类

如果将媒体比作一架承载信息的飞机，那么，这个飞机的两翼就是新闻和娱乐。传播综合信息的媒体常常把新闻、娱乐融为一炉，在频道专业化、受众分众化的传播格局中，新闻和娱乐开始各自拓展自己的领地。一些媒体以新闻见长，如各专业台的新闻频道、各报纸集团的新闻专刊。综艺节目主要满足受众的审美和娱乐需求，承载综艺内容的媒体在当前社会的受欢迎程度很高。一些以生产综艺节目为主的媒体和新闻媒体一样，享有很高的知名度，并获取不菲的利润，如光线传媒、星空卫视等。

以电视综艺节目为例。从20世纪60年代中央电视台制作播出的“笑的晚会”、1983年的第一届春节联欢晚会到2000年的“娱乐元年”，综艺类媒体吸引了众多观众的视线。据《中国电视综艺节目市场报告2006—2007》的统计数据显示：中国以综艺娱乐节目为主打的电视频道已有177个，以综艺娱乐命名的专业或准专业频道35个，各电视台和社会制作公司制作的综艺娱乐节目达到6万小时，各频道全年播出的综艺娱乐节目总量超过14万小时，综艺娱乐类节目的全国收视率份额为7.4%，综艺娱乐节目已经成为支撑和提升中国电视收视率的主打品牌。

中国有悠久的艺术创作传统，戏曲、音乐、舞蹈等综艺元素储备丰富。伴随着整体国力的提升，生活水平逐步提高的人们定会将目光转向这些带有深深的历史烙印和文化印迹的艺术种类，并促使其在新的媒体中焕发新的光彩。

（4）教育类

中国历来有“文以载道”的传统，媒体承担一定的教化功能不仅合情合理，合乎社会需要，而且，国家还鼓励、支持开办专门的频道或者机构促进教育内容的传播和教育功能的实现。

教育类媒体的主要职责是对受众进行思想道德教育、传播科学文化知识。其内容包括社会教育类和教学类。教育类内容如面向儿童青少年的广播电视节目、报刊。还有一些教育性、知识性互相依存的内容，如：法制、科技、卫生、历史知识、军事等。另外，还包括借助媒体开展的教学内容，如中国教育电视台和一些地方台科教频道播出的知识讲座、远程教学节目等。

根据《广播电视管理条例》，在中国，只有市、自治州以上人民政府教育行政部门可以设立教育电视台，专门播出教育类节目，此外任何其他单位和个人不得设立教育电视台。这充分表明中国政府对媒体教育功能的高度重视。

（5）体育类

观看体育比赛是人们的娱乐方式之一，通过媒体观看比赛，尤其是大型比赛，成为当代人的一种业余消遣方式。媒体中的体育新闻、赛事不仅受到了广大体育爱好者的喜爱，也成为普通受众的选择。因此，一些运动员因为有了较强的大众关注度而成为明星，成为世界知名商业品牌的代言人，享有了较高的知名度，如世界球星贝克汉姆，中国篮球明星姚明，跳水世界冠军郭晶晶。以电视为例，CCTV-5是专门的体育频道，有很多地方台也有专门的体育频道，而一些付费电视频道也瞄准了体育这个热门的内容。同时，报纸、广播、互联网等各种媒体也都根据自己的特点，推出大量的体育内容或者体育专版、专栏，形成了体育类媒体的完整体系。

（6）影视剧类

影视剧的主要传播平台是影院、电视媒体和网络。从2007年中央电视台发布的“2007年全国电视观众抽样调查”中可以看出，电视剧仍然是人们收视意愿比较强的节目形态之一。从1958年6月15日播出的《一口菜饼子》到1978年至1985年电视剧创作的第一次复苏——《乔厂长上任记》、《女记者的画外音》、《高山下的花环》、《新星》等作品播出；从20世纪90年代的《渴望》、《外来妹》、《编辑部的故事》、《北京人在纽约》、《宰相刘罗锅》到21世纪以来的《激情燃烧的岁月》、《历史的天空》、《亮剑》、《暗算》、《士兵突击》、《闯关东》；从20世纪80年代的日流、墨西哥流到21世纪的美流、韩流，对故事的不断需求让观众在电视机前一次次流连忘返，一次次体验不同的鲜活生命的情感。尽管中国影视剧产量已经有了大幅度的提升，且保持强劲的增长势头，但总体来看，精品影视剧的数量仍然很少。

全球范围内出现的多元的政治、经济和文化格局使得人们的审美情趣、欣赏水平、消费需求呈现多样化、分众化特征，在这样的年代，不仅生产“雅俗共赏”的节目成为不可能的事情，即使在“雅”和“俗”的这两个层面上也有了太多太多的区分。业界和学者适时地提出了“窄播”的传播思路，呼吁并倡导媒体针对性地生产节目，为一小部分人或者一类人服务，数字付费频道的开办就是基于这样的传播理念。这无疑需要媒体产品品质和管理理念的双方面提升，无疑是媒体管理者在这个时代面临的新的挑战。

从严格意义上讲，按照传播内容对媒体进行划分的方法还不够科学，仍需要进行较深入的探索。这也是媒体管理研究课题中具有较强实践意义的课题。

第一节 媒体的性质

从技术上讲，媒体虽然具有一定的自然属性，但并不是客观的自然产物，而是人的社会活动的产物，为实现人们的特定社会目的而服务。由于媒体传播不受时间、空间等的限制，又以广泛的社会公众为接收对象，其传播的覆盖面之大、影响力之强都不容忽视。因此，媒体成为党派、政府、各种社会机构、各级组织、企事业单位和大众普遍使用的信息工具，用于传播新闻信息、进行意识形态宣传、开展社会教育、提供文化娱乐等。因此，媒体是一种社会产物，具有特定的社会属性。

一是大众性。具体体现为传播内容的通俗性、服务对象的广泛性、传播方式的公开性等；二是文化性。主要体现为传播内容所包含的各种文化形态、媒体自身承担的文化传承的功能，以及由媒体引发的独特的文化形态；三是意识形态特征。媒体传播的内容不论以何种信息方式表现，都是人们意识活动的成果。大众传播的实质就是人类的一种意识形态活动，媒体也就自然而然地成为承载特定意识形态的工具。

从社会产物的意义上看，媒体可以被任何人、任何社会组织所利用，也不可避免地带有个人或组织的主观诉求。对这些机构和组织来讲，使用媒体进行传播的目的很简单，即劝服受众，使受众接受其政治主张和观点，这种特性可以概括为媒体的政治性。另外，媒体的生产存在投入、产出、销售、反馈等经营性活动环节，具备完全的商业特征和经济属性。从这个意义上讲，媒体的社会属性可以从政治属性和经济属性两方面来理解。

一、媒体的政治属性

首先，媒体的性质是由其所有权决定的。媒体经营主体的所有制性质决定媒体的性质；所有制性质决定媒体传播活动的方针；所有制性质决定媒体传播内容的意识形态性质。出于政治利益的需要，媒体经营者不仅要求它所拥有的媒体与其所有制性质相适应，而且要为其经济基础服务，为所有者和经营者的利益服务。这是一个普遍的规律。

其次，媒体活动和传播内容具有阶级性。媒体是一种意识形态工具，其传播的内容属于意识形态范畴，必然具有阶级性。并且，阶级性常常是媒体性质及其传播活动和传播内容的鲜明标志。阶级性表现为几个方面：一是媒体的所有者和经营者的阶级地位使媒体带有支配阶级的性质；二是媒体从业者的阶级地位和阶级立场使媒体的内容和传播活动带有其阶级的意志；三是媒体直接或间接的适应不同人群的需要，为不同人群服务。

再次，媒体宣传具有政治倾向性。政治倾向性是阶级性的集中体现，媒体具有的鲜明的阶级性也自然表现为媒体及其传播活动的政治倾向性。其主要内容包括：支持、宣传体现本阶级利益的政党、社会集团、社会势力的政治主张和政策，反对其他阶级尤其是敌对阶级的政治主张和政策。虽然并非所有的传播内容都有政治倾向性，但从总体上看，政治倾向性是媒体的一种重要的社会属性。这种政治倾向性可以是潜在的、间接的或隐蔽的，也可以是明显的、直接的或公开的。

最后，媒体对社会舆论具有导向性。媒体所具有的意识形态性、大众性、文化性特征及其迅速及时、真实生动、形象感人的传播特点，使它能够对舆论发挥功效强大的引导作用。舆论是社会公众或一定的社会集团对近期发生的有争议的、被人们普遍关注的事件的大体一致的看法和意见，在支配人们行为和道德观念等方面，舆论具有一定的权威性和无形约束力。媒体本身就是一种强大的舆论工具。在具有鲜明阶级性和政治倾向性的前提下，媒体的舆论性必然具有特定的指向作用，媒体必然成为特定阶级的舆论工具。

二、媒体的经济属性

马克思在《资本论》中写道：“商品的产生来自范围广泛的需求，包括生理和文化的需求，商品的使用也可以用各种各样的方式来界定。”更进一步讲，马克思的观点表明了商品的使用价值不仅限于维持生计的需要，还延伸到社会构建的范畴。马克思的商品观可以很好地解释传播媒体和商品的两种普遍关系：一方面，传播过程和传播科技对经济学中商品化的一般过程起了推动作用，即在一般的生产行业中，由于现代的媒体传播，整个生产、分配和销售循环的信息变得异常丰富，从而使生产者和销售者更有可能只生产和储存顾客需要的货品。更具体地讲，现代广告依托大众媒体为主要传播渠道，广告成了生产商的重要营销手段，也是消费者获得商品信息的主要来源，广告在推动商品市场的繁荣方面具有不可比拟的贡献。另一方面，整个社会的商品化过程渗透到传播过程中，商品化的过程也对传播实践产生了重大影响。像时代华纳这样的跨国公司常常是生产多种形态的媒体产品，以获取尽可能多的商业利润。

媒体的经济属性特征可以有以下表述：

1．在物质性产品的生产和消费过程中，产品在市场中是生产、流通、销售、消费的循环。媒体作为一种特殊的行业，其生产的对象同样在进行这样一个循环。

在媒体产品的生产环节，需要大量的人力、物力、财力的投入，这些构成了它的生产成本，尤其是现代媒体需要借助高新技术平台，其成本投入远高于其他很多行业。在流通环节，现代媒体产品依靠先进技术，可以轻而易举地传送到千家万户。在销售环节，现代企业在激烈的市场竞争中为了赢得客户，纷纷开展各种营销手段，市场经济的这种优胜劣汰的竞争意识已经渗透到传播媒体的各领域，各媒体之间形成了强劲的竞争局面。销售的目的是为了得到更多受众的关注，从而获得经济利益。在消费环节，广大受众的精神需求通过对媒体产品的使用获得了满足，这种满足甚至大于纯物质性产品带来的满足。

2．从媒体产品的循环过程可以看出，它和物质产品的生产循环在本质上是相通的。

媒体产业是生产精神产品的产业，是在实现社会效益及符合市场经济普遍规律的原则下获得一定经济利益的产业部门。人们对产业的认识随着社会的进步在不断变化。“产业”一词最早由重农学派提出，特指农业。在人类迈入资本主义大生产时代后，产业主要是指工业。20世纪50年代以后，随着服务业和各种非生产性产业的迅速发展，产业的内涵发生了变化，不再专指物质产品生产部门，而是指“生产同类产品（或服务）及其可替代品（或服务）的企业群在同一市场上的相互关系的集合”。

信息产业的内容非常广泛，广义的信息产业是指以现代信息技术为基础，从事信息资源生产、收集分配、存储处理开发、传递流通服务，以信息产品和信息服务为产品的行业。

广义的信息产业可分为信息技术产业和信息服务业。信息技术产业指开发、制造并出售信息技术及设备的产业。信息服务业指使用信息技术及设备从事信息收集、分配、存储、处理、开发、传递、流通，提供信息产品和服务的产业。

一般来说，广义的信息产业可具体划分为以下四类：（1）信息设备制造业，如电子计算机业、集成电路业、通信与媒体业等；（2）信息技术服务业，如软件产业，电子信息处理服务业、数据库服务业等；（3）信息传播报道业，如报业、出版业、广告业、广播、电视、通信信息服务业等；（4）信息流通服务业，如图书馆业、情报业、档案业、咨询业以及教育等。

马克思认为：“一切生产力即物质生产力和精神生产力。”媒体产品是一种信息产品，媒体信息传播是生产力的组织部分。其巨大的精神生产力体现在信息产品制作生产流程中的智力投入以及内容的社会价值，其物质生产力包括传播手段的现代化，等等。

根据世界各国的经验，各种产业规范和市场运作的有效性，一般具有以下5个共同的前提，即独立的企业制度、有效的市场竞争、规范的政府职能、良好的社会信用和健全的法制基础。事实上，世界各国的媒体都不能脱离政府的宏观控制，很多国家都制定了维护统治阶级利益的法律法规以规范媒体的产业化运作。也就是说，媒体具有类似于物质性产品的产业属性，但这种属性与物质性产品的生产又不完全相同，是在一定限度下的产业属性。

总之，媒体既是一个盈利的商业机器，又是一个传播思想的意识形态工具。虽然媒体在不同的国家具有不同的地位，但是经营者都无一例外地依据各自的政治、经济、文化和价值准则来进行媒体活动，赢得受众的青睐。不管一个国家或组织如何宣称其新闻传播和媒体经营的自由程度，都无法掩盖媒体在运作过程中来自社会各方力量制约的实质。首先是受政府直接或间接控制，服从于统治阶级制定的法制。其次是顺从于市场经济竞争法则的制约，实现经营者的利益。或者干脆贴上阶级的标签，充当社会集团的喉舌和代言人。

无论怎样，媒体的政治属性和经济属性都是不能分割而独立存在的。

第二节　媒体的功能

关于媒体的功能，很多传播学者都提出了他们的观点。如著名的传播学者拉斯韦尔认为，媒体的功能体现在三个方面：一是监视环境，二是协调关系，三是传递文化。传播学者赖特又提出了媒体的第四种功能——提供娱乐。这四种功能成为传播学者和实践者普遍认同的基本功能。

国内外的传播学者都在各自的论述中阐述了媒体的功能，比较详尽的对媒体的功能进行划分的是张雷在《传播学通用教程》（复旦大学出版社，2008年版）中对媒体传播功能的划分和定位。书中认为：媒体的传播功能可以从基本功能、具体功能和派生功能三个层次上来理解。其中，基本功能是传受信息。具体功能则表现为个人层面上的社交、自我保护、工具性、消遣性功能；以及社会层次上的监测环境、协调社会关系、传递社会遗产、提供娱乐以及施拉姆提出的综合功能。从媒体传播功能的呈现方式上看，还表现为正功能和负功能。正功能如：授予地位、促进社会准则的实行；

负功能如麻醉精神等。派生功能指媒体在传播过程中发挥的经济功能、政治功能、动员功能、虚拟环境功能和“议程设置”等多种功能。这些功能会随着传播的发展而变化，随着人们对媒体功能的进一步认识而逐渐深化和细化。

一、守望环境功能

这是媒体的最基本的功能。

人或国家为了生存与发展都必须及时了解国内外环境的状况和变化，以便迅速作出必要和适当的反应。守望环境的目的在于使社会成员及时了解国内外环境的变化以及由于这种变化可能带来的机遇或危险。

媒体传播的守望功能主要是通过新闻传播来实现的。在国家发展进程中，媒体要着重报道在政治、经济和文化等领域的新经验、新问题、新举措、新方向。同时，还要发挥舆论监督作用，揭露贪污腐败、违法乱纪等丑恶现象，发挥媒体的“警钟作用”。

新闻信息是媒体传播中的主体、骨干和龙头，在媒体中占据主要位置。普利策在描述新闻记者的社会角色时说，如果社会是一艘不断向前航行的船，那么，新闻记者就是站在船头的观察员，要随时监控前方的情况，及时向船内发回信息。

二、社会整合功能

社会整合，也称社会一体化，是指社会不同的因素、部分结合为一个统一、协调整体的过程及结果。它是与社会解体、社会解组相对应的社会学范畴。

社会整合的可能性来源于人们共同的利益以及在广义上对人们发挥控制、制约作用的文化、制度、价值观念和各种社会规范。社会整合有许多具体形式，除我们比较熟悉的社会体系的整合、民族或种族关系的整合外，社会学经常论及的还有文化的整合、制度的整合、规范的整合、功能的整合，等等。

在现代社会中，媒体作为社会思想的传播工具，已经成为社会整合的最强有力的工具之一。媒体传播可以成为国家、社会和公众的舆论中心，可以通过强化现代化建设的主旋律产生强大的社会凝聚力和向心力。

三、决策参与功能

公众广泛地参与社会决策过程，是现代民主社会的重要特征。没有公众参与社会决策，就不可能真正调动广大群众的积极性，而大众传播媒介无疑是公众参与决策的较好平台。

媒体广泛的受众影响力，为政府决策时最广泛听取民意、集中民智奠定了扎实的基础。媒体可以把政府开展决策的意图、方式、方法最迅速、最广泛地向社会的各个层面进行传达。当今的媒体越来越像一面观照现实的镜子，观照周围的现实环境，关注人们的生活，在政府和人民群众之间搭起一座畅通的桥梁。

媒体参与决策的另一主要标志是对政府工作进行积极有效的舆论监督。中国媒体是“党的事业的一个组成部分”，这样的角色定位使得媒体与党政各部门保持着良好的交流与沟通，能够迅速、深入地了解政治生活的变动信息，可以及时、完整地掌握重大方针政策的制定过程和执行情况。

四、社会动员功能

媒体是一种建设性的社会力量，是保障社会秩序的“稳压器”与“安全阀”，特殊事件中媒体的观点与态度直接影响到公众对问题的认识与情绪。媒体应始终保持适度的理性与热情，做到决策果断、调度有序。保证报道适时、适量、适度，进而发挥社会动员和舆论引导能力。媒体通过富有感染力的报道和言论，可以充分发挥“议题设置”功能，在短期内迅速提升社会凝聚力。

当国家处于特殊历史背景和社会条件下，媒体的社会动员功能就具有特别突出的意义，如2003年非典报道、2008年的汶川地震报道等。国家根据发展进程中所面临的主要或紧迫的历史任务，有步骤地组织媒体动员、说服、激励、鼓舞广大人民，促使全国上下同心同德，克服困难，实现既定目标。

五、科学教育功能

媒体对提高全民族的思想政治觉悟和科学文化素质有着不可推卸的责任，媒体教育是社会教育的主要有机组成部分，是实现现代化教育的主要途径之一。

媒体教育具有先进的技术性、开放的辐射性、系统的网络性、广泛的社会性等特点。

要充分发挥媒体的社会教育功能，首先，在指导思想上要坚持正面的宣传教育理念，在开发社会教育上要体现出自己的特色，展现出自己的风格和创造性；其次，在技术上要采用先进的电子信息技术手段，制作出高质量的社会教育节目和教学节目；再次，在教育节目创制过程要具有哲理性、通俗性和生动性，充分运用媒体特有的艺术表现力，创作出风格不同的精品教育节目。

大众媒体的教育功能，首先表现在它拥有巨大的教育价值，有些功能甚至等同于学校；其次，可以在全社会创造一种重视教育、增强教育意识的环境，使大众争相吸收和享用文化知识；第三，可以通过持续不断的信息传播裹挟知识；第四，传播最新、最常用、最受公众欢迎的知识；最后，大众传播媒体还可以使教育者超越一般传统的主体，迫使教育系统放弃教育垄断，开始思考如何合理科学地运用大众传播媒介辅助正规教育。

中国媒体的发展已经证明，媒体教育是社会教育中影响层面最广泛、最生动、最活跃的一个组成部分。

六、娱乐服务功能

媒体娱乐服务除了娱乐（性）信息和娱乐节目本身以外，还要加上传播和接收等环节才能构成一个完整的服务过程，才能最终由节目转化为一个服务商品。

媒体提供的娱乐服务很好地表现了服务商品应有的特点，例如：广播、电视对娱乐信息和娱乐节目的传播过程与受众的接收过程是同一的，虽不处于同一空间，但却处于同一时间，这就体现了服务产品传播过程往往与消费过程同一的特点。报纸和新闻期刊相对特殊一些，它们的服务商品生产和销售是分离的，但它们也受服务的不可贮存性和时效性的制约，如果登载当天娱乐信息和娱乐节目的报纸没有及时送到读者手里，娱乐服务产品的价值就会大打折扣。

在现代社会中，提供文化娱乐成为媒体传播活动中必不可少的一项功能，受众选择媒体，决不是为了痛苦，而是为了寻求满足感和愉悦感。为充分发挥媒体的文化娱乐功能，媒体的管理者和文艺工作者需要不断努力，创作出思想性、艺术性和观赏性都很强的优秀作品。

第三节　中国媒体管理的原则

一、“党管媒体”原则

中国媒体是中国上层建筑和意识形态的重要组成部分，是按照党、政府和人民的意愿，在符合党、国家和人民根本利益的前提下设置并发挥作用的。从根本上讲，中国媒体是“党的喉舌，人民之声”，通过贯彻为人民服务、为社会主义服务的方针，在党和政府与人民群众之间发挥纽带和桥梁作用。

《中华人民共和国宪法》第二十二条明确规定了中国新闻事业的性质和任务："国家发展为人民服务、为社会主义服务的文学艺术事业、新闻广播电视事业、出版发行事业、图书馆、博物馆、文化馆和其他文化事业，开展群众性的文化活动。"

党的十六届四中全会是中国共产党的历史上一次十分重要的会议，这次全会通过的《中共中央关于加强党的执政能力建设的决定》要求全党"坚持马克思主义在意识形态领域的指导地位，不断提高建设社会主义先进文化的能力"，并对坚持"党管媒体"的原则提出了明确要求。《决定》指出：坚持党管媒体的原则，增强引导舆论的本领，掌握舆论工作的主动权。确保媒体在新的竞争格局中占领新闻文化阵地。

1．党管媒体的必要性

（1）提高对媒体的领导能力是不断巩固马克思主义指导地位的必然要求。

新闻在革命和建设中的特殊作用，说明新闻工作者不仅要宣传邓小平理论、"三个代表"重要思想、科学发展观，宣传党的基本路线，把握"一个中心两个基本点"，还要在教育和组织群众、影响和引导社会舆论方面担负重要职责。新闻工作的特点、使命和作用决定了：从事新闻工作的同志，比其他部门的同志更需要有高度的政治观察力和自觉的政治纪律性。而要做到"政治强、业务精、纪律严、作风正"，首先必须打好自身的理论根底。新闻工作者如果不去认真学习、牢牢掌握科学的理论，不去深刻认识党的基本路线的内涵，那么，在宣传工作中，即使出于善良的动机，也有可能迷失方向、丧失立场、从而给党的事业和党的新闻工作造成损失。

历史经验告诉我们，意识形态领域历来是各种势力同共产党激烈争夺的重要阵地。一个社会的稳定和发展，既要靠坚强的政治领导、雄厚的经济基础、完备的制度和体制，又要靠社会成员思想上的统一和稳定。通过对媒体的有力领导，规范精神文化产品生产、形成正确的舆论导向、整合社会思想、保持社会稳定、推动社会进步，既是现代社会管理的基本手段，也是中国共产党巩固执政地位，实现科学执政、民主执政、依法执政的重要途径。

（2）提高对媒体的领导能力是坚持新闻党性原则的必然要求。

在中国已经进行了30年的市场经济建设中，有两个无法回避的问题：一是市场经济的负效应，二是外国文化的冲击。必须承认，市场经济对我国的经济发展有着巨大的促进作用，或称为正效应，如促进全国上下建立等价交换的平等观念、优胜劣汰的竞争观念、讲究实效的效益观念等。同时，它又有着不可忽视的消极作用，如社会普遍的"逐利"心理，以及由此引发的一些不良竞争行为。外来文化的冲击也是"双刃剑”，既促进了本国传统文化的挖掘、保护和传播意识，也在汲取外来文化的过程中损害了自身的文化系统。

在新的历史时期，能够帮助我们正确认识新情况、解决新问题、打开新局面，抵制资本主义腐朽思想侵蚀，反对封建主义、半殖民地半封建社会残余影响的思想武器是什么？最根本的就是马克思列宁主义、毛泽东思想、邓小平理论、“三个代表”重要思想、科学发展观。作为党的新闻工作者如果不能很好地运用马克思主义的基本观点，在原则问题上分清界线，就很难坚持正确的舆论导向。党的新闻事业与党休戚与共，是党的生命的一部分。

在任何时候、任何情况下，我们的媒体都要坚持正确的舆论导向不能变、党管媒体的原则不能变、党管干部的原则不能变。

（3）提高对媒体的领导能力是构建社会主义和谐社会的必然要求。

党通过媒体以正确的思想理论、行动纲领、价值观念影响社会，形成健康向上的主流舆论，就能为亿万人民在建设中国特色社会主义道路上奋勇前进提供坚实的思想基础，从而最大限度地在全社会形成共识，最大限度地统一不同行业、不同阶层人们的意志和行动，形成改革开放和社会主义现代化建设的巨大合力。

2. 党管媒体的主要内容

（1）毫不动摇地坚持马克思主义在意识形态领域的领导地位，充分体现主流意识形态的先进性。

马克思主义是我们立党立国的根本指导思想，是社会主义意识形态的旗帜和灵魂。毫不动摇地坚持马克思主义在意识形态领域的指导地位，是党在意识形态领域执政能力建设的首要任务。能否坚持马克思主义领导地位，是检验党在意识形态领域执政能力强弱的根本标准。

（2）坚持党管媒体的原则，牢牢把握舆论导向，正确有效地引导社会舆论。

要坚持党管媒体的原则，就要确保党对媒体的领导。具体措施有：坚持政治家办台，管住媒体导向和媒体主要负责人，始终掌握对重大事项的决策权、对宣传内容的终审权、对主要领导干部的任免权。引导新闻媒体增强政治意识、大局意识和社会责任感，严格遵守党的宣传纪律，把体现党的主张和反映人民心声统一起来，确保新闻媒体“党和人民喉舌”的性质不变，绝不给错误思想和言论提供传播渠道。要通过媒体卓有成效的工作，充分发挥社会主义意识形态对亿万人民的引导和激励作用，最大限度地统一不同方面、不同阶层人们的意志和行动。

坚持党管新闻媒体的原则，增强舆论引导的本领，掌握舆论工作的主动权，是加强党的执政能力建设的重要课题，是落实“三贴近”原则的迫切要求，也是新闻媒体发展壮大的现实需要。在构建社会主义和谐社会的历史进程中，新闻媒体要在坚持正确导向、营造发展氛围、引领社会风尚、倡导和谐环境、关注民生问题上下功夫求实效，不断提高舆论引导能力，进一步增强新闻宣传的吸引力、感染力。

（3）解放和发展文化生产力，推动宣传文化事业健康发展。

文化作为“软实力”，是综合国力的重要组成部分。在经济全球化背景下，要增强党在意识形态领域的执政能力，就必须以体制机制创新为重点，深化文化体制改革，解放和发展文化生产力，不断增强我国文化的总体实力，使我国由文化资源大国变为文化产业大国。文化体制改革是不断解放和发展文化生产力、增强文化发展活力、推动文化创新的根本出路。作为文化建设中的生力军、主战场，媒体在这个进程中责任重大。

（4）坚持党管干部的原则，建设高素质的意识形态工作队伍。

坚持党管媒体的原则，完成意识形态工作的各项任务，归根到底要靠人、靠队伍。要按照党管意识形态和党的先进性建设的要求，建设一支政治立场坚定、战略眼光宽广、文化知识广博、职业精神崇高、工作本领过硬的意识形态工作队伍。

坚持党管干部的原则，加强意识形态部门的领导班子建设，确保各级意识形态工作部门的领导权牢牢掌握在忠诚于党、忠诚于人民的人手里。特别是要抓好社科界、新闻界等关键部门、关键岗位的领导班子和队伍建设，牢牢掌握新闻出版、广播影视、文化艺术、哲学、社会科学等方面工作的领导权，把各级领导班子建设成为讲政治、顾大局、重团结、守纪律，善于驾驭意识形态复杂局面的领导班子。

二、遵循媒体的基本规律

媒体作为一种传播工具，具有自己的特殊规律。首先，它的传播内容对受众来说是一种信息，因此它要遵循信息传播规律；其次，要遵循新闻信息的传播规律；再次，要实现媒体传播的效果，就要把握媒体运行规律。

1. 信息的传播规律

（1）信息作为传播内容具有客观性的特点。信息在传送过程中，除了人为的改变，自身在传递过程中不会改变。作为传播主体，媒体有义务遵循信息的客观性这一特点。

（2）信息具有普遍性的特点。每天人们都在接收和选择大量信息，因此媒体在传播信息的过程中，更要极大地发挥信息普遍性传播的特点，达到传播信息的广泛覆盖。

（3）信息具有不可毁灭的特点。信息在传播中可能停留在任何一个信宿里，但决不会消失。所以媒体在传播过程中不能违背这一特点，人为地限制信息传播，导致信息失效。

（4）信息具有广泛传播的特点。信息的广泛传播性是由它的传播途径和传播方式多元化决定的。媒介仅仅是信息传播的一种工具，但在当前却是最重要的传播方式，也在影响着社会舆论的导向。

2. 新闻信息的传播规律

（1）新闻信息的来源是事实，新闻传播者必须正视事实、尊重事实、用事实说话。

无论是自然界，还是人类社会，时时都在发生着变化，不断有需要报道的事实出现。这就为新闻传播者提供了丰富的新闻来源。新闻传播者必须正视这些事实，尊重事实，以事实说话。如果对新闻事实回避、视而不见，或是闭门造车，歪曲事实，就谈不上在进行新闻传播了，也就丧失了媒体的良知，丢掉了媒体在舆论影响中的权威和信誉。

（2）事实不等于新闻，具有新闻价值的事实才能成为新闻。

这就要求媒体要对事实进行分析、选择、提炼和编排。在我国，判断一个事实能否成为新闻有两个标准，一个是新闻价值标准，一个是宣传价值标准。

新闻价值是一个事实所具备的成为新闻的客观属性，包括四个基本价值要素：时新性（时间新、内容新）、重要性（事件对社会和公众的影响程度）、显著性（事件参与者的知名度）、接近性（地理或关系的接近）。也有学者将趣味性、人情味、冲突性等价值要素列入新闻价值的基本要素中。

宣传是一定的机构和组织为了让人接受自己的主张而采取的有目的性的说服行为，宣传价值标准是带有主观性的。学界通用的宣传价值标准有5个：新鲜性（事实中包含了新观点、新经验、新举措、新方针、新问题等）、典型性（事件具有代表性，可以反映一类、一组或者一种情形）、针对性（针对现实生活中或者政策方针执行过程中的具体问题）、一致性（和党中央保持一致，不唱反调）、时宜性（把握新闻发布的时机）。

（3）媒体的新闻信息能否被受众接受，是新闻传播工作者是否掌握新闻信息传播规律，是否按规律办事的最后验证。

新闻报道的源泉在社会、生活和广大群众中，媒体发布的新闻信息最终能否被受众接受，除了新闻自身要具备一定的价值要素外，还要本着真心地为广大人民群众服务的态度组织传播、整理反馈信息，进而改进报道，让受众真正感受到信息的有用性、有效性。

3. 媒体传播的运作规律

（1）导向为本，传播为术

媒体的基本属性有两种，一是政治属性，二是经济属性。政治属性是来源于媒体赖以生存的社会环境，一般是反映统治阶级的政治思想。经济属性是原始属性，是在市场条件下，媒体自发释放出参与市场交换的功能。无论哪种社会形态，媒体总是通过参与社会经济活动获得收益。

属性决定功能，媒体的政治属性和经济属性决定了其“导向”和“产业”的基本功能。尽管媒体还有提供娱乐、服务、信息等多种功能，但“导向”和“产业”居于决定性地位。

（2）品质为先，魅力相成

媒体的运作主要是媒介产品的经营，媒介产品的优劣直接决定媒体的生存。因此，媒介产品的品质保证，成为了媒体发展的主要动因。高品质的节目，给观众带来高品质的享受，同时也会成为媒体自身魅力的体现。

三、坚持正确的舆论导向

舆论，即公众的言论。任何一个政党，都要适时地把握、引导公众言论，营造有利于自身发展和建设的氛围。媒体，无疑是实现舆论引导的有效平台，是社会主流意识形态宣传的主要阵地。

在西方资本主义私有制基础上建立的媒体，必然会成为资产阶级的舆论工具，维护资本主义国家的政治、经济和文化利益，为资本主义国家的内外政策服务。中国的媒体自然要为建设有中国特色社会主义的政治、经济和文化体系服务，以“立党为公、执政为民”为基点，以“三贴近”（贴近实际、贴近群众、贴近生活）原则为途径，坚持正确舆论导向，寻求媒体规律、执政规律和文化传播规律的有机结合，积极、准确、生动地宣传中国共产党在各个历史时期的纲领、路线、方针和政策，组织、引导观众自觉地参与社会主义建设事业。

媒体管理中坚持舆论导向，具体有以下四个方面的要求：

1. 坚持党性原则

坚持党性原则，首先必须坚持以马列主义、毛泽东思想、邓小平理论、“三个代表”重要思想、科学发展观为指导。其次，必须服从大局，要把党和人民的根本利益作为考虑问题的出发点，服从和服务于中心工作。只有紧紧围绕中心工作，坚持“三个有利于”标准，新闻舆论引导工作才能做到心中有数。再次，必须对社会舆论进行政治引导，并将其核心思想贯穿到价值引导、行为引导、生活引导、服务引导、娱乐引导、审美引导中去。

2. 坚持舆论指导性原则

舆论的产生虽然来自公众的呼声，但媒体对这些呼声除了反映、传播，还要适时、适度地引导，保证其向着推动社会主流价值观念，向着党的思想、方针、政策的方向行进。因此，在媒体的宣传报道中，经常有典型报道、经验报道等正面报道，其目的就是为了引导舆论，形成一种社会合力。在一些大的事件发生时，媒体的引导常常可以起到“一呼万应”的效果。

3. 坚持群众原则

我们的媒体工作必须最大限度地满足广大人民群众的文化需求。为此，我们应从以下几个方面努力：

（1）增强群众观念，从人民群众的根本利益和根本需要出发。

（2）在内容上充分反映群众自身建设、创造美好生活的时代风采，及时反映人民群众的愿望、呼声和要求。

（3）加强热点问题的引导，把握好宣传的角度、分寸和效果。

（4）坚持“正面报道”为主，树立党和政府的威信，在群众中起到团结和激励的作用，增强人民群众的信心和热情。

4. 舆论监督与司法公正相结合的原则

舆论监督是报纸、刊物、广播、电视等大众传媒对各种违法违纪行为，特别是国家公职人员的违法犯罪、渎职腐败行为所进行的揭露、报道、评论或抨击。

其积极作用是新闻媒体增强了对司法活动的关注和报道，体现了大众传媒和公众舆论对司法的监督，进而实现了公民对政府权力的监督和制约，促进司法改革、减少司法腐败、实现司法公正。

其消极作用是大量的新闻报道有可能激起公众对一些案件或者社会热点问题的过度关注。强大的舆论和社会压力可能影响办案人员独立的根据事实和法律作出决定。而且，社会舆论的过度关注可能引起党政部门的干涉，妨碍司法权的独立行使。

为了协调舆论监督与司法公正之间的有序关系，从媒体管理的角度，应做到以下三点：

（1）媒体应加强自律，报道司法活动要采取对法律负责的态度，遵守新闻工作的要求，做到实事求是、客观公正、文责自负。

（2）当新闻用于报道和监督司法活动时，由于司法活动的严肃性和司法判决在社会上的重要影响，新闻自由的范围和程度应当受到限制。不仅新闻的采集、发布和传送要遵照有关法律规定进行，发表意见和进行批评更要慎重。

（3）从事司法报道和监督的记者要采取对法律负责、对事实负责的态度，有明确的法律责任意识。

总之，新闻媒体管理者和工作者不仅要具备一定的专业素质，有过硬的新闻理论素养，还要具备一定的法律知识。既尊重新闻规律，又尊重司法规律；既恪守新闻职业道德，也要避免新闻侵权。

四、坚持为受众服务的原则

1. 媒体传播过程中的受众

自从1932年拉斯韦尔首次提出并描述了大众传播过程的简单线性模式（信源、信道、信息、接收者、效果）以来，“受众”（audience）一词作为对“接受者”（receiver）的总称，就开始进入人们的视野。

对受众的划分，可以从不同的角度、按不同的方式来进行。比如：按地点分，有地方传媒的受众，有全国范围内的受众；按人口特征分，有不同年龄、性别、政治信仰和收入水平的受众；按媒介或渠道类别分，有具备不同技术特征和组织形式的媒介的受众；按信息内容分，有不同类别、主题和风格内容的受众；按时间分，有所谓“日间时段”（daytime）或“黄金时段”（primetime）的受众，有“瞬时受众”和“短时受众”，还有与之相对应的“连续受众”。

2. 受众在传播中的地位

传播活动的研究者和从业者对受众地位的认识不是一成不变的，而是有一个不断演进的过程。

（1）早期：被动的受众。这是20世纪初至20世纪30年代末期，传播效果研究处于初级阶段时对受众作用的判断。那个时期，也是大众报刊、电影、广播等媒介迅速普及和发展的时期。人们对这些大众媒介的社会作用和影响力，既寄予高度期待又感到深深的担忧。研究者的核心观点是：媒介拥有不可抵抗的强大力量，它们所传递的信息对于受传者来说，就像子弹击中躯体、药剂注入皮肤一样，可以引起直接快速的反应，不仅可以左右人们的态度和意见，甚至可以直接支配人们的行动。

这种观点，后来被学者称为“子弹论”、“魔弹论”或“皮下注射论”。施拉姆曾这样描述当时人们对媒体和受众的认识：“传播被视为魔弹，它可以毫无阻拦地传递观念、情感、知识和欲望。”传播似乎可以把某些东西注入人的头脑，就像电流使电灯发出光亮一样直截了当。

（2）有辨别力的受众：1938年，哥伦比亚广播公司播出广播剧《火星人入侵地球》，造成了听众的恐慌。但在事故发生一周内，一项运用社会调查方法和心理学实验方法展开的研究结果表明，不是所有人都相信媒体并产生恐慌，信息只在一定时间、地点和条件下对特定的受众产生作用。

由此，传播效果研究进入了第二个时期，“有限效果”理论开始取代“魔弹论”。1940年，传播学家拉扎斯菲尔德在美国总统大选期间围绕大众传播的竞选宣传对选民投票意向的影响做了一项实证调查。起初，研究者是想证明“魔弹论”的，可历时半年，对600名调查对象进行了7次追踪调查后的结果却表明：在整个竞选宣传期间，大部人始终都没有改变投票意向，只有8%的人改变了原来的意向。也就是说，大众传播并没有直接左右选民投票意向的力量，受众有自己的判断。

这次研究之后提出的一系列假说对整个传播学的研究都产生了重大影响，这些假说包括：“政治既有倾向”假说（人们在接触传媒宣传之前就会有一定的政治态度，进行投票决策时，这些既有政治立场和态度起决定性的作用）；“选择性接触”假说（受众不是不加区别地对待任何传播内容，而是倾向于“选择”那些与自己的既有立场、态度一致或接近的内容加以接触）；“意见领袖”和“两极传播”假说（大众传播并不是直接“流”向一般受众，而要经过“意见领袖”这个中间环节，进行“两极传播”）。研究者还把媒介宣传可能产生的效果分为：“无变化”、“强化”（对受众既有态度的巩固和有效果的加强）、“结晶”（使原来意向未明、态度未定者的态度明确起来）、“改变”和“小变化”五种。

（3）顽固的受众：1964年，一篇名为《顽固的受众》的文章发表在《美国心理学家》杂志上，彻底结束了受众被动说。该论文指出：在可以获得的大量的传播内容中，受众特别注意选择那些同他的兴趣有关、立场一致、信仰吻合、并支持他的价值观念的信息。这一理论强调了受众的主观个性在传播中的作用。

（4）受众中心理论：从20世纪70年代后期，各种关于受众的理论纷纷出现，但几乎无一例外指出，受众不是被动的信息接受者，而是积极的传播活动的参与者。受众希望能够通过媒体发表自己的主张，希望能与传播者共同分享信息。

目前，传播学界关于受众地位比较一致的认识是：受众是主动的、积极的，是传播活动的起点，在未来新媒体型态下，受众甚至会在“交互式”传播中处于控制地位。

3. 受众研究

西方国家的媒体都非常重视受众调查和研究工作。收听率、收视率的调查研究工作起步早、发展快，已经成为一个经常化、规范化的体系。他们在对受众进行调查的过程中积累的一整套科学调查方法和结论是可供我们借鉴和应用的。信息社会，在传播的层面上，将是各种媒体的大竞技场，谁掌握并运用了先进的受众调查系统，及时准确地把握受众反馈信息，进而调整传播策略和宣传方向，谁将在竞争中占据有利位置。

通过受众调查掌握的信息对媒体管理者是非常有用的，概括地讲，可以有七个方面的作用。

（1）说明媒介产品的销售情况。

（2）为实现广告目的而测量实际受众到达率与潜在受众到达率。

（3）操纵和引导受众的选择行为。

（4）寻找受众市场上的机会。

（5）检验产品和提高传播的有效性。

（6）尽责尽力服务受众。

（7）以各种方式评估媒介绩效（如检验有关媒介具有负面效果的说法）。

4. 受众心理变化规律

受众是媒体传播过程中必不可少的一部分，因为受众是传播活动的指向，是传播过程的终点，也是传播过程得以存在的前提。同时媒体的主要反馈来自受众，受众的反馈是传播活动继续保持还是进行改变的重要标准之一。媒体作为一种双向传播工具，因为有了受众，才能最终实现传播效果。

（1）受众在关注媒体时，主要是为了获得信息

媒体的基本功能就是传递信息，这个功能定位同时也是由受众需求决定的。受众作为人的本体，由于好奇心的本能驱使，自然而然地渴盼了解不知道的信息，希望知道新鲜的事物和事件。受众对媒体传播的信息通常有很大的期望，媒体一旦无法满足受众的心理预期，受众就会产生失望情绪。

（2）受众经常以“主人”的心理关注媒体

媒体产品是一种商品，同时也是一种信息载体。受众在购买时就已经把自己定位在消费者的角色上。在全面推进市场经济的中国，消费者是市场的真正主人。媒体产品也不例外，只有尽可能地满足受众的消费需求，才能实现产品的销售。

（3）受众希望进行全方位的参与

媒体的双向传播性导致媒体需要反馈信息的支持。反过来说，受众也是非常想要参与到媒体的制作活动中去。受众对媒体传播的参与可以是直接的，如：参加电视节目的录制、接受电视记者的采访、在网络平台上发布言论等；也可以是间接的，如：为媒体提供新闻线索、接受媒介调查机构的调查等。还有学者把受众对媒体传播活动的参与分为身体参与、思想参与和心灵参与。

（4）受众消遣娱乐的心态

传播学者认为，任何媒体在使用者那里都带有游戏娱乐工具的性质，甚至在言语表达这样的传播活动中，也包含着身心娱乐放松的心理体验。媒体大众化以后，其娱乐功能的体现越来越明显，受众更喜欢在接收信息的同时享受快乐。没有哪位观众花钱买电视、装电脑是为了找不高兴。即使是通过媒体阅读和观看一些悲剧性的故事和节目，最终达到的也是净化心灵、增强生命感悟的作用。

5. 媒体要树立牢固的“受众”观念，坚持为受众服务

要想真正为受众服务，就要切实熟悉受众的思想、需要、喜好、兴趣、疾苦、追求。

改革开放之前，中国是不允许搞“西方资产阶级民意测验”的。因此中国媒体工作者研究受众的方法只能是在实践中摸索。战争年代的新华日报，每逢报纸周年纪念，都要广泛征求读者意见。当时，报纸宣传内容和宣传形式上的许多改进措施都是根据读者反馈而进行的。党的主要领导人，包括毛泽东、周恩来、刘少奇等都有“报纸要联系群众”的著名论断。这些论断确定了党的报纸要走群众路践，要靠群众办报的基本原则。

1957年，《人民日报》掀起改版高潮，中国关于受众研究的理论也基本成型。各新闻单位都建立了自己的群众工作组织——群工部、听联部。形成了一套自成体系的收集受众反馈信息的方法(如统计分析读者来信，由读者评报、评办报人员，召集座谈会收集意见，根据发行、征订情况描述读者的态度，等等)，建立起了收集信息的特定渠道，形成了处理这些信息的特定形式。这些传统的受众调查方法，为保证党的报刊、广播电视完成宣传任务发挥了重要作用。1983年，中共中央批转的广播电影电视部党组《关于广播电视工作的汇报提纲》中也指出：“必须把调查研究听众、观众意见，当作一件最根本性的大事来抓，千方百计地提高节目质量，增加数量，最大限度地满足群众的要求。”

目前，中国媒体的受众研究工作发展很迅速，省级以上电视台基本上都有比较详细的节目收视率调查数据。一些重点栏目的收视率数据分析已经精确到了秒，编导者可以根据一期节目的收视率变化曲线分析节目编导制作环节的特点，掌握并分析观众收视心理的变化，从细节上总结节目编排的成功和失败。但与日益繁荣的媒体产业相比，中国的受众调查还是有很大的差距。当前，无论是国内各种类型媒体之间的竞争，还是与境外媒体的竞争都是十分激烈的，竞争的焦点就是争夺受众。因此，受众研究工作的必要性日益凸显，重视和加强受众调研工作有着十分重要的现实意义。

总之，中国媒体的基本性质决定了中国媒体管理的指导思想，即在中国共产党领导下，依据国家相关法规政策，充分利用媒体资源和传播优势，遵照媒体产品的创作、制作规律，采用多种多样的节目形式宣传党的基本路线、方针和政策。

在新旧媒体融合的大趋势中，媒体管理一定要注重发挥传统媒体的资源优势、品牌优势和人才优势，开掘新媒体的观念优势、技术优势和传播优势，不断改进传播方法，对有代表性的党报党刊、电台、电视台、网站进行研究，对传统媒体和新媒体的内外环境进行分析，对媒体的上、中、下游产品和相关、非相关的产业进行全方位的考察，不断对各种媒体传播主体、传播方式和传播倾向进行比较，了解不同媒体受众的人口统计特征、比例、受传方式、受传习惯，收集人们对媒体产品的意见和建议，使媒体真正成为传播社会主义先进文化的前沿阵地、提供公共文化服务的有效平台，开拓促进人们精神生活健康发展的广阔空间。

总结

本章讨论了媒体的性质、功能，以及中国媒体管理的原则。本章是对媒体及媒体管理的宏观分析，有助于读者更清晰地了解媒体和媒体管理的本质。

下章概要

下章重点讨论媒体管理体制问题。由于中国与外国存在不同的政治环境、社会环境和经济环境，媒体发展的路径并不相同，因而中外媒体的管理体制也存在差异。下章将探究这种差异性，并讨论中国媒体管理体制改革的方向。

案例分析3.1　关于媒体属性的思考

A网站的记者为了制造轰动性新闻，对某社会事件进行虚假炒作，造成当事人的不满。如果你是该网站的管理者，你会怎样处理这一问题？你所依据的原则是什么？媒体的社会功能与经济利益之间的关系是什么？

第四章 媒体管理体制

要全面增强国家的作用，政府不应该再仅仅是社会秩序的消极保护人，而且还应该是社会秩序与经济生活的积极干预者。

——约翰·梅纳德·凯恩斯

>> 本章学习目标：

→媒体行政管理

→中国媒体管理体制

→美国媒体管理体制

→其他国家媒体管理体制

→网络媒体管理体制

导　语

行政管理的研究对象不是一般的管理活动，而是通过国家行政机关对整个国家社会事务所实施的行政管理。媒体的人员、资金、财务仍是媒体行政管理的必备要素，对人、财、物进行有效的组织、安排和分配，在媒体行政管理中也是主要的内容。

媒体行政管理同其他行政管理一样，都是通过国家行政机关实施的管理，是一种国家管理活动，它所涉及的是社会现象领域中的一种特殊社会现象。但媒体中也有自己的特殊性，因为它起着舆论导向性作用，它的管理者是要对社会、观众负责任的。

所谓体制，是对国家机关、企业、事业单位在机构设置、领导隶属关系和管理权限划分等方面的体系、制度、形式的总称。体制主要包括两大方面的内容：机构设置和管理权限的划分。如果就某一产业而言，那么产业体制是指该产业的组织结构、布局及管理体系。根据上述定义，简言之，媒体体制就是指媒体机构的组织结构和体系建设。它包括媒体机构的设立原则、布局、相互关系和媒体系统的管理制度和方式。也有学者认为，媒体体制是媒体制度的具体体现形式。

媒体制度，是指由一定的政治制度和经济制度决定的，由媒体所有权、媒体基本性质、媒体基本目标等方面所构成的规范体系。据此，媒体体制是指在既定的媒体制度范围内，媒体系统内部的生产关系，即媒体系统内部所属单位责权利的配置和划分，以及按照这种划分所设置的机构和所形成的组织与规范，具体来说，包括媒体管理机构的设置、媒体机构领导者的任命、媒体经营管理方式、经费来源等。

第一节　媒体体制

媒体体制是传媒行业建立、运行和管理的基础，媒体体制的建设和发展关系到媒体资源的科学配置和合理利用，关系到传媒行业整体效能的发挥。媒体作为一种既有政治属性，又有经济属性的传播机构，应该在比较宽泛的意义上来研究其体制问题。也就是说，不但要研究媒体的基本性质、总体布局、组织结构、管理权限，还要研究其在经营活动中形成的经营管理以及利益分配模式。具体来说，媒体体制主要包括宏观和微观两个方面：宏观体制指媒体机构布局和媒体系统宏观管理制度，微观体制指媒体内部组织结构和管理、运作体系。宏观体制包括事业体制、产业体制、行政管理体制、流通体制、投融资体制等，微观体制包括企业结构、节目管理体制、人力资源管理体制、财务管理体制等。

一、媒体体制相关的辩证关系

媒体是一种特殊的生产力。媒体生产力是信息生产力，它包括信息的采集、加工、制作、存储和传播能力。媒体生产力主要表现在以下几个方面：

（1）媒体技术，在信息采集、制作、传播能力方面不断提高。

（2）媒体生产力的高低间接影响到其他行业的生产力。

（3）媒体在信息传播方面越来越起到主导作用，对社会的影响越来越大。

与之相应，媒体体制就以一种生产关系的形式表现出来。生产关系，按照马克思的理解，是在生产过程中结成的人与人之间的关系，它包括生产资料的所有制关系、人们在生产中的地位和交换关系、产品的分配关系以及由它直接决定的消费关系等几个方面。在媒体的生产活动和过程中，同样存在着媒体资源的所有权问题，人们在生产中的地位和相互关系问题，以及媒体产品的分配和消费问题。因此，在这个意义上可以将媒体体制理解为媒体行业的生产关系，是媒体行业的生产组织方式以及与之相联系的各种经营、管理和分配制度。

按马克思的理论，生产力决定生产关系，生产关系对生产力具有反作用。具体到媒体来说，媒体生产力对媒体体制的决定作用表现在：

（1）决定其规模，包括覆盖率、传播体制等。比如，只有技术发展到一定程度，才可能出现全国、全球性的媒体节目交换系统。

（2）生产力的高低引起媒体机构布局变化。如覆盖率加大，则可能要求在媒体格局上进行相应调整。生产力的变化，格局的变化可能要求对管理体制进行变革。

（3）生产力的进一步发展要求资源配置方式进行变革。

媒体体制对媒体生产力的反作用表现在：

（1）决定媒体系统内的资源配置，影响生产力的发展规模、速度和平衡。

（2）管理体制直接促进或者阻碍了媒体生产力的发展。

（3）媒体体制和媒体系统外的体制互动，其结果必然影响到媒体生产力的发展。

因此，研究媒体体制的根本意义，在于通过体制研究，寻找到能够合理促进媒体生产力发展的制度和方法，最大限度地满足人民群众精神文化的需求。媒体体制是整个媒体行业建立、运行和管理的基础，是决定媒体资源能否科学配置和合理利用以及电视事业整体效能能否充分发挥的关键所在。媒体体制顺不顺、先进不先进、适合不适合媒体生产力，决定着媒体系统能够生产出什么样的文化和信息产品，也决定着媒体系统的竞争力和发展远景。因此，如果媒体生产方式即管理体制和运行机制阻碍生产力的快速发展，不能满足观众对于媒体产品的数量和质量的越来越高的要求时，就必须进行媒体体制改革。

二、媒体管理与媒体管理体制

媒体管理简言之就是对媒体进行管理的活动，是努力协调和利用各种资源实现媒体自制目标的过程。媒体管理是保证媒体得以顺利进行的最基本的活动。媒体管理体制，是指国家或有关部门或媒体机构自身，有效地调动和协调各种资源，使媒体机构实现其特定功能的组织制度和管理模式。它包括管理者、管理对象和管理模式三个方面的内容。媒体管理可以分为内部管理和外部管理。外部管理是指媒体外部的机构或者部门对其进行的管理，这些外部的机构和部门一般包括国家专门的媒体管理机构，如中国的国家广电新闻出版总局，以及其他一些相关的部门的管理，比如中国的各级政府和党委宣传部，管理手段主要是媒体法律、法规，相关政策、方针、行政命令等。内部管理是指媒体机构自身所进行的管理，是媒体机构为了实现自身目标，而对其人、财、物、技术、组织结构以及经营活动等进行的管理。外部管理一般是由国家或其特设机构施行，因此，可统称为行政管理，可以是对媒体事业的管理，也可以是对媒体企业的管理。媒体事业单位自身内部的管理，可以称为事业管理，而媒体企业自身内部的管理，可以称为企业管理。

按媒体管理的层次分，媒体管理又分为宏观管理和微观管理。宏观管理主要是指从宏观层次上针对传媒行业的宏观调控和管理。微观管理是指单一媒体机构的运作和经营管理，是媒体机构为了正常运行以实现自身目标而对自身组织结构、人力资源、资产、节目生产与传输、经营活动以及技术应用等进行的具体管理。一般来说，媒体宏观管理具有决定作用，直接决定和影响媒体微观管理，微观管理必须在宏观管理的指导下进行。如果说宏观管理是媒体机构运作的原理、原则、框架、平台，微观管理就是媒体机构运作中的具体管理模式，是步骤、方法、技巧、实战。微观管理是具体的，宏观管理是原则性的、指导性的。因此，宏观管理体制应该是比较稳定、持久、具有某种意义上的普适性的，而微观管理体制则需要针对每个具体的媒体，经常变动，不断调适，体现出很大的灵活性。

一般来说，外部管理多为宏观管理，内部管理多为微观管理。但是也不尽然，宏观和微观是从管理的层次上来说，内部和外部是从媒体以外的部门还是媒体自身而言。我们认为，研究宏观管理体制是研究微观管理体制的基础和前提，要从整体上把握中国媒体的改革与发展，主要还是要从外部管理和宏观管理体制入手。

第二节　媒体管理体制的基本类型

根据国家、政府和媒体的关系以及三者在媒体管理活动中所起的作用，一般将广播电视体制划分为四种最基本的类型：

一是国有国营。其特点是：广播电视台属于国家所有，在行政上隶属于政府部门，在运作上有国家或其专设机构直接管理，广播电视台不以营利为目的，经费来源主要来自国家财政拨款。广播电视台作为政府的言论机构，主要目的是进行宣传和舆论引导。目前，纯粹实行国有广播电视管理体制的国家已经不多，主要存在于印度、埃及等一些发展中国家。

实行这一体制的国家：俄罗斯（全俄国家电视和广播公司）、印度（全印广播电台、印度电视台）、印尼（印尼广播电台和印尼电视台）、美国（世界电视网、公共电视网）、德国（德国之声电视台）等。

二是商业广播电视管理体制。其特点是：广播电视台所有权不属于国家，而是由私人资本控制。政府通过审批营业执照、调整媒体政策等方式对电视台实行宏观管理，部分直接参与电视台的经营运作。电视台的经费来源主要是商业广告。世界上大多数国家都有自己的商业电视台，目前，商业电视台最发达的国家是美国。

私营台包括：美国的全国广播公司NBC、哥伦比亚广播公司CBS、美国广播公司ABC、福克斯广播公司FBC；日本的东京广播公司TBS、日本电视广播公司NTV、全国朝日广播公司ANB、富士电视公司FujiTV。

三是公共广播电视管理体制。其特点是：广播电视台既不属于私人，也不属于国家，而是属于全体公民。电视台有相对独立的管理机构，一般由国家特许的非营利性公司或者社会各界的联合体进行管理，这些机构独立运转，不受政府的领导和控制。电视运作的经费来源主要来自收视费。目前，公共电视管理体制常见于日本和欧洲一些国家，例如德国（德国公共台）等。

四是公私合营。即国家和私人合资或合办的广播电视机构。所谓合资，是指共同出资组成股份公司经营管理；所谓合办，通常是由国家兴建并经营广播电视设备，私方租赁这些设备制作并播送节目。不论合资或合办，国家通常处于主导地位，其基本特点是既实行商业经营，又保持国家在机构内部的调控制约。

这种体制在发达国家和发展中国家都有存在：例如，法国的新频道电视台（Canal Plus）、法兰西国际电视台（CFI）、俄罗斯公共电视公司、英国的独立电视委员会和无线广播局。

在20世纪80年代以前，中国媒体事业主要实行国有广播电视管理体制。这一类广播电视台是非营利性质事业单位，其运作所需要的全部费用，包括更新设备、员工工资福利等，由国家财政拨款，不播放商业广告，也基本上不进行节目买卖。

20世纪80年代以来，随着中国的改革开放，过去的计划经济体制开始逐步转向社会主义市场经济，社会形态的变化和传媒业自身发展的需要，促进了中国的媒体机构也逐渐从单纯的事业单位走上“事业单位，企业管理”的改革之路。1979年，上海人民广播电台和上海电视台率先恢复和播出了商业广告，1983年3月召开的第十一次全国广播电视工作会议，把“广开财源，提高经济效益”作为中国媒体改革的方针之一，会议指出："我们不能只依靠国家投资，还应采取措施开源节流，以便有更多的资金加快媒体事业的发展。"1985年4月，经由国务院批转的《国家统计局关于第三产业的统计报告》，第一次将广播电视事业列为了第三产业。1992年6月，中共中央、国务院颁布了《关于加快第三产业发展的决定》，要求第三产业机构应该"做到自主经营、自负盈亏。现有的大部分福利型、公益型、事业型的第三产业单位向经营型转变，实行企业化管理"。1998年第九届全国人大第一次会议明确指出，国家今后对包括广播电视在内的大多数事业单位，要逐年减少拨款的1/3，三年后这些单位要实行自收自支。媒体事业要全部推向市场。目前，政府规定媒体行业向国家缴纳的税金是其营业额的5%，连同附加费共为5.55%，另外还要缴纳广告毛收入的3%作为政府的文化事业建设费。除此之外，各级广播电视台还需要向其上级政府主管部门上缴一定比例的费用，用于当地广播电视事业的统筹发展。从目前情况看，在中国许多经济发达地区，以广告为主的商业经营性收入，已经成为传媒行业非常重要的经济支撑。以上海为例，1979年上海广电业的财政收入中，政府财政拨款占88.3%（455万元），经营性收入占11.7%（60万元）；1984年该行业的经营性收入（1099万元）和政府财政拨款（1100万元）已基本持平；1992年全行业的广告和其他经营收入即为同年财政拨款的5.5倍。此后，经营性收入一路攀升，成为上海广播电视媒体行业最为主要的经济来源。1996年，全国电视广告收入达到90.78亿元，1997年为114亿元，占全国广告经营额的24.7%，其中中央电视台的广告经营额为41亿。2007年全国电视广告收入519亿元，2008年全国电视广告收入609.16亿元。2009年全国电视广告收入达到675.82亿元，同比增长66.66亿元，增幅为10.94%。中国内地电视广告收入超过10亿元的省、市、自治区达到16个。2010年中国电视广告收入679.8亿元，增长26.79%，电视广告增幅为传统媒体之首。从电视整体行业来看，根据CTR的数据，2011年中国电视行业广告收入增长约13.7%。2012年，中国电视广告总收入达到1042亿元。2012年中央电视台黄金资源广告招标预售总额达到142.5757亿元，比2011年增长了近16亿元，增长率为12.54%，创18年来新高。江苏卫视的广告招标中，仅《非诚勿扰》栏目就揽到大约18亿的广告收入。2013年，中国广播电视行业的广告收入约为1302亿元，增速放缓。

中国广播电视机构的自主经营、自我积累、不断发展，成效显著，中国广播电视走上了产业化的道路，中国广播电视管理体制中融入了更多产业管理和企业管理的因素，不再是纯粹的国有广播电视管理体制了，但是其基本构架和管理模式没有发生根本性的变化。1997年8月国务院正式颁布了《广播电视管理条例》，肯定了中国广播电视宣传管理、事业建设、行业管理"三位一体"的具有中国特色的社会主义广播电视体制。由于中国的媒体是党和人民的喉舌，是党和政府联系群众的桥梁和纽带，广播电台、电视台是国家重要的舆论宣传机关，因此《条例》明确规定中国的广播、电视台要由党和政府授权的媒体行政部门设立，禁止任何其他单位和个人设立广播电视台，禁止设立外商独资经营、中外合资经营和合作经营的广播电视台，以确保和促进中国媒体事业的健康发展。

相对于广播电视媒体，报纸媒体管理体制也有自己的特点。首先，凡创办或停办的报纸必须经新闻出版行政管理部门审核批准并履行登记注册或注销手续后方能开业或停业。新闻出版行政管理部门除审核报纸的创办是否符合所规定的条件外，还要根据社会经济文化发展水平和报业结构、布局和发展规划进行数量、品种和结构综合平衡和调控。其次，报纸必须有确定的主办单位和上级主管部门，有时主办单位和主管部门可以是同一个机构。第三，根据宪法和法律，明确规定了中国报纸禁载的内容。报纸的出版活动不进行事前检查，也就是说，不实行新闻检查制度而实行追惩制。报纸上如果出现了禁载内容或者出现了其他违法和违反规章的现象，行政管理部门要予以处罚。最后，报纸实行审读制，报纸出版后要组织审读，发现问题并采取措施。

第三节　美国媒体管理体制

美国的社会与文化环境多样，利益群体较为复杂，广播电视管理体制分为两个完全不同的领域：商业台和公共台。对于这两类媒体类型，美国政府采取了两类完全不同的管理体制。承认两者在经营目标上存在差异，并采取不同的监管方法。

一、公共台和商业台

PBS，全称为Public Broadcasting Service（美国公共电视网，也称公共广播协会或美国公共电视台），是美国的一个公共电视机构，由354个加盟电视台组成，成立于1969年，总部位于维吉尼亚州阿灵顿县；旨在运用非商业电视、互联网与其他媒体所提供的高质量节目与教育服务，去丰富人民生活，并达到媒体告知（inform）、启发（inspire）与愉悦（delight）的社会责任。

美国公共电视台按所有权一般分为四类：州或市政府、国家教育部门经办；大学经办；城市教育部门及管理中、小学的机构；非营利性的公共团体，主要在大城市。公共广播电台、电视台不播广告，只有在节目的片头或片尾才有赞助性的广告。根据

《1967年公共广播法》规定，公共电视台在经费来源上，可以实行多重来源。除了联邦政府资助外及经办部门拨款以及基金会的捐款，会员订费是其重要的经费来源，同时鼓励自行开拓经费来源。公共电视台历来播出的全国性节目有：新闻节目《麦克内尔/莱赫利尔的报道》，科学节目《新星》、《自然》、《发现》，儿童节目《芝麻街》、《发电公司》，文化节目《名著剧院》，金融节目《华尔街一周》、《地理》等，还播出电视剧、外语片、歌剧、芭蕾舞剧、交响音乐会以及各种知识性和服务性节目。

在美国，从广播电视的产业规模来讲，商业电视体系占有主要地位，但是除了公共广播电视台，还有许多社区电台、电视台，同样在社会中发挥着巨大作用。

ABC、CBS、NBC是美国最有影响的全国性商业电视网。其商业化的运营模式是，商业网向观众提供节目以及互动性的媒介消费服务，以广告收入支撑媒介经营。

美国政府将媒体行业视同于所有其他的工业产业。各大商业电视网在各地以联盟台的形式建立起全国性播出网络，收看节目的人越多，广告收益就越大，从而极大地提高了节目的播出效率。联盟台是各地一些独立的经营单位，它们同电视网以签约的方式联盟，在每天的固定时段内播出电视网提供的节目以及插播广告，并接受电视网付给的节目播出费。

二、美国广电管理机构

美国广电管理机构由国会、政府、法院互动，联邦通信委员会主管。美国对广播电视的管理主要依靠法律手段。法院确定的联邦广播委员会管理广播的三个基本原则：（1）在决定到期的电台执照是否续延时，对电台以往播出的节目进行审查；（2）电台在言论自由的方式和范围上与出版业不同，应有某些限制条件；（3）广播频率公有，执照持有人只是在服务公众的前提下被授予广播频率的临时托管权。

行政手段是美国管理广播电视必不可少的手段，FCC的行政手段主要有：（1）颁发广播电视执照；（2）制定政策标准法令；（3）业务监督处罚；（4）经济手段。

其中美国联邦通信委员会（FCC）由6个局10个办公室构成。

6个局是：

（1）媒体局，负责地面、有线、卫星广播电视媒体服务的政策和牌照发放。

（2）有线竞争局，负责有线通信运营商的政策和牌照发放。

（3）无线竞争局，负责无线通信运营商的政策和牌照发放。

（4）国际局，负责国际政策和频谱规划等职能。

（5）执行局，负责实施通信法和FCC的规章、法令。

（6）消费事务和政府事务局，负责向公众提供FCC的政策、规划和措施，处理消费者的投诉，协调州和地方政府的关系。

10个办公室是：

（1）行政法律裁定办公室，主持听证会，对问题进行初步裁定。

（2）通讯业务发展办公室，就通信企业的所有权、商机等问题提出建议。

（3）工程技术办公室，分配非政府使用的频谱，就技术问题提出意见。

（4）总律师办公室，是委员会各局和办公室的法律顾问。

（5）总监察办公室，负责审计监督、调查管理工作。

（6）立法/政府事务办公室，主要与国会及其他政府部门联系。

（7）总经理办公室，具有首席运营官职能，在委员会主席的领导和监督下工作。

（8）媒体关系办公室，负责与媒体的联络，通报委员会决定。

（9）战略规划与政策办公室，是委员会的经济政策顾问。

（10）劳工办公室，负责在员工的多样性、平等就业机会等方面向委员会提出建议。

美国广电媒体

管理对象：商业台＋公共台＋政府台＋传输覆盖系统

管理手段：法律＋行政＋经济＋行业自律

管理目标：公共性＋竞争性＋多样性

FCC对广播电视执照申请人提出以下基本条件：（1）美国公民身份。（2）必要的品质。涉及谋杀、抢劫、强奸等严重触犯刑法者几乎不可能获取执照。（3）必要的经济条件。需证明拥有充足的可变现的资产或可利用的资金来源。（4）技术证明。需证明能够满足所运用的技术设备要求。（5）所有权多样性。需约束个人或实体通过拥有大量的电台、电视台而获得过份权利。（6）社区调查。需熟悉所提供广播电视服务的社区的需要。（7）节目编排。FCC颁布的节目指导原则成为申请执照所依据的重要标准。（8）平等就业证明。需提出平等就业计划，以确保平等对待少数民族。

第四节　中国媒体管理体制的基本架构

行政手段是中国广播电视管理的主要手段，包括：（1）制定政策、规划、标准；

（2）行政许可；（3）年检年审；（4）下发指令；（5）行政处罚。法律手段是中国广播电视管理的重要手段。行业自律是中国广播电视管理的辅助手段。

中国媒体事业实行“条块结合，以块为主、分级管理，双重领导”的管理体制。

从中国媒体管理体制的历史分析可以看出，媒体体制是在不断的调整、改革中得到完善的。每一时期的管理体制都与特定的媒体生产力相适应。分级管理体制对于中国广播电视初期的发展和普及起到了重大的推动作用，实际上，这既是媒体管理体制，也是媒体的宏观管理原则。

所谓“条条”管理，指的是媒体的纵向管理，即从中央到省、市、县各级纵向对口的业务主管部门对各级媒体机构实施的管理。国家新闻出版广电总局作为国家政府部门（为国务院直属机构），管理全国的广播电影电视行业，省、市、县的广电厅（局）作为地方业务主管部门，负责当地的广播电影电视行业管理。总局管理全国报业的发行，同时也由地方一级的单位管理地方报业。所谓“块块”管理是指各省（自治区、直辖市）党委和政府及省以下各级党委和政府对同级所属的电视机构的直接领导和管理，具体管理内容包括对媒体机构领导人的任命、机构设置、人员编制、劳动人事制度、财政经费、资产管理等，统称人、财、物均归各级地方政府。条块结合是指中国媒体事业中既有纵向“条条”的管理，又有横向属地的“块块”管理。对于广播来说，从诞生到20世纪70年代，由于电视规模较小，基本上采取以条为主的管理，即从中央广播事业局到省级广播事业局再到省级以下的媒体机构的纵向对口管理为主。20世纪80年代之后，由于电视事业的迅猛发展，规模不断扩大，以条条为主的管理显然力不从心，遂逐渐改为“条块结合，以块为主”的管理模式，即以电视机构所在地的同级政府管理为主。所谓分级管理，是指在不同的行政级别分别设立媒体管理机构，分别直接管理所属的广播电台、电视台以及本行政区的媒体事业发展，可见这里的级别基本上还是指行政级别；所谓“双重领导”，是指各级媒体机构既要受到从中央到省以及省以下媒体管理部门的直接纵向对口领导，又要受到省（自治区、直辖市）政府或者省以下同级政府的行政直接领导。双重领导就是条块结合的领导。

国家新闻出版广电总局内设办公厅、政策法制司、规划发展司、公共服务司、综合业务司、宣传司、新闻报刊司、电影局、出版管理司、电视剧司等司局。

国家新闻出版广电总局主要职能如下：

（一）负责拟订新闻出版广播影视宣传的方针政策，把握正确的舆论导向和创作导向。

（二）负责起草新闻出版广播影视和著作权管理的法律法规草案，制定部门规章、政策、行业标准并组织实施和监督检查。

（三）负责制定新闻出版广播影视领域事业发展政策和规划，组织实施重大公益工程和公益活动，扶助老少边穷地区新闻出版广播影视建设和发展。负责制定国家古籍整理出版规划并组织实施。

（四）负责统筹规划新闻出版广播影视产业发展，制定发展规划、产业政策并组织实施，推进新闻出版广播影视领域的体制机制改革。依法负责新闻出版广播影视统计工作。

（五）负责监督管理新闻出版广播影视机构和业务以及出版物、广播影视节目的内容和质量，实施依法设定的行政许可并承担相应责任，指导对市场经营活动的监督管理工作，组织查处重大违法违规行为。指导监管广播电视广告播放。负责全国新闻记者证的监制管理。

（六）负责对互联网出版和开办手机书刊、手机文学业务等数字出版内容和活动进行监管。负责对网络视听节目、公共视听载体播放的广播影视节目进行监管，审查其内容和质量。

（七）负责推进新闻出版广播影视与科技融合，依法拟订新闻出版广播影视科技发展规划、政策和行业技术标准，并组织实施和监督检查。负责对广播电视节目传输覆盖、监测和安全播出进行监管，推进广电网与电信网、互联网三网融合，推进应急广播建设。负责指导、协调新闻出版广播影视系统安全保卫工作。

（八）负责印刷业的监督管理。

（九）负责出版物的进口管理和广播影视节目的进口、收录管理，协调推动新闻出版广播影视领域“走出去”工作。负责新闻出版广播影视和著作权管理领域对外及对港澳台的交流与合作。

（十）负责著作权管理和公共服务，组织查处有重大影响和涉外的著作权侵权盗版案件，负责处理涉外著作权关系和有关著作权国际条约应对事务。

（十一）负责组织、指导、协调全国“扫黄打非”工作，组织查处大案要案，承担全国“扫黄打非”工作小组日常工作。

（十二）领导中央人民广播电台、中国国际广播电台和中央电视台，对其宣传、发展、传输覆盖等重大事项进行指导、协调和管理。

（十三）承办党中央、国务院交办的其他事项。

中国媒体管理体制在发展过程中经过了多次改革与调整，从两级管理体制到分级管理体制，从政事融合再到政事逐渐分离，从只抓宣传到宣传、经营两手抓。但无论做怎么调整，由中央统一管理、条块结合、双重领导这一根本管理体制和原则没有改变。

第五节　中国媒体管理体制的基本特征

中国媒体管理体制具有高度行政化的特征，这一特征体现在媒体管理体制的方方面面。

一、坚持党管宣传的体制

为了保证充分发挥媒体作为党、政府（国家）和人民的喉舌的功能，保证宣传工作的顺利进行和意识形态安全，中国的媒体从一开始就确立了党管宣传的原则。党管宣传的原则，具体表现为：中国媒体的管理都是在党中央的统一领导下进行的，各级党委负责媒体机构宣传工作的直接领导。各级党委抓媒体宣传，体现在思想政治领导和宣传业务管理两个方面，具体包括以下主要内容：传达贯彻党的宣传意图和宣传方针，根据一个时期党的中心工作和任务，指导媒体宣传计划的制定和实施，监督、检查宣传方针的贯彻和宣传活动的组织情况，组织协调重大宣传活动，审查重大宣传项目，管理宣传机构的重要人事变更等。与党管宣传这个原则相应的，还有党管干部的原则和党管媒体的原则。在党管宣传这个原则的指导下，中国传媒业建立起了以宣传管理为核心的管理体制。媒体机构内部实行以宣传为中心，宣传管理、技术管理、经营管理三位一体的管理制度。

二、“政事融合”的机构模式

所谓“政事融合”，是指中国的媒体部门既是宣传机关，又是事业建设和行政管理部门。电视诞生之初，由于规模还不是很大，主要以“条条”为主进行，各级媒体部门长期实行“局台合一”的体制，广播电视管理机构和广播电台、电视台一个机构三块牌子，同时承担宣传和事业管理双重职能，行政和事业不可分离，分工负责。20世纪80年代以后，中国传媒行业开始实行政事分开，原来的局台合一体制实际上不再存在，但在实际工作中，中国的媒体部门仍然具有双重职能，它既是新闻宣传机关，又是事业管理机关，中心工作是宣传。20世纪90年代以来，随着机构改革的深入，省级以上电视机构实际上已完全实行政府行政管理部门和宣传事业单位分离，但双重职能、政事融合的机构特点在地、市、县以下仍然保留，特别是县一级体现得尤为明显。1997年后，中国县级广播电视部门实行局台合一以及局、广播电台、电视台、有线电视台“四合一”的体制，统一完成宣传和事业管理任务。1999年11月国务院办公厅转发了信息产业部和国家广播电影电视总局《关于加强广播电视有线网络建设管理的意见》，要求电信和广电分离，有线、无线合并，在县级广电三分整合的基础上推广公共频道。地、县广播电视机构实行职能转变，广播电视播出机构主要以转播省级节目为主，地、县广电局予以保留，但主要实施监管职能。政事融合，这是中国媒体管理体制的显著特征。20世纪90年代后期，随着媒体产业的发展和媒体规模化、集团化经营的要求，要求转变政府职能、政事分开的呼声越来越高，各地也因地制宜进行了不同的尝试，比如集团化改革之后，就一度出现了各种各样的局台关系模式。但总的来说，政事融合仍然是中国媒体管理体制的一个基本特征，这种状况到目前为止还没有得到根本的改变。

三、实行“统分结合”的管理模式

所谓“统分结合”的管理方式，就是媒体事业既要集中管理，又要分散管理。所谓统一管理，是指国家媒体事业统一由国家媒体行政管理部门领导，实施纵向管理。所谓分散管理，是指地方各级媒体部门（在行政上属于地方政府）负责领导本行政区域内以及下属各级的媒体事业管理。统分结合就是既有纵向的媒体管理部门的管理，又有横向的地方政府和党委的管理。实践表明，统分结合的管理才能处理好媒体管理中集中与分权的关系。过分集中而无适当分权，容易导致管理僵化，不利于调动地方政府的积极性；而分权过多，则又会流于一盘散沙，不利于全国媒体事业有计划、有步骤、上下左右协调发展。实行统分结合的管理体制，既保证了以行政手段对电视事业纵向管理的有效性，又保证了分级管理目标的实现。

第六节　中国媒体行政管理主要内容

一、中国媒体行政管理的分类

（1）按管理范畴划分

媒体行政管理的内容包括国家对媒体事业的管理以及媒体自身的事业管理和企业管理。媒体行政管理内容如图4–1所示。

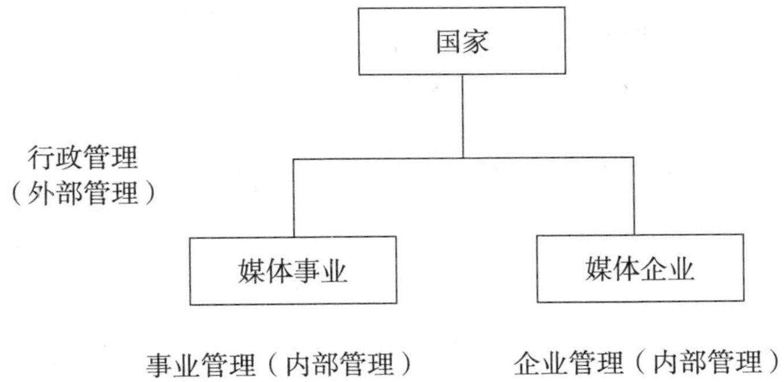

图4-1　媒体行政管理内容

（2）按管理职能划分

中国的媒体管理体制是一种高度行政化的多头、分级管理模式。以广电为例，其基本结构为：

（1）国家新闻出版广电总局和地方政府隶属于国务院管理，也受中宣部指导。

（2）地方广电局隶属于国家新闻出版广电总局、地方政府和地方党委宣传部管理。

（3）媒体机构隶属于地方广电局、地方政府、地方党委宣传部以及其他相关部门管理。

在这个多头、分级管理的体制下，牵涉的机构及其职能分工如下表4-1所示：

表4-1　媒体管理职能分工

机构职能	管理机构	管理内容
宣传管理	中宣部、各级地方党委宣传部、各级广电局	意识形态、党政方针、政策、文件、精神、舆论导向等
行政管理	国务院、各级地方政府	行政管理、广电行政管理部门的领导任命、机构设置和管理
事业管理	国家新闻出版广电总局和各级广电（厅）局等	对媒体事业的规划、设计、实施、监督、协调广电机构关系
产业（经济）管理	没有专门的机构，目前仍由广电行政管理部门承担	广电产业的总体规划、调控，广电企业的经济运作与监督

二、媒体的宏观管理

不同的社会政治制度势必有不同的媒体事业管理体制，这是由媒体事业的上层建筑的本质所决定的。图4-2给出了中国广播电视行政体系结构。

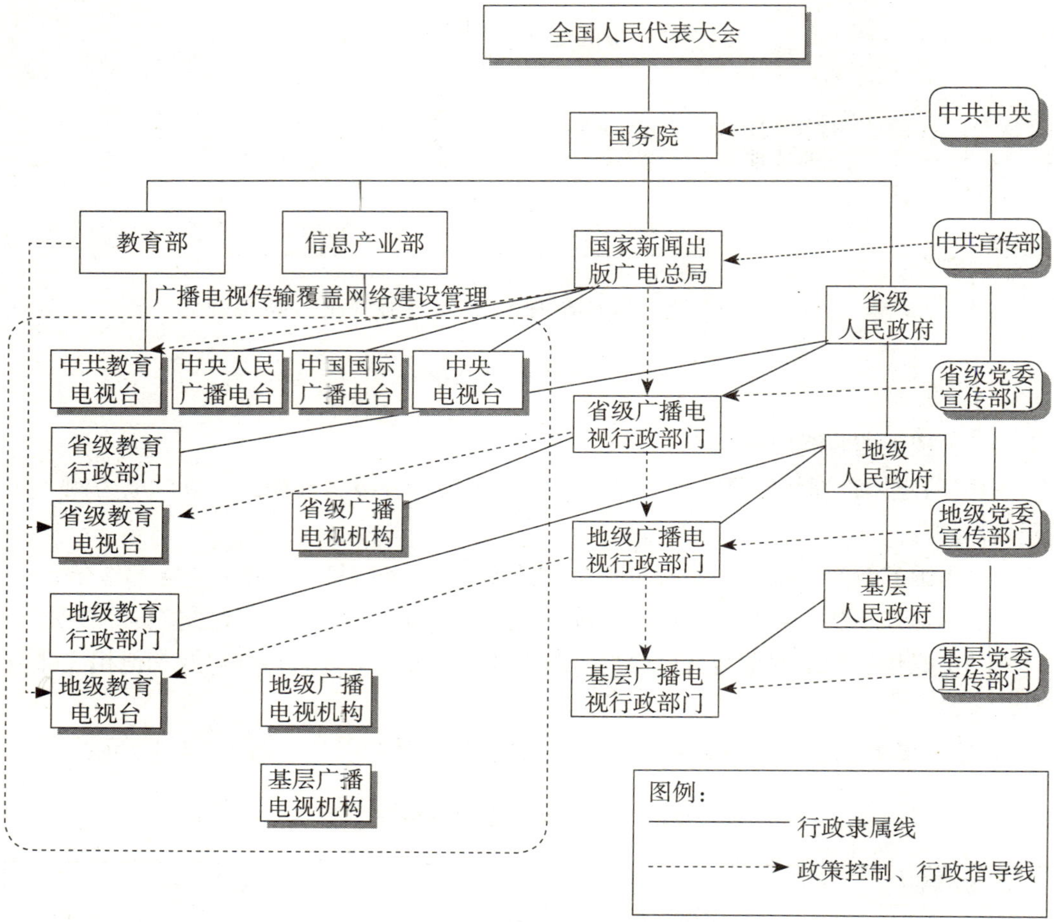

图4-2　我国广播电视事业行政体系结构

中国的媒体事业管理体制是基于《宪法》有关基本原则及党对大众传播媒介宣传工作的指导方针而进行。由于社会、经济、政治等客观条件的限制，中国媒体事业管理的法规体系尚未完全建立起来，如《新闻法》、《广播电视法》仍在研拟之中，因此中国媒体事业管理体制，可概括为四个方面：党委政治领导，政府依法管理，行业规范协调，单位自我约束。

党委政治领导，主要是党委宣传部门对媒体事业政治思想方面的领导，通过党的政策文件领导媒体实现思想宣传及舆论导向的作用。

政府依法管理，中国广播影视事业管理的最高行政部门是国家新闻出版广电总局，负责媒体的传播活动的领导与管理。地方各级政府的媒体行政部门负责本行政区域内媒体的管理工作。

行业规范协调，通过中华全国新闻工作者协会、中国广播电视学会等相关行业组织对媒体行业进行软性管理。

单位自我约束，广播电台、电视台通过制定从业规范来加强媒体从业人员（主要是其中新闻工作者）的职业道德水平。

三、媒体事业宏观管理的特点

媒体事业宏观管理体制，有别于媒体事业内部经营管理制度，是以法律、规章、行政命令、政策指导等方式对媒体事业进行宏观调控、管理的制度总和。宏观管理体制具有如下特点：

（1）宏观性和权威性：管理体制主要进行行业宏观规划和调控，制订管理原则，主导媒体事业的发展方向，在整个媒体事业的管理体系中起主导作用。

（2）规范性和强制性：法律规章、行政命令，以及媒体行业的职业道德自律规范，都具有一定程度的规范性和强制性，依靠国家统治机器、行政力等发挥效力，对媒体具有普遍约束作用。

（3）时代性与稳定性：不同的时代背景和社会发展环境，要求有与之相适应的不同管理体制；以法律、法规、政策、制度等管理形式，要求具有相对的稳定性和延续性，不能政出多门、朝令夕改。时代性与稳定性是媒体宏观管理体制中一对对立统一的特点。

（4）原则性与灵活性：管理体制为适应全国各地、一段时间内的各种情况，在维持体制的原则要求和精神实质的前提下，可较为灵活地采用不同的调控手法。原则性和灵活性是管理体制中的又一对对立统一的特点。不同的调控方式对原则性与灵活性的要求也不尽相同，比如法律、法规相对要求有更多的前瞻性、权威性及稳定性，内容一般较为宽泛，原则性较强；而规范性文件、政策则相对针对性较强地具有直接可操作性。

第七节　网络媒体管理体制

一、网络媒体的特征

与传统媒体相比，网络媒体具有自身独有的特征。首先是言论较为自由。传统广电媒体、报刊发表的言论与信息都是经过层层审查、监管，因而代表了中国的主流价值观。而网络的监管难度较大，成千上万的网民成为信息的发布者、言论的制造者，怎样对网络信息进行监管成为摆在媒体主管部门面前的难题。

其次，网络内容具有综合性。电视媒体提供的内容是视频，报刊媒体提供的内容是文字，广播媒体提供的内容是音频。网络媒体则集合了文字、视频、音频等内容形式，可以为受众提供全方位的视听体验。

再次，网络媒体具有时效性的特征。网络媒体传播速度之快是其他媒体无法比拟的。例如，汶川地震的第一条消息就是由一名网友通过网络发出，网络成为信息传播的自由媒体。

最后，网络媒体具有开放性和国际性。任何一个国家、公司或个人都可以参与到网络媒体中。互联网的技术标准都是基本标准，它不仅在技术上开放，在管理上也是开放的。

综上，网络媒体具有自由性、开放性、时效性等特征，在进行网络媒体管理时，要充分考虑网络媒体的特性，形成针对网络媒体的管理体制、管理方法。

二、中国网络媒体管理体制

2000年9月以来中国政府先后出台了《互联网信息服务管理办法》（国务院2000年9月25日颁布）、《互联网电子公告服务管理规定（信息产业部颁布）以及《互联网站从事登载新闻业务管理暂行规定》（国务院新闻办公室信息产业部颁布）。

中国《互联网信息服务管理办法》明确规定，互联网信息提供者不得制作、复制、发布、传播含有下列内容的信息：

（一）反对宪法所确定的基本原则的；

（二）危害国家安全，泄露国家秘密，颠覆国家政权，破坏国家统一的；

（三）损害国家荣誉和利益的；

（四）煽动民族仇恨、民族歧视，破坏民族团结的；

（五）破坏国家宗教政策，宣扬邪教和封建迷信的；

（六）散布谣言，扰乱社会秩序，破坏社会稳定的；

（七）散布淫秽、色情、赌博、暴力、凶杀、恐怖或者教唆犯罪的；

（八）侮辱或者诽谤他人，侵害他人合法权益的；

（九）含有法律、行政法规禁止的其他内容的。

这些规定主要立足于网络运营的程序以及网络内容的管理。虽然各互联网管理规定和办法的出台对网络媒体产生了约束作用，然而中国的网络管理体制还不够完善，需要进行深入探讨和研究。

1. 政出多门，管理混乱

1994年，中国接入国际互联网后，为防止境外网上有害信息的渗透，中国政府按照“法律规范、行政监管、技术保障、行业自律”的基本原则，建立了部门分工负责、齐抓共管的行政管理体制，明确规定多个政府部门作为监管主体对网络信息服务进行监督管理。

中国形成了严格的网络信息监管和审查体系，行政部门职权在网络领域发挥重要作用。网络媒体由各个政府部门分工负责，但是这种分工合作带来的效果却并不乐观。以开办新闻网站为例，要正常开展互联网新闻网站业务，就必须办理新闻信息服务许可、出版许可、视听节目许可、ICP经营许可等多项许可，手续繁琐。多头管理造成了办事效率的低下，各部门互争利益，遇到问题互相推诿。

因而，中国的网络监管部门应当进行整合，终止多头管理的现状。对于网络部门的性质进行统一认识，并制定统一的规章、制度，形成科学、有效的管理方式。目前，业务的融合问题不仅是技术问题，更是行业政策和管理体制的问题。原有的政策、行政管理体制必须进行调整，重新整合中国网络信息监管主体，明确规范相关职责。

2. 监管与言论自由的不平衡

网络媒体是可供网民自由发布信息、发表言论的媒体形式。一方面，政府需要对网络进行严格管理，避免淫秽、暴力内容出现，管制虚假新闻，严厉打击危害国家和人民利益的内容。另一方面，网络管理不能扼杀民众的自由表达权。通过网络媒体，民众可以及时公开信息，广开言路，同时能够对某些社会问题进行揭露和评判。

如何平衡监管与言论自由之间的关系是政府相关部门亟须解决的问题。从产业发展的角度上讲，如果政府对网络媒体的管理像广电媒体、纸质媒体一样严格，并不利于其发展。针对国外网站的接入问题，不能一味地进行屏蔽，而是应当在严格管理的基础上实现网络的全球化。

3. 未组成行业组织和用户协会

依照外国经验，如果成立了网络行业协会和用户组织，可以作为政府政策的有力补充。行业组织和用户协会都具有一定的规章制度和道德准则，许多问题可以通过行业组织或用户协会进行解决，一旦违反了行业内的制度和准则，会受到相应惩罚，网络媒体的信誉也会受到影响。

通过这些组织的成立，可以加强网络媒体的自律性，通过网站对自身内容的管理实现网络环境的优化。

总结

由于国情不同，中外媒体的管理体制存在巨大差异。通过分析各国媒体管理体制的成功经验和失败经验，可以为我国的媒体管理体制发展和改革指引道路。

下章概要

下章介绍了一些知名的领导者和管理者，他们往往被称为“大亨”。展现关于领导和管理的许多理论，同时分析了领导者和管理者的行为方式。探讨管理的功能和流程，然后重点分析了创意产业。创意产业是一个特殊的产业，它对技术有强烈的依赖，并一直处于动态变化中。

案例分析4.1　“制播合一”与“制播分离”

为了实现广播电视从“制播合一”体系向“制播分离”体系转型，美国在1971年颁布实施《黄金时间机会条例》，规定每天19：00至23：00的黄金时间，电视网及附属台不能全部播出自己制作的娱乐节目，以打破媒体对节目市场的垄断，给其他节目制作公司创造市场机会。独立节目制作公司的出现，不仅丰富了广播电视网的内容、提高了利润，而且使节目从国内市场急剧扩张到国外市场。

1. 中国是否可以借鉴美国的《黄金时间机会条例》？为什么？
2. 制播分离有何优势和劣势？
3. 你认为通过怎样的政策、体制可以促进制播分离的实现？

第五章
领导和管理

管理者和领导者之间存在根本性的区别。管理者管理，领导者创新；管理者维持现状，领导者发展公司；管理者依靠系统，领导者依靠员工；管理者依靠控制，领导者依靠信任；管理者正确地做事，领导者做正确的事。

——沃伦·班尼斯

>> 本章学习目标

→定义领导

→领导的方法

→定义管理

→管理理论

→管理的功能

→管理结构和流程

→技术管理和变革管理

→创意产业的管理

导　语

管理和领导都是艰苦的工作，但是必须有人承担。某管理者/领导者的工作可能包括，接手困难重重的项目；与西恩潘和爱娃龙戈利亚会谈；同时与美国内阁成员见面，申请使用雷尼尔山，用以重新拍摄《珠峰大本营》。另一位管理者/领导者必须计划每年两次的电视和出版博览会；监管詹姆斯·卡梅隆的电影预算；与上海的电影公司主管进行谈判，商讨中美合拍片的计划。

在媒体公司，主管需要承担管理和领导的双重任务。领导是创意产业的重要要素，因为这是一个需要原创理念和原创产品的行业。同时，媒体公司也会因为管理不善而倒闭，因为引进新设备、开发新产品可能耗资巨大，最终造成公司的失败。

正如沃伦·班尼斯所说，领导和管理是互相关联的活动，但是它们并不相同。在描述两者的关系时，学者们各持己见。有些学者认为，领导和管理技巧是天差地别的，在同一个人身上无法体现出两种身份；还有学者认为，领导是管理的一个方面。两者的区别在于，领导与人有关，没有追随者就没有领导。管理可以与人有关，也可以无关：除了管理人之外，还可以管理事物，如投资组合管理、资产管理或机器管理。

第一节　领导的定义：做正确的事

几个世纪以来，领导者都吸引了众多追随者。公元前58年到前52年，凯撒大帝向罗马议会宣战，吸引了众多追随者，他的领导能力令人倾倒。他对高卢战役和国内战争都进行了评论。在这些评论中，凯撒大帝以第三人称的身份对领导者作出了经典的描述：

形势十分危急，不能再有任何保留。凯撒抓住了最后一个士兵的盾牌，冲向前线。他呼喊每个队长的名字，鼓舞其他士兵的斗志，命令他们向前冲，并命令把队伍间隔拉大，以便能够更好地使用剑。他的到来给予了士兵斗志和勇气。每个人都在指挥官面前奋力战斗，忘记了危险。

凯撒的描述指出了领导的一个核心要素：领导总是在追随者的前方。他们提供目标愿景，指明成功的方向。他们鼓励、激发和指引他人达成目标，包括那些与领导的目标不一致的人。

第二节　领导方式

领导是天生的还是后天形成的？领导能力是固有的，还是可以学习的？在许多组织中，领导设定目标和达成目标的能力是至关重要的。然而，目前这些问题的答案并不明晰，也没有形成一致。关于领导的理论和研究很多，如表5-1所示。领导能力通过以下方式达成：

个人特征或特性

具体、可观察的行为

组织或团队内某职位的权力

具体情境下的特征

组织或团队内领导和追随者的关系

表5-1　领导的方法

思考领导问题		
领导	**问题**	**回答**
个人特征/特点	领导者通常具备哪些个人特征？	个人特征：驱动力、感知能力等
具体、可观察的行为	领导者怎样行为？ 目标导向是什么？ 对人员怎样划分？	决策力、深思熟虑、小心行事
团体或组织内某一职位的权力	这个领导占据哪个岗位？	法律角色 工作、社会和非正式领导人
某一特殊情境下的表现	在某一特殊情境下，领导者怎样让下属做事？	采用适合这一情境的领导方式：指挥、支持、参与、成果导向、网络合作、建立价值
领导者和下属之间的关系	领导者和下属之间的行为类型是哪种？	如果分享价值和看法，将会十分有效 积极的交流 领导者激励下属的方式：告知、参与和委派
元—更大的图景	领导借助的更大的环境背景是什么？	神授、互动、转换、服务导向、智慧

这些方式都受到许多人的拥护，但有时并不冲突。大多数人都认为领导是重要的，然而对“哪种领导方式是最好的”或“某领导在某个情境下应该运用哪种方式”，研究人员和实践人员并没有达成一致观点。

一、作为个人特征或特性的领导

“个性特征决定领导”这一观点长期以来一直存在，虽然有些研究者认为个性并不是那么重要。柯克·帕特里克和洛克的研究表明，领导者与非领导者的区别是，领导者拥有以下六个特征：干劲、动机、诚实一致、自信、认知能力、商业知识。虽然一个人能够改变自己的动机水平、诚实程度，提升自己的商业知识，但是很难想象有人能改变自己的“认知能力”。在现实中，我们可以发现一些人虽不是领导者，但也拥有这些特征；同样，有些拥有这些特征的领导者也不一定是优秀的领导者。

视频游戏大亨：诺兰·布什纳尔

图5-1中的诺兰·布什纳尔被称为“电子游戏之父”。1972年，他发明了一款名为Pong的游戏，获得了巨大成功。随后，他与赛尔斯公司达成交易，游戏以电视机为显示器，家喻户晓的电视进入了互动时代。他成立了阿塔里公司以销售这款游戏，1976年将它卖给了华纳通讯公司。1974年，他又开发了一款机器人游戏——查克奶酪，查克这一人物成为比萨时代剧院的经典传奇。

布什纳尔不仅仅是个管理者，他更是创新家和领导者。他看到了视频游戏的发展前景，并把视频游戏包装为个人家庭游戏。通过与比萨时代剧院合作，视频游戏和机器人成为公众娱乐方式。他的经历证明，当一个人同时拥有创新能力和管理天分的时候，他身上的能量有多大。

图5-1　诺兰·布什纳尔

近年来，领导理论变得更为复杂，领导特征被认为是多种复杂能力的集合，如图5-2所示。

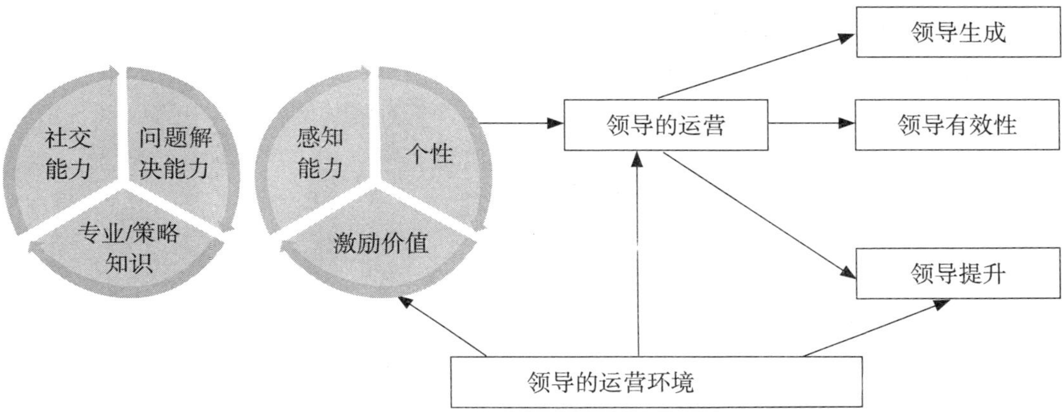

图5-2　领导者特征和行为模型

扎卡罗对这个模型的解释是：

感知能力包括总体智商、复杂性感知、创新感知。个性归因包括适应能力、外向性、冒险倾向和开放性。动机和价值包括对社会力量的向往、对目标达成的向往以及领导的动机。社会能力包括情商、社会知识、说服能力、谈判能力。问题解决能力包括多元感知能力、问题建构和问题生成能力、自我管理能力。这些特征构建成的“云”并不是独立的，领导者依靠这些能力的复杂互动实施行动。

二、作为具体可视行为的领导

“特征”是领导者的个人特性，如决策力、思想性、谨慎性、同情心和前瞻性等等。一些研究人员认为如果一个人拥有某些特征他将成为领导者，相似的是，行为主义学派也持有同样观点。

领导的行为主义研究关注的是“以工作为导向”还是以“以人为本”。当领导者更加看重工作时，他们考虑的是谁来做，什么时间做，怎样做，等等。当看重追随者的需要、期望要求时，他们便是“以人为本”。谈及到这两种领导方式，有许多不同的表述，包括行为主义/工作主义；关心人/关心生产；以员工为中心/以工作为中心；观察结构/激发结构。观察结构指的是考虑员工的需求和需要；激发结构则通过指导、控制、监管等行为进行领导。

布莱克和莫顿出版了一本经典著作，他们将行为主义研究方法引入领导研究中。他们让管理者们填写调查问卷，根据他们的答案将他们放在不同的管理表格（或领导表格）中，如图5-3所示。竖轴代表对人的关心，横轴代表对生产的关心。

对人的关心程度高，对生产的关心程度高=团队管理

对人的关心程度高，对生产的关心程度低=乡村俱乐部式管理

对人的关心程度低，对生产的关心程度高=生产管理或陈腐管理

对人的关心程度低，对生产的关心程度低=管理匮乏

对人和生产的关心都处于中等程度=中庸管理

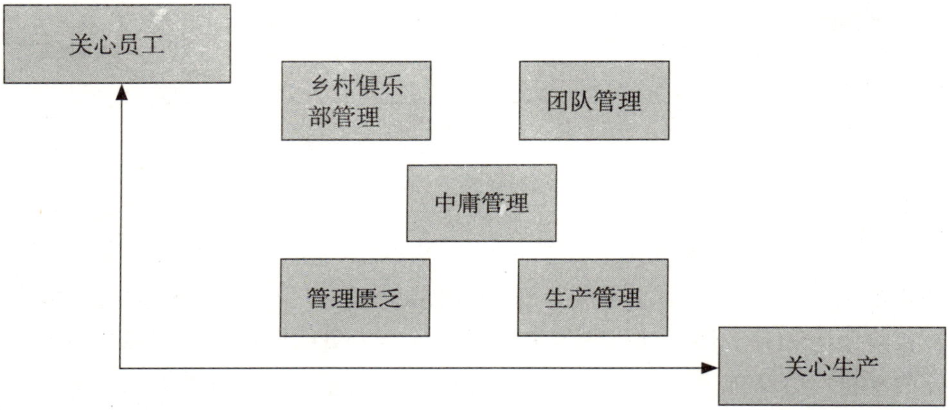

图5-3　布莱克和莫顿的领导方格

电影大亨：沃尔特·迪士尼

图5-4中的人物是沃尔特·迪士尼，1923年他成立了迪士尼公司，他一直都在运营公司，直到1966年去世。

在他的职业生涯中，人们对他的评价是道德高尚、有思想、关心他人。他具有很强的创新能力，自己设计了米奇这一卡通人物，并使它经久不衰。他知道公司内所有员工的姓名，同时希望他们叫他沃尔特。他制定了为员工培训付费的政策，许多动画人员都因此受益。

迪士尼建立和开发了一个动画电影的市场。该公司创造了“动画电影生产线”，将动画人员各自的创作成果结合成一个系统。同时，迪士尼设计并策划了公司所有的主题公园。

图5-4　电影大亨：沃尔特·迪士尼

三、作为组织或团队职位权力的领导

我们已经探讨了领导者本身能力引发的领导理论，包括领导者的特征和行为。然而，其他理论关注的是情境或环境引发的领导理论。如电影拍摄完成之后，对电影场景的破坏造成了资金的浪费，鉴于这种情况，迪士尼将这些废弃的场景建设为迪士尼乐园。

领导者通常在组织中占据着高层职位，通过职位的力量表达观点，获得影响力。在组织的层级结构中，当领导者凭借主管的位置行使主权，他一般被称为“法律领导角色”。然而，一些社交领导者、任务领导者和宏观领导者不具有层级中正式的领导职位，他们通过非正式权力产生影响。例如，社交领导者的任务是构建同事和合作伙伴之间的关系，维持他们的联系纽带。任务领导者受到法律领导者的指派，指导和监管团队的工作，使得他们能够向着目标前进，并及时、按预算完成任务。宏观领导者通常占据了高层职位，他们对于组织有更为广阔的视角，因此可以把任务更好地融入组织的总体使命和目标中。

在工作团队或部门中，一个人有可能扮演以上所有的角色，尤其是当这个领导者具有综合技能的时候。

在组织层级中拥有高层职位赋予了领导者一定的主权，可以说服他人执行任务，并为他们指明工作的方式。然而，在创意组织中，这种领导力被削弱，因为，创意组织通常会呈现反主权的文化价值观。而且，创意人员具有领导者所不具备的专业水准，与创意人员共事时，领导者必须运用非主权的能力与他们产生互动，如说服力、技巧和个人影响力。

四、在某一情境下生成的领导力

情境理论认为，激发追随者行动并完成组织目标的领导力取决于领导者对某一时刻、某一特殊情境本质的理解。路径—目标理论是人们研究最为成熟的情境理论，这种理论认为，员工拥有目标，无论是金钱目标，还是其他有形奖励和无形奖励，包括赞赏和名声。如果领导者将员工的个人目标和组织的目标进行整合，为员工提供同时达成两种目标的行为方式，那么这位领导者将获得成功。因此，领导者的功能是提供员工有效工作所需要的资源。

路径—目标理论指出，根据员工情况和环境因素的不同，领导者可以应用六种领导方式，如表5-2所示。员工的特征包括知识、技巧、经验、动机和心理构成；环境特征包括工作类型、团队类型和组织类型。

表5-2　路径—目标理论领导类型

领导类型	描述
关系水平类型	
指导	指导型管理者指明目标及达成目标的方法。他们仔细监管员工，通过奖励和惩罚纠正他们的活动。
支持	支持型管理者努力帮助员工达成他们的个人目标。他们致力于提供员工需要的资源，创造以员工为中心的工作环境。
参与	参与型领导者鼓励员工组成团队，所有人共同努力。
以成果为导向	以成果为导向的管理者强调表现，他们希望员工努力达到最好的绩效。
环境水平类型	
网络合作	网络合作型管理者依赖于环境，他们在更大的组织环境下增加预算，获得“好任务”，提升工作组的声誉。
基于价值	基于价值的领导者强调工作组在组织中的角色，并与员工进行分享。他们希望员工接受这种想法和价值。

五、由“领导—成员”关系本质生成的领导力

早期，人们对领导者和追随者关系的构想是领导—成员交换理论（LMX）。这一理论关注于在目标共享和目标达成的过程中领导者和成员行为共存的类型。随着时间的推移，如果“领导—成员”的共存形成了对环境共同的价值观和看法，那么工作就很有可能成功。

蒂尔尼等人研究了创意工作中的“领导—成员”关系，这些研究对象包括科学家和研究人员。在对一家大型化工企业的191名受访人员的研究中，研究者发现了“员工特征—内在动机和认知模式”，以及积极的“领导—成员”关系能够激发员工的创造力。

领导—关系理论更为动态的研究成果是情境领导模型。与路径—目标理论相似，情境领导模型认为领导者需要根据员工意愿调整行为方式，从而激发员工动机。在这一模型下，员工有效工作的意愿＝工作能力×对工作的信心。根据某种“领导—成员”关系的互动模式，领导者应当采用某种特定的领导方式。

第三节　领导的“元方法”

“元”具有多种含义，如“更为复杂”、“超然”或“卓越”。“元语言学”的意义就是超越了语言应用的境界。近些年来，领导方式的研究已经超越了“领导—成员”和“领导—团队”的研究模式，而是以更加宏大的社会或组织背景的视角来进行研究。这些领导方式包括“神授型”、“互动型”、“转换型”和“服务导向型”。

一、神授型领导者

我们很熟悉一些神授型领导者，如圣雄甘地、温斯顿·丘吉尔、富兰克林·德拉诺·罗斯福、约翰·肯尼迪、罗纳德·里根以及巴拉克·奥巴马。这些人都有令人激动的想法，他们把自己的想法传递给他人，激发他们付出时间、金钱和精力以完成愿景。一般情况下，社会、宗教和政治领袖拥有这样的特点，他们领导某种运动或政治联盟。

神授的权力对他人的激励只是暂时的。就像摇滚乐队只能风靡一时。然而，持续的企业需要持续、具体的组织工作和企业构建。

因此，虽然一些组织的领导者拥有神授的权力，但是他们仅仅是“神授型领导者”。从这个角度来讲，对于星光四射的商业领导者，如迪士尼公司的沃尔特·迪斯尼、福特汽车公司的李·艾柯卡、通用电气的杰克·韦尔奇，等等，我们也应当将各种领导模式相结合来看待他们。

让我们回想一下行为主义的领导理论，主要有两个关注视角：关心生产还是关心员工。在某种程度上，这种二元性思维也影响了“元方法”。最好的领导者同时以工作和员工为导向，理论学家近期提出了“全方位领导”的概念，建议领导者同时具有“互动”和“转换”特征。

数字巨头：史蒂夫·乔布斯

图5-5中的人物是创立苹果公司的大人物——乔布斯。在乔布斯离开苹果之后，公司陷入困境、几近破产。因此他又回到苹果公司，使它起死回生。然后，乔布斯接手了拥有iTunes和 iPod的音乐公司。随后，他带领公司创造了iPhone，引发了移动手机业务的革命。同时，他创立了一个全动画电影的工作室，如果迪士尼没有抢先购买皮克斯公司，苹果公司就何有可能控制全动画电影的市场，甚至接手迪士尼公司。

史蒂夫·乔布斯的成功来自于他深刻理解创意数字产品和平台下“设计”的重要性。他被认为是掌控能力很强的管理者，每个周一，他都会举行时间很长的会议。乔布斯说：“我们周一的工作就是审视整个公司。我们研究过去一周我们卖了什么，研究正在开发中的产品，研究处于困境中的产品，以及需求更大的产品。我们会与开发部门的每个员工交谈，每周我们都会这样做。80%的工作日程与上周相同，每周我们都会按照计划进行工作。”

图5-5 数字巨头：史蒂夫·乔布斯

二、互动型领导者

互动型领导者与“工作导向型”领导者的风格相同。他们关注资源、计划和产出。他们设定工作的参数和标准，形成工作团队和工作组，监管和奖励绩效。“互动”意味着领导者和下属的奖励关系，更像是交易：“下属执行工作，领导者进行奖励。”奖励以传统形式存在，如红利、绩效工资、认可和提升。

当领导者和下属之间建立了某种契约，互动型领导能够使员工达到满意，促使他们进行正确的行为。通常，互动型领导者不会干涉任务，给予下属充分的责任，允许他们自行工作。只有当下属犯错或绩效太低时，领导者才有可能介入和干预。

三、转换型领导者

如果说互动型领导者更加依靠职位权力，那么转换型领导者更加依靠“说服力”。因此，转换型领导者更像行为主义学派提出的“以人为导向”的领导者，区别在于：转换型领导者强调创新、弹性和对变革的积极态度。与神授型领导者一样，他们也具有总体的视角和激励他人的能力，然而他们也非常看重能够激发或组织员工行为的资源和组织结构。

正如这个术语所示，转换型领导者与组织变革紧密联系在一起。阿佩尔·鲍姆等人对经历大规模变革的6个组织进行了研究，结果表明，领导者对员工的态度产生了重大影响，从而决定了组织变革的成功和失败。因此，在变革发生之前，领导者必须对员工进行干预。

转换型领导类型的优势在于，征求员工想法和支持的领导者能够更好地说服他们接受变革和转化。正如一位作者所说：转换型领导相对于高压领导和指挥领导方式而言具有自己的优势，因为雇员认为自己处于变革决策的制定中，最终会影响变革的发生。转换型领导能够有效地建立与员工的沟通，提高员工的参与水平，最终获得员工的信任。

四、服务导向型领导者

技术的迅速转变导致一些理论学家认为领导观念也必须相应转变。市场竞争更加激烈，消费者可以根据产品价格和特性进行更有弹性的选择。并且，创意产业的员工教育程度更高，专业性更强，经常超越了领导者的指导能力，甚至理解能力。鉴于这种现实，理论学家开发出一些新的领导方式，包括作为服务者和教练的领导。一些现代理论甚至建议，领导并不是必须存在的，可以将权力授权给员工。

博耶和丹尼希提出了领导的服务模型，这一模型的许多要素都与转换模型类似。正如模型的名称所示，这种观点把领导者看作是下属的服务人员。它超越了转换领导的理念，对下属进行授权，并明确的认可多样性的存在。在描述组织的基本要素时，这一模型指出了领导者的文化角色：创立者、英雄、困难时期、胜利。这一理论应用几个单词首字母的缩写来解释领导者的服务本质：

S——服务

E——授权

R——组织传统的复述者

V——愿景

A——兼具两性特征

N——网络整合者，组成的工作团队超越了普通的组织构成

T——团队建设者

近期，领导者被认为是教练或导师。教练与领导者、管理者不同，他帮助他人发展和成长，而领导者和管理者提供愿景、指导和控制。其他观点认为，在日常工作和数字工作流程中，领导工作可以由技术代替。

一些理论学家的观点是，如果工作团队由技术—知识型员工组成时，他们可以进行自我管理，只需要将领导权力移交给在某一领域具有领导优势的员工，而不需要设置正式的领导者。

另一种前沿观点认为：领导者是明智的、值得信赖的。对于下属、组织、领导者自身以及影响的其他人而言，领导者能够使他们产生积极的进步和发展。他们的决策惠及众人，道德和伦理价值被融入决策，同时顾及效率和成本。这种领导需要一个成熟的“人”，他必须具有心理和道德的稳定性，品质超出常人。

“领导智慧理论”是与此相关的理论。持有这种观点的理论家膜拜希腊的一句谚语：最高的智慧就是意识到，没有人能够了解事情的本质、他人的内心以及正确的决策。因此智慧是十分必要的，它要求人们必须寻求更多的知识。领导者应当花费时间作出艰难决策，有可能当收集到足够多的信息时才做决策。

第四节　领导和管理的桥梁——激励

没有追随者就没有领导者，没有员工就没有管理者。领导者和管理者必须激励员工，使他们以某种方式工作，最终达成组织目标。激励他人意味着理解，即什么能够促使他们行动？怎样发挥他们的潜能？大多数员工能够被激励的原因是，希望自己的行动能够带来自身的利益，实现自己的理想。

激励他人行动、实现组织目标往往不是容易的事。领导者和管理者绞尽脑汁，希望能够开发出激励他人的战略。表5–3显示了一些激励理论。

表5–3　激励理论

激励理论		
激励的来源	**问题**	**回答**
马斯洛：需求	人类的需求是什么？这些需求的相对层级是怎样的？	需求层级（图5–6）
麦格雷戈：人类的本质	工人的本质是什么？	X理论：懒惰、避免工作 Y理论：通过工作追求满足和意义

续表

激励理论		
激励的来源	问题	回答
作为流程的激励	领导者和管理者能够怎样激励员工?	奖励需要的行为、惩罚不适当的行为、期望管理 确保员工感觉到公正

激励有两种类型：外在激励和内在激励。外在激励需要鉴别出激励他人的外部要素和方式，例如金钱、头衔、地位、补贴和权力。内在激励需要激励他人的内在要素，如满意度、自尊、重要性感知和控制力。大多数人会受到“外在—内在激励”结合的影响。

一、马斯洛的需求层次理论

马斯洛认为，人类的需求极为多样，同时需要外部和内部的鼓励。这一理论指出，在其他需求被满足之前，人类必须先满足某些需求。例如，基本的生存需求，像食物和住处，是人类的外部需求；又如，人类有受到保护、获得生存的需求，一旦人类满足了吃和住的需求，他们就必须关注自己的安全需求，保护自己免受疾病、动物和其他人的伤害。满足了这些外部需求之后，人们会转向社会和社交需求，以及自尊和自我实现的需求，这些都属于内部需求。

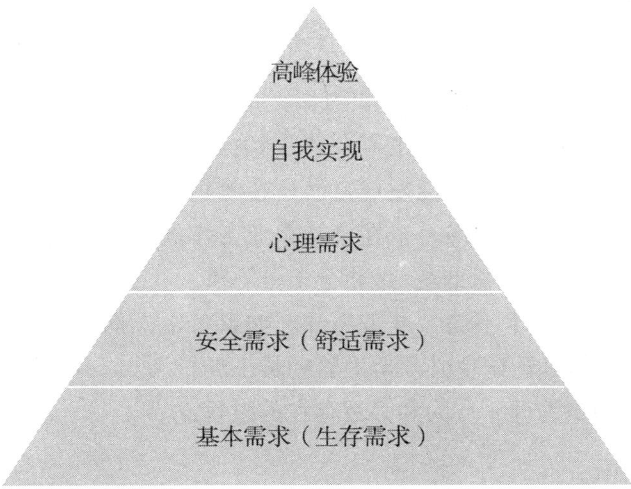

图5-6　马斯洛需求层级

这个观点的含义是，领导者和管理者应当意识到，一旦员工的基本需求和安全需求达到满足，应当对他们采取其他的奖赏方式。一个主管在获得高额薪酬之后，可能需要更多的责任，更高的头衔，更好的办公室，更大的支出限额，通往主管洗浴室的钥匙，甚至是在行业交易博览会上发言的机会，以及影响组织发展方向的能力。管理者也会感觉到，在他们的职业生涯发展的过程中，他们自己也在寻求着不同类型的回报。

二、X理论和Y理论

如果说需求的层级理论仅仅是对“工作人”的看法，那么X理论和Y理论则提供了更为现实的应对方法。它描述了人类成为“工作人”后的两种极端情况。X理论统治了19世纪和20世纪前50年，大多数管理者都相信人本懒惰，而且会逃避工作。他们认为员工想要也需要被指导、控制、监管，激励措施主要依靠外部的金钱回报。在领导者和管理者的眼中，员工仅仅是另一种资源。下面的章节也会提及，X理论的观点与泰勒管理理论完全一致（泰勒管理理论统治了20世纪前半段的管理思想）。

Y理论处于X理论的对立面。这种理论认为，人们从工作中寻求满足和意义，他们喜欢自我指导、自我控制，以及充分考虑员工知识和需要的弹性领导。学习和领导机会、职业生涯的发展、增加的责任能够激励员工。Y理论认为，只有领导者和管理者将员工看作有价值的资产，而不仅仅是成本和资源，员工的才能可以使智力资本、财产和商业优势进行整合。

三、过程型激励理论：期望、公平和自主

近期，激励理论倾向于把激励看作是一个过程。组织中的人总是有所期待，他们的行为动力来源于这些期待。他们也需要感受到公平，即他们把他人的所得与自己的相比。例如，如果一个年轻的女性发现自己所在的组织只提升男性员工，她将会不努力工作或离开公司。同理，如果一个在家族企业工作的管理者发现这个家族的成员获得了与能力和努力并不匹配的回报，他将会十分不满。

结果是，每个人都产生不满，准备离开。如果每个人都受到激励，领导者和管理者就更加容易成功，但是他们也必须努力管理员工的行为。

下一部分探讨的是管理、行为和必然存在的过程。

第五节　管理的定义：正确地做事

管理者的工作是什么？如表5–4所示，管理理论提出了许多问题，答案并不统一。然而，这些观点与领导理论有所重合。

表5–4　管理理论

思考管理问题		
管理理论	问题	回答
泰勒：科学管理	怎样提高工作效率？	1. 观察工作 2. 培训工人 3. 使工人与工作相匹配 4. 建立管理者和工人的合作
法约尔：主权结构原则	管理的功能是什么？ 怎样形成管理结构？	1.计划、组织、指挥、协调、控制 2. 集权化、主权，等等
梅奥：人际关系学派	心理学怎样应用于管理？	1. 让工人感受到自己的价值 2. 应用非正式结构和沟通
巴纳德：权力和激励理论	科学管理和人际关系学派结合后最好的原则是什么？	沟通：外在渠道、简短而直接的沟通、知识沟通
威廉・大内：Z理论	X理论和Y理论应用到组织中最好的方法是什么？	1. 将日本的集体主义形式应用到美国的个人主义形式中 2. 关注组织文化 3. 创造一种文化，强调：长期雇用、调查决策制定过程、个人责任 4 .缓慢的评估和提升员工 5. 非正式控制、正式评估 6. 将组织看成整体

管理的定义：

◆组织过程，包括计划、设定目标、管理资源（人力、财务、技术、原材料）、资产利用、测定结果

◆执行计划、协调活动和资源、促进组织各单位与管理运营的合作

◆通过他人完成组织目标

◆整合人力、物力、财力，考虑运营环境，从而达成组织目标的过程

◆为达成企业的目标，实现稀缺资源的有效分配

早期的管理理论指出了管理的许多功能，依然适用于当前的企业管理：计划、组织、领导、协调、控制。其他的理论指出管理职能还包括指挥、资源整合和监管。管理的常见定义解释了在描述管理者的工作时，为什么这些功能占据了重要位置。

一、经典管理理论

针对不同的管理情境，存在不同的管理理论。人员管理包括个人管理、团队管理和组织文化管理。组织运营管理包括决策制定、调研、考量政治和权力因素、技术的应用、知识和学习管理、创新和变革、塑造企业道德。组织结构管理必须依靠现有的管理机构和官僚系统，并设计一个组织结构，以应对企业环境中的核心要素，如规则、技术、经济周期和全球化。

虽然管理理论层出不穷，但是存在两个基本的管理学派。领导理论的两个极端是X理论和Y理论，即以工作为中心还是以人为中心，与此相似的是，管理理论也显示出二元性特征。管理学的两个对立理论出现于19世纪末、20世纪初，它们是：科学管理理论和人际关系理论。最先出现的是科学管理理论。

（一）科学管理理论

19世纪末，弗莱德里克W.泰勒综合了19世纪在美国出现的一些观点。泰勒是一名工程师，因而他称自己的理论为科学管理。虽然这个理论名为“科学管理”，但是它对观察和测量工作的重视超过了科学原则。在工人执行任务时，泰勒观察他们并记录工作时间，这一过程称作工作研究。然后，他重新设计工作的方式，以获得更高的效率。科学管理将工人看作是平稳运行的机器，尤其是体力劳动者。

泰勒提出了科学管理的四个原则：

1. 工作科学化：观察工人，记录工作时间和结果，如规定时间内举起的重量、完成的部件，使用这些结果对工作场所和工作工具进行重新设计。一旦工作生产率提高，工人的工资将会增加。

2. 选择和培训员工：通过对员工进行资质测验，管理者可以确定最适合某个岗位的员工，这是一种将工作与员工匹配的科学方法。一旦人员被确定之后，就对他们进行培训，使员工达到最高的效率水平。

3. 实现科学工作、员工选择和培训的结合：通过把培训后的员工与科学工作方法

进行结合，获得更高的效率。

4. 建立管理者和工人之间的密切合作。管理者从事脑力工作，工人从事体力工作。如果每一类型的员工都将自己的注意力限定在他被安排的工作上，通过他们的合作就能实现效率最大化。

泰勒由于他的理论而享有盛名，这套理论也被称为“泰勒主义”。20世纪前半叶，泰勒理论是一个应用极为广泛的管理风格，尤其是在稳定的生产环境中，如装配线。泰勒理论促进了强调从上到下沟通和控制的官僚主义、中心化组织结构，生成了明确的权力框架。

在欧洲，亨利·法约尔是和泰勒同时期的管理学家。他也是一位工程师，他的主要成果是提出了权力结构法则。比起对于工作进行设计，法约尔更加看重管理工作的定义，他提出了14个原则，例如中心化、明确的权力结构、一个员工只有一个管理者、公平、公正、工作安全、秩序，等等。法约尔强调了管理的功能：计划、组织、指挥、协调和控制，管理培训是他最为看重的。直到20世纪40年代，法约尔的著作才得以在美国出版，因此他在欧洲产生的影响更大。

（二）人际关系理论

澳大利亚的理论学家埃尔顿·梅奥拥有心理学和精神病学的学科背景，这构建了他的管理理念。他研究了社会心理机能障碍的冲突，结果是需要通过治疗和访谈解决组织中不同派系之间的冲突。毫无疑问，他认为工程师型观点并不适合管理“人”。他承认管理者需要掌握技术，但是他同时强调管理者需要社交技巧，从而使激励和员工的满意度最大化。

梅奥相信，对大多数人来说，工作都是生活的核心乐趣，他们从中寻求意义和满足。他将组织层级观点引入管理理论。在他看来，员工以团队或团体形式进行工作，因此工作场所可以被看作一个社会系统，成员之间互相独立又互相影响。梅奥研究了正式组织和非正式组织在管理层级、流程和沟通形式方面的不同，研究成果对组织管理带来了极有价值的贡献。他坚持认为，非正式社交网络能够对员工的态度产生深远影响，明智的管理者应当意识到这一点。事实上，由于人们具有对社会联系的基本需求，所以非正式组织可以在工作场所促进员工的满意度。

在谷歌工作

高于基准的回报形式

饿了吗？那就看看我们的免费午餐和晚餐吧。厨师每天都为你提供种类丰富、创意十足的健康饭菜。有小吃吗？公司还会为你提供各种小吃，为你的工作加油。

线上医生

如果你在谷歌公司加利福尼亚的总部工作，你将会享有线上诊疗的福利。

飞行服务

谷歌公司非常愿意为芒廷维尤的员工提供免费的飞行服务，如飞往旧金山、东湾、南湾等地。

财务课程

谷歌会为员工提供目标明确、时间安排合理的财务教育课程。这些课程十分综合，涵盖许多财务主题。

其他网上服务

在谷歌芒廷维尤的总部，员工可以享有以下网上服务：加油、汽车清洗、衣服干洗、信息提供、发型设计、瘦身课程、自行车修理，等等。

其他回报

万圣节和其他假日聚会、健康体检、信用联盟、桑拿、曲棍球比赛门票、户外排球比赛门票、产品和旅游的折扣。

梅奥之所以形成这样的观点，部分归因于他参与霍桑实验的经历。1924年至1927年，研究人员在霍桑地区的西电工厂进行了一系列实验。这些实验测定了不同物理环境对工人的影响，包括清洁度、座位、增加的照明等。每个转变都会引起生产力的增长，这种影响被称为“霍桑效应”。由于实验的时候工人处于被观察的状态，所以很难确定生产力的变化来自于实验刺激，还是来自于特别关注带来的刺激。

梅奥对这个意外发现进行了研究，得出结论：并不是环境引起了生产力的提高，而是由于工人感觉到自己的重要性和价值，同时，实验组的工人分享了学习经验，从而加强了彼此的非正式联系。因而，梅奥的观点是，生产力的激增来自于自我价值的感知以及工人之间非正式关系的建立。

虽然在组织范围内梅奥的理论从未得到大范围应用，但是他却影响了数量可观的管理理论家。切斯特·巴纳德的权力—刺激理论是后续理论的杰出代表，它包含了人际关系学派的原则，同时保留了科学管理理论的许多箴言。

巴纳德是一名管理者，他曾经是新泽西贝尔电话公司的总裁。一方面，他强调管理主权的必要性；另一方面，他也十分看重非正式社交网络的作用，他希望管理者对其充分利用。同时，巴纳德坚持认为，主权并不仅仅是从上到下的灌输，管理者的管理能力依靠下属接受管理的意愿。

巴纳德将领导工作看作是管理者最重要的使命。领导与价值紧紧相连，管理者基于共享价值，对员工进行激励，促使他们共同协作，实现组织目标。巴纳德理论的有趣之处在于，沟通是他思考的重心。他提倡：

明确的沟通渠道
组织中全体员工知识的共享、沟通
组织中全面覆盖的正式沟通渠道
沟通最短、最直接的线路
沟通过程的高效管理者
每个沟通过程的身份认证

（三）Z理论

日裔美国学者威廉·大内兼容了X理论和Y理论的观点，创立了Z理论。然而，与美国的A型公司和日本的J型公司相比，威廉的研究中心从管理者—员工个人关系研究转向组织的总体视角，把组织看成一个整体。威廉强调管理的总体理念和独特的组织文化，反映了组织本身特色与管理方式的一致。

他指出，A型公司能够从成功的日本公司获得经验和益处，创造出一种新文化，包括：

长期雇佣
一致同意的决策
放缓对员工的评估和提升速度
非正式控制、正式评价
将组织看成整体

二、现代管理理论

经典的管理理论转化成目前组织的许多管理角度：人力资源管理、组织文化、决策制定、质量控制、沟通、组织知识、创新和变革、技术、领导机构、组织结构、商业环境、全球化，等等。对于每个角度，都有许多理论和研究的支撑，相关论文的发表使管理者能够更好地理解自己的任务。许多书和文章都详细叙述了这些主题，以及其他管理主题。

在媒体行业，沟通技术可以激发组织管理的新方式，沟通对创意产业的作用远远高于其他行业。媒体行业以传播信息和娱乐为核心，公司依靠网络传播技术创造、生产、包装、传输和消费产品。在这些活动中，都倾向于脑力劳动而不是体力劳动。事实上，许多工作都具有很高的专业化水平，这是很多管理者无法具备的。管理者的作用是对这些技术人员进行监管，整合他们的努力，将个体劳动集合为群体效应，从而完成组织目标。当前的创意产业面临技术的飞速转换，媒体公司必须应对组织外部变化的环境。

简单来讲，前辈们发明的生产线无法创造出盈利性高的知识产权产品，适合机器工业的管理方式也无法在创意产业中奏效。

人们通常用“灵敏性”来描述组织面临创新时的反应程度。灵敏意味着，随着市场环境的任何转变，组织都可以迅速调整战略、流程、产品和收入模型。以下因素促成了组织的灵敏性，包括：部门、单元、同事之间的合作，共有的目标和价值，创新的公开性，为短期转变服务的长远规划。

沟通技术是变革的驱动力，同时也促进了变革的实现。计算机组成的数字网络使得员工的沟通变得迅速、廉价。沟通的成本降低，复杂项目的大范围合作更加便捷。结果是，管理流程形成大规模、公开、流动的结构和过程。

技术环境的转变带来了许多新的组织形式。例如，矩阵组织是媒体行业的重要组织形式，因为它不仅尊重了创意项目的特点，而且还保持了等级结构。矩阵组织的设计更加倾向于扁平化的项目结构，而不是我们更为熟悉的垂直等级结构。项目管理者必须向两个或多个主管汇报：一方面向等级结构中的上级主管汇报，另一方面向其他部门的主管汇报，因为那些部门为项目提供支持或资源。对电影工作室而言，特效管理者必须向公司上层的生产主管报告工作，同时也要向该电影的制片人报告。

虚拟组织也是一种新型组织形式。这样的公司可能没有一个具体的工作场所，主要通过人员、计算机和沟通网络来完成工作。许多创意产业中的公司都至少是“半虚拟”的，例如大学、电影公司、音乐唱片公司和软件开发公司。研究表明，虚拟组织同时具有优势和劣势，优势在于它的动态流程、渗透性强、边缘模糊、便于重构结构；劣势在于沟通量大，很难理解信息、形成一致。

批判性理论关注到管理理论的核心主题。批判性理论对传统观念和已有知识提出了挑战，文字批评的传统由来已久，因而管理不仅仅是实用理论学家争论的主题。这些理论学家认为，当前的管理方法由理性主义和实用主义控制，特点是“明显的委托关系，作为资本的代理人”，当前管理方法对“资源运用效率”的频繁提及印证了这一点。

Z理论的创始人威廉·大内这样说，对于A型组织或典型的美国组织，资源分配、绩效考核或其他重要的活动是由可量化、可测量的标准决定的。事实上，美国的商业管理学校毕业的学生更加精通于将模糊和模棱两可的事情明确化。

第六节　创意产业中的领导和管理

一些研究者坚称，以人为中心的领导者比以工作为中心的领导者更容易成功，在许多类型的企业中，这一结论都得到了验证。科学管理的假设是，设计工作时有一种唯一的、最好的方式，对体力工作而言这个假设是正确的，但是对脑力劳动并不适用。在当前的媒体组织中，尤其是传播和信息行业，几乎所有的劳动都是脑力劳动。知识型员工的工作包含版权产品的开发，在这些工作中，可能有最好的完成方式，但是技术员工知道这种最好的方式，而经过管理原理训练的管理者却不知道。

电影大亨：雪莉·兰辛

兰辛（图5-7）是第一个成为电影公司主席的女性。她毕业于西北大学，获得了戏剧专业的学位。她当过老师、模特和演员，后来，她决定成为一名剧本作家，并获得迅速提升，在公司中负责创意开发和管理。随后，她成为米高梅电影公司的剧作家，后来被提升为创意事务的副总裁。兰辛进入娱乐行业10年之后，她成为了21世纪福克斯公司的名誉主席。1992年，她被派拉蒙电影公司任命为主席和首席执行官。在电影行业并不景气的年代，兰辛一直处于派拉蒙电影公司的主席位置，一直到2005年。

兰辛以持续的创意决策和谨慎的成本控制而闻名。她为派拉蒙公司带来了一系列票房奇迹，包括《致命诱惑》、《中国皇帝》、《克莱默夫妇》、《阿甘正传》、《勇敢的心》、《泰坦尼克号》。她统筹了派拉蒙公司10部票房最高的电影中的6部，在她领导福克斯公司的时候，公司出品的80%电影都盈利，这是一个无法被超越的成绩。

图5-7　电影行业大亨：雪梨·兰辛

例子：广播行业的管理

诺尔&联想咨询公司为许多媒体巨头服务。这家咨询公司将当前成功的媒体管理者称为“催化剂”，或是“创造优越条件的人”。管理者和雇员会从不同角度看待工作条件，如表5-5所示。实质上，雇员会选择直接、实际的报酬；而管理者则利用这种报酬获取公司的长期利益。

表5-5　管理者和雇员的不同视角

	雇员	管理者
回报方式	具体报酬	奖励
回报时间	短期	长期
关注的利益	个人利益	公司利益

雇员和管理者的目标很容易发生冲突。管理者怎样通过激励员工达到管理者的目标，同时又能满足雇员自身的目标？核心要素在于：事件只能暂时改变雇员行为。如果管理者变得愤怒或狂叫，这只能暂时改变雇员的行为；环境系统可以带来雇员行为的长久转变，反过来创造一种生产文化。

在诺尔设想中，领导理念被分为两类：“授之以鱼”和“授之以渔”。“授之以鱼”的领导方式为雇员创造解决方案，偶尔改变环境条件。这使得管理者保持了强大的控制力，但是不允许雇员自己开发解决方案。与之相反的是，“授之以渔”为雇员提供一定的环境条件，允许雇员自己解决问题。

成功的管理者想要成为“授之以渔”的领导者，他必须创造一种良好的环境，包括：

愿景：界定组织的发展方向，以及发展的价值

目的：组织存在的原因，以及组织能够为用户提供的价值

目标：确定满足愿景和目的的一系列行为和事件，引领组织走向成功

监管和反馈：关注组织的进步，为雇员提供正确的引导和方向

支持：为雇员提供资源，排除他们工作上的障碍

认可：当目标达成时，表示对雇员的赞赏

示范：行为、态度和工作纪律的示范

“以身作则的管理能力”表达出“管理者作为催化剂”的原则。诺尔委员会引用了禅宗的故事来表达这一原则：

徒弟问师傅："师傅，所有学习的目标是什么？"

师傅回答说："智慧。"

徒弟问："智慧是什么？"

师傅回答："好的判断能力，"

徒弟继续问："怎样获得好的判断能力？"

师傅回答："经验。"

徒弟问："经验是怎样获得的？"

师傅回答："错误的判断。"

从失败中学习与从成功中学习以及协调相应环境的能力同样重要。思考怎样的经验、信念和行为可能导致失败，然后生成一个计划，这样才能提升未来计划成功的可能性。管理能力的另一个重要因素是将技巧传授给下属。管理者可以通过以下步骤实现技巧的转移，开发出授权模式，使某些项目免于监管：

1. 管理者执行工作，雇员观察并汇报他的所见。
2. 雇员执行工作，管理者观察并指出其工作的优劣之处。
3. 雇员执行工作，管理者进行观察，必要的时候予以修正。
4. 雇员执行工作，对现有的工作进行检查和纠正，然后呈交给管理者。

卢·沃瑟曼是公认的"好莱坞之王"。他的职业生涯开始于美国音乐公司，当时他是经纪人，而且表现出极高的天赋。最终，他掌管了MCA的所有业务，在美国娱乐业拥有强大的权力。20世纪70年代末，MCA几乎生产了美国黄金时间一半的节目。

沃瑟曼的节目创新包括增加电视连续剧集数和开发电视电影。更为重要的是，他为媒体公司合并建立了基础。在娱乐中心由纽约转向洛杉矶的过程中，沃瑟曼发挥了重要作用。他的商业创新包括将各个主体的收入与票房挂钩，即将电影明星、制作人、导演、剧本作家的利益与电影票房进行捆绑，这些做法都是由MCA公司首先实行的。并且，他同时追求公司的垂直整合和平行整合战略，把电视和电影内容扩展到多元化的播出平台，实行轰动营销和发行策略，建立电视内容协议规则，进行政治游说以获得行业支持，从而合理避税。

图5-8 好莱坞之王：卢·沃瑟曼

总结

本章讨论了领导、激励和管理的方式。描述了创意行业（如媒体行业）的管理者应当怎样与下属、员工以及合作者进行互动。最终，描述了几位在媒体行业获得巨大成就的领导者和管理者。

下章概要

下章将主要讨论人力资源主题，阐释怎样招募员工和管理员工，描述媒体公司人力资源的不同类型，包括雇员、合同自由撰稿人、合作伙伴和供应商，还将讨论有些公司怎样利用消费者。

案例分析5.1　怎样领导与管理一家公司

约刚刚成为一家本地电视台的总负责人。这家电视台的新闻收视率不高，虽然销售部门已经费尽力气，但是连续两年收入都没有达到预算。约的任务是激励新闻部门，以获得高收视率，同时与销售部门合作，增加收入。其他部门没有任何问题。

如果你是约，你将首先采取怎样的措施解决这一问题？牢记，激励新闻部门员工和销售部门员工需要不同的技巧。为新闻部门和销售部门设计一个计划，包括逻辑、成功的标准、创意的奖赏，力争使这个计划在两个部门都能发挥很好的作用。

案例分析5.2　观察领导

观看一部有关公司领导的电影或DVD，例如《穿普拉达的女王》，完成对于领导的综合分析，思考以下问题：

描述并罗列这位领导的特征。

观察并确定这位领导运用的领导技巧。

这些特征是否达到了激励员工的效果？抑或起到了相反的作用？

这位领导者是否运用了恐吓或幽默的技巧？

仔细观察这一领导的语言和非语言行为，确定他是哪一种管理方式。

你是否认同这种管理方式？

在哪种情境下，这种领导方式或管理方式会奏效？在哪种情境下，这种方式会失败？

第六章
人力资源管理

有才能的创意人才对媒体公司的作用就像煤、铁对钢铁制造公司的作用一样。

——理查德·佛罗里达

>> 本章学习目标

→创意产业的人力资源
→垂直化和扁平化组织
→新型组织形式：分散工作组和目标导向工作流
→点对点工作组和外包
→雇员
→引导和联盟
→合同工
→合作者和供应商
→利用消费者：控制还是引诱？

导　语

在不同的组织中，管理者发挥的功能可能并不相同。他们有可能“命令”或“说服”；“指导”或“教育”；“调查”或“监管”；“控制”或“引导”。他们可能负责计划、工作流、任务安排、解决纠纷、消除威胁，等等。但是管理者必须肩负的一个核心任务是处理人事问题。

许多组织研究者的研究成果标明，人员的管理战略是组织成功的重要要素。劳动力的技能、综合性和智慧是企业的重要竞争优势，因为组织和员工之间的关系很微妙也很复杂，竞争对手无法模仿。在创意产业，这种现象最为明显。创造内容的公司，如电影公司、电视节目公司、新闻公司、视频游戏公司和互联网站面临着来自各方的竞争，如提供同样内容的模仿者、用户生成的内容、同样能吸引受众注意力的其他类型内容。然而受众花费在内容产品上的时间、精力和金钱极为有限。

电子技术和服务的飞速发展意味着持续的挑战就在眼前。媒体行业处于创意产业的中心，它的市场充满无限希望，但是商业环境并不是一成不变的。利用技术获得利润的媒体公司深知，成功的重要因素就是引进与技术发展同步的人才，同时这些人才愿意不断地发挥才能。因此，工资和奖金通常占据媒体公司预算的大部分。

近期对娱乐和媒体公司CEO的调查显示，主管们十分重视人才的雇用。71%的主管认为员工管理是他们的首要任务，对于这一问题，其他行业的平均统计数字是58%。媒体主管们担心公司吸引和保留人才的能力，21%的主管认为有必要改变现有的员工招募、激励和培训模式。

媒体公司需要雇用刚毕业的大学生。因为员工必须知道怎样驾驭新的数字技术和网络化市场，理解当今充满竞争、膨胀的媒体环境。例如，娱乐节目的类型极为多样，但是消费者的时间、精力和金钱资源有限。虽然有些内容是消费者“必须消费”的，但是更为常见的是，娱乐产品可以很容易他替代彼此。每年，观众都想要看到许多好电影。如果一部电影放映时间不合适，大多数人都会选择其他的电影。或者，如果一个人想要看到现场直播的新闻，一家电视台正在重播新闻，那么这个人很可能转向其他的新闻频道。

当然，“必须消费”的内容一定存在，如某些轰动电影——《泰坦尼克号》、《哈利·波特》系列以及酷玩乐队的表演。它们十分重要，因为媒体行业的许多领域都具有“轰动经济”的特征。然而，在“轰动经济”的环境下，媒体公司和艺术家的困扰在于没有人知道什么内容将引起轰动。

理查德·凯威斯提出了“未知准则”，对创意产业有很多启示。创意产业的管理者必须依靠员工来创造独一无二的内容，期望它能够引起轰动，但是管理者无法知道公司应当引进哪些员工，员工需要哪些技能，以及谁生产的节目将会在市场上获得成功。只有那些成功管理创意人才的组织可能在极度混乱、竞争激烈的环境中获得成功。最后的结论是，管理者需要了解创意人才的工作类型和激励方式。

第一节　创意人员和管理人员

在创意组织中工作的员工通常被分为两类：创意人员和管理人员。创意人员的工作是撰写、设计、开发、演示、摄影；作曲、编排、演奏、演唱；创作、拍摄和导演电影，等等。管理人员是主管、管理者、会计等，他们处理公司的总体事务，如雇用、预算、指挥、控制，以及连通客户和高层管理者。

另一种对工作类型进行分类的方式来自于员工衣着的颜色。手工劳动者和售货员通常被称为蓝领；管理者和专家被称为白领；女性员工居多的工作，如教师、美容师和护士通常被称作粉领。

理查德·佛罗里达对创意人员的称谓是“无领员工”。他描述了“无领员工”的特征：艺术家、音乐家、专家和科学家总是自己设定工作时间，穿着轻松、随意的衣服，在令人兴奋的环境中工作。他们不会被迫工作，但是他们无时不刻都在工作。随着创意产业的发展，这种工作方式从边缘走向了主流。

佛罗里达认为，创意人员比其他类型的员工更具有工作独立性。创意人员发现他们很难与非专业的管理者合作。他们没有工作安全感，为了获得安全感，他们更愿意在其他有个人自主权的领域工作。

自主权的意思是，允许终生学习和成长，影响作品的核心，弹性工作制，以及拥有通过工作表达自我的权力。

佛罗里达的描述指出，创意人员和管理人员的工作方式十分不同。管理者可能不会穿着休闲和随意的衣服，他们穿的是套装。他们的工作没有独立性，也没有自主权。他们不会创造内容，或是形成自己的日程安排。创意人员无论是学习、成长还是表达自我都是根据个人喜好，而不是工作所迫。大多数管理者工作的主要目的就是金钱、提升、外部奖励，虽然许多管理者也会因为组织产品的成功而感到骄傲。

管理者的职业生涯被称作“简历生涯”。为了展示自己的进步，他们在简历中增加自己的职位、管理多少员工、控制的项目情况以及做过多大的预算。自然的，他们的工作头衔、任务和工资反映了他们在组织中的地位。随着职业生涯的发展，管理者有可能在多个组织中占据职位，然而他们的职业生涯往往长于创意人员。他们更加听从上司的意见，对同事的看法漠不关心。

相反的是，虽然创意人员也是为了生计而工作，但是他们同时也为了热爱而工作。“为了艺术而从事艺术”的激励动因是内部动因，通过工作本身提供内部奖励。创意人员的职业生涯是“作品生涯”。他们可能为多个组织工作，可能是独立的“合同工”，而不是雇员。当他们寻找新工作的时候，他们根据的是过去的作品。

对创意人员而言，同事的意见和管理者的意见同等重要。他们经常参与群体活动，如创意会，等等。因而，创意人员通常具有高于管理者的深厚知识和专业技巧。

重要的是，不要过于强调创意人员和管理人员的区别。他们通常拥有良好的个人关系，在相互信任的环境下共同工作。同时，也不能将这些区别忽视，因为这两类员工的合作方式十分微妙，有经验的创意人员比管理者懂得更多，将他们的知识和技巧发挥到工作中对成功而言至关重要。

在市场环境中，没有人知道怎样能产生轰动，以及应当为某一内容产品付出多少努力，因而有成功经历的知名创意人员的影响力仅次于最高层管理者。事实上，管理者与成功创意人员的关系直接关系到管理者的职业生涯。音乐行业的克里夫·戴维斯、电视行业的杰米·塔瑟斯以及茱莉亚·菲利普斯都是通过与轰动制造者建立强关系而成为娱乐业的翘楚。

创意人员的特征决定了使用说服方式的管理者比使用恐吓、对抗方式的管理者更易获得成功。而且，创意人员可能会拒绝创作那些会引起同行嘲笑和鄙视的内容。所有这些都说明，在组织员工和建立组织结构的层面，管理者面临巨大挑战。

第二节　媒体人力资源管理的理念和原则

一、以人为本

首先，人是核心。传统的人事管理“见事不见人”，以“事”为中心。作为媒体的人力资源管理部门，理应在“人是核心”的理念指导下，关注“人的问题”，认识人性、尊重人性，强调管理上的“柔性”，其工作重点应围绕人的方方面面展开，主要是研究人本身、人与人的关系、人与工作的关系、人与环境的关系、人与组织的关系，等等。在此基础上，建立媒体的人力资源开发和管理的各个系统。当前很多媒体在现代人力资源开发和管理理论兴盛的背景下，把本单位的人事部门名称也换成了“人力资源部”，但如果仅仅是名称的改变，而没有真正更新本单位人事部门的人事管理方法，提高人事部门管理人员的素质和水平，那“人是核心”的人本理念就是一句空话，现代人力资源管理的方法永远也得不到实现。“人是核心”是现代人力资源人本理念的精髓，它革新了媒体以往注重物质财力资源的习惯，也革新了媒体人事管理“事务化”的方法，要求媒体为了自身的发展和壮大，一切为围绕开发和激活“人”的潜能做工作。

其次，人是资源。传统人事管理把人视为一种成本，将人当作一种“工具”，注重的是投入、使用和控制。而现代人力资源管理把人作为一种“资源”，注重产出和开发。如果人是“工具”，你可以随意控制它、使用它；如果人是“资源”，你就得小心保护它、引导它、开发它。我们认为，人不仅是资源，而且是“第一资源”。从某种意义上说，对媒体这样的信息传播、信息重组的知识型组织，人是能不断带来财富，增加媒体无形资产，促使媒体不断发展壮大的最重要的资源。因此，媒体的员工就是媒体最不可或缺的核心竞争力。在电视领域，表面上看起来市场是媒体员工生产的电视节目和电视频道之间的竞争，实质上是员工在信息传播、信息重组方面的创造力的竞争。员工在电视节目播出上的创造力和创新意识决定了组织的发展前景。人是组织发展中的“第一资源”，是现代人力资源管理的重要理念。对媒体而言，就是要求媒体决策者和管理者重视人力资源的招聘、激励、考核、培训等各环节的具体工作，真正将人力看作是一种最重要的资源，以事就人，使人适其所、人尽其才，从而最大限度地发掘人的创新潜能，这样既能保证组织的发展战略目标顺利实现，也能为人才提供合适的发展空间。

最后，人是有生命、有感情、有需要的主体。传统的人事管理将员工视为可以实现其目标的“工具”，提倡一种控制、约束、规定的“硬性管理”。以往媒体人事管理的基本理念就是如此，它强调员工应该怎么样才是符合媒体人事管理规定和本单位文化的，这样，无形之中限制了员工聪明才智的创造性发挥。而现代人力资源管理重要理念之一就是把人真正看作有生命、有感情、有需要的主体，认识他、尊重他、研究他，提倡一种寻求组织和员工目标、利益、认同感、文化都趋于一致的“软性管理”。

媒体人力资源部门可以通过召开座谈会、员工代表会、同乐会等形式为组织上下的沟通创建渠道；通过各种措施解决员工的后顾之忧，提供社保、医保，解决职工子女入托等具体问题，形成员工对企业的归属感、认同感。“只有满意的员工才是有生产力的员工”。以人为本的管理使媒体的利益和员工的利益保持高度一致，使得员工任劳任怨，必要时为了媒体的全局利益和长远利益，甚至愿意牺牲部分个人利益和眼前利益，发挥非同寻常的潜力，促进媒体发展战略的快速实现。

二、以市场作为配置媒体人员的基础

中国媒体传统的人事管理体制和方法可以称为“行政计划中心制”。“行政计划中心制”的含义是指媒体在人员的管理上实行的是人员进入行政化、人员激励行政化、人员考评行政化、人员收入分配行政化、人员退出行政化，媒体文化的“官本位”现象突出。这种以“行政计划中心制”为特征的媒体人事管理方法在市场经济环境下越来越暴露出其固有的弊端。

从本质上讲，“行政计划中心制”以行政计划或权力为配置人才的中心力量，在人才和岗位的对应上，往往因个人意志而带来随意性和功利性的特征。在这种“行政计划中心制”的人事管理模式下，各种利益因素共同作用，使得人力资源配置并非朝着优化、高效的方向发展，实际成为权力利益“斗争与妥协”的运作结果。即使是改革，由于权力和利益的阻力，也往往成为这些原有利益因素的调整和再分配。

将媒体传统“行政计划中心制”的人事管理方式转变为以市场力量配置媒体人才为中心的“市场配置中心制”，是媒体人事管理改革的方向和趋势。

“市场中心制”的核心理念就是以市场力量配置媒体人才为中心，根据媒体人才市场供求关系的变化，通过价格杠杆和竞争机制，将人才资源进行优化配置，实现人才和媒体组织的互动。计划经济时期，中国的媒体人才由行政计划和权力调配安排，一次分配定终身。随着中国市场经济的建立和加入WTO，这种体制得以改变，媒体从被动地接受国家配置人才，开始转变为真正的自主用人。个人从被动地服从国家分配，转变为可根据自己意愿自由择业，媒体和个人都有了选择的机会。“媒体市场配置中心制”将给媒体带来如下优点：实现媒体人事相宜；实现媒体人才各层次流动。

三、构建符合“市场配置中心制”的媒体组织文化

确立“以市场配置人才为中心”的理念要求媒体建立与市场配置中心制相符合的媒体文化。文化对于组织效率、工作流程和战略选择都会产生重要影响。一个组织的文化如同一个人的性格，组织文化的形成和转变都随着社会、政治、经济、文化环境的变化而变化。一个以行政计划中心制的人事体制为特征的媒体文化与一个在完全市场配置中心制的环境下生存和发展的媒体的文化是不同的。在市场经济环境下，媒体是我国文化产业的微观运转单位，它将是具有中国特色的现代化传媒机构。为了适应以市场为中心力量的环境，媒体文化注定要朝着市场企业文化的方向转变。

在事业管理体制下，媒体经费预算是自上而下核定拨付的，领导干部是自上而下任命的，人员调整是以权力和利益为中心的，这就造成了媒体是等级制和“眼睛向上”的文化。在市场自主发挥作用的环境下，媒体必须研究受众和广告商，必须研究媒体传播市场的机会，必须重视经济利益，必须竭尽全力吸纳媒体人才，确保自身的竞争优势。这就要求媒体建立“眼睛向下”、符合媒介市场中心制的组织文化。

同样是优秀的媒体，BBC和CNN的文化基本代表了两种文化。BBC是依靠向英国观众收取收视“执照费”获取收入的，因此至今仍秉持其首任总裁约翰·理思对于广播事业的理念：“极少有听众知道他们想要什么，更少有听众想要他们所需要的”，“广播不应该迎合大众的口味，而应该引领大众的品味”。这样，BBC总是被人批评成本太高、抗拒变革、妄自尊大等，而这就是BBC的文化，它就是把自己定位为高于观众，自诩为社会精英。CNN从一开始就是暴躁的上尉特德·特纳对于新闻理解的产物。他说：“为我们的观众在这一过程中创造一个角色。”秉持体味观众心理的理念，CNN迅速强大起来，它的发展历程就是一部研究观众的历史，一部与其他媒体竞争的历史，一部创新的历史。“在竞争中创新，在创新中竞争”是CNN文化的精髓。正是由于两者的文化差异，BBC的财政赤字连年扩大，而CNN却在1998年之后一直盈利，并依靠专业、出色的新闻报道能力赢得了业内的广泛认同。

在这里并非是说CNN的文化就是中国媒体文化改造的方向，我们只是指出媒体文化对媒体的重要性，并且强调建设新型媒体企业文化的原则之一就是必须与“以市场配置人才为中心”的理念相一致，与未来完全市场中心制相符合。但应注意的是，BBC和CNN是两类不同的媒体，责任不同，文化差异难免。

第三节　创意产业人力资源战略

人力资源管理与组织目标的统一需要寻找和雇用员工的战略指导。当某企业需要更多的领导和指导时，人力资源部门会寻找顶层员工。寻找顶层员工意味着雇用能够填补管理空缺的员工，建立主权结构，从而管理组织业务。有时，创意公司需要维护更多的客户，创造更为复杂的服务，提供更可靠的工作流程，这也是公司寻找顶层员工的原因。

寻找平行员工意味着雇用普通员工，加强某一项目的力量，或填补现有团队的技能。这种方式也包括雇用整个团队。例如，一个团队可能为组织提供一个新项目，或者是帮助组织获得一个新的长期客户。

目前，“工作流”流程广泛流行，它对人力资源活动产生了影响，也提出了挑战。人力资源部门获得生活在不同地区的员工的背景资料，学习各个国家的法律和规章，同时翻译各种文件，如简历、信件、合同以及其他重要的雇用文件。

计算机网络、电子邮件、网上会议和电话构成了新的工作环境。员工形成了分散工作组，在同一项目工作或为同一产品工作的员工不在同一地区生活，甚至不在同一大陆。复杂组织处于合作者和供应商关系的网络中，合作增加，这也是形成新的工作方式的原因。电影生产为这种复杂的劳动力安排方式提供了很好的例子：导演史蒂芬·斯皮尔伯格1993年在波兰拍摄《辛德勒的名单》时，《侏罗纪公园》的后期剪辑师需要斯皮尔伯格的许可和指导。生产部门的员工设定了一个高速连接，斯皮尔伯格可以观看剪辑师的工作，通过语音进行指导，从而提升最终的剪辑效果。

当公司必须迅速完成某一项目时，分散工作的一个具体方法是“跟随太阳战略”。有些软件公司经常可以保证24小时工作，因为组织为全球各地的员工安排工作。当一个团队完成了一天的工作，他们将成果交给其他团队，由这些团队继续工作。通过这种方式，一个圣何塞的团队开始工作，将成果交给东京的团队，东京的团队工作一天后将成果交给新德里的团队，如此以往，当太阳在圣何塞再次升起的时候，工作从未停止。

一、基于项目的组织

在创意产业中，一个非常常见的员工构成方式是临时工作组，有时也称作“基于项目的组织”。当项目到达一个新的阶段，电影公司、广告公司、音乐公司都可能形成临时工作组。在这种团队中工作的人经常是独立的“合同工”或由雇员和临时工混合而成，而不是全职雇员。

怀特里确定了基于醒目的组织（PBO）的一些重要类型。其中一个维度是目标类型：目标是重复的还是一次性的？他将这种要素称为目标和产出的单一性。另一个维度关注工作职责：工作职责是确定的、稳定的，还是模糊的、易变的？这一维度确定的是工作职责的独立性和稳定性。怀特里通过这两个维度的互动，展示出PBO的四种不同类型，如表6–1所示。

表6-1 基于项目组织（PBO）的比较

工作角色的独立性和稳定性	目标和产出的单一性	
	低	高
低	许多不同的产出，混合而变化的角色 例子：咨询公司和其他服务型公司	一个或只有几个产出，混合而变化的角色 例子：刚成立的互联网公司
高	许多不同的产出，虽然可能彼此相关；不同而稳定的工作角色 例子：电视剧生产公司、新闻节目部门、广告公司和公关公司	一个或只有几个产出，不同而稳定的工作角色 例子：电影生产公司、音乐制作公司（歌曲和唱片）

管理处于“高/高”类型（生产一种产品，工作人员独立性强）的PBO组织是十分有难度的。这些人员从一个项目转移到另一个项目，根据自己的专业受到雇用，很容易通过专业能力获得认可，而不是通过当前的雇佣者。并且，除非对项目进行仔细的观察和记录，否则，一旦项目解散，从该项目获得的知识和经验就会随着人员的离去而消失。

对于从事相似项目的公司，如果形成一个核心工作组，就更容易获得长期的成功。这种PBO类型能够帮助管理者进行管理，因为它为管理者提供了创造协调程序的能力，使管理者可以鉴别和促进员工的特殊技能，以及从经验中学习。即使这一团队需要创造独一无二的创新性内容，管理者也可以很好地进行预算和组织，比处理临时工作组的项目更有信心。

二、外包

对于一些创意产业的公司来说，外包是一种战略选择。外包的工作通常是普通工作，对于那些包含核心知识产权的工作一般不采取外包形式。然而，软件开发和视觉创造经常在全球范围内外包，如动画、摄影，以及某些艺术类工作，如润饰。

事实上，创意产业的公司不会经常采用外包方式。将核心创意产品交由组织内部创造的动机主要是版权的考虑，保证公司对作品所有权的控制。一些创意产业的产品，如电影、电视节目、广告，可能会考虑到文化和社会因素。对于这些内容来讲，一旦需要外包，则最好寻求国内公司，或是文化环境类型的国外公司。

第四节　美国媒体人力资源管理：不同的员工，不同的管理方式

当前的创意产业公司需要弹性管理。技术和市场不停变化，结果是组织与劳动力的互动方式也必须转变。这一部分将会介绍一些管理者必须注意的人力资源问题。雇员、联盟工人、合同工、合作者、供应商是完成工作、应对顾客的主体，他们的努力将会成为公司产品或服务的一部分，管理者应当怎样与他们相处呢？

一、雇员

雇员与组织紧密联系在一起。他们构成了组织的结构，传递集体知识和智慧，贡献自己的能力。每天他们都会稳定地工作。对于雇员的管理形成了公司的正式和非正式的政策和程序。

从组织的角度来讲，全日制雇员是一笔巨大的支出。然而，他们也是所有类型员工中最易监管和控制的。创意产业的雇员，如管理者，一般情况下他们的工作时间都会超过标准的40小时/周，而不需要额外支付报酬。一定意义上，公司可以要求他们签署保密协议。一旦雇员离开现有的公司，他们需要保证在一段时间内不加入竞争对手的公司。

在美国，许多员工受到“随意法律保护”，也就是雇主不可以毫无理由地开除雇员。领导、联盟工人和合同工受到的不是“随意法律保护”。对雇员的法律保护由州立法律制定，因而不同管辖范围的法律规定可能不同。在保护程度最大的地区，州立法律可能建立一个隐形合同，即使没有正式的签署文件，也会保护雇员不会受到无理由的解雇。

雇员的任期被称作雇佣生命周期，显示了每个雇佣阶段，从工作设计、招募、雇佣到任期结束，如图6–1所示。在雇员生命周期中，没有标准的时间线，因为根据组织和个人因素的不同，雇员生命周期也不同。一些雇员可能会工作到退休，虽然这种情况在创意产业比较少见。如果工作描述和雇员情况之间有巨大反差，这样的雇员可能在几个月内就会离开组织。

雇员生命周期分为三个大的阶段：雇用、发展和离职，如表6–2所示。每个阶段都有复杂的程序和政策。过去10年里，创意产业开始强调人力资源问题的解决。

表6-2 雇员生命周期的各个阶段

雇用	发展	离职
个人需要	培训开发	离开程序
工作设计	提供报酬	——
招募	工作质量评估	——
选择	奖励/回报	——
上岗	——	——

1. 雇用

比起其他行业和过去的情况，媒体行业的雇员招募更加公开、富有弹性。工作组、整个部门或业务单位可能会提供对工作职责的描述，即雇员应当具有哪些素质和特征，以及他将处于的层级。在一些领域，需要特殊的创意技能，组织间竞争激烈，这就需要一定的招募战略。有时需要专业的猎头来缓解招募压力，通过多样化的招募运动引进人才。

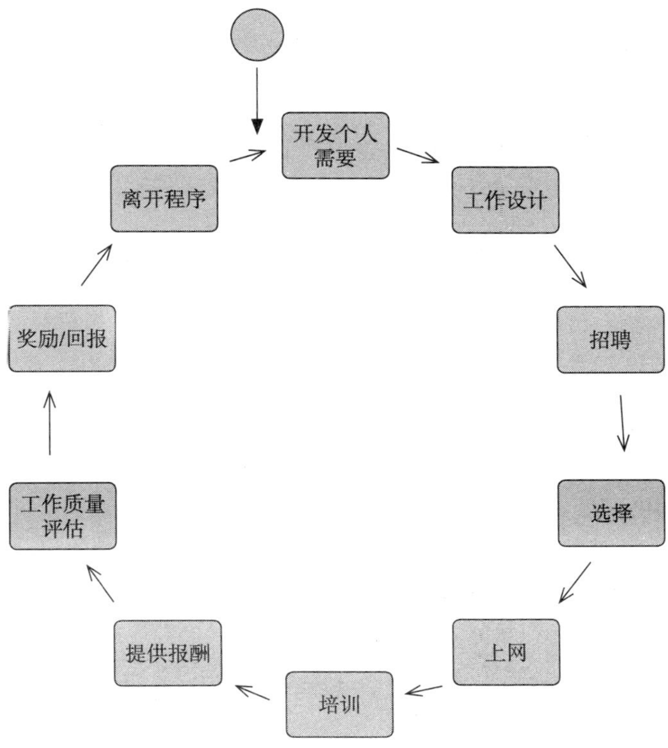

图6-1 雇员生命周期

招募工作通常包含在组织内发布公告。同时，大多数公司会将职位信息和广告发布到相关的贸易报纸、网上招聘网站和当地的通讯。公司还有可能进入大学，举行招聘会。目前，招聘方式也包括在社交网站上发布信息，以及组织内员工发起的其他非正式招募方式。

所有这些方式都需要应聘者向组织提交简历。在一些情况下，所有的简历都会送交专门负责招聘的管理者审阅。更为经常的是，一些明显不符合职位条件的简历被排除，只有少量的简历会流向管理者手中。人力资源部门或管理者可能组织电话面试，经常把候选人的范围缩小到3个或4个。

然后，管理者或人力资源部门会邀请最终的候选人进行面对面的面试。如果某一候选人生活在其他地区，那么可能会对他进行视频面试。其他候选人仍然是面对面面试，因为管理者同时需要感受与应聘者的相处情况，同时，这也是宣传公司目标、价值和期望的很好机会。

一些组织可能会在面对面面试的时候引入心理测试，请专门的心理咨询师进行测试。当候选人的范围缩小到1个或2个时，人力资源部门或管理者会通过电话进行核查。在这一阶段，许多公司还会对候选人进行背景核查。其他组织可能会要求最终候选人进行体检。

在雇用过程中，所有的程序必须保证公正性。管理者不能由于某些原因歧视应聘者，如种族、年龄、性别、生育情况、居住地区、移民背景、语言、婚姻状况、父母情况、性别取向或宗教信仰。而且，多元化的劳动力对公司是有益的。例如在媒体行业的多元化文化时代，内容产品可能会在全球范围内发行，公司员工需要具备必要的多样性。

必要的多样性意味着面临多样化商业环境的组织必须拥有多样化的员工，从而吸引不同兴趣、品味和习惯的消费者。简短地说，处于全球化商业环境的公司如果意识到了多样性的作用，它们生产出的内容更容易吸引不同文化、社会制度和伦理环境下的消费者。

为了避免偏见的产生，即使是某些依赖雇员形象的组织，如电视台的新闻部门，也不接受包含照片的简历。只有在新闻部门主管明确规定应聘者需要具备形象条件时，才可以接受应聘者的视频录像。如果某个候选人邮寄了自己的视频录像，人力资源部门主管将会保存它，直到新闻主管要求观看。

这些过程最大限度地保证了录取的雇员是最适合这个岗位的人。然后，组织会发放录取通知。虽然管理者或人力资源部门以邀请的口吻来写录取通知，但是它经常是一个相当正式的录取步骤。录取通知包含工作要求、工作职责、工资福利、起始日期，以及候选人考虑的时间。

在创意行业的许多组织，人力资源部门只是个形式，也就是说，只是个签署文件的地方。人力资源部门与招聘工作的关系不大，雇用的过程通常是非正式的。

可能对于新手、助理工作以及高层管理岗位，人力资源部门是重要的。但是其他岗位的招聘则十分不同。通常是你认识公司里的某个人，或者你做的工作引起某人的注意，然后你接到了一个邀请电话。也可能你认识的某个人告诉他的朋友或同事你具有某方面才能。或者你在会议上认识了一个人。或者某一篇文章描写了你之前的工作，引起了他人的注意。一位创意人员说道："我得到的最好的工作就是在某人湖边的公寓里面试的。谈完之后，那个人只是拿起电话，说：'雇用她。'然后我就被雇用了。"

无论雇用过程如何进行，下一个阶段都是任职培训。其实从第一次电话面试或面对面面试的时候，培训已经开始了。一旦某人接受了组织的录用通知，任职培训应当迅速进行。在正式培训之前，新员工会接收到关于员工福利计划的邮件，包括医疗、牙科、保险、退休计划等。并且，还会包含合同中断形式以及保密协议、竞业禁止协议。同时，每个合同都有隐含的信息，指引新员工在公司里怎样工作，告知他绩效考核的标准、组织的非正式结构和流程，以及领导人有哪些。

2. 员工培训

组织培训员工的原因有很多，这可能是组织最大的预算。当某人离职，就必须有人顶替他的工作。同时，如我们看到的，雇用新员工的过程缓慢而昂贵，从某种意义上讲，员工培训是对组织投资的保护。

培训对员工是十分有利的，尤其是那些从事创意工作的员工。从组织的角度来讲，员工的专业技能增长和发展对组织利益是十分重要的。培训可以提高员工的绩效，使他们的技能与组织需要更好地联系在一起。而且，快速的技术转变对创意产业产生了深远的影响，持续学习和发展对应对商业图景的转变是至关重要的。

一项对英国广播公司（BBC）的研究显示，对管理者的领导能力培训项目非常必要。雇员曾经认为组织内合作太少，官僚主义严重，同事之间缺乏沟通，竞争激烈。而且，领导被认为是组织高层管理者的技能，一个人对另一个人工作的管理不被理解为领导。英国广播公司提供的信息表明，通过领导培训项目，大多数管理者在领导能力上获得了更大自信，雇员也十分欢迎这一项目产生的正式和非正式的合作网络。

3. 合同终止

雇员离开组织的原因有三种：（1）退休；（2）雇员主动离开组织；（3）雇主解雇雇员。第一个原因很好理解。第二个原因也并不意外，虽然存在保密协议和竞业禁止协议的纠纷。

雇主解雇雇员的前提是雇员不愿离开。雇主的这一行为可能引起冲突，包括法律争端，因而必须小心处理。同时，解雇雇员可能会对组织内成员的心理和生产力产生不利影响。

导致解雇的原因大体上有两种：雇员个人缘由或是组织缩减规模和重组带来的裁员。雇员个人缘由包括雇员的工作绩效过低、无法适应组织、没有能力承担工作职责、与管理者或同事发生冲突、雇员不作为。在这些情况下，管理者必须详细记录问题的细节，并采取措施解决问题。

管理者和雇员无法控制另外一种解雇的情况——受托裁员。裁员的原因通常是预算缩紧或公司亏损。管理者必须思考公司的需要，然后做出艰难的决定——谁去谁留。

在所有的解雇情况中，公司需要为雇员提供明晰的、书面的政策。这些政策规定不佳和不作为的界定标准，强调程序，以及离职政策。令人不悦的离职会议一定要专业、人性化，对雇员的积极贡献给予肯定。离职的雇员应当收到离职单，上面写有离职程序，并且还包括离职工资、福利选择、赔偿、职业过渡服务、持续的健康保险，等等。

4. 法律考虑

公司必须考虑关于雇员解雇的法律问题。最重要的法律针对公司的偏见，保护少数群体不受以下歧视，如民族、年龄、性别、怀孕与否、所在地区，等等。大公司必须遵守涉及大规模裁员的法律，如1988年的“联邦工人调解和再教育法”。

5. 组织内员工离职程序

在员工离职之前，组织需要确定员工无法应用组织的系统、网络、计算机应用、数据、实体设施、设备和供给。这些工作需要人力资源部门、信息技术部门和设备安全部门的配合。员工的所有账户和特权都应当终止，回收所有的实体接入设备，例如ID卡、徽章、标识和钥匙。在一些组织中，需要通过信息技术大厅来检验员工的身份，确保员工无法进入组织系统。

二、协会或联盟员工

对于个人艺术家和手工艺者的中介组织，协会会首先设定标准，规定技能的要求。相反的是，联盟的目的是关注雇员的雇佣情况。联盟并不设定标准，而是与雇主谈判，维护雇员群体的利益。虽然协会并不与雇主谈判，但是一段时间之后，协会与联盟越来越相似。

为组织工作的协会和联盟雇员与“随意”雇员不同。他们在总商谈协定（CBA）或合同的保护下：总商谈协定管理雇佣、支付、纪律和离职的所有过程。事实上，CBA给组织解雇员工制造了巨大限制。

CBA还会建立申诉程序，允许成员挑战雇主的规则和解雇行为。如果联盟和公司还是无法达到和解，协会通常有权力将这一问题移交仲裁方解决。

1. 创意产业的协会或联盟员工

早期的电影产业，工人加入剧院和电子行业贸易联盟。然而，随着行业的成熟，协会和联盟更加具有针对性，即只针对电影，后来是电视。结果是，这些工人组织行使了具体的功能。例如，作者协会为电影剧本作家的利益进行仲裁。作家协会、导演协会、电影演员协会以及美国音乐人联盟都帮助自己的成员争取版权费。这些组织同时还会参与政治游说，以提升组织成员的利益。

协会经常被称为“线上协会”，联盟被称为“线下联盟”。这些术语来源于娱乐预算的结构，创意人员（作家、导演、演员）、技术人员和技能员工（摄像师、剪辑师）分属不同的组织。最大的联盟是国际剧院和舞台雇员联盟（IATSE），它代表了电影和电视行业大多数线下员工的利益：艺术家、故事分析师、动画设计师、布景设计师、摄影艺术家、剪辑师，等等。

联盟对生产环境产生的重要贡献在于对员工种类的定义，它们详细描述了这些不同种类员工的工作职责。虽然有人开玩笑说，只有核心部门的员工能够处于组织核心，但是这种严格的分类允许组织可以快速、平稳地将生产团队组建起来，即使这些人从未在一起工作，他们也准确地知道自己应当做什么、不应当做什么。

2. 联盟和管理者

想要雇用联盟员工，公司需要成为“总商谈协定”的注册公司。与联盟成员的关系需要由公司的人力资源代表和联盟代表完成。经常，联盟代表是联盟的干事，他们的工作是代表工人的利益，促使公司和联盟履行协议的条款。然而这个代表无法对工作进行指导，因为那是管理者的工作。

一项研究表明，在大多数的行业，人力资源部门和联盟代表之间的关系都很友好。在娱乐行业，这种关系却十分紧张，结果是，美国不到1/3的电影员工来自于联盟组织。

表6-3 美国创意产业的协会和联盟

协会或联盟	成员
协会	
作家协会（WGA）	在电影、广播、有线电视、互动电视、新媒体行业的作家，大约有9000名成员。
导演协会（DGA）	导演、单元生产管理者、助理导演、技术协调人员，大约有13000名成员。
制作人协会（PGA）	制作人。电影和电视制作人联盟是一个贸易组织，代表的是制作人的利益。它作为一个实体，与WGA、DGA、和SAG进行谈判，达成劳资谈判合同。
银幕演员协会（SAG）	演员，包括临时演员。大约12万名成员。
美国广播电视艺术家协会（AFTRA）	广播、电视或电影行业的表演者，包括现场和录制的节目。大约有7万名成员。
美国音乐家协会（AFM）	广播、电视、电影行业的音乐人，大约有9万名成员。
联盟	
国际戏剧舞台雇员同盟（IATSE）	幕后人员，包括动画/计算机生成图像人员、实验人员、化妆造型人员、电影和电视制作人员、后期制作人员、策划人员、音频人员、视频人员、布景艺术家、舞台布置人员、售票员、服装设计人员。
美国通讯工作者联盟（CWA）	工程师。
国际司机同盟（Teamster's Union）	运输司机、场景勘察人员、角色分配指导。大约有100万名成员，4000名受雇于电影和电视行业。
国家广播雇员和技师联盟（NABET）	现在已不存在。一些本地人，有些加入了CWA，有些加入了IATSE。

对于管理者来说，拥有联盟雇员意味着生产成果的大部分不在他们的控制之内。而且，巨大的预案项目无法更改，成本也无法缩减。这种情况对于管理者来说是十分困难的。但是，管理者会根据创意能力来做出雇用决定，因而作家、导演、编辑和其他重要的创意人员十分感激管理者给予他们的机会。

3. 协会和联盟关心的问题

好莱坞协会和联盟长期以来担心的问题是非联盟产品的增多，以及国外拍摄。当产品在其他国家拍摄时，或在某些能够雇用到非联盟工人的州拍摄，这种情况就会发生。当然，娱乐公司的合并趋势也是一个原因。非联盟生产是十分常见的现象，即使在好莱坞也是如此。有些制作人和制作公司不是劳资谈判合同的注册者，因而可以雇用非联盟成员。但是幕后人员，即使是编剧和导演也会以不同的名义为这样的公司工作。问题在于，这样的制作人无法雇用有名的协会和联盟成员，尤其是演员。对于内容生产而言，没有明星的加盟是一个巨大障碍，无论是融资，还是发行、营销和销售都是如此。

国外拍摄的问题包括，到加拿大、东欧、第三世界国家，或者到其他州拍摄，因为那些地方的劳动力成本较低。这种情况引起了协会、联盟以及成员的高度重视。国外拍摄是协会和联盟成员高失业率的重要原因。想要使协会和联盟的成员更加具有吸引力，协会和联盟现在允许更低的工资，以及更加弹性化的工作准则。

2008年，作家联盟举行了罢工，联盟的成员关注到了劳资谈判合同涵盖的新媒体领域的权利和版权。这一问题已经持续多年，制作人坚持认为新媒体渠道的发行无法确定。然而，2008年，在租赁和柜台销售市场，DVD行业已经超过了视频录像行业，家庭视频市场规模超过240亿美元。并且，视频游戏十分流行，它的制作方法应用动画和运动图像，与电影和电视生产的原理相同，这也引起了协会和联盟的注意。很明显的是，互联网上出现了许多发行渠道，成为传统发行渠道的补充。

作家们奋力反抗，最终达成了关于新媒体版权的协议。作家海兰·埃尔森表达了他们当时的心情，他对协议的描述如下：

1988年，WGAW联盟成立了。它出卖了我们，并与SAG联盟进行了交换。我们无法控制自己的言语，没有人认为我们有意义，我们就像傻瓜一样。WGAW联盟关闭了，我感到羞愧，我们浪费了时间和努力，也浪费了技术。

三、合同工

在创意行业，收入最高、最为有名的创意人才几乎都是合同工。根据这一主题，理查德·凯维斯确定了电影和电视行业的合同特征。在电影公司，创意人才与制作人都会建立个人合同，为制作投资的工作室也会参与这一过程。合同的条款依据这个人才的等级——A等还是B等，等级是由能力、从业记录和对项目的贡献有关。这些人才通常还会与公司签订支付合同，意味着即使项目没有实施，他们也会获得报酬。有些重要的人才可能会要求分红合同，分享项目的收益。

第五节　中国媒体的人力资源管理

一、传统电视媒体组织的人力资源管理

1. 传统电视媒体机构设置

对于电视媒体组织而言，其主要职能一般包括以下几个内容：节目编排与节目生产，播出传输、广告经营、技术支持和维护等，以及行政办公、人力资源和财务等其他辅助职能管理。

中国电视台通常实行台长负责制，台长是整个电视台的总负责人，是其法人代表。台长通过对各个部门领导的管理，来达到对各项业务部门的领导和管理。台长的主要职责通常是：确定电视台的经营策略和发展方向等重大决策性问题，负责协调与政府和社会各界的关系，排解业务争端，承担各项法律责任。其下属所有部门的领导都直接对台长负责。

一些规模较大的电视台，其组织机构设置并不包含节目部这一部门。节目部所在的位置通常由社教部、青少部、体育部、文艺部、生活部等部门来代替，因此这些部门在组织机构设置中的地位和新闻部、广告部等部门处于同一级别，也是直接对台长负责。

新闻部主要负责新闻类节目的制作。

技术管理部负责发射台、微波传送中心、卫星地球站、有线网运营中心的管理。

广告部负责台内广告经营创收的管理、制定相应规章制度；负责全台广告业务的洽谈、价格的核定及播出形式、播出内容、播出时段、编排播出等一系列操作流程的统一管理，完成广告创收任务等。

财务部负责全台的财务管理工作，包括全台人员每月基本工资发放，根据每个科室每月完成任务情况和考核结果计发浮动工资，并负责内部审核和基建项目管理等。

人事部主要负责对人力资源实施计划、组织、利用、开发和调配的控制过程。具体包括招聘、选择、雇用、提拔、培训、薪酬管理等活动。

总编室下设的节目采购部门负责从其他电视台、影视制作公司购买电视节目；下设的外联部与受众联系，建立固定的反馈系统，从而提高和改进节目质量，增加新闻线索；下设的节目信息中心负责编排节目播出单，制作节目预告；下设的公关部开展

公关活动。网络信息中心和技术制作部负责全台节目的制作、录制、直播及各项重大活动的技术支持和保障工作；承担全台网络系统管理、摄录编设备的维护管理工作，并负责设施设备的更新改造和改进等，为电视宣传、节目生产提供良好的技术保障。

2. 人员配备状况

以中央电视台为例。目前全台和直属单位职工总数近万人，包括台本部正式职工2535人（其中大学本科以上学历工作人员1369人、占54%，硕士学历工作人员205人、占8%，博士学历工作人员42人、占1.7%）；台本部编外人员5684人（硕士研究生以上学历工作人员247人、占4%，大学本科工作人员2328人、占41%，专科及以下学历工作人员3109人、占55%）；台本部离退休人员582人。2002年，中央电视台进行了全员聘用制改革，全台正式职工全部改为聘用制。2003年起，中央电视台对编外人员管理进行改革，在清核人员的基础上，将编外人员转为企业聘用，改为公司化管理。

此外，直属单位中央新闻纪录电影制片厂在职496人（离退休534人），北京科学教育电影制片厂480人（离退休270人）、中国电视剧制作中心在职289人（离退休123人）、中国国际电视总公司4388人（包括各地分公司和影视基地）、中央卫星电视传播中心32人（不包括卫星公司）、中央数字电视传媒有限公司160人、中国爱乐乐团134人。

中央电视台拥有国内一流的播音员、主持人队伍。播音员、主持人在业务上接受台播音员主持人指导委员会指导，执行严格的出镜管理制度。每年，中央电视台定期评选出该年度10名优秀播音员主持人，给予特殊津贴奖励。此特殊奖励政策将延伸至优秀的制片人、编导人员。

中央电视台历来重视党的建设和精神文明工作。全台及直属单位共有党员4096人，设立25个党总支、4个二级党委、200个党支部。

从经营与管理的角度来看，当前国内电视媒体从业人员配置还不能满足电视媒体产业化、集团化发展的需要。主要矛盾表现在：

第一，懂技术、会经营和善管理的复合型人才短缺。许多电视媒体开展了多种经营，从近年来的实践看，其经济效益大都不太理想。究其原因，主要是电视媒体的经营和管理者在如何开展调查研究、掌握变化迅速的市场行情和进行科学决策等方面，尚缺乏经验，以至于制约了电视媒体的发展。

第二，除了央视和几大卫视，大多数电视台名记者、名编辑不多。在竞争激烈的电视市场中，电视媒体工作人员的文化水平和综合素质在一定意义上决定了电视台的发展。电视台要在主业上占据优势，要在舆论导向上发挥功能，就必须培养出一批名记者、名编辑，以提高电视媒体的知名度，推动电视媒体的思想水平、宣传艺术，使产业发展走上一个新台阶。在现有体制下，竞争机制、激励机制还没有健全，这不利于人才的培养。

第三，人才流动难。在电视行业外部，存在“进来难”的现象；在电视行业内部，存在论资排辈的现象，中青年人才难以脱颖而出。

3. 绩效考核状况

绩效考核是人力资源管理的核心职能之一。所谓绩效，是指人们所做出的同组织目标相关的、可预测的、具有可评价要素的行为。这些行为对个人或组织具有积极或消极作用。绩效考核，就是收集、分析、评价和传递有关某一个人在其工作岗位上的工作行为表现和工作结果方面的信息情况的过程。

中国的电视组织目前对行政管理人员和监播技术人员主要采用考勤的方法进行考核，对于一线制作人员主要根据节目播出量来进行考核，每月写总结。这种考核方式仅能保证人员的出勤率，但由于缺乏完善的考核制度，员工的工作积极性、创造性难以发挥，不能使员工的努力与电视台的目标有效的结合，考核不能起到提高员工绩效的作用，长期下去会严重挫伤员工的工作积极性和创造性，导致内部不公平现象的产生和工作效率的低下。

4. 薪酬体系状况

由于中国特殊的国情，以及电视媒体的巨大影响力和长期的垄断地位，电视媒体理所当然地被认为是党和政府的喉舌，成为事业单位。在薪酬制度方面，目前电视媒体多采用与事业单位接轨的方式，根据事业单位的标准制定和发放工资，工资的多少由个人职称、行政级别和工龄等决定，可以说是一种平均主义大锅饭的薪酬体系，不能适应电视媒体企业化经营的要求，亟须改革。

二、民营媒体组织的人力资源管理

中国民营媒体的人力资源管理与美国较为相似，属于成熟的企业化管理模式，而且对不同的参与人员采取不同的管理方式。

小马奔腾是国内第一家签约导演的影视公司，也是第一家签约编剧的影视公司。2009年是小马奔腾进军电影业的第一年，公司领导认为公司在资金、资源、广告客户等各方面已趋于成熟，公司收益日益稳定，对于投资电影已有了较高的把握。小马奔腾开始进军电影业的时候，其做的第一件事就是同新锐电影导演宁浩签约。紧接着，小马奔腾又与导演吴宇森的狮子山电影制作公司达成了合作。随后，韦大军、张建栋、高希希、张一白等实力派导演纷纷加盟小马奔腾。通过对于导演人才的引进和合理配置，小马奔腾扩大了公司的战略规模。

图6-2　与小马奔腾签约的导演吴宇森

除了导演之外，小马奔腾还签约了国内一线的众多优秀编剧，可见其对于剧本的重视。这些编剧包括刘恒、宁财神等人。签约编剧为公司带来了源源不断的剧本资源，这在竞争激烈的中国影视剧市场上是非常重要的。

小马奔腾与导演和编剧签订了“FIRST LOOK”的协议，也就是说，当导演或编剧有新作品的想法时，小马奔腾公司有第一选择权。而且，小马奔腾公司在合同中还规定，这些签约导演和编剧每年至少为小马奔腾拍摄一部电影，保证了公司拥有充足的项目。小马奔腾公司对于人才的管理方式是“松中有紧”，看似松散的管理方式，其实却紧紧掌握了对于人才的控制。

小马奔腾人才管理的另一个过人之处是多元化的发展。与其他公司不同，小马奔腾不会过分看重某个导演，而是希望不同的导演拍出更多多样化的作品，这样才能降低投资的风险。小马奔腾的总裁李明认为，不依靠某几个大师可以避免公司投资的局限性，对于公司来说是个好事。而且小马奔腾强调合作的力量，也就是任何作品的成功都是团队打造的，制作、营销、发行各方配合，才能实现成功，而不是依靠个别的导演或编剧的个人力量。

华谊兄弟采取的人才管理模式最重要的特点是“股东参股”。2009年10月30日，创业板华谊兄弟收盘70.81元，涨幅高达147.76%成为当日创业板第四位，王中军身家一日暴涨至31.09亿，而华谊兄弟的明星股东们所持股值也共同飞涨，冯小刚超过2亿元，张纪中和黄晓明则超过1亿元，李冰冰等九位明星也一跃成为千万富翁。作为员工的明星们此时获得了回报，而华谊也将明星奉为公司成长的核心。

总结

美国的媒体组织由遵守不同规则和标准的成员组成，如雇员、联盟和协会员工、合同工、合伙人等。中国的媒体组织根据体制不同，成员管理也存在差异。媒体组织比其他行业组织更加需要结构上的整合。与此同时，媒体组织会采用许多创新的工作形式，包括分散工作组和项目团队。工作类型、员工的种类以及组织结构都会影响领导者和管理者激励、指导员工的方式。

下章概要

“净利润”对组织而言十分重要。管理者需要关注预算，了解财务流程，并认真分析财务报告。下章将会讨论管理者如何应对财务问题。

案例分析6.1　与人力资源专员会谈

联系一位本地的媒体组织或娱乐公司的人力资源管理者，通过他（她）的帮助，理解以下问题。

◆行业内的规则和规章

◆政府对平等就业机会的要求

◆法律条款

◆对员工的毒品测试

◆在面试时，应当（和不应当）问哪些问题

◆对内和对外的招聘启示

◆过去几年中人力资源的变化

你对哪些收集到的信息感兴趣？

你认为某些规章制度有价值吗？或是哪些规章制度产生了“过度管理”？

案例分析6.2　进行面试

你是某著名社交网站的视觉艺术总监。你需要招聘一个网站设计人员。你将怎样进行招聘？

你将会通过哪种方式发布招聘简章？

写出工作描述。

了解相关法律或行业规章。

为面试过程设计问题。

除了工作经验和教育背景，你还看重应聘者的哪些素质？

制作三位应聘者的面试表格。

你会向人力资源部门传达哪些信息？

你将会录用哪位应聘者？为什么？

第七章
财务管理

> 这部电影斥资3100万美元。有那些钱，我可以侵略一个国家了。
>
> ——克林特·埃斯特伍德（演员和导演）

>> 本章学习目标

→财务管理的结构

→基本的财务概念：收入、支出、资本、资产

→主要的财务报表，包括损益表、资产负债表、现金流量表

→“萨班斯—奥克斯斯利法案”时代的财务职责

→财务管理系统

→财务管理：战略计划和预算编制

→财务管理战略

导 语

“我们根据预算按时完成了项目，并成功实现利润目标。”这句话可能是商业界最有力的一句话。能够反复做出这种声明的主管必然会得到快速提升。然而，这种情况是十分少见的，大多数情况下，不确定的市场条件给精确计划带来了巨大障碍，有时商业模型仅仅是一个幻想。

与20年前相比，当前媒体行业的市场环境更加不可预测，因为20年前数字技术还没有完全成熟，内容的创造、传输和营销并未产生革命性变化。即使在当时，估计销售收入都是很难的工作，因为很难预测产品是否能够引起轰动。如今，市场类型更加多样化，创意产品的终端类型增长迅速，很难预测潜在收入的类型，更不用说预测怎

样的市场活动将会带来收入。

许多项目从头到尾都受到“不确定性”的困扰。如果投资者不确定投资能够获得多少收益，他们就会在投资时犹豫不决。如果主管无法估计某个创意产品（节目、电影、网站）将会有怎样的市场表现，他们也无法决定生产和发行支出，以及最终产品的价格。

而且，创意行业的盈利性取决于版权保护能力和发行控制能力。比如电影、CD、DVD或电视节目，拥有版权的公司能够确定目标市场，将产品传输到影院、唱片商店、出版社或电视台，并且希望精确监测发行情况。

当大量的消费者可以通过全球宽带数字网络进行资源共享时，一个新的时代来临了。目前，一旦某个创意内容获得发行，全球范围内的高校大学生都能够获得内容，复制内容，然后将它转换成指定的文件大小和类型，并将内容上传网络，或通过软件与好友分享。很明显的是，拥有版权的艺术家、制片人等主创人员或投资人面临着极大的困难，他们无法像10年前那样对产品版权进行强有力的控制。

由于预算估计的不确定性，财务管理变得十分困难。然而轰动性的产品依然能够获得巨额收益，公司也依然能够生产和发行有市场潜力的商品，获得利润。因而，财务管理对于创意行业而言依然十分重要，可能比过去更加重要。市场瞬息万变，如果公司不依赖于有效的财务控制，它们可能会错过具有盈利前景的商业机会。

当前的财务部门管理者，以及对预算和财务目标负责的商业部门管理者都需要掌握更多的知识。他们需要理解相关术语，熟悉流程以及文档，因为这些要素构成了财务管理的结构。本章将会帮助学生理解怎样参与财务计划和财务管理流程，以及怎样加强自身能力，从而获得成功。首先，本章介绍了一些基本概念，然后探讨了能够指引管理者决策的核心文档和预算过程。最后，本章展示了各类财务报表，这些报表是公司向外部人士介绍公司财务状况的依据。

第一节　财务管理的结构和基本概念

一、美国媒体的财务管理结构

在美国的大公司里，最高职位的财务管理者被称作首席财务官或CFO。在小公司里，这一职位的头衔可能是财务经理或VI。其他财务部门包括：

信用管理部门：审查信用记录，为广告商制定信用额度。

收款管理部门：确保公司收到了产品或服务交易的款项。

应收账款部门：准备和发出催款单。

采购部门：寻找性价比最高的采购品，根据所需项目签订采购合同。

应付账款部门：填写采购的产品、项目、设备和服务的对账单，并将单据递交给总账人员。

工资部门：收集、计算和保存所有与员工工资、税费和福利相关的文件。大型组织机构还会有一个专门的版权部门，公司通过这个部门向签订合同的版权所有者或原始产品的创意贡献者支付特许权使用费。

财务和会计部门与组织的每一个单位都有着密切的关联。

如果没有财务部门的支撑，就无法完成任何支付，员工也得不到报酬，任何项目都无法进行。所有的收入和支出都被记录在“总账”文件中。它是核心的财务文件，包含公司每笔交易的详细记录。

二、中国媒体的财务管理结构

中国传统的媒体财务管理方法，即统一领导、分级管理。之所以称之为统一领导，是指媒体组织的所有财务活动都受到“总财务”的统一领导，“总财务”是财务管理的核心。“分级管理”一般是将财务管理活动分为三层：

第一层是“总财务”的管理。

第二层是内部独立核算部门的管理。

第三层是独立核算部门下属单位的管理。

第二层和第三层都有财务部门和财务人员进行独立核算。

中国传统的媒体财务管理结构存在很多问题：第一，部门重叠，造成资源浪费。第二，分权程度过大，各独立核算部门各行其是，财务管理的准则无法统一。第三，下级独立核算部门容易私设“小金库”，造成媒体组织的资金流失，“总财务”的管理效力较低。

三、基本的财务概念

财务管理和相关活动中隐含着一些基本的概念和文件。以下四个词在财务管理活动中经常被提及：经济学、收入、支出和利润。

经济学是所有业务的基础。经济学是社会科学的概念，它关注于产品和服务的生产、流通和消费。宏观经济学研究的是总体的经济系统，包括国内经济和国际经济，区域经济和本地经济。它关于整个系统的绩效指标和结构。宏观经济学的数据描述的是总体、宏观的商业图景。

与之相反，微观经济学研究个体的行为和表现（微观经济分析，研究的个体可能是个人或整个公司），包括分销商、销售商、采购商和消费者。结果是，微观经济学经常关注于可能的备选方案，以及最终做出的选择。同时还会研究这些选择构成的市场形态。

收入是公司通过销售、租赁或许可产品、服务获得的款项。创意产业的每个领域都试图通过附加方式获得收入。例如，广播和电视行业存在“广告商业模型”。这些领域的公司向消费者免费提供节目，然后从广告商处获得收入，而广告商获得到达消费者的“时间”。

有线网络和卫星公司拥有双重收入：广告和订购。一些频道，如HBO电视网、Showtime以及pay-per-view，它们根据媒介提供的附加订购费或观看次数收费，节目中不包含广告。而其他的频道，如CNN、ESPN和USA，采用的是双重收入模型，收入来源于消费者和广告商。

某些提供“包装类产品”的公司，如DVD和CD的生产公司，可能同时参与租赁业务和销售业务。这类租赁业务的收入模型与其他租赁产品的收入模型十分相似（如地毯清理机或汽车），它们都基于租赁和短期使用权收费。销售收入模型与柜台零售收入模型类似，消费者以固定的价格购买产品，将产品带回家，以自己喜欢的方式使用。过去的20年里，许多信息和娱乐公司都改变了收入模型，从“单纯交易模型”转向“许可收入模型”。这种转变意味着消费者并不拥有他们“购买”的产品；而是在许可方规定的条件下，拥有对产品的“使用权”。这些规定一般包括对复制的限制，并由法律权力机构或法律条款保护。

收入的获得依赖于成本投入。成本指的是以下“支出”：公司创造或获得产品的支出，将产品推入市场的支出，以及每天发生的营业支出。

支出有两大类：业务或营业支出、资本支出。营业支出是公司每日的运营成本，它包括工资、机器维修以及交通费用等。美国收入服务联盟的表达是：一般来讲，业务支出分为“常见支出”和“必要支出”。“常见支出”是业务活动或交易活动中经常发生的支出。“必要支出”是能够促进业务活动或交易活动的支出，但是并不是必不可少的支出。

美国税务法规定，创意行业的公司使用“权责发生制”记账方法，此方法与“收付实现制”完全相反。收付实现制要求，公司在收到款项或者支付款项时进行记账。与之相反，权责发生制要求，在每个会计年度，只要发生收入就记账，不论是否实际收到现金款项。同时，只要发生费用就记账，不论是否实际支付现金款项。即收入按现金收入及未来现金收入——债权的发生来确认；费用按现金支出及未来现金支出——债务的发生进行确认，而不是以现金的收入与支付来确认收入费用。

创意企业拥有许多相似的支出，如表7–1所示。

表7–1　创意行业企业的常见费用

支出的领域	一般费用
内容创意和获得费用	开发、预制作、制作、后期制作、包装、发行。这些支出包括人力支出、场地费、服装费、道具费、音乐许可费、图片和其他材料费用、特效支出、咨询费，以及获得其他公司创造内容的许可费。
销售费用	人工成本、第三方营销顾问和服务费、收入监管服务费、受众调查费用、销售许可和分红、旅行费用、销售材料费。
营销和促销费用	人工成本、广告费、活动费、促销材料费、保险费。
传输费用	人工成本、产品解码到某一特定格式的费用、本地传输费、互联网传输费、电影拷贝费用、卫星传输费用。
技术和工程费用	人工成本、第三方费用、设备的电费和使用费、修理和维护费用、发射器和其他传输技术的租赁费、汽车费用、旅行支出。
信息/互动技术支出费用	人工成本、互联网连接和网络费、内部信息化和维护费、软件许可费。
管理费用	人工成本、利息、业务许可费、保险、法律费、办公设备和供给费、邮寄费、印刷费、办公室租赁费、电话费、第三方提供商的费用，以及其他开支。

资本性支出是指用于购买资本类项目的支出，如房屋建筑、技术、设备、车辆等。这些支出通常按照资产的使用寿命进行摊销。摊销是资本支出的一种记账模式，会涉及征税。资本支出是可以税前扣除的，因为它们可以促进生产。资本成本扣除不是一次性全部扣除，而是通过摊销和折旧来实现的，从而使它的价值体现在它的整个生命周期当中。

一些媒体公司有时需要支付某些额外支出。例如，有线电视公司在用户家中安装设备，虽然用户会支付一定的安装费用，但是这些费用并不能涵盖所有的成本，如维修费、人工费等。卫星公司需要支出大量的光纤费用，用来向用户传输信号。广播公司向FCC支付许可费用。互联网公司支付网络宽带费和使用费。

资产是指公司内具有经济价值的资源。流动资产是指可以在一年之内变现的资产。固定资产是不容易变现或者变现周期超过一年的资产。资产的种类包括资本资产、递延所得税资产和无形资产。这些类型的资产都记录在资产负债表“固定资产”部分。

资本资产是有形资产，有时也称之为固定资产，例如建筑物、设备等。递延所得税资产是指在当年被记为资产支出，次年可以从税前收入中扣除的资产。无形资产包括信誉、商标权和其他无形资产。

许多媒体公司都十分需要资本性资产，尤其是技术。技术的购买是很困难的，尤其是在数字领域。由于产品更新换代太快，很难保证采购的时效性。如果购买的是刚研发出的新产品，往往存在漏洞和缺陷，这些问题会在后面进行纠正。价值百万美元的产品可能存在各种各样的问题，价值100美元的MP3也是一样。表7–2给出了对固定资产购买计划的分析。

表7–2　固定资产购买计划

分析类型	分析方法
收支平衡分析	确定收支平衡点，即收入恰好弥补了成本，利润为零的点。如果无法达到收支平衡，则不应当购买此固定资产。
回收期分析	计算固定资产的成本回收时间。与收支平衡点不同，回收期分析关注的是时间而不是结果。因此，此方法鼓励能快速收回投资的短期投资，而不是长期投资。
现金流分析 1. 净现值分析（NPV） 2. 内部收益率分析（IRR）	现金流分析有两种方法，都依靠于“资金的时间价值”和“现值分析”。 由于资金可以进行投资或获得利息，因而货币具有时间价值。 净现值分析关注的是长期的资本运营状况，即成本和利益是多少，然后换算成当前的货币现值。换句话说，将未来的货币进行折现。 净现值显示出购买某固定资产的价值或规模，而内部收益率显示的是效率。通过计算投资回报，从而计算出内部收益率。对于公司来说，有两种比较内部收益率的方法：如果内部收益率大于最低期望收益率，则购置的固定资产可以增加公司的价值，如果公司还存在其他的投资选择，如购买其他的固定资产，当某资产的内部收益率大于其他选择的内部收益率时，就应当选择内部收益率较大的方案。

负债的概念与费用不同。负债是指企业的所有义务，包括企业所欠的所有的债

务，如花费、应付账款、税金、可替代性贷款。也包括由法律诉讼产生的罚款。负债通常分为短期负债和长期负债。

第二节　重要的财务报表

管理者根据主要的财务报表，如表7–3所示，做出战略（长期）决策和经营（短期）决策。投资者通过分析主要的财务报表来做出投资决策。同时，政府部门通过它们来规范、评估、监督税收，从而履行特定机构的职责。

表7–3　主要的财务报表

财务报表	
文件	决策分析
损益表	边际利润是多少？
	与收入相关的支出是多少？
	管理者应当获得多少报酬？
收支平衡表	公司的价值是多少？
	公司拥有多少资产？
	公司拥有多少负债？
	负债的具体状况（短期负债还是长期负债）？
	所有者权益的价值是多少？
	所有者权益增加了还是减少了？
	公司未来的购买力水平怎样？
	长期资产的价值是多少？
	公司多久能还清贷款？
现金流量表	资金来源和资金流向？
	公司的再投资能力如何？
	公司偿还短期贷款的能力如何？

一、经营报表（损益表）

损益表简称P&L（经营报表）。迪士尼公司称这种财务报表为收益表，如表7–4所示。它记录了过去的几个周期公司的盈利情况。当所有的支出被记账后，它可以说明企业的收入和利润。理想情况下，公司董事会会根据利润率来决定公司高管的报酬。（鉴于近期金融市场濒临崩溃的情况，高管的报酬也是极有争议的话题。因为有些时候即使公司到了破产的边缘，公司高管的报酬依然很高。）

表7–4　华特—迪士尼公司的损益表

华特–迪士尼公司的损益表（美元，以千为单位）				
截止时间	12/27/2008	9/27/2008	6/28/2008	3/29/2008
总收入	9 599 000	9 445 000	9 236 000	8 710 000
主营业务成本	—	—	—	(8 419 000)
毛利润	9 599 000	9 445 000	9 236 000	17 129 000
营业成本/费用				
研发成本	—	—	—	—
管理成本	8 382 000	7 993 000	7 215 000	15 231 000
再生成本	—	—	—	—
其他成本	—	91 000	—	—
总营业成本	—	—	—	—
营业损益	1 217 000	1 361 000	2 021 000	1 898 000
持续业务的收益				
其他净收入/支出	261 000	188 000	32 000	—
税前、息前收入	1 478 000	1 688 000	2 228 000	2 042 000
利息费用	139 000	301 000	141 000	147 000
税前收入	1 339 000	301 000	141 000	147 000
税收费用	488 000	490 000	712 000	712 000
非控股股东权益	(6 000)	(137 000)	(91 000)	(50 000)
持续性业务的净收入	845 000	760 000	1 284 000	1 133 000
非再生事件				
非持续业务	—	—	—	—
偶然项目	—	—	—	—
会计记账转变带来的影响	—	—	—	—
其他项目	—	—	—	—

续表

华特—迪士尼公司的损益表（美元，以千为单位）				
净收入	845 000	760 000	1 284 000	1 133 000
股价和其他调整	—	—	—	—
可分红的净收入	845 000	760 000	1 284 000	1 133 000

数据来源：雅虎财务网

通过分析迪士尼公司的损益表，可以看出公司是盈利的。迪士尼公司创造了大量的收入：第一季度超过了170亿美元（一些是从前一年度延续下来的），其后每季度都超过了90亿美元。为了实现收入，公司花费了大量的支出，第一季度的支出超过152亿美元，之后每季度都在80亿美元左右。请注意，表中括号里面的数字代表的是损失减少或者是下降，换句话说，括号是负号的意思。

二、财务状况表（资产负债表）

资产负债表反映的是公司的资产、负债、所有者权益以及股价情况。其公式是：资产=负债+所有者权益。资产负债表是假设公司的所有财产被出售，所有的负债都被清理并还清，同时将剩余的现金发放给股东后，最后结余为零。

资产包括流动资产、固定资产和应收账款。负债包括费用、税金和其他财务义务。所有者权益是公司的股票价值加上经营期间产生的收益（或减去损失）。

新闻集团的资产负债表显示，公司拥有庞大的资产，如表7–5所示，截至2008年3月底，该集团资产总额超过520亿美元，截至2009年6月份超过620亿美元。仅在一年内集团就取得了超过100亿美元的资产。此外，在同一时期，公司仅仅增加了15亿美元的流动负债，减少了60亿美元的长期负债。公司通过发行超过60亿美元的所有者权益使长期负债减少。

表7–5　新闻集团总收支平衡表

新闻集团收支平衡表（美元，以兆为单位）		
资产	3/31/2009	6/30/2008
流动资产		
现金	6 054	4 662
应收账款	6 348	6 985

续表

新闻集团收支平衡表（美元，以兆为单位）		
投资资产	2 581	2 255
其他资产	503	460
总流动资产	15 486	14 362
固定资产		
应收账款	273	464
投资资产	2 515	3 284
存货	3 280	3 064
财产、设备、房屋	5 739	7 021
不变资本	8 848	14 460
企业信誉	14 521	18 620
其他不动资产	1 383	1 033
总固定资产	36 559	47 946
总资产	52 045	62 308
负债和所有者权益		
流动负债		
借款	2 076	281
应付账款、预提费用和其他流动负债	5 295	5 695
特许使用金	1 309	1 288
应付项目款	1 191	1 084
预收账款	905	834
总流动负债	10 776	9 182
固定负债		
借款	12 186	13 230
其他负债	2 701	4 823
预收账款税	3 251	5 456
非控股股东权益津贴	666	994
意外事故费		
总固定负债	18 804	24 503
所有者权益		

续表

新闻集团收支平衡表（美元，以兆为单位）		
A类股票	18	18
B类股票	8	8
实收资本	17 330	17 214
未分配利润和其他综合收入	5 019	11 383
总所有者权益	22 465	28 623
总负债和所有者权益	52 045	62 308

数据来源：雅虎财务网

三、现金流量表

表7–6所示的现金流量表，主要提供关于公司的现金流入和流出情况的相关信息。此表的分析有些复杂，因为数字表示的是现金的流入流出：不加括号的数字代表现金流入，括号中的数字表示现金流出。

表7–6　维亚康姆公司现金流量表

维亚康姆公司现金流表（美元，以千为单位）			
截至时间	12/31/2008	12/31/2007	12/31/2006
净收入	1 251 000	1 838 100	1 592 100
主营业务活动流入或流出的现金流			
折旧	5 213 000	392 600	3 090 300
净收入的变化	215 000	3 590 400	738 500
应收账款的变化	279 000	(367 300)	(18 200)
存货的变化	(4 731 000)	(3 809 000)	(3 249 200)
其他业务活动的变化	2 036 000	1 776 200	2 269 900
主营业务活动的总现金流	—	—	—
投资活动流入或流出的现金流			
股本支出	(2 888 000)	(237 100)	(209 700)
投资额	(71 000)	—	—
其他投资活动的支出	(212 000)	485 600	(723 200)
投资活动总现金流	(571 000)	248 500	(932 900)

续表

维亚康姆公司现金流表（美元，以千为单位）			
财务活动流入或流出的现金流			
股票分红	—	(170 000)	(206 100)
股票销售	(1 275 000)	(2 039 000)	(2 028 200)
借款	(280 000)	377 600	1 221 500
其他财务活动的现金流	—	—	—
财务活动总现金流	(1 555 000)	(1 831 400)	(1 012 800)
汇率变化产生的影响	(38 000)	21 100	20 500
现金和现金等价物的变化	(128 000)	214 400	344 700

资料来源：雅虎财务网

维亚康姆公司的现金流量表包括从2006年到2008年3年的数据。它显示出公司正在面对不稳定的经济情况，反映出美国总体的经济形势。但是即使在2008年美国经济下滑的情况下，公司的收入依然相对稳定。

维亚康姆公司约1/3的收入来自广告。2008年年底出现大量的存货，是因为公司决定等待市场状况更好的时候再卖出广告。存货出现负数时是因为它已经被卖出，意味着即将带来现金收入。2009年的财务报表显示这个决策是成功的，因为推迟卖出广告使盈利增加了10%。

尽管收入在下降，但是经营成本与以前一样，甚至更高。公司除了购回一部分股票外，还降低了对其他公司的投资。在2006年和2007年中，维亚康姆公司借入一些款项，2008年开始偿还，这对库存现金产生了负面影响。2008年，现金的流出大于流入。

第三节　财务管理规章

一、美国：萨班斯—奥克斯利法案时代的财务职责

美国国会在2002年通过了萨班斯—奥克斯利法案。这个法案是由两个提案人的名字命名：参议员保罗·萨班斯和众议员迈克尔·奥克斯利。这一法案也被称为SOX。立法的目的是通过增加企业的责任、会计职责和透明度来保护投资者和公众的利益。

法案由11部分组成，规定了会计准则，明确公司必须履行的职能。

由会计监督管理委员会制定的法案要求通过嵌入式控制以确保公司能够遵守会计准则。公共职能部门必须监督企业履行财政义务，首席运营官和财务总监必须亲自证实公司财务报表的准确性和完整性，并公开披露。萨班斯—奥克斯利法案规定了金融犯罪应当处以刑事处罚，例如内部交易，破坏或更改财务报表，干涉调查或对财务公开作假。除极少数例外情况，法案禁止公司向其主管和董事提供个人贷款。同时，它也为公司提供了很多保护措施。

第4则第404条要求更多的财务公开，包括资产负债表表外交易和公司人员的股票买卖。公司年报必须指明，管理者建立和维护财务报表内部控制及流程的职责，以及评估财务报告的内部控制程序。

COSO组织规定了必要的内部审计制度。COSO是全美反舞弊性财务报告委员会发起组织（Committee of Sponsoring Organizations of the Fread Commission）的缩写，它是一个自发形成的私人机构。在内部控制整合框架5个要素的基础上，COSO企业风险管理的构成要素增加到8个，包括内部环境、目标设定、事项识别、风险评估、风险控制应对活动、信息与沟通、监控。在媒体公司，需要将这些活动应用于日常工作中，例如广告销售、订单处理、订阅销售和授权、销售佣金、特惠活动、人才计划和信息技术管理。它们也可以应用于更普遍的经济活动，例如应收账款管理、资本资金管理及项目、现金管理和财务报告管理。

二、中国：三层财务管理制度

当前中国媒体组织遵循各级财务管理制度。根据制度发布部门的区别，财务管理制度主要分为3个层面：一是国务院批准、财政部2006年发布的《企业财务通则》、《企业会计准则》。二是财政部根据“两则”制定的大行业财务会计制度。针对媒体行业的制度包括《电影、新闻出版企业财务制度》、《工业企业会计制度》以及财政部发布的《新闻出版企业执行〈工业企业会计制度〉的补充规定》。三是各媒体组织根据前两层的制度自己制定的财务管理规定与会计核算方法，需报同级财政部门备案。

《企业财务通则》于2006年12月7日颁布，于2007年1月1日起正式施行。《企业财务通则》与新发布的《企业会计准则》、《企业审计准则》同时施行，形成了我国企业财务管理与核算的完整体系。

《企业财务通则》共有78条规定，论述了中国企业的财务管理体制，规则范围涉及资金筹集、资产营运、成本控制、收益分配、重组清算、信息管理、财务监督各个方面。其中针对企业财务管理体制的规定如下：

第八条　企业实行资本权属清晰、财务关系明确、符合法人治理结构要求的财务管理体制。

企业应当按照国家有关规定建立有效的内部财务管理级次。企业集团公司自行决定集团内部财务管理体制。

第九条　企业应当建立财务决策制度，明确决策规则、程序、权限和责任等。法律、行政法规规定应当通过职工（代表）大会审议或者听取职工、相关组织意见的财务事项，依照其规定执行。

企业应当建立财务决策回避制度。对投资者、经营者个人与企业利益有冲突的财务决策事项，相关投资者、经营者应当回避。

第十条　企业应当建立财务风险管理制度，明确经营者、投资者及其他相关人员的管理权限和责任，按照风险与收益均衡、不相容职务分离等原则，控制财务风险。

第十一条　企业应当建立财务预算管理制度，以现金流为核心，按照实现企业价值最大化等财务目标的要求，对资金筹集、资产营运、成本控制、收益分配、重组清算等财务活动实施全面预算管理。

第十二条　投资者的财务管理职责主要包括：

（一）审议批准企业内部财务管理制度、企业财务战略、财务规划和财务预算。

（二）决定企业的筹资、投资、担保、捐赠、重组、经营者报酬、利润分配等重大财务事项。

（三）决定企业聘请或者解聘会计师事务所、资产评估机构等中介机构事项。

（四）对经营者实施财务监督和财务考核。

（五）按照规定向全资或者控股企业委派或者推荐财务总监。投资者应当通过股东（大）会、董事会或者其他形式的内部机构履行财务管理职责，可以通过企业章程、内部制度、合同约定等方式将部分财务管理职责授予经营者。

《电影新闻出版企业财务制度》是为了规范电影、新闻出版企业的财务行为，有利于电影、新闻出版企业的公平竞争而发布的财务制度。其中包括资金筹集、流动资产、固定资产、无形资产、递延资产、其他资产、对外投资等各项规定。条款十分详细，其中第三十三条明确规定了电影、新闻出版企业固定资产的折旧方法。

第三十三条　固定资产折旧方法一般采用平均年限法。对于某些价值较大，且不经常使用的大型设备或专用设备，及车辆、船舶等运输设备也可采用工作量法。技术进步快的电子、仪器仪表等设备也可以采用双倍余额递减法或者年数总和法。

平均年限法的固定资产折旧率和折旧额的计算公式如下：

$$年折旧率=\frac{1-预计净残值率}{规定的折旧年限}$$

月折旧率=年折旧率÷12

月折旧额=固定资产原值×月折旧率

净残值率按照固定资产原值的3%—5%确定，净残值率低于3%或者高于5%的，由企业自主确定，并报主管财政机关备案。

工作量法的固定资产折旧额计算公式如下：

（一）按照行驶里程计算折旧公式：

$$单位里程折旧额=\frac{原值\times（1-预计净残值率）}{总行驶里程}$$

月折旧额=月实际行驶里程×单位里程折旧额

（二）按照工作小时计算折旧公式：

$$每工作小时折旧额=\frac{原值\times（1-预计净残值率）}{总工作小时}$$

月折旧额=月实际工作小时×每工作小时折旧额

电影发行放映企业的放映设备可以根据国家规定采取按场次计提折旧。

双倍余额递减法的固定资产折旧率和折旧额的计算公式如下：

$$年折旧率=\frac{2}{折旧年限}\times 100\%$$

月折旧率=年折旧率÷12

月折旧额=固定资产账面净值×月折旧率

实行双倍余额递减法的固定资产，应当在其固定资产折旧年限到期前两年内，将固定资产净值扣除预计净残值后的净额平均摊销。

年数总和法的固定资产折旧率和折旧额的计算公式如下：

$$年折旧率=\frac{折旧年限-已使用年数}{折旧年限\times（折旧年限+1）\div 2}\times 100\%$$

月折旧率=年折旧率÷12

月折旧额=（固定资产原值-净残值）×月折旧率

折旧方法和折旧年限一经确定，不得随意变更。需要变更的，须在变更年度以前，由企业提出申请，报主管财政机关批准。

此外，为进一步规范文化、广电、体育、文物和计划生育等事业单位财务行为，根据《事业单位财务规则》（财政部令第68号），财政部会同相关部门修订印发了5个行业的财务管理制度，自2013年1月1日起全面施行。

第四节　财务管理系统

20年前，财务管理软件就已经开始应用。在广播台和电视台，广告时间、广告直播，以及广告客户的表单都是通过计算机进行处理的，数字化得到了充分的发展。20世纪90年代，广播公司和互联网信息提供商开发了复杂的内容输入和输出系统。

如今，这些系统必须相互协调才能使企业有效运转，以满足财务报告及控制的要求。另外，企业集团需要对这些站点进行追踪，从而监控和报告其财务状况。因此，业务部门的经营活动和母公司的需求推动了整个企业集成信息系统的发展。

甲骨文有限公司综合了企业系统的各种功能。许多公司都对“捷豹7”系统进行了关注，包括国家地理频道、RHI电影公司、职业棒球大联盟和篮球协会，以及其他一些未透露名称的客户。根据契约性参股、预算编制、工作流程、采购订单、市场沟通和广播节目库存等需求，此系统提供了数字化的合同管理、收入核算、应收账款与应付账款管理。这些功能对媒体公司十分具有吸引力，因为通过这些功能能够确认并量化费用的支付情况，并降低合同履行过程中的风险。

此外，媒体公司正面临着一系列有关知识产权、盗版、安全和数字版权管理的挑战。无处不在的数字化内容促使媒体公司必须接受新型管理方式。为保护有价值的内容，媒体公司需要通过决策结构和经营程序对内容加以控制。可控性包括安全性、可使用性和可追踪性，这就意味着管理行为必须通过计算机网络来部署，并通过自动化的服务器系统来管理。这些都需要复杂的基础设施，同时需要结合财务系统，以便能够获取内容保护的情况。例如，假设你想送一首“加保护”的歌曲或者一段“加保护”的视频给一个朋友，一些数字版权管理系统会让你的朋友为此付费。

第五节　财务管理：战略计划和预算

公司通常根据会计年度进行经营活动，一般是从1月到12月或者是从7月到第二年的6月。制订财务战略计划和预算是贯穿全年的重要工作。管理人员需要编制定期报表，以描述执行计划目标和满足预算目标的进程，通常每个月都需要进行编制。整体计划和预算需要涵盖创造价值的活动，包括创造或者购买新的内容，提供新的服务或者改善现有的服务。这些行动的实施者需要以目标为指导，以预算为约束。

战略规划着眼于大局：整体经济的前景如何？公司的竞争环境如何？即将出现怎样的技术？竞争对手的情况如何？现有和潜在消费者发生了怎样的变化？通常这些问题都是通过SWOT分析（优势、劣势、机会和威胁分析）来完成。

预算以战略计划为基础。企业将资金投放在计划的领域，为促使企业完成目标提供资金支持。收入和支出的估计取决于对市场环境的预测，以及合同的签订状况。每年，企业所有部门都会涉及预算编制工作。

一、资本预算和基础设施预算

前面的内容已经讨论过，管理者在购买资本资产之前需要进行综合分析，包括资产购买、建筑物支出、设备支出以及研发支出。这些支出占有不同的比例。资本性支出有时也称为资本支出，通常分期进行分摊，即在资本的复式预算中将其成本按照年度进行分摊。复式预算编制是一般结构类型当中的一种，是把预算年度内的全部财政收支，按收入来源和支出性质不同，分别编成两个或两个以上的预算，一为经常预算，一为资本预算。最早实行复式预算的国家是丹麦、瑞典等国，随后美国、英国、法国、日本、印度等许多国家也都陆续采用了这种预算编制形式。采取这种预算方法的原因是，在单一预算中大量的资本支出会使该年度出现亏损，而实际上，公司在以后年度也会使用这些项目。大多数情况下，企业从贷款方借来的款项也是在数年内偿还的。

基础设施通常是媒体公司具有特殊需要的资本支出。例如，一些媒体公司应用传输设施来传送媒体内容；广播公司必须维护发射机和发射塔；互联网公司需要维护服务器和宽带；有线电视公司需要构建服务于整个区域的系统。大型传媒集团可能拥有和经营多种类型的基础设施，从而为广播、有线电视、电影和互联网提供服务。

基础设施的建设和维护费用是十分昂贵的。同时，在性能、可靠性和耐用性之间也存在很多权衡，因而工程计划和实施往往持续数年。通常，这些基础设施投入的大部分资金是通过贷款机构获得的。

20世纪80年代，美国的媒体行业花费了150亿美元建设混合光纤网络，该网络遍及美国，是传递电视信号的单向有线电视网络。电信行业的管理者一致认为，基础设施的升级通常花费更高。2000年到2002年，该行业花费超过450亿美元将系统升级为双向电缆系统，用来提供交互式服务。随后，2007年耗资146亿美元进行系统升级。2008年电视、交互式和电话服务系统的升级耗资160亿美元。

卫星系统的成本取决于使用通信卫星的数量。每颗通信卫星价值750亿美元。卫星本身的价值大约占成本的40%，发射成本占40%，地面控制系统的成本大约占5%，安全运行保障成本大约占15%。

购买资本资产的决策分析方法同样适用于建设基础设施的决策。这些分析方法包括盈亏平衡分析、投资回报分析以及现金流量分析。出于自我保护的考虑，贷款人会要求公司提供详细的证据，以说明公司为基础设施借入的资金有足够的资金回报。

二、内容制作预算

媒体创意公司有两种类型的内容制作预算：续建项目预算和一次性项目预算。市场能够反映产品或服务的受欢迎程度。如同其他行业一样，许多媒体公司会将许多项目的制造成本预算进行比较，尤其是两个项目十分类似时。例如，电视连续剧的观众数和制作成本是可以合理预测的。同样，管理者能够很好地预测流行音乐人和团队内容创作的成本和收益。

如前面所说，内容制作成本预算通常分为线上成本预算和线下成本预算。线上成本发生在创作之前，主要包括故事的版权费，以及其他与编剧、制作人、导演、演员相关的支出。其他的归为线下成本，包括劳务成本、管理成本、设备成本、服务成本、场地费、服装和道具成本、布景成本、办公室租金和耗材费等。

一般情况下，电影娱乐产业是劳动密集型产业，绝大部分预算用于人力资源成本。主创人员（尤其是主要演员）的成本是好莱坞电影预算的重要组成部分。线上人员成本往往占据产品预算的50%，并已被认定为好莱坞电影成本飞涨的关键要素。中国影视行业也是如此，明星的报酬过高导致项目的成本过高。

三、一次性项目的计划、预算和管理

许多内容产品仅仅是一次性创作的。它们通常被称之为一次性项目。一次性项目的实例包括电视特别节目、视频、音乐、电子游戏和电影。如果内容能引起轰动，那么会出现续集或前传，但是即使是这样，它们也并不具备持续项目的稳定性。

一次性项目存在既定的预算方法。当素材来自于公司内部，费用往往由企业的财务部门直接核算。有时，制作产品的部门有独立的财务管理单元。

对于制作电影和电视节目的外部合同，制作方通常会分三部分收取货款：在开始的时候收取1/3，完成主要拍摄时收取1/3，提交成品的时候收取余款。制片方通常会提交一份提案，其中包括项目说明、预算、进度表，进度表又包括产品（粗剪、数字中间片和成品）交付的截止日期。

四、工会制作和非工会制作项目的预算

媒体内容制作存在工会制作和非工会制作两种方式，这两种方式都具有自己的优势。工会工作人员是该领域的专业人才，他们了解布景、后期制作等所有工作规则，他们通常与许多行业内的顶尖人物合作过。为了使工会的人才更有吸引力，很多工会都规定了薪酬标准，一方面依据产品的类型，即电影、有线电视、互联网、多媒体；另一方面依据预算规模。

尽管媒体公司必须支付所有员工薪酬，但是非工会人员获得的薪酬明显少于工会人员。比如，支付非工会人员较少的加班费（或者根本不支付）也不会受到工会的反抗。对于非工会人员，媒体公司拥有更大的灵活性，因为公司可以将一个员工从一个岗位调动到另一个岗位。

五、月报

财务管理需要财务报表提供信息，通常是月报或者季报，当然还有年报。很多组织向管理者提供月度预算与评价报告，以持续记录收入与支出，将年度预算与实际执行情况进行比较。

一些公司也会编制和分发正式的月报。美国公开上市交易的公司都必须向美国证券交易委员会提交季报。季报包括主要的财务报表，如在此章节前面提到过的经营报表（损益表）、财务状况表（资产负债表）、现金流量表以及所有者权益表。此外，10—Q报告（向美国证券交易委员会提交的季度报告）讨论了财务控制程序、法律程序以及其他可能会影响公司价值的风险因素。

机构与机构之间具体的报表和名称会有所不同，但是总机构和分支机构提供给管理者的信息是相似的：

◆总机构及分支机构的收入、应收账款、应付账款及存货水平的变化情况

◆年度预算包括——收入、支出、盈余资本的变化情况

除监督预算，管理者还需要采取具体的执行措施，从而完成战略计划目标。这种措施通常被称为绩效指标。绩效指标分为财务绩效指标和经营绩效指标。财务绩效指标包括边际现金流量、流动比率和资产收益率。

边际现金流量：

息税前利润（EBITDA）

自由现金流（FCF）

经营现金流量和自由现金流量（OCF 和OFCF）

流动比率和销售变现天数：

流动比率（CR）

销售变现天数（DSO）

资产收益率（ROA）

第六节　财务战略

所有的企业都要有合理的财务战略。公司的广告部、公共关系等部门都需要表明它们的工作符合企业的总目标，从而确定它们的预算。它们可能不需要带来收益，但是它们需要证明它们是有利于公司目标的。

对于创造收益的媒体公司来说，有4种主要的金融战略：即，盈利、节省成本、筹资和税收管理。

盈利是指出售产品或者提供劳务带来的现金收入；节省成本是指减少开支；筹资是指通过投资或者贷款引入更多的资金，以投资生产活动；税收管理是指通过安排投资、收益、费用和损失的方式，试图缴纳最少的税金。

一、盈利

创意企业的目的是出售商品或者提供产品许可，所以这些收益始终占据财务核算和管理的中心位置。目前，创意企业更加倾向于数字化传输，因而成本大大降低。但是，创意企业仍然存在营销、销售、配送、客户服务和管理费用。此外，创意产品往往涉及版权问题，因此可能带来其他成本。

如果公司希望将收益转化成利润，它必须实施其他财务管理策略，尤其是成本控制和精细的会计核算。而且，当公司获得大量收入时，税收问题显得尤为突出，所以财务专家是必不可少的。

二、节省成本（成本控制）

成本控制是企业减少支出的一种方式，这一过程从检查每项预算开始。审计师和有经验的管理人员能够迅速发现偏离预算的要素。在整个会计年度中，会计师将会分析每个预算项目的成本差值，这被称为方差分析。

拥有多重业务部门的企业可以通过跨部门、跨系统联合购买的方式降低成本。所有管理者都知道，批量采购的单价比单个购买的单价更低。这个原则适用于办公设备，包括计算机、软件许可证，以及内容包，如电视节目和音乐。

尽管自动化的投资成本很高，但是它可以大大降低经营成本。许多广播台和电视台已经开始实施自动化经营，包括销售、交易、薪资管理和会计核算。大型公司可以使用SAP软件和PeopleSoft软件进行自动化管理决策，或使用内容管理系统来进行内容开发与制作。随着时间的推移，通过节约员工成本来回收自动化投资成本，通常是企业经营决策的重要组成部分。

外包也是节约成本的方法。外包可以将工作从企业内部转移到企业外部，从一个国家转移到另外一个国家。

三、筹资

创意企业需要一套可行的筹资方式。例如，刚成立的媒体公司经常从个人投资者和投资集团获得启动资金，然后上市首次公开募集（IPO）。个人投资者在投资初期获得股东权益，从而在首次公开募集时获得收益。

在电影行业，股票意味着投资者分享电影的最终利润。昂贵的电影制作和发行过程通常由一系列复杂的投资和贷款支持，包括担保人的支持。担保人为影片的制作和发行提供担保，如果影片未能上映，担保人承诺偿还影片制作发生的所有成本。

在音乐行业，唱片公司支付CD的制作、销售、推广及发行费用，并在收回成本后支付艺术家版权费。在电视行业，制作机构以内部运营资金启动项目，而后续资金的来源较为广泛，例如发行商、广告商等。

当公司筹资到项目启动资金时，它们就开始了投资过程。在媒体行业，资金消耗的速度很快，这一速度被称为资金消耗率。

四、纳税管理

迈克尔·海因斯和杰夫·克瑞斯蒂安在书中写道：“任何企业都要面对各种税

金。销售和使用税、房产税、工资税、所得税和政府部门规定的其他税金。企业必须形成一种明智和灵活的纳税方式来缴纳税金。”在良好的经济形势下，会计师具有不可替代的价值，他能精确计算出企业的应缴税金，在节约成本与协调政府关系之间达到平衡。

创意产业公司可以通过创作和发行某些受保护的产品来实现合理避税。如表7–7所示。

表7–7 税收管理

税收问题	描　述
有形资产/无形资产	创意产品是有形资产还是无形资产？当考虑数字资产的时候，这一问题变得更为复杂。相关法律和规定不断变化，直接影响到对创意产品性质的判定。
所有权	创意产品的所有权越来越碎片化，因而许多个人和组织都有可能拥有创意产品。在这种情况下，很难确定所有者是谁，也很难确定哪些实体应当纳税。
租赁/版税	创意产品授权带来的收入可以被划分为租赁费，也可以被划分为版权费。这两类形式都各自拥有不同的税收规则，如果与“无形资产”和“有形资产”的不确定相结合，就更难理清关系。
存货	创意产品属于存货还是固定资产？这种区分十分重要，因为存货的销售并不带来资本的变化，税率比销售收入的税率要低。
合作伙伴	如果仅仅是出于降低税额的目的与另一家公司结成合作伙伴，原公司可能更倾向于双方共同缴税。
国外制作和发行	电影工作室和制作公司试图降低国内的税收负担。它们与外国企业合作，签订协议，建立附属机构，目的是使自己的税额最小化。
折旧和摊销	电影和其他创意产品的某些制作成本可以被立即扣除。剩下的成本要通过摊销进行处理，摊销过程覆盖产品的整个生命周期。大多数公司都通过毛收入来预测净收入，然后根据这些预测纳税。在产品生命周期的第3年和第11年，管理者会对实际收入和预测收入进行比较。如果预测收入大于实际收入，则制片人需要补足差额；如果实际收入大于预测收入，则制作人会用这些盈余进行再次投资。
参与者和残差	制片人会支付其他制作参与团队相关的费用。制片人提前在预测收入时扣除这些费用，或在支出时扣除这些费用。
预付金	制片人经常在制作过程之前收到资金。这类资金可以按“已收账款”（现金方法）进行缴税，或按照“贷款”（利息方法）进行缴税。许多交易可以同时付款，这时制片人会收到“信用证”，抵消公司的借款。

续表

税收问题	描　述
资助制作和发行：国内税收保护	过去，国内税收保护方法在资助电影拍摄方面发挥了重要作用。现在，主要是公司之间的资助。
资助制作和发行：联合制作	两个独立的实体进行合作，使双方能够充分利用国家的配额和津贴，大大地降低税费。
资助制作和发行：国外税收保护	一些国家为电影制作提供巨大的税收保护。基于这种保护的交易变得十分复杂，通常需要不同的国家税收机构进行沟通。
人力资源和税收：个人所得税代扣	一般情况下，制作人都希望项目的每个参与者都以“雇员”形式进行工资支付。因为，如果某税收部门规定可以代扣个人所得税，那么公司就会处于拥有更多的“负债”，因而所缴纳的税款更少。而许多创意人员更喜欢自己成为独立的“合同工”，即自己缴纳税款。
个人所得税代扣：外国员工的工资支付	在美国，制片人必须代扣雇员30%的工资。其他合同和条款中会有一些例外，但是很难获得认可。
某些成本100%扣除	如果影片在美国拍摄，并且满足其他的标准，而且音视频制作的成本低于1500万美元，这部分成本就可以在税前完全扣除。电视连续剧也满足这一规定，而且每个季度都会进行成本统计。
部分扣除	相似的是，如果影片50%的预算都是在美国花费，而且影片中不包含色情，那么制片人可以在税前从收入中扣除最多50%的成本。（很明显，美国国会试图排除X级的影片）

总结

本章描述了媒体公司财务部门管理者的职责，讨论了财务管理领域的定义和主要概念，介绍了主要的财务报表，并提供了媒体企业集团编制的财务报表。同时，关注到财务管理领域近年来发生的变化，包括萨班斯·奥克斯利法案提出的“应用于整个企业的财务管理系统”以及中国的媒体财务管理规章和制度。最后，本章讨论了战略计划、预算过程和财务策略。

下章概要

下章讨论受众，包括观众、听众、读者、用户以及玩家。

媒体渠道，包括电视、广播、有线电视、卫星电视、印刷品、互联网和游戏。

内容形态，如视频、音频、印刷品、互动媒体。

内容类型，如娱乐、新闻、信息以及用户生成的内容（UGC）。

通过内容创作、获取、聚合和索引实现内容产品与受众细分市场的匹配。

案例分析7.1　设定预算

作为ABC公司的财务总监，你的任务是提供一份财务计划，说明公司即将发行的一款新视频游戏的详细信息。ABC公司的总裁要求利润率不低于30%。

你的任务是制定每个部门的预算，估计销售数量，以及确定产品价格。制作一个电子表格，包含以下要素：

预计收入

预计发售数量

建议零售价

对分销商的单价（制造商建议零售价格的50%）

变动费用（单位成本）

制造费用

固定费用

研发费用

广告费用

第八章
媒体消费者：测量和估计

NBC电视台节目部主管布兰登对劳伦斯·蒂施接手哥伦比亚广播公司这一事件进行了评论。蒂施是一名成功的商人，他的目标是使哥伦比亚广播公司“精干和精简”（他在一次新闻会议上的原话）。他曾经领导过极为成功的公司，如烟草公司、保险公司和酒店，但是这些领域与广播电视行业相去甚远。布兰登在评价蒂施时说：“虽然蒂施是一位聪明且成功的商人，但是他从未创造出成功的电视节目。如果没有成功的电视节目，商业就无从谈起。聪明的管理者应当意识到这一点。长话短说，蒂施毁掉了哥伦比亚广播公司，我坚信股东会对他的管理失去信心。”

——帕特·霍利达

>> 本章学习目标

→受众类型：消费者和客户、观众、听众、用户、玩家、“好友”、“粉丝”

→调研和内容

→确定细分市场

→媒体消费者：人口统计学市场细分

→媒体消费者：心理市场细分

→媒体消费者：行为市场细分

→受众测量

→电视受众测量

→DMA测量方法、斯维普斯测量方法、尼尔森测量方法

→本地受众测量代替受众整体测量

→广播受众测量

→印刷媒体受众测量

→互联网受众测量
→视频游戏受众测量
→媒体消费者和媒体公司

第一节　受众的类型

媒体内容可以是有趣的、娱乐化的，也可以打动人、说服人，还可以提供信息，有时甚至可以改变人们的生活。作为消费者，我们都有自身的“媒体体验”。然而媒体专业人士以一种不同的视角来审视消费者，正如医生对病人的看法不同于病人对自己的看法。

本书的前两章讨论了媒体的本质以及创造内容的公司和个人。本章的焦点从内容的创造者、营销者和传输者转向了内容的接收者。本章探讨的是受众接收内容的本质，以及内容创造者和销售者怎样使内容与受众相匹配。向目标受众提供内容是一门科学，也是一门艺术，如果想要获得持续的成功，就必须采用综合的科学方法。

所有的商业公司都涉及买方和卖方的交易，在媒体行业，则是“内容来源”和“内容接收者”之间的交易。媒体创造者、传输者和销售者必须像其他行业一样，将消费者作为首要考虑的对象。因而经常需要提出以下问题：受众是谁？他们在哪里？受众拥有多少可支配的时间和金钱？他们喜欢什么？不喜欢什么？关心什么？忽视什么？受众的特征是什么？他们的媒体偏好和习惯是怎样的？

在不同的媒体领域，这些问题和答案都存在差异。毕竟，不同媒体领域对媒体消费者的称谓都各不相同。去影院观看电影的受众被称为影迷，有时他们也被称为电影观众。大众媒体消费者包括电视观众、广播听众、印刷媒体读者、有线电视订阅者以及购买者（如果购买了DVD）。在互动媒体领域，互联网受众是“用户”，视频游戏受众是“玩家”，在线游戏受众是“订购者”，脸谱（Facebook）、腾讯QQ、微信面向的受众是“好友”，而推特（Twitter）、微博的接收者是“粉丝”。

这些受众的共同点在于，他们都是“媒体消费者”。创意人员想尽办法以创造出有吸引力的内容；营销人员制订计划以接触更多的消费者。对于消费者而言，他们也热切盼望更好的媒体内容出现。

第二节　受众调查研究

一、受众调研的目的

媒体公司收集消费者信息的目的如下：在制作或购买内容之前，公司需要确定这类内容是否有市场前景，以便说服广告商为此支付广告费用。另一种情况是，如果媒体公司想要把内容直接出售给消费者，如电影、DVD、杂志、报纸等，那么公司需要弄明白哪一类内容最能吸引消费者。

“调研”可以告知营销人员潜在消费者和实际消费者的规模和特征，这些消费者可以是所有类型内容的受众，如电影、电视节目、出版物、音乐、软件和游戏。产品需求估计是市场调研的工作，所谓市场调研指的是收集信息，确定传播产品信息的方法，从而刺激消费者购买产品。在内容产业的一些领域，如广播和电视领域，这种调研被称作受众研究；在印刷媒体领域，被称作读者研究。

调研的目的是为营销人员提供信息，向他们指明营销行为的方向，从而帮助他们降低风险。风险意味着产品市场的不确定性。某部电影有可能成为票房冠军，也有可能遭遇溃败；某电视节目有可能引起轰动，也有可能在两个季度内被取消；某网站可能拥有800万的访问量，也可能只有54次的访问量（大多数访问来自于网站员工）。通过提前研究产品的潜在需求、消费者的特征和偏好以及消费者可能对内容作出的反应，管理者能够降低内容产品生产和营销的风险。

二、受众调研的方法

从理论上讲，受众调研、内容开发和营销之间存在有规则的循环，如图8-1所示。

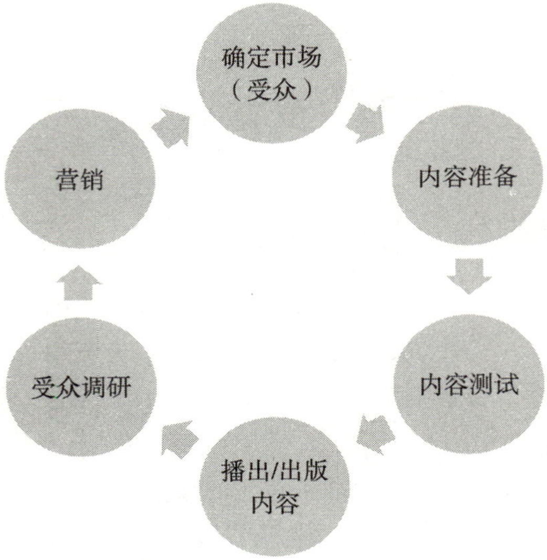

图8-1　受众调研—内容创造—市场营销循环图

然而，实际情况有所不同。媒体公司需要通过提供消费者的详细数据来吸引广告商，因为广告商十分看重这些数据，结果是媒体公司进行了复杂的工作以获得吸引广告商的消费者数据。但是，内容制作公司却对受众需求并不重视，即忽视了“内容测试”环节，它们几乎不愿意收集受众的需求信息。

一些媒体领域也会从事“内容测试”工作。尤其是视频游戏制作公司，它们在推出一款新游戏前会进行正式调研和非正式调研。电视台主管和制作人也会在上映某部电视剧之前进行一些调研，虽然这种调研结果很难全面反映实际情况。例如，制片人对某部电视剧进行“理念测验”，以确定此电视剧的理念是否会吸引潜在受众。此外，电视剧制作公司还会进行“先导性测验”，使用测验结果来修改脚本、改变结局、重塑角色或做出其他改变。这类调研通常被称作“形成性评价”。韩国电视剧《来自星星的你》之所以引起轰动，其中一个原因就是采用了“先导性测验”。

比起电视节目制作公司，广告、图书、杂志、网站等很少进行内容测试。伊丽莎白在电影《绿光》的论证阶段对内容测试进行了评论：“很难确定这部电影成功概率有多大，但是制作团队已经开始意识到‘科学化’测量对影片成功的重要性。”

数据收集存在两种方式：原始调研和二手调研。原始调研是指组织自己收集信息。二手调研是指使用外部组织收集的数据。在媒体行业，市场调研数据往往是二手数据，如人口统计、政府资助的经济学报告、商业数据和市场报告（信用卡数据或读者数据）。

数据分析方法也有两类：定量分析和定性分析。定量分析方法收集数字信息，研究可观察、可计量的消费者特征或行为。例如，某周六下午3:30到5:30之间（北京时间）在线参与《星球大战》游戏的玩家数量，游戏网站主机能够获取这一数据。如果想要研究的受众数目过多，没有必要分析总体数据，可以采用“取样”的方式。如果样本能够代表整体特征，就可以使用统计学分析来估计总量或潜在受众的特征。

定性分析研究收集关于“价值”或“属性”的信息，这类信息不是量化信息。例如，一名研究人员可以询问一组受访者谁观看了《豪斯医生》这部电视剧，以及他们对其印象如何。研究人员的问题还可能包括：“你们喜欢剧中哪个角色？喜欢程度怎样？从哪一集开始产生喜欢的感觉？”研究人员可能会对这些答案进行量化。但是这些量化数字的意义无法与数字背后的“属性”相比，如吸引观众的核心演员、幽默性、过激对话、手术画面等。最常见的情况是，调研报告是对访谈的文字性描述，有时直接引用受访人员的回答，从而描述受众的思维、理念、感受和态度。

对大多数媒体而言，如果二手调研显示某内容产品拥有足够大的潜在市场，可以获得盈利，内容制作组织就会制作这一内容。在创意行业有确定的内容产品市场。例如，普华永道公司的全球娱乐市场报告（见表8-1）可以为媒体公司提供估计依据，从而预测某一内容产品潜在的市场规模。

表8-1 2008年全球娱乐市场的市场规模

行业领域	2008年的市场规模（单位：10亿）	2008—2011年的复合年均增长率（CAGR）（单位：%）
电影	88.1	4.9
电视网络	181.4	5.8
电视传输	172.3	9.3
音乐唱片	36.4	2.3
广播	49.9	4.5
互联网广告和连接费用	242.2	13.4
视频游戏	41.5	9.1

资料来源：普华永道公司的报告

第三节 确定细分市场

媒体公司收集消费者的信息一般基于以下目的：预测某产品是否能够吸引某细分市场；开发新产品；优化和提升现有产品。对于拥有媒体传输渠道的公司，如电视台、广播台、影院、报纸、杂志、网站和游戏制造商等，研究消费者最为重要的目的是根据消费者的特征把他们分为不同的细分市场，然后将这些细分市场“出售”给广告商。

考虑以下问题：电视产品是什么？是节目吗？是的，电视公司，尤其是电视台，提供的产品就是节目。通常，电视公司向其他电视台和海外市场销售电视节目，这一过程被称作“节目输出”。每个季度，这些电视制作公司都会对节目进行重新包装，录制成DVD，然后通过零售商店或租赁商店出售或租赁。并且，它们会将节目数字化，提升自营网站的收入，或使节目在其他网站上进行点播，有时也会通过“下载收费”的形式进行出售。

然而，媒体行业的产品不仅仅包括内容本身，另一类产品是受众。具体来说，受众的注意力使得广告商能够将信息传输给他们，这种现象有时被称为“眼球经济”。对于媒体公司而言，消费者是重要的收入来源。细分市场的根据通常是人口统计学信息，如地理位置、年龄和性别，例如北京地区18—49岁的女性，或上海地区3—7岁的儿童。

其他消费者细分市场划分的依据包括心理学特征、生活方式（兴趣、观念、态度或价值）、行为（如选举投票）、媒体偏好和习惯等。根据销售产品的特点，营销人员会结合不同的变量进行考量。有时媒体不是销售产品，而是推广理念或宣传候选人。在这种情况下，营销人员需要了解消费者的其他特征。美国的反财产税运动的招募广告可能会对目标受众做出如下概括：注册投票公民，倾向于共和党，收入6万美元以上，乡镇人口，结婚并且拥有小孩，拥有自己的住宅，拥有坚定的宗教信仰，支持小型政府。这个案例的细分市场表述如下：

人口统计学特征：收入6万美元以上，拥有住宅，城镇居民，已婚，拥有小孩。

心理学特征：倾向于共和党，有坚定的宗教信仰，支持小型政府。

行为特征：是注册投票者，会投票给共和党。

媒体公司的目标是吸引具有具体特征的消费者。目标细分市场的标准通常有以下几个方面：

可确定性：能够确定潜在消费者。

可传播性：能够与细分市场的受众进行“连接”，并将内容产品传递给他们。

规模性：细分市场规模足够大，能够带来利润或实现其他目标。

独一无二的需求：营销人员需要将产品或产品组合与具体的细分市场相匹配。

持久性：目标市场需要存在足够长的时间，从而能够向他们传递信息、销售产品。对于内容生产公司而言，这一要素尤其重要，因为内容产品只能在一段时间内保持轰动性。

一、基于受众人口统计学细分市场

消费者细分市场的人口统计学变量包括年龄、性别、宗教和民族、婚姻状况、居住地、家庭中成人和儿童的数目、社会经济地位、家庭收入、雇佣状态、职业、教育水平等。实质上，所有的营销人员都想收集和分析实际消费者和潜在消费者的人口统计学信息，因为这是他们产品需求的重要指标。玩具公司寻求儿童消费者，食品公司寻求女性消费者，啤酒制造企业寻求男性消费者，而制药商寻求老年人市场。

对于营销人员而言，他们很想了解的一个统计学变量是地理要素：消费者在哪里？传统意义上，这一问题的答案是某个物理位置：一个省、一座城市、一个地区、一个县，甚至是一个大陆。在描述基于位置的市场时，一些行业领域使用术语“地理”，而另外的行业使用“区域”，这两个术语的意义相同。广播公司使用术语“指定市场区域”（DMA），尼尔森公司在确定本地电视市场时最先使用了这一术语。影响消费者购买何种内容产品的地理学要素包括：消费者居住在城市还是乡村、地区的气候以及高速网络的连通性。

然而在互联网时代，“他们在哪里”这一问题具有不同的意义。当今网络时代，“位置”指的是“虚拟位置”：消费者通过什么媒体平台进行沟通？他们经常访问哪些网站？他们更喜欢浏览哪些社交网站？他们经常阅读哪些博客？他们以手机形式获取多少信息？

简言之，在一些新媒体市场中，对物理市场的考量处于次要位置。但实体零售店仍然需要考虑消费者的物理位置。

亚马逊这类公司并不关心消费者实际住在哪里，也不会考虑怎样接触消费者所在的地理区域，相反的是，公司想要与在线购买产品的消费者进行接触，无论他们住在哪里。

二、基于受众心理细分市场

人口统计学数据能够对市场做出详细描述，但却不能反映全貌。两名男性可能拥有共同的统计学特征：居住在阿克伦城，33岁，已婚并且拥有3个孩子，每年的收入是4.8万美元，开福特汽车，在计算机行业工作。但是这些共同特征并不意味着他们参与同样的活动，拥有同样的兴趣、观点、态度或价值，结果是，他们可能购买完全不同的内容产品。

人口统计学变量描述外部要素，而心理学变量描述内部要素。心理学和生活方式信息引入了以下术语：兴趣、观点、态度、价值和生活方式，这些要素是确定消费者细分市场的标准。一个完整的心理学分析文档还包括细分市场或个人的宗教信仰、政治理念以及其他爱好。广告商往往想要选择某些确定的变量，以缩小潜在消费者的范围。人口统计学变量和心理学变量的综合运用可以描绘出一个更为全面的消费者细分市场的图景。

三、基于受众行为细分市场

如果说人口统计学变量描述的是“消费者是谁”，心理学变量描述的是“消费者的理念是什么”，那么行为变量则描述的是“消费者究竟做什么”。他们多久看一次电影？他们加入了怎样的组织？对于营销人员来说，最为重要的问题是，消费者的购物频率是怎样的？他们去哪里购物？他们一般花费多少金钱？负责内容营销的媒体公司最想知道的是：受众一般使用哪种媒体？过去他们曾经购买过何种内容？他们需要得到什么信息？他们以何种方式获得信息？他们希望的付费方式是什么？随着生活环境的转变，例如一旦大学生毕业，进入劳动力市场，结婚生子，抚养孩子，退休，他们对信息的需求会发生怎样的转变？

大多数广告商希望他们传递的信息能够发挥作用，引起消费者的行动。由于行为信息可以反映信息说服消费者的可能性，因而行为信息具有十分特别的价值。简言之，行为信息直接与广告商的目标相连，无论是刺激购买、投票，还是其他行为。

第四节　受众测量和估计

每个以内容为基础的公司都想要知道有多少听众、观众或读者，并尽可能了解他们的特征。每个行业领域都会测量消费者具体的行为要素，但是每个行业也会采用一些共同的方法。比如他们都会采用技术手段来测量行为——消费者究竟在做什么？他们也会应用调查方法，询问个体的媒体习惯，以及他们对于内容类型和某一具体内容产品的评价。此外，他们还会采用聚焦群体法或深入访谈法，以深入探究消费者的思想和感受，从而更好地理解消费者为什么会采取这种行为方式。

同时，媒体行业的每个领域都会针对自身媒体产品的特点测量消费者，而且测量方式各不相同。例如，互联网内容提供商能够通过点击量和浏览时间精确地测量受众行为。广播公司能够通过测量收音机的接收情况持续获得听众数据。然而，阿比创公司收集到的听众数据是以15分钟为单位来报告的。游戏公司、报纸、杂志以及有线电视公司能够测量受众的媒体使用情况和订购情况，而免费的电视公司和公开的互联网站只能测量使用情况。

当媒体专业的学生收听广播或观看电视节目时，他们应当特别注意广告。他们将会发现不同的媒体拥有不同的广告类型，网站也是如此。他们将会迅速明白广告商关注的只是受众。结果是，许多热衷于影院或视频游戏的学生会意识到，他们就是广告商的目标受众。

一、电视观众测量

在电视行业，对某一时间、某一频道的某一具体节目的受众数目测量是通过收视率的形式体现的。同时，这种测量也会提供基本的人口统计学数据，比如受众的位置、性别和年龄。因而，总体的收视率结果可能是9.4%，18—49岁的男性收视率是14.2%，18—49岁的女性收视率是3.2%，这一结果显示出此细分市场的观众可能会热衷于曲棍球游戏。

观众更为详细的信息，如生活方式、购买行为、媒体使用情况，往往来自于专门的电视收视率调查公司，如尼尔森公司。除此之外，第三方研究公司也会提供此类信息，这些公司受雇于节目制作人、电视台或广告商，因为他们想要更加了解节目所处的环境。例如，如果一个节目包含暴力或色情元素，广告商可能想知道这些元素是否会对产品品牌产生负面影响。

对广播台、电视台而言，了解潜在消费者和实际消费者是至关重要的。因此，历史上最早出现的专业调查公司都是为广播台和电视台服务的。人们有时会批评这些调查公司的信息不准确。但是它们已经存在了一个世纪之久，并且不断改进调查方法，媒体公司也持续地通过这些公司来确定某个内容产品的流行程度。

每个行业都有自己专门的调查公司和研究标准，正如尼尔森公司为电视行业服务一样。在报纸领域，美国发行审计局从1914年就开始测量读者数量和发行数量。阿比创公司是为广播公司服务的调查公司，它成立于1949年，以确定听众信息为己任。

标准是指具体的测量方式，如听众标准（收听率）、观众标准（收视率）、网络标准（访问量）等。尼尔森公司和阿比创公司都在为网络、移动手机应用、户外媒体设计新的调查方法，以确定这些新媒体受众的人口统计学特征。随着技术的进步，这些老牌公司面临着新的挑战，那就是怎样准确测量消费者新的行为和习惯。尼尔森广告公司是尼尔森公司的附属公司，它的研究重点就是新媒体。另一家尼尔森公司的附属公司——克莱瑞塔斯公司进行市场细分的工作，这家公司根据人口统计学变量、心理变量和行为变量把消费者分为不同的群体。克莱瑞塔斯公司也使用这些特征来预测某一指定细分市场的受众未来可能出现的行为，这种研究被称为“预测性分析”。

斯维普斯方法、指定市场区域（DMA）和尼尔森调查公司

在研究电视收视率调查的细节之前，我们需要首先理解一些基本术语。电视行业的受众研究发挥着不可替代的作用，商业模式、经营收入以及盈利能力都依赖于受众测量。目前，电视台每天都要进行这样的调查。但是以前电视收视率调查是以季度为时间单位的，调查时间是每年的2月、5月、7月和10月，这种方式被称为“斯维普斯方法”。下面的内容将会描述电视行业的一些核心术语，从而描述电视行业了解受众的方式。

受众测量术语

斯维普斯方法（有时也称作“季度收视率”）：每年进行4次统计，分别于2月、5月、7月和10月进行。尼尔森公司将市场进行人口统计学分类，然后测量指定市场区域的电视观众数目。一般情况下，收视率测量都是在周四开始，下周三结束，这一传统是多年前国家广播公司确立的。尼尔森公司的收视率和收视份额的报告以多种“报告卡”的形式出现，将电视台按照观众数量进行排序。

DMA（指定市场区域）：一个地理区域，由许多城镇组成，是尼尔森公司定义的电视市场。每年，尼尔森公司都会根据市场规模将美国电视市场分为210个指定市场区域，并进行排序。例如，纽约城有7 433 820个家庭拥有电视，排名第一（DMA #1），因为这个数字在美国的城市中是最高的。

每年，随着各个城市人口数目的增多或减少，尼尔森公司都会对这一排序进行调整。例如，新奥尔良被卡特里娜飓风袭击之后，人口大量减少，因而也反映到DMA排序中。2008–2009电视年度，新奥尔良地区拥有家庭数602 740个，排名第53位

（DMA#53），而在2005年8月之前，新奥尔良地区的家庭数是672 000个，排名第43位。事实上，该地区的毁坏造成尼尔森收视率调查暂停一年，直到2007年2月才恢复，这种情况在尼尔森公司的调查历史上从未出现过。

节目时段：每天，电视的时间被划分为不同阶段，节目人员可以对节目进行安排，确保受众在某一时间看到想看的节目，并为广告设定价格。例如，很少有人愿意在早晨7:30看《绝望主妇》，也没有人想在晚上10:00看《早间脱口秀》。

电视节目时段：

早间时段：5:00am～9:00am

上午时段：9:00am～3:00pm

下午时段：3:00pm～5:00pm

新闻时段：5:00pm～7:00pm

前黄金时段：7:00pm～8:00pm

黄金时段：8:00pm～11:00pm（周一到周六），7:00pm～11:00pm（周日）

晚间新闻时段：11:00pm～11:30pm

晚间边缘时段：11:30pm～2:00am

凌晨时段：2:00am～5:00am

专门小组：指的是参与尼尔森公司收视率调查的受众组成的小组。

记录本：一个小册子，上面记录着专门小组成员描述的家庭成员收视习惯。

受众计量仪：安装在每台电视机旁边的小盒子，由附近的控制设备控制。家庭中的每个成员都被安置了个人收看按钮，这些按钮与家庭成员的年龄和性别相匹配。当受众打开电视，计量仪上的灯就会闪烁，提醒受众按下指定的按钮。

本地受众计量仪（LPM）：一种正在推广的新型受众计量仪。LPM在原有计量仪的基础上进行了技术改进：（1）实现持续测量，不仅仅限于斯维普斯阶段；（2）给每个受众提供一个代码，一旦受众打开电视，该计量仪就会自己获取受众的数据。

便携式受众计量仪：阿比创公司将这些计量仪发放给样本听众，由他们随身携带，从而在他们外出的时候测量其收听习惯，因为很多人在室外收听广播。

度量值（测量的结果）

电视家庭数（TV HH）：在指定的市场区域，拥有电视机的家庭数目。当计算收视率时，这一数字经常指的是打开的电视机数目。

家用电视数（HUT）：家用电视数会随着时间的变化而变化，一般在黄金时间达到顶峰。

个人观众数（PUT）：HUT水平测量的是家庭数目，而PUT水平测量的是观看电视的受众总数。

收视点：在某段时间内，个人或家庭收看某一节目的百分比。例如，《我们的日子》获得5.0个HH收视点，指的是所有的电视家庭中有5%在收看这一电视剧。

市场份额：收看某节目的受众或电视占正在看电视的受众或打开电视机的比例。这与收视率不同，因为收视率计算的是所有拥有电视的家庭数目。例如《成交不成交》获得20%的收视份额，意味着所有正在收看电视的家庭中有20%的家庭在收看这一电视剧。

影响力：消费者注意某广告商信息的程度。

每千人成本（CPM）：广告商根据每千人中收看该节目的观众数或听众数来付费。CPM中的M指的是法语中的“mille”，是1000的意思。

本地受众计量仪代替传统受众计量仪

传统的受众计量仪测量的并不是受众本身，它安装在电视机后面，测量电视被调到哪个频道。多年以来，这一装置都是与电话线相连的，因而能够给远端的计算机拨号，通过计算机下载测量结果。某些本地电视台向这些服务机构付费，第二天早上就能获得数据。为了获得受众的信息，尼尔森公司依靠记录本的形式，由家庭中的个体进行填写，从而了解受众个人“看了什么”以及“何时观看”。自然的，这种方式的参与度不够，信息记录上存在缺陷，并且强烈依靠受众的记忆，因而并不可信。

本地受众计量仪做出的测量则更加精确，因为它测量的是受众本身。每个家庭成员都会被授予一个代码，一旦某个家庭成员打开电视，就输入自己的代码。尼尔森公司已经收集到了个人信息，因而通过代码即可将电视节目与观众个人的统计学特征相匹配。并且，这种方式与记录本不同，它能够获得大量的家庭数据。大量样本意味着公司的统计学报告更加精确和可靠。

2004年以来，尼尔森公司开始在电视市场推广LPM方法，依次是波士顿、纽约、洛杉矶、芝加哥和旧金山。2009年末，LPM已经覆盖了美国排名前25位的电视市场，覆盖人数达到美国总人口的50%。尼尔森公司的原有计划是2011年前在全国范围内完成前56个电视市场的覆盖。然而2008年，尼尔森公司宣布将重新考虑覆盖计划：“目前的经济环境充满挑战。我们的客户都十分清楚，我们需要与他们密切合作，并建立正确的LPM覆盖计划，基于当前的市场环境确定正确的商业模型，以及为中等市场确定最为适合的计量仪技术。随着经济状况更加明朗，我们将会进行更好的定位，与客户一起调整未来的计划。”

在美国，LPM的引入十分具有争议性。虽然测量结果更加精确，统计到的观众规模也增大了，但是也显示出大量的观众看的是有线频道。收视率的巨大变化对广播公司产生了负面影响，大大减少了广播公司的广告收益。在迈阿密地区，本地的福克斯公司附属公司WSVN向尼尔森公司提起控诉，声称尼尔森公司不准确的数据报告使该公司损失了1200万美元的收入。相反的是，有线电视公司从新设备的报告中获益。

以下资料由丽莎·波·霍利菲尔德提供（丽莎是KVBC电视台13频道的主管，拉斯维加斯）

在收视率统计月份，电视台高层就会变得很忙，他们分析竞争对手，搜寻成功的节目案例以及过去失败的节目案例。大公司则拥有全职的调研分析人员，他们专门审查和分析测量结果，为电视台提供信息，从而使电视台吸引更多的观众。

电视台的生存依赖于收视率。高收视率意味着可以获得高广告率，从而为公司带来更多收入。收视率决定了内容开发，新闻部门也会展现新的想法，目标是接触广告商最感兴趣的受众细分市场，因为这些受众能够生成最大的广告收入。

一旦确定了某个新闻题材，制作人员就开始写脚本，摄影人员依据脚本进行拍摄，剪辑人员剪辑拍摄好的素材，然后播出人员将新闻呈现到电视屏幕上。这则新闻报道被放在最受欢迎的新闻节目中。同时，营销部门在其他节目中创造关于这则新闻的话题，吸引观众眼球。营销部门的话题需要新颖、独特，但是要反映出新闻节目的特点。这种做法的目的是激发观众观看的欲望。

节目播出4周以后，大型电视台会安排一个收视率调查团队，团队成员是公司的高层管理者，如总管、销售经理、新闻主管、调研专家等，他们经常见面，讨论计划的执行情况。在受众计量仪覆盖的市场，收视率调查和收视份额调查每天都在进行。在大城市，尼尔森公司将个人计量仪与家庭计量仪相连接，每天可以读取个人观看电视的情况。

每天，50个受众市场的数据都会传输到位于佛罗里达的尼尔森媒体调查公司，第二天尼尔森公司会将这些数据传输给电视台。一般情况下，每天的节目在早上4：59结束，第二天的节目在早上5：00开始，因而这些数据的传输速度是十分惊人的。计量数据的报告区间是15分钟，如果需要，尼尔森公司可以提供以分钟为单位的数据报告。

虽然有些个人计量仪能够通过家庭成员输入的个人代码来显示个人的收视习惯，但是大多数计量仪仅仅提供家庭收视数据。大多数情况下，为了确定观众的人口统计学特征，尼尔森公司选择一定的家庭样本，让这些家庭提供一周内家庭成员观看电视节目的数据，然后以“记录本”的形式呈现。每周，这些“记录本”都会被邮寄到尼尔森公司的专门小组，每年，公司都会分析200万份“记录本”。

在小型市场，观众家中的电视机没有安装计量仪，因而电视台获取观众数据的时间就会延迟，需要等到所有的数据都接收和计算后才能确定节目的受欢迎程度。在覆盖个人计量仪的大型城市，可以确定一些特定群体的收视习惯，年龄和性别是典型的群体划分方式，如18—49岁的女性、18—49岁的男性。

在斯维普斯调查后的一个月内，电视台会收到期待已久的收视率报告（依然使用缓慢的邮寄方式）。许多电视台也会收到数据的电子版本，一旦收到数据，电视台就会立即对数据进行分析。

如果某电视台的夜间新闻栏目赢得了收视率冠军，营销部门就会在电视节目中对这一信息进行报道，告知受众。如果某电视台的节目没有获得收视冠军，调研人员就会想办法，使该电视台“成为”收视冠军。例如，可能某电视节目在18—34岁的女性观众群体中的收视率排在第一位，那么电视台就会对这一事实进行宣传。

以上做法能够解释为什么很多广告商并不确定哪家电视台是新闻收视冠军，因为每家电视台都想方设法让自己成为赢家。通常，电视台会提供收视率的书面信息，但是收视率一般都是以15秒或30秒的间隔进行报告，很多广告商无法理解原始数据的意义。更为常见的是，有些电视台声称自己的节目排名收视率第一，但是并不提供原始收视率信息。出现这种情况时，营销部门可以声称互联网调查数据显示他们的收视率是第一名。这种营销战略使很多广告商变得疯狂和盲目。但这种情况不可避免。

收视率统计工作的完成并不意味着工作的结束。最近的收视率信息将会影响到广告商的广告费率。收视率被输入软件系统，销售主管对其进行分析，确定是否要提高或降低某个节目的广告费率。另一方面，节目当中存在的商业广告数目（即“商业效用”）也会影响广告费率的确定。

例如，如果一个电视节目只插播三则广告，即使收视率很低，电视台也会向广告商收取很高的广告费用。原因在于这样避免了“广告混乱”，即如果一个节目插播了很多广告，观众将很难关注某个广告。因此，在收视率低但广告数目较少的节目中插播广告可能比在收视率高但广告数目较多的节目上插播广告的效果更好。确定正确的收视率将会使电视节目更加有效，对广告商更有吸引力，但是这一工作往往十分困难。总而言之，受众调查能够帮助估计观看电视的家庭数目，从而帮助确定更加合适的广告费率，使电视台获得更多收入，这才是受众调查真正重要的原因。

很明显，收视率对电视台的盈利起着重要作用。然而，电视台的节目主管和新闻人员更加关注收视份额；收视份额显示的是某一时间收看某一节目的观众数占正在收看电视观众数的比率，收视率与之不同，它显示的是某一时间收看某一节目的电视占所有电视机数的比率，无论这些电视机是否打开。换句话说，收视份额可以报告出某节目与竞争对手的对比，这种测量方式对内容创作人员而言是十分有意义的。

电视台的广告部门和广告商看到的是同样的尼尔森数据，但是关注角度不同。广告商也会购买数以万计的人口统计学数据，还有许多个人消费者的数据。他们基于每千人的收视成本进行付费。虽然广告商根据消费者的数量付费，但是这并不是广告商真正想要的。为了确保广告对受众有吸引力，广告商只在一段时间投放某个广告，这种广告被称为“闪电式广告”。“影响力”这一术语指的是广告想传达的信息与受众接收到的信息之间的差距。广告商可能会做出如下报告：“这则广告每千人成本为1万美元，在6周的时间里影响了1200万的受众。”

二、广播受众测量

比起过去的广播行业，现在的广播台拥有更多的频率、格式和选择。广播公司经历了整合和分解，内容资源也经历了数字化过程。当听众打开收音机，会发现节目形式和音乐品味与20年之前存在明显差异。许多广播台都建立了高清频道、网络广播或基于播客的广播，因而广告商需要重新定位他们的核心客户，这在过去是从未发生过的。

例如，假设某公司产品的潜在购买者是职场妈妈，因而这家公司的广告商试图吸引职场妈妈的注意。最为有效的广告时间是“交通时间”，也就是早晨上班时间和晚上下班时间，职场妈妈一般都在“交通时间”收听广播。这种公司可能是百货商场或经营快餐的食品公司。提供特色午餐或欢乐套餐的饭店的目标消费者是职场人群，这类公司的广告一般占据了广播台的黄金时间。一家空调维修公司可能在拉斯维加斯沙漠地区投放广告，投放时间最好是炎热的下午，因为在广告播放之前，一台老旧的空调可能就已经引起了用户的注意。可见，广告商的目的是在合适的时间将信息提供给合适的人。

阿比创公司是一家媒体市场调查公司，主要测量美国网络广播和广播台的收听率情况，既涵盖国内市场，也涵盖本地市场。该公司使用PPM、记录本以及其他调查技术来收集数据。PPM是可移动个人测量仪的简称，通过跟踪植入可移动传输设备中的代码来收集信息。当听众在开车时或在户外收听广播时，这种测量方法是十分有效的。

广播节目的收听率（某家广播台有多少听众）对广播台和广告销售公司（将广播台的广告销售给广告商或其他媒体公司的公司）来讲是十分有价值的。广播台将广告信息传输给听众，说服他们购买广告中的产品。另一方面，广播节目的收听率也对广告商极为重要，他们可以运用这些数据制订广告计划，然后基于客户的情况购买广告时间。广播的收听份额则展示了某节目在某一时间、某一市场与其他节目相比的受欢迎程度。

除了单纯的受众数字之外，广告商还希望得到更多的受众信息。阿比创公司和尼尔森公司展开了“斯卡波罗调查”的尝试，为广告商提供更为详细的受众信息——心理学和行为信息。这种信息使得广告商能够更好地定位消费者，超越了仅仅依靠人口统计学信息的阶段。

特里·金是位于加利福尼亚圣迭戈地区的清晰频道广播（Clear Channel）的销售主管，他从1994年就开始在广播行业工作。他为那些无法理解阿比创公司定义的法律术语或技术术语的人们设计了一系列更为简洁的术语。定义被特里简单化了，因为很多广告商很难理解原有的特定术语。一些术语，如cost per point （CPP），即“每点成本”并不是由阿比创公司首创的，因而在行业内并不流行。特里设计的更为通俗易懂的术语系统被称为TK表，是广播行业专业人士必须了解的知识。

三、印刷媒体受众测量

报纸、杂志等印刷媒体的受众测量指的是统计多少人阅读了某个报纸或杂志，或者由发行量来表示。总发行量包括订阅数量、报刊销售数量，以及酒店发放数量、第三方销售数量，等等。市场调查公司对这些数据进行统计，然后将发行量研究的结果反馈给各印刷媒体公司。

总之，印刷媒体进行读者研究的目的是报告读者的特征。如广播电视行业一样，这种研究包括人口统计学研究、心理研究和行为主义研究。然而，随着报纸的发行量日趋下降，印刷媒体越来越不愿意进行这类研究。例如，达拉斯贝登调查公司是一家有76年历史的专业报纸调查公司，而2009年的时候它宣告破产，因为很少有报纸愿意为读者研究付费。

一直以来，人们都认为发行数量的报告并不可信。早在1914年，美国就成立了发行行业广告监督局，提供独立的审计工作，因为印刷行业被认为一直夸大发行量。发行行业广告监督局的审计工作意味着检查报刊的发行记录，访问发行工作人员，以及调查内部的发行控制行为和实践。

每年3月31日和9月31日，出版商都会发布一份发行报表。例外的是，购物杂志的发行报表一般在每年的6月30日和12月30日发布。经过审计，发行行业广告监督局会出版一份审计报告，证实出版商数据报告的准确性，也会标明出版商报表和审计报表之间的差异。

一些出版商与发行行业广告监督局签订合同，共同进行读者和订阅者的数据统计，同时会提供一些附加信息，比如由读者传阅报刊引起的实际读者数目的增加。

四、互联网受众测量

到目前为止，我们探讨的都是大众传播媒体，这些媒体的信息流是从内容提供商流向观众、听众和读者。互联网与此不同，它是互动媒体，这就意味着用户在接收信息的同时也传播信息。有时信息并不是来自于用户本身，可能来自用户的设备——计算机、手机、个人数字助手（PDA）或设备上安装的软件。

当用户登录网站时，他们被称为“访客”。在用户访问网站期间，网站的服务器对用户的计算机进行询问，称为Ping。实质上，Ping对用户的计算机提出问题：“你还在吗？”，然后等待用户计算机的回答。用户的计算机可能会回复：“是的，我还在。”Ping是两台机器之间的“问答转换”。Ping是DOS命令，一般用于检测网络通与不通，也叫“时延”，其值越大，速度越慢。Ping是Packet Internet Groper 的简称，即互联网包探测器，是用于测试网络连接量的程序。Ping发送一个ICMP（Internet Control Messages Protocol），即互联网信报控制协议；回声请求消息给目的地并报告是否收到所希望的ICMP echo（ICMP 回声应答）。

在访问过程中，网站的服务器软件对用户的访问情况进行记录，或是写下“日志”，记录两台计算机之间的通信状况。日志中涵盖用户的访问时间、设备的性能、访问的页面、下载的内容以及用户提出的请求。

通过使用网络跟踪器（Cookies），互联网服务器能够收集到用户的详细信息。网络跟踪器是根植于用户本地电脑中的软件代码，它的目的是确定用户和设备，以及追踪用户和设备的活动。一般来讲，当用户请求获取某个信息或是某项服务，他们必须注册，提供用户名、密码以及邮箱地址。而且，他们经常需要输入更多信息，例如姓名、完整的地址、电话号码、性别、年龄以及其他个人信息。

时域（Session）[①]：如果在多个时域内，某台计算机的信息都有存储，这种现象被称为"持续性记录"，意味着用户在该网站上停留了很长时间。某些用户能够自己设定个人信息的存储方式（如果用户不允许网站进行Cookie设定，一些网站就会拒绝用户的访问或下载）。一旦个人信息被存储之后，如果这台计算机再次访问网站，网站的服务器就会自动接收到信息。服务器能够比较该用户新旧注册名称和密码之间的差别，提前验证用户的真实性。

有些用户为了避免个人隐私泄露，经常在离开网站时清除浏览器的网络跟踪器记录。在这种情况下，只有时域信息停留在用户的计算机里。然而，在注册过程中，网站的服务器日记已经记录了用户的所有信息，因而清除网络跟踪器记录并不意味着网站也清除了记录，事实上内容提供商甚至第三方也会获得此类信息。

内容提供商、网站运营商和广告商可能十分想知道：在一段时间内，究竟有多少用户访问了这一网站？用户个体被称为唯一用户或唯一访客。如果网站拥有大量访客，广告商就愿意支付更多的广告费用。然而，网络跟踪器和浏览器不能真实地反映访客数量，它们只能确定计算机的数量以及真实的用户名和密码。如果一个人使用了别人的电脑，网站服务器不会对此做出记录。如果一个人拥有多个账户或多台计算机，那么同一个用户可能会被计算多次。

与其他大众媒体相比，互联网是最新的媒体渠道。美国互联网广告管理局（IAB）希望能够为互联网内容提供商和广告商制定标准化的规则和政策。IAB由375家媒体公司和技术机构组成，这些组织占据美国互联网销售总额的86%以上。内容制作商、发行商、营销公司和广告机构是测量标准化和应用报告化的受益群体。IAB声称，它的核心目标是：

对抗阻碍互联网发展的法律和规则。

将市场测量规则与创意标准进行统一。

创造共同的销售场所，减少供应链成本。

共享最好的实践经验，促进行业发展。

形成行业范围内的调研和思考，巩固互动媒体的地位，使其在广告商和客户心目中变成主流媒体。

对抗其他媒体、营销公司和贸易团体的力量。

---

① Session直接翻译成中文比较困难，一般都译成时域。在计算机专业术语中，Session是指一个终端用户与交互系统进行通信的时间间隔，通常指从注册进入系统到注销退出系统之间所经过的时间。如果需要的话，可能还有一定的操作空间。

当前，各大公司和组织都在开发更为精确的互联网受众测量方法。IAB资助了一项研究，目的是开发出网络环境中广告商更为满意的受众测量方法和标准，从而提高广告收入。2009年6月，IAB发布了测量社交媒体使用情况的规则，2010年2月又发布了互联网受众调查的标准。由于互联网和其他互动媒体发展极为迅速，因而测量方法也在持续发展。

IAB在互联网商业实践中最重要的作用是使测量受众① 的定义和流程标准化。IAB提出，有4种方式可以测量网站受众的到达：网络跟踪器、浏览器、计算机、用户。

我们可以注意到，这4类测量方式依次由易到难。换句话说，服务器很容易确定和记录网络跟踪器，但是不容易确定某位用户是不是使用多个浏览器访问网站。更难确定的是，某位用户是不是使用多台计算机访问网站。而第4类测量方法是最难的，即几乎不可能确定是不是他人使用了该计算机访问网站。比如，妻子知道丈夫的用户名和密码，然后进入丈夫经常访问的网站。同时，其他关系很近的人，如室友、朋友、兄妹等也会通过这种方式访问网站。这种情况下，就几乎无法用技术手段加以鉴别。

在网络环境中，广告商到达用户的成本是不断变化的，各网站也会根据不同的模型向广告商收取费用：

基于到达的收费，由访问网站的用户数量决定。

基于点击量的收费，由广告页面被点击的次数决定（PPC）。

基于点击量和信息量的收费，网站为用户提供多个链接，使用户获得更多信息，网站收集用户点击的内容信息，反馈给广告商，以内容数量和点击数量进行收费，也被称作“引导收费”（PPL）。

基于购买变化比例的收费。

综合定价：收费结构由网站和广告商双方协商确定。

网站试图通过向广告商提供更为精确的用户数据来吸引广告商。例如，除了提供特定用户的数量信息，还提供行为信息。在判断用户的商业价值时，许多网站都把用户参与度作为重要的评价指标。行为主义方法将用户参与度描述为：

在网站上停留的时间。

访问的页面数量。

在某一页面上停留的时间。

用户再次访问网站的次数。

---

① 即，多少受众接触到了广告商的广告？

用户访问某网站或某页面花费的平均时间。

为什么有些网站比其他网站更容易吸引用户？人们对此展开了一系列研究，试图找到可能的答案。奥布林和汤姆斯的早期研究开发了一种模型，以此测定网站吸引用户的要素。研究结果表明，网站系统应当具有便捷性、实用性、艺术性和娱乐性。如果用户从一个网页能够迅速转换到其他网页，并且被新奇的内容吸引，这样他就更愿意再次访问网站。

许多互联网网站管理者认为，视频也是吸引受众十分重要的要素，它能够增加广告商的广告投入，从而为网络媒体赢得更大的成功。目前，网络视频十分流行，但是还没有引起人们期望的互联网广告的激增。一个原因是，缺少标准的用户数据报告，无法精确地说明视频与广告效果之间的关联。

IAB正在从事互联网视频广告的标准制定工作，然而视频内容提供商对IAB的工作效率并不满意。“公众传媒”是一家世界性的广告和公关公司，它拥有许多互联网公司客户。早在2009年，公众传媒就联合了许多高端的内容提供商，包括微软、雅虎、哥伦比亚广播公司、呼噜网等，试图为视频搜索、社交媒体、移动广告以及其他媒体渠道和平台建立用户测量标准。更为重要的是，这一组织开发出了新的视频广告格式，告别了经典的电视广告格式。

这一联合组织被称为波尔组织，它的首要目的是吸引更多的网络广告，从而使新媒体渠道转化为经济收益。公众传媒的子公司微微卡公司已经创造出5种新的网络视频广告格式。这家公司将会进行受众测验，研究受众对各种广告格式的反应，然后将候选范围缩小为两个。最后，微微卡公司将进行定量研究，从而确定最为合适的网络行业视频格式。

五、视频游戏和其他新广告渠道受众测量

作为新的媒体渠道，视频游戏行业并未开发出标准的受众测量方式，因而广告商还无法确定在视频游戏中安置广告究竟有多大的商业价值。2006年，尼尔森公司宣布已经开始对网络游戏受众的测量工作，为视频游戏公司提供受众测量的能力，建立广告商和游戏公司双方的标准。正如尼尔森公司的一名高管所说：“娱乐媒介的价值与测量方式直接相关。可信、准确的测量标准将会驱动广告投资进入这一媒介领域。”

视频游戏的受众测量看似简单，但却十分困难。与单纯的销售数量统计不同，这种测量相当复杂。NPD集团是一家调查公司，过去的25年里都在从事视频游戏销售量

的追踪工作。这家公司使用来自美国和加拿大的零售商数据，每月报告销售量排名前10的视频游戏。2008年，NPD开始了互联网游戏的研究工作。

广告商想得到更为充分的信息，即怎样更为有效地应用视频游戏这一媒介，但这类数据的获得十分困难。为了完成这一工作，尼尔森公司的一家附属公司在用户的操控台上安装测量设备，监控用户每日的使用情况和游戏习惯。尼尔森公司的另一家子公司则关注社交网络和游戏网站，以提供关于用户行为的附加信息。

广告商从电视、广播、纸媒和网站购买广告时间，目的是向潜在购买者传递广告信息。相似的是，在广告商向视频游戏发放广告之前，他们需要得到精确而可靠的用户人口统计学资料。因为大多数游戏都是在网络环境下运行，因而游戏公司很容易通过浏览器信息或信用卡信息获得这些数据（用户想要继续订购就需要用信用卡支付）。

视频游戏的一大优势在于它能够使广告商接触到年轻的男性受众，而传统媒体很难做到这一点。然而，广告商试图获得更为精确的数据来证实他们决策的正确性。例如，设想130万名年龄在18—25岁之间的男性购买了GTA游戏，他们的年收入在2.4万美元到3.5万美元之间。每年，20%的用户在游戏上花费的时间超过500小时，20%的用户花费时间在250小时到500小时之间，20%的用户花费时间在100小时到250小时之间。如果你是广告商，你将会选择哪个受众群体?

目前，视频游戏涉足新的媒体渠道——移动设备，尤其是手机。NBC全球移动公司近期与雷塔克移动公司签订了协议，共同研究NBC公司的内容在移动渠道上的传输状况。它们将跟踪视频游戏点击量、短信、彩铃、视频游戏、墙纸和其他内容的用户使用情况。公司的战略是收集一段时间的数据，形成促销内容，使用户重新回到NBC电视频道。

除了视频网站和网络游戏，广告商还想要接触社交媒体网站的用户，如博客、微博。社交媒体涵盖许多互联网应用类型，包括零售网站、地区网站、公司网站和网络游戏。一个报告显示了社交媒体在视频游戏行业发挥的作用，该报告指出，广告商需要了解游戏用户的行为，即他们喜欢哪类游戏，或某个游戏的哪一部分。

此外，出版的商业报告、摘要、白皮书、图书在线发行是吸引受众的新方式。这些活动整合了市场营销、公共关系、广告和促销，试图使用户产生新的思考。20年前，奢侈品制造商可能会印刷一些华丽的小册子，购买用户的住址信息，然后通过邮局进行邮寄。

目前，许多公司依然在会议和贸易展上分发宣传材料。然而，如果这些材料是以网络下载形式提供，这会节省很多成本。而且，下载材料的用户积极参与了整个过程，因而更有可能阅读材料。经常发生的情况是，公司向实际消费者和潜在消费者发送电子邮件，为消费者提供公司网站的下载链接。下载请求通常需要注册，这样营销部门就能获得潜在客户的详细资料，然后营销人员会与这些潜在客户进行进一步沟通。通过下载数量，可以看到营销人员的营销成果。更为重要的是，潜在消费者向实际消费者的转变能够进一步反映广告效果。

总结

本章研究了媒体公司怎样通过调查了解受众的情况，包括市场调查和营销调查。市场调查提供产品潜在需求的信息，营销调查则告诉公司怎样与客户进行沟通，然后更好地销售其内容产品。在创造内容产品时，一些媒体领域并不十分关注市场调研。

媒体公司几乎都通过使用复杂的调查技术，做出详细的营销调查，从而吸引广告商的兴趣。媒体公司一般都会将一手数据与二手数据结合，将定量分析方法与定性分析方法结合。每个媒体领域都有各自收集信息的方法，以及报告结果的术语：电视和广播应用计量仪和日志来收集受众的人口统计学信息；印刷媒体使用读者调研以及销售和订购记录进行研究；互联网通过用户注册阶段输入的个人信息和对用户行为的监管自动收集信息；新媒体平台的受众测量标准并未形成，因而测量起来十分困难。

下章概要

下一章聚焦于媒体公司最令人激动的活动：内容创作和生产。详细介绍了管理者在促进和领导创意项目时发挥的重要作用，以及怎样帮助制片人顺利地完成开发、预算、管理工作。同时，讨论了内容生产、营销和传输过程中应用的新技术。

案例分析8.1　受众和节目

在电视和广播行业很常见的情况是，新雇员被任命为业务专员，销售经理交给他一个本地的黄皮书以及一个简单的任务——出去寻找客户。可能这样说有些夸张，但是实际是真实存在的。大多数的媒体组织都会尝试雇用一些毫无经验的人，训练他们成为业务专员，或在其他业务专员的指导下进行工作。他们往往以电话营销开始，试图找到自己的第一个客户。

假设你是某中型市场的业务专员，你刚刚结束了公司的培训，现在你准备好出去会见你的潜在客户。公司的政策十分严格，要求你完成这些潜在客户的“需求分析”。你需要将这些“需求分析”带回公司，然后与营销人员一起开发出一个广告计划，这需要你精通收视率的使用，以及人口统计学的知识，选择一家本地的电视台或广播台，完成以下任务。在此过程中，你会发现受众研究和客户研究的价值，因为它能够最终转化为商业成果以及经济利益。成功的业务专员都十分了解电视台（广播台）的目标受众，然后使节目与广告商需要的受众相匹配。

1. 设计一个完整的客户需求分析模式。你应当询问某企业所有者什么样的问题，使他答应让你为他设计一个市场营销活动。牢记，你的目标是从定量分析和定性分析两个角度来确定企业的目标消费者。

2. 与你班上的同学组成团队，让他扮演企业所有者，完成客户需求分析。然后双方转换角色，让你的同学询问你公司的情况。为了有效地完成此项工作，你可以对本地的企业进行调研，或到商场中进行采访。

3. 完成客户需求分析之后，你可以研究一下你所代表的电视台的受众数据。例如，你在本地的北京电视台工作，什么类型的收视率和受众统计学信息会吸引这家企业？

如果你在一家广播台工作，节目本身的形式是否适合广告商的需要？如果不适合，那么有没有某个节目可能会产生特殊的吸引力？比如每周日的晚上，你所在的广播台都会直播足球比赛，受众的数量有多少？

4. 为你的客户提供受众的定性分析信息。广告商的产品是不是价格太高，只适合高收入的人群购买？购买者是大学毕业生，有孩子的家长还是其他哪类人？这些都是定性分析的描述，可以帮助你设计一个合理的广告计划，也可以帮助你构思一个电视节目的脚本。

5. 设计一个能够吸引电视观众的电视节目脚本。

6. 将你的研究成果以报告形式呈现：

客户企业的综述

定量分析数据

定性描述

电视节目脚本

广告销售工作的完成情况

第九章 制作过程管理

我们不管电视剧剧本好不好。我们只希望周二能够拿到它。

——丹尼斯·诺（电视喜剧编剧）

>> 本章学习目标

→内容制作管理
→数字环境下的内容制作过程
→多媒体平台的内容制作
→定位、预算和时间安排
→内容制作者的管理
→内容的测试和评估
→内容制作战略：内容获得和内容聚合
→传统媒体：电影、电视辛迪加组织、有线电视节目的收购
→互联网：门户网站、企业联合组织和附属机构、搜索引擎

导　语

“五、四、三、二、一”，“灯光、摄像、开始！”，这些语言传达出媒体内容制作的紧张环境。然而无论进入这个领域多么困难，许多人都渴望从事创意工作。电视、广播、电影、音乐或视频游戏能够给从事它的人带来很多乐趣，因而许多人都将创意工作看作是满意的职业选择，他（她）们希望将这种选择变成终身的事业。

你可能不想从事幕前工作，也不想撰写剧本、制作动画和摄影，但是却想参与媒体行业及其创意过程。进入媒体组织的管理阶层是一个很好的选择，因为管理者可以

参与内容制作的全过程。

管理者承担着巨大的责任，包括项目审批，以及保证资源在合理的时间和地点被合理地分配。他们负责签署项目文件、确定合作伙伴、谈判、雇用员工、建立预算、监管支出、制作管理日程表，并向组织的高层管理者定期汇报。最重要的是，如果内容取得了很好的收益，他们可以从中获得回报（如股票），同时获得职业机会和公众信誉。

本章涵盖了内容制作的全过程（内容生产线），从创意人员的概念提出到消费者的内容消费研究。管理者需要了解内容制作的整个流程，因为内容是媒体企业的核心要素。在许多会议、演讲或节目中，经常能听到一句话："内容为王。"然而很少有人知道，控制内容制作流程的管理者才是真正的"王者"。

与过去相比，由于内容类型和传输渠道的增加，内容产品更为多样，制作系统也发生了很大变化，制作人员为电视、广播或杂志制作不同的内容产品。每类传输渠道都拥有各自的内容格式、长度和类型，也存在一系列的技术标准，如图片大小、分辨率和信号质量。内容制作的各个领域应用的设施和设备也有很大差异。此外，员工也需要不同的技能。

这一切都使得内容制作过程变得更为复杂。创意企业比过去需要更多的资本，更需要成本控制、计划和监督。事实上，随着内容制作复杂性的增加，管理也面临更高的要求，管理者的地位大大提升。

目前，管理者和创意人员想尽各种办法，试图将内容产品扩展到不同的数字媒体平台。电视制片人将电视节目制作成DVD，进行租赁或出售，或以在线下载、网络点击等形式获取收益。音乐唱片行业通过实体销售和网络下载获得收益。据统计，2009年美国彩铃市场的收益是7.5亿美元，而铃声市场的收益是2.35亿美元。这些变化显示出，内容市场的发展趋势是碎片化，即消费者可以根据内容产品的价格和实用性选择需要的产品。

目前，个人计算机的性能和功能更加强大，软件也更为复杂，这使得"用户生成内容"获得了极大的发展。拥有内容产品的公司可以将内容"分割"成相对独立的内容片段，然后向用户销售内容产品的片段，或利用内容片段来促销内容产品。媒体公司甚至可以从用户生成内容的过程中获益。例如，iStockphoto网站起初呈现的是创意人员制作的图像，现在同时从事用户生成内容的展示工作。公司整合了数以万计的内容，然后向公众进行许可销售，每张图片的价格少于2美元，每个视频的价格少于20美元。未来的发展前景是，电影的所有者、电视节目库能够发现相似的盈利模式，它们可以向用户销售内容片段，然后，用户将购买到的内容片段加入到自己制作的内容中。

管理者可以应用现有的内容产品来增加收入，而不需要增加制作成本。目前的商业市场环境使得管理者不得不考虑这种战略，因为有些内容虽然是为某个媒体平台制作的，但是通常都会经过格式化和再包装，然后销售给其他媒体平台。数字内容具有形态转化、再利用、再包装和再创造的本质，原因是它容易被复制和解码成其他数字格式，或重新设计成完全不同的内容类型，内容更新变得更为便捷。管理者可以把内容产品包装成其他盈利性产品，而不需要重新拍摄和制作。

再次包装的例子有很多。流行的电视节目会被制作成DVD，通过租赁形式或电子邮件形式销售。电影通常在影院放映，但是像电视节目一样，它们也会通过互联网、移动电视媒体和独立的DVD播放。音乐内容通过互联网和广播台免费播放，但是以收费形式在卫星电视上播放。用户从零售店和网站上购买内容，或通过数以万计的在线点对点方式下载内容。

第一节　数字制作方式

目前媒体行业的许多领域在内容创作时都应用了数字技术与设备，但是有些媒体还在沿用传统制作方式。例如，某些音乐家还在应用传统设备，某些电影和图片拍摄人员还在应用模拟摄像机。然而，印刷行业的数字化过程已经进行得较为彻底（图书、杂志、报纸），大多数游戏、电视和广播节目的制作也正在向数字化转变。

电影、电视和广播行业产生于模拟时代，行业术语遵循的是模拟过程的特征。然而，数字内容的制作过程与模拟时代的内容制作过程有很大差异，创意人员必须采用新的术语来描述数字内容制作过程。实际情况是，数字创意人员经常会套用模拟过程的术语，并且应用于各个场合。结果是，人们经历着模拟技术到数字技术的转变，与此同时必须注意术语的应用问题，否则会造成迷惑和不解。

一些例子能够反映出当前的术语滥用问题。“programming”指的是呈现给观众的画面和声音，也就是节目的意思；在数字行业，“programming”指的却是“编程”：创造一连串的指令，指导计算机的运行，确定运行的规则和变量。从事编程工作的人员被称为程序员（programmer）；而在电视行业，programmer是对节目的选择和播出做出决策的主管。

数字创意人员将呈现给受众的素材称为“内容”；而在DVD行业，用户在屏幕上获得的图像、声音和文本有时被称为“软件”。作家、导演、制片人和程序员都被称为“内容提供者”；而传统行业中此类人被统称为“创意人员”。在数字行业，有些大量存储的内容可以被访问和再次利用，通常称这类内容为“内容包”；而在模拟行业，电影、图书、电视节目是独立存在的，没有统一的名称。

在娱乐行业，“脚本”指的是由场景和对话组成的蓝本，它是形成最终产品的基础；在多媒体行业，“脚本”指的是人工语言程序，定义用户应用程序时可能产生的结果。在电视和电影行业，监管项目的人被称为“制片人”；而在多媒体和视频游戏领域，他们被称为“开发者”。在娱乐业，完成的产品被称为节目、演出或电影；在图书行业，完成的产品被称为文本；而在线项目的产品则被称为“应用”。

除了计算机语言和实际语言的差异，以计算机为基础的创意公司（视频游戏、互联网、软件公司）与传统创意公司（电视、电影公司）也存在文化上的差异。不同的文化导致了许多分歧：内容产品应当怎样获得，以何种形态呈现，以及内容与受众存在怎样的关系。术语定义也存在很大不同：在计算机行业，受众被称为用户；在娱乐行业，受众被称为观众或听众；在游戏行业，他们被称为玩家。目前出现了一种十分不合理的分类方式，试图使用“观众用户”和“电视网络人”等术语来描述那些边看电视边上网的人们。

第二节　传统制作方式

早在一百多年以前，电影行业就形成了内容创意的各个阶段，创意人员和管理者对此都十分熟悉。从某种意义上讲，当前的模拟和数字领域依然受到传统的内容制作过程的影响。一百年前，管理者已经在内容创作的每个阶段发挥重要作用，如表9-1所示。当时，内容创意的每个阶段都由个人完成，意味着内容创作的每个环节彼此分离。制片人和导演会参与项目制作的整个过程，项目制作结束，他们的工作也就结束了。而管理人员的工作却贯穿了创意项目的整个生命周期，负责整个项目的协调。

表9-1　每个制作阶段的管理职责

管理阶段	管理活动
开发	计划、预算、审批、根据剧本确定前期投入
预制作	预算、审批预算、签署合同
制作	计划、预算、根据流程形成记录
后期制作	预算，生成受众调查，确定流程
预发行（传输）	预算，计算，协调营销活动

一个世纪以来，电视和电影行业的创意过程并没有发生太大改变。随着时间的推移，技术不断进步，但是基本的技术一直被沿用，比如20世纪40年代确定的35mm和16mm的模拟制作模式，以及1953年规定的视频制作标准。然而，产品开发和预发行这两个阶段变得更为复杂，重要性也获得提升。随着人们对市场调研工作的日益重视，产品开发过程被延长，创意人员也变得更加深思熟虑。与此同时，预发行阶段也是必不可少的，因为内容产品必须适应不同的数字传输渠道，也必须与用户的观看设备兼容。

一、产品开发：降低内容制作的风险

内容制作是劳动力密集型的工作，也是资本密集型的工作。由于制作成本很高，因而电视台、广播台、电影公司必须在前期产品开发上花费大量的资源和时间，否则会造成不可弥补的损失。产品开发在内容生产的过程中变得越来越重要，因为成熟的计划可能降低项目的风险。经常的情况是，创意人员对项目的前景充满信心，而管理者却在考虑潜在风险。

产品开发包括为内容产品提出各种想法，从中选择一个或几个想法，然后获取更多详细的信息，如潜在市场、产品的最终形态以及该产品是否满足受众的喜好。在这一过程中，管理者和创意人员必须密切配合。当主管对项目进行许可，产品开发过程就完成了。

产品开发过程开始于一个概念或想法，这些概念和想法有可能来自于创意人员，如作家、制作人，也有可能来自于关注市场的管理者。行业新人经常担心想法被窃用，虽然这种情况发生过，但是却并不经常发生。总的来讲，在这个充满了想法和创意的行业，每个人每天都会产生很多想法，因而不存在想法短缺的状况。而且，行业内大多数创意人员和艺术家更喜欢制作自己的想法，而不喜欢依靠于他人。

在现实情况下，最重要的是创意人员怎样推销自己的想法。在电视和电影行业，知名作家和制作人通常会与工作室和电影制作公司的产品开发主管会谈，而不知名的创意人员很难获得这样的机会。《玩家》这部电影开启了一种新型的选题模式。

在选题会上，每名创意人员有5—15分钟的时间来口头陈述一个电影或电视节目的创意想法，包括理念、特点、目标、主要的情节点、潜在受众以及其他特色。想法中最具吸引力的要素可能是曲折的情节、罕见的类型整合、角色选择、独一无二的发行计划或促销策略——即可以支撑起想法的要素。当陈述结束，陈述人会交给制作公司主管一份文件，文件的内容与选题会上陈述的信息大致相同。

不知名编剧通常需要写出完整剧本，交给中介机构，然后让中介机构把剧本推荐给工作室或制作公司。制作公司的主管很少阅读这类剧本，因为管理者担心出现版权纠纷。一般情况下，剧本都会被退回。也有一些情况，编剧确实卖出了自己的剧本，但是通常会由知名编剧进行进一步修改。如果修改的部分超过了60%，重写的作者就变成了第一作者。如果发生了版权纠纷，美国编剧联盟会对此进行仲裁。

制片人和主管也可能提出某些想法，虽然他们不亲自撰写剧本。例如，工作室和制作公司的主管发现了一个潜在的受众市场，并确定出一个特殊的产品类型，然后，他们安排知名编剧开发和撰写剧本。

管理者对呈交上来的各个想法进行甄选，预测其潜在的吸引力、价值以及项目可行性。这一工作经常由一组产品开发主管负责。如果委员会认可了某一想法，创意人员通常需要对想法进行细化，形成剧本大纲。剧本大纲是展现故事详细想法的文件，包括对某一受众群体的吸引力，以及作品的主题、人物、情节和故事概要。一般情况下，在主管对剧本授权之前，剧本会经历多轮修改。

在媒体行业的其他领域，产品开发过程有所不同。比起电影和电视领域，视频游戏开发人员的项目陈述更为详细，因为他们需要解释游戏的技术层面。在新闻组织和部门，编辑、记者、通讯员、自由撰稿人通常需要与主编和新闻主编沟通，他们需要做出快速的请示，形式可能是面谈或电话请示。这种请示通常包含故事的重要性、趣味性和及时性。同时，创作人员还应当告诉主编信息采集的方式以及最终产品的价值。创作人员和主编都十分清楚，请示过程可能会改变事实的原貌，即事实可能会被夸大或美化。

在非媒体公司和非营利性组织中，管理者发挥着更加重要的作用，因为创意人员不会主动毛遂自荐。一些公司的活动需要内容支持，如营销和促销活动，销售组织和消费者希望获得DVD、宣传册、网站介绍以及其他有关产品的资料。在非营利性组织中，投资关系部门和顾客关系部门经常进行内容制作的投资，以保证公司信息的广泛传播。而且，内容制作过程也会促进公司的深度思考，如危机控制、新的组织目标以及市场环境的变化。

二、预制作

在数字环境下，除了计算机生产和网络传输（电子邮件、聊天工具）之外，产品开发活动与过去几乎没有太大区别。但是在预制作阶段，内容制作的数字化使管理者加强了对制作过程的控制。管理者控制制作过程最为重要的方式是：设定预算和监管支出。

主管签署所有的劳动合同，包括创意人员的费用，剧本的版权费用，编剧、制作人、导演和演员的工资。主管负责与创意人员进行谈判，提出建议，最后达成一致意见。在电视行业，主管每周都会为线上支出设定预算，如果是电视剧，则设定每集电视剧的预算。线下成本包括固定员工工资、生产成本、场地费、设备费用、旅行和住宿费，这类成本通常是固定的。例如，员工工资由工会合同确定和保护。

在预制作阶段，管理者对项目支出进行监管，确定是否会发生预算超支。制作过程的计算机记录数据使得管理者能够获取项目计划和合同的所有信息，从而更好地进行成本控制。在预制作阶段，管理者能够获得他们想要的所有信息，如下：

完成的剧本

故事板[①]、分镜头

分解剧本，确定演员需求、员工需求、场地需求、灯光需求、服装和化妆需求、背景需求、设备需求，等等

设定最终预算

设计视觉效果、特效、特技，与创意人员进行谈判，安排所有所需要素

与劳动力签订合同

设定生产计划

确定后期制作合作伙伴

---

① 电影故事板，英文“Storyboard”，有时译为“故事图”，原意是安排电影拍摄程序的记事板，指在影片的实际拍摄或绘制之前，以图表、图示的方式说明影像的构成，将连续画面分解成以一次运镜为单位，并且标注运镜方式、时间长度、对白、特效等，也有人将故事板称为“可视剧本”（visual script），让导演、摄影师、布景师和演员在镜头开拍之前，对镜头建立起统一的视觉概念。在电影拍摄期间，为了让一个庞大的剧组协调工作，那么，解释剧本、解释导演意图和工作要求的最好办法就是“看”，当一场戏的场景动作、拍摄方式、布景等因素比较复杂而难以解释时，故事板可以很轻松地让整个剧组建立起清晰的拍摄概念。

在预制作阶段，数字化提高了工作效率。例如，几年前，如果某位艺术家想要参与某个项目，他需要呈交自己的详细资料，通过邮局或亲自送到项目制片人的办公室。项目制片人十分繁忙，几周后才看到这些资料，双方的会面可能要等到一个月以后。

现在，所有的应聘过程都在互联网上进行。来自世界各地的艺术家们都可以坐在自己的家里或工作室里，将自己的作品通过电子邮件的形式发送给媒体公司的管理者。媒体公司的管理者对艺术家们的作品进行审查，最终确定最为适合的人或团队。

相似的是，前期选址工作也可以在网上进行，管理者在实地考察期间，通过图片来选择可能的拍摄地点。现在，甚至是演员选择工作都可以提前在网上进行。演员部门的主管预先审查很多演员的照片和视频，这样可以做到在面试之前进行演员的甄选。

更加具有创意的是，艺术家应用视觉化软件或镜头软件来制作故事板。故事板是根据剧本主要场景描绘出的画面，能够传达电影的主要形态和感觉。过去，故事板的绘制工作是手工进行的。现在，镜头软件提供了更为现实、准确和详细的故事板，使得管理者和创意人员能够对内容产品的最终形态达成一致。

当然，媒体制作公司的业务过程也实现了高度数字化。一些公司只是简单的对合同和文件进行数字化存储。然而，另外一些公司则采用了更为复杂的媒体管理系统，这些系统可以自动处理版权等问题。在娱乐和媒体行业，合同和版权可能涉及许可、官方批准、审计、财务管理等问题。数据分析系统为管理者提供了发现问题、降低成本的机会。

三、制作

内容产品的制作阶段是所有工作的核心所在。一般情况下，电影画面、电视节目和电视广告都是用35mm电影胶片拍摄的，经过数字化过程存储到高容量硬盘中，然后通过数字剪辑系统进行编辑。然而，许多独立电影是用录像带拍摄的，即应用高清摄像机或24格标准摄像机拍摄。目前，导演和摄影师正在试图用高分辨率的红外摄像机代替原有设备。事实上，生产过程还包括图片创意、绘画和动画制作。

在制作过程中，管理者一般都处于幕后，让创意人员充分发挥自己的想象力。但是，他们会密切关注预算状况，并且对现场主管进行指导。而且，管理者需要每天观看已经拍摄到的素材。如果制作过程在异地进行，则需要将素材通过计算机网络传输给管理者。如果拍摄到的素材与计划产生偏差，尤其是制作过程出现了问题，管理者可能会决定更换导演，就像足球队更换教练一样。虽然更换导演的情况并不经常发生，但是确实发生过。

四、后期制作

在这个阶段，所有的素材都通过剪辑进行组合。后期制作是充满创意的过程，同时又是程序化和技术性很强的工作。在后期制作阶段，管理者通过预算决策和创意审批行使控制力。

产品的第一版被称为“初剪”。“初剪”可能并不是完整的内容，需要进一步完善。这一版本一般不经过颜色修正，因而还需要进行“数码调色”。

在许多电影中，计算机合成图像（CGI）都发挥了重要作用。1998年，美国票房排名前10的电影中有8部与特效密切相关。研究显示，视觉和听觉特效都对电影票房产生了巨大影响。大多数电视剧很少应用特效，即使是《豪斯医生》这样的电视剧，也只是运用一些特效镜头展现实验过程。

计算机合成图像与现场拍摄图像的工作是同时进行的，直到后期制作阶段才将两类素材合二为一。计算机合成图像和特效制作工作通常会承包给专业团队，他们运用尖端的数字设备进行制作。团队成员可能来自于世界各地，即全球范围内的人员组合。然而，团队成员个人的力量是有限的，因为高质量的后期制作需要强大、专业的计算机工作站和软件，而这些硬件和软件是十分昂贵的。一般情况下，分辨率分为2k × 2k和4k × 4k两类。2k × 2k指的是画面被2000条横线和2000条竖线划分；4k × 4k指的是画面被4000条横线和4000条竖线划分。

管理者为计算机合成图像（CGI）和画面特效设定预算。对大多数电影而言，这部分的成本占据了电影预算的很大比例。独立电影和电视节目通常没有此类预算，因而数字素材一般都是由电脑创作的，运行的软件也十分廉价。独立电影和电视节目采用高清电视标准或标清数字视频标准，分辨率远远低于影院电影。

剪辑师将各种素材进行组合，加入音频，然后传输给导演、制片人和高层管理者。当各方对最终版本的创意意见达成一致时，剪辑师将形成一个剪辑决策表。在模拟时代，接下来的工作是将摄影机拍摄的原始底片融入剪辑决策表，同时加入所有的特效镜头。在底片复制和运输之前，会洗印出一些样片，等待审议。然而，技术的发展使这一切都改变了。底片被转化为高清视频，在数字环境下进行后期制作。即使是电影创作过程，数字制作也代替了之前复杂的模拟制作过程。

后期制作从模拟到数字的转变增强了管理者的话语权。在任何阶段，管理者都可以审查内容，提出意见。对内容的更改也变得更加容易。

五、预发行

预发行通常被认为是后期制作过程的最后阶段。然而，数字化过程无法在同一设备中完成。让我们来考虑所有的内容传输渠道：影院放映、有线电视、网络、卫星电视、DVD、互联网和移动媒体。每类渠道都有不同的技术和格式。这些转换活动称为解码。许多格式需要将内容进行压缩，以便在网络环境下传输，或存储在服务器中，供最终用户使用。

任何形式的处理都有可能对最终产品产生负面影响。经过解码和压缩，产品将发生很大改变。导演和制作人可能已经转向其他工作。在这种情况下，只有管理者和主管依然对此项工作负责，为保证产品质量作出必要的决策，主管拥有内容产品的许可权。如果导演与主管之间产生了不可调和的矛盾，则会采用“导演剪辑”的方式。

第三节　视频游戏制作

2003年，视频游戏制作收入超过了电影票房收入。视频游戏包含了电影化的移动画面，展现出互动内容结构的特点。像电影行业一样，视频游戏制作者也需要有超于常人的才华。此外，视频游戏制作需要很高的成本。成功的电影系列或连环漫画至多包含前传、后传、翻拍等；相比而言，互动游戏在用户和内容之间建立了更为紧密的联系。

近些年来，随着市场环境的转变，游戏行业经历了艰难的调整期。游戏的价格无法弥补游戏的成本，因为消费者不愿意花费60美元购买一个游戏。2004年，游戏制作成本大约为10美元，但是现在的消费者要求更高，他们的操控台和计算机性能也更加强大。当今的游戏制作平均成本大约为25美元。由于大多数游戏的销售数量少于15万，因而游戏公司一般无法盈利，除非游戏确实引起了轰动。

游戏制作包含三种类型的工作：创意工作、技术工作和营销工作。互动内容在素材、技术传输平台和用户之间建立了十分微妙的关联。结果是，游戏制作需要所有内容制作的阶段和工作：故事创意、对白创作、拍摄、视觉设计、导演和剪辑，以及一些附加的步骤，如下：

长期而复杂的开发：为接口、游戏引擎和技术建立功能性需求；创作故事或剧本，建立技术文档，对游戏引擎和技术进行许可。软件程序：写出游戏代码。资源整合：与后期制作过程类似。测试、纠错、性能检验：确保游戏可以正常运行。

在视频游戏公司里，管理者的作用比其他领域的管理者作用更大。他们的工作十分复杂，如成本监控、协调、团队沟通，等等。此外，视频公司的管理者还肩负着市场计划、审查和最终产品决策的任务。

一、创意工作和技术工作

游戏开发者通常会设计一个符合流行游戏结构的游戏，如第一人称射击游戏或大型多人在线角色扮演游戏（如《星球大战》）。艺术人员创造出能够带给玩家特殊体验的画面。根据创意人员不同的业绩记录，他们前期获得的预付金也差距很大，从0到3万美元不等。同时，创意人员可能事先获得5%的版税。

视频游戏的开发促进了新型操控台的发展。新的操控台拥有强大的性能，反过来也会促进视频游戏的发展。为了引起公司主管的兴趣，创意人员会撰写出1至2页的游戏描述以及开发游戏所需的音频和视频设备。公司的决策者从产品需求和想法中进行选择。如果主管对这款游戏产生了兴趣，他会让创意人员建立虚拟模型和环境，撰写一部分程序，将程序连接到虚拟环境中进行演示。

如果项目获得批准，游戏制作工作就正式开始。前期制作包括撰写剧本、制订预算和计划表、与创意人员和程序员签订合同、购买游戏开发所需设备、安置设备和设施。与此同时，编程和视、音频制作也同时展开。在软件设计阶段就要做出重要的游戏设计决策，如玩家移动多大距离产生环境变化？当一个物体撞向另一个物体会发生什么？即使是小型游戏公司也拥有自己的代码库，可供制作人员复制和粘贴；互联网上也能找到免费的软件模块。

二、营销工作

编程和游戏环境设计完成以后，公司会召集一批用户进行游戏测试，避免某些性能无法实现、游戏与预期状况产生偏差或数据库没有能力存储和释放数据。许多游戏公司都让用户参与游戏的创作过程，并给予他们一定报酬。游戏经过用户测试和再次调整之后，就可以在网络上或零售店中进行销售。专门的游戏商店十分少见，许多游戏都在大型零售商店中销售，如沃尔玛、佳世客等。

虽然网络游戏的流行性比不上操控台游戏和单机游戏，但是它的影响力一直在增长。人们喜欢集体活动，因而游戏玩家更加倾向于富含想象力的多人游戏。对游戏公司来说，互联网大大降低了传输成本。过去，游戏包装的费用十分昂贵，如今成本的下降也减少了游戏公司的风险。而且，网络管理代替了实体管理，使得创意人员能够根据用户反馈迅速实现创新。在网络环境下，开发人员可以很容易地对游戏进行升级，加入新的应用和人物，从而保持游戏的新鲜感，激发玩家的兴趣。一些研究人员认为，网络游戏将会加入“病毒性”的程序，玩家需要经常登录，以保证自己不会错过游戏中的重要事件。

游戏设计人员必须考虑游戏中形成的“部落文化”，事实上这种文化非常复杂。在早期的网络游戏中就已经生成了这一特征。例如，《阿尔蒂玛》游戏结合了CD和在线多媒体游戏的特征，20世纪90年代就十分盛行。玩家加入这一游戏后，起初一无所有，孤独无助。一段时间以后，玩家建立了自己在游戏中的身份，获得了财富，包括游戏金币。《阿尔蒂玛》的账号和金币可以在“易趣网”上进行拍卖，玩家可以因此获得真正的收益。目前，《星球大战》游戏也通过CD或DVD将图像插入用户的本地电脑中，这种做法可以减少互联网上传输的信息量。如果某些图像丰富的在线游戏需要升级，它们经常会向用户邮寄新的硬盘。

第四节　媒体资产管理

媒体资产的定义是指该媒体所拥有的内容网络平台上具有价值的产品或服务。根据这个定义，媒体广告资产则是媒体资产中的一部分，即建立在媒体有价值的产品与服务之上的商业化应用。

一、媒体内容管理

媒体、平台和文档格式的不断增加对媒体公司（内容提供者）和他们的信息基础设施有很大的影响，即使传统的杂志出版企业也会在新的电子媒体上找到新的机会和需求。灵活的内容管理基础设施可以提供跨媒体的出版方法以满足不同用户的要求，而不仅仅是为了单一渠道的出版而优化出版技术。

就目前一般的媒体内容管理应用来看，应该十分重视有效地采集、管理、应用各种非结构化和半结构化的资源，并且将它们与媒体的其他业务系统中的各种结构化信息集成起来。

媒体在制订内容管理方案时，应考虑到设计、实施、质量监控的问题，人员的组成应涉及战略、信息技术、业务等部门，同时还要有主管领导参与，以使决策更加有效和迅速地执行；还要确立总体的项目计划、实施策略、项目制度，以指导项目的进行。

在梳理所有内容的阶段中，要对企业中现有的内容资源进行细致的盘清，确定媒体内容资源的价值、数量以及获取这些内容的难易程度。一般可以从三个方面着手：整理、清查已经公开发布过的各种文档；确定各种尚未公开发布过的知识资源；仔细地清点媒体从外界得到的各种内容资源，以此对企业内部的内容资产有一个全面的了解和把握，这是确定内容管理系统的和技术架构非常重要的一个环节。

要深入研究媒体内部和外部对内容的各种需求，使业务可以得到更好的支撑。对于内部来说，从内容管理中得到较多的是决策管理者、销售和市场部门、客户服务和技术支持部门、研究与开发部门的资源。对于外部来说，内容管理应该侧重挖掘潜在和现有的客户、机构和个人投资者的信息，以及能够对媒体产生影响的权威人士的信息。

满足各部门和人员的内容需求，需要从内容建设入手。内容建设包括是否购买外部的内容，怎样将现有的内容重新整理，以满足新的需求或者满足不同人员的需求，怎样进行研发创新等；建设内容管理系统并采取切实可行的措施，以确保应用。这样，就首先要确定内容管理系统的建设策略，然后要进行产品和技术方案的选择。在技术路线确定以后，可根据产品的特点、内容管理的要求，制订出系统的实施计划，以指导系统的建设。

为了确保内容管理系统的有效应用，可以事先选定1至2个部门进行试点。在试点过程中，要注意多种内容获取渠道的集成，仅将内容存储好是远远不够的，用户应该能通过多种渠道、多种形式获得所需的信息；还要注意与其他系统进行有效的集成，包括与办公自动化（OA）系统、邮件系统、企业资源计划（ERP）、客户关系管理（CRM）等业务系统的集成，同时在集成时还要综合考虑需求的强烈程度、成本等诸多因素，按收益成本最大化的原则进行集成。

数字生产线是媒体产品制作的新型生产方式，媒体资产管理系统仅仅是其中的一部分。“资产”是组成内容产品的个体要素：现场拍摄的镜头、动画、计算机生成的图像、音乐和声音，等等。艺术家和创意团队创作、制作出“资产”，并将其存储待用。在项目的整个过程中，许多人员都会接触“资产”。剪辑师将素材进行排序、连接；调色师对素材进行调色，使产品的色彩实现标准化；音频师为内容增加音频线，并对声音进行修正和美化。

媒体资产管理、数字资产管理和内容管理系统十分相似，但却发挥着不同的功能。

媒体资产管理系统的功能：优化媒体文件的处理过程，尤其在后期制作过程中优化视频和音频文件的处理过程。

数字资产管理系统的功能：优化中小型文件的处理过程，比如文本、图片以及小型音频。

内容管理系统的功能：优化内容传输过程。内容管理系统适用于任何媒体，它能够根据具体的传输需求将素材解码为多种形式、分解素材以及合成素材。内容管理系统的处理过程十分迅速，有时甚至是“即时处理”。

动画电影由数以万计的数字动画镜头组成，因而在动画电影的制作过程中，媒体资产管理系统发挥着至关重要的作用。

媒体资产管理系统的应用为管理者带来了便利。系统的内置功能包括定期提供项目报告。通过这些报告，管理者能够监控项目的成本控制情况。由于创意人员的工资是预算的最大组成部分，因而对创意人员的“时间监管”是控制成本的重要方法。管理者可以估计项目的完成时间，然后向上层管理者、内部和外部客户报告项目的进展状况。当然，高层管理者也可以通过媒体资产管理系统监管低层管理者的工作情况，因而这一系统的存储记录是十分丰富的。

在电影领域，梦工厂公司第一次应用了全数字化的技术，随后，迪士尼公司和华纳兄弟公司也应用了同样的技术。音乐领域的公司也从数字化中受益，某音乐公司在两年的时间里实现了100%的“企业—企业”工作流。在电视行业，派拉蒙电视娱乐晚间节目第一次应用了媒体资产管理系统，该节目以存储的素材为基础，根据每期节目内容对这些素材进行再次加工。

媒体资产管理系统的功能是存储“资产”，存储“资产”的相关信息，为“资产”提供保护，以及实现内容工作流的自动化。媒体公司可以跟踪内容的生成、审查、许可和修改过程，在组织内监管内容使用情况。因而，媒体资产管理系统中三类最重要的信息是：

本体：资产本身（文本、图片、镜头和音频）。

元数据：内容的信息。

内容应用信息：关于谁有权力应用、改变、命名和许可本体和元数据的信息。

元数据是内容组织的“钥匙”。如果罐头上没有标明它的口味，你很难找到某种特定口味的罐头，元数据也是如此，它意味着“数据的数据”。在数字环境中，内容

（本体）本身就是数据，而元数据是描述内容的数据，它使搜索引擎成为可能。事实上，元数据与元数据之间也有很大区别，如质量、数量、准确性等。媒体资产管理系统的价值取决于元数据的质量。

起初，人们认为“元数据”不过是数字概念中一个怪异的词，没有太大作用。然而如果仔细考虑，我们可以发现使用互联网的人都要依靠元数据。以谷歌为例：用户输入一个搜索词，谷歌基于材料的“关键词”为用户提供出搜索结果。用户搜索到的是“本体”，如文件、图片或歌曲。而关键词就是元数据。如果没有元数据，搜索引擎就失去了存在的基础；如果没有搜索引擎，我们怎样在互联网上获取信息？

元数据和本体的存储、匹配有着不容小视的重要性。2004年，维亚康姆集团总部进行了一项调查，结果令高管们大吃一惊。调查显示，集团雇员已经建立了30多个数据库，目的是追踪和检索项目信息。

媒体资产管理系统不仅仅在电影行业发挥重大作用，如果没有媒体资产管理系统的参与，许多数字项目都会变得十分艰难，如电视节目制作、新闻报道、网站制作，甚至是复杂的宣传册制作。项目成员必须应用已经存储的内容将元数据与本体进行匹配，检索本体，然后对本体进行再次创作。

大多数互联网公司、后期制作公司、媒体制作公司和电视台都拥有了自己的媒体资产管理系统。有些公司将媒体资产管理系统与企业管理软件进行整合，这些企业管理软件可以处理财务、广告和其他业务。然而，大多数公司的媒体资产管理系统与企业管理软件是分离的。

二、数字资产管理

数字电视产业是广电行业多年来“数字化、网络化、信息化”三化建设的重要组成部分。对数字电视的研究起始于电视全数字传输技术在卫星通道、有线和地面传输通道方面的突破。基于这种技术突破，数字电视产业实际上为广电行业搭建起了多种电视互动业务的直通平台和新的营运模式，孕育了一定的发展机遇。

数字电视的基本特征不仅在于改善图像清晰度、提高图像传输质量、增加节目套数容量，更在于它将达到多媒体综合信息服务的目的，对广大受众来讲，接收的将是综合视音频、图文、数据等各种资源。对于服务提供商、内容提供商来讲，需要为广大用户提供一个基于广播电视网络和宽带多媒体传输技术的、具有综合信息服务能力的交互平台，同时需要对自身的软硬件资源，尤其是众多的节目资源进行整合管理、统筹运用，这就涉及媒体资产管理，或者是内容管理系统与数字电视业务系统的融合并用。

已经有独具慧眼的商家开始与数字电视试验平台组织共同推广DVB后端媒体资产管理平台。北京北大方正电子有限公司希望结合北大方正在信息系统建设方面的优势与积累，因地制宜地分析数字电视的产业概况、标准制定、系统平台、用户特点、业务类型、业务运营等方面的情况，进行产品规划、产品定制，以便通过适当的项目契机，将符合内容提供方、资源管理方应用需求的数字电视内容管理系统导入市场。

内容管理（CM，Content Management）系统和关系型数据库一样，事实上也是一种数据管理系统，只是管理的数据对象有所不同。

关系型数据库管理的是一种被称为“二维表结构”的数据对象，工资表、花名册等就是这类数据对象的典型代表，而内容管理系统管理的数据对象则被称为非结构化数据，视音频数据、图像数据、大文本数据是这类数据对象的典型代表。内容管理系统的一个最重要的任务就是以逻辑关系的方式对非结构化数据进行组织，实现对这些数据的创建和应用与物理存储完全隔离。由此可见，内容管理系统不依赖特定的应用，是非结构化数据的管理引擎或管理平台。

内容管理的思想是从信息管理系统建设项目发展而来的，影响内容管理思想创建、发展的应用系统种类很多，比较重要的有七类：

（1）广播电视行业的数字视音频处理、存储、管理系统；

（2）数字图书馆系统、数字档案馆系统；

（3）电子出版系统中的数字资产管理系统；

（4）网站建设系统中的内容管理系统；

（5）教育资源库系统；

（6）电子商务、电子政务系统中的信息资源中心系统；

（7）企业知识管理系统。

数字电视内容管理系统，或者说是基于媒体资产管理思想的数字电视业务系统，是其中的广播电视行业数字视音频处理、存储、管理系统结合了数字电视在节目统计、节目反馈、节目播出等多方面个性化需求后定制出的一条分支，它更加侧重于节目的多来源导入、多途径发布和多角度反馈。这种设计思想可以用图9–1来表示。

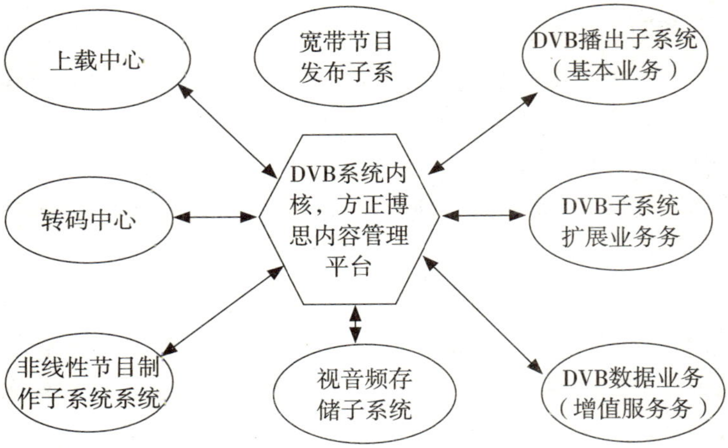

图9-1　北大方正数字电视内容管理系统总体框架结构图

从国外的产业经营来看，数字电视业目前尚处在探索和初期投入的阶段，英国第一家数字电视台ITV已经宣布资不抵债而破产，英国SKY数字电视台也出现了财政赤字。业内人士普遍认为这是节目内容经营管理不善所致。

国内将数字电视产业价值链划分为多种功能平台，结合各省市基础条件以及服务对象特点，该产业运营情况尚处在探索阶段。一般一条通到用户家中的有线电视电缆的传输带宽在550MHz以上，可以传50多套模拟电视节目或者300多套数字电视节目。面对自己拥有的资源，部分电视台目前重播比率大，节目越播越少，内部资源整合不足，自制优质节目欠缺；另一方面，部分电视台认为自己在节目资源上有先天的优势，但是带宽资源则不足，希望实现优势互补，探索数字电视的盈利之路。不同的单位在建设自有数字电视系统的时候，往往把“开播”到“系统完善”这一过程分为几个阶段来走，在一步步的探索过程中，从系统技术和运营两方面来积累经验。目前一种思路是关注系统硬件，选择性能优异的DVB播出设备、海量信息存储设备，另一种思路是关注“收、发”两端，利用、完善现有节目接收来源，将其内容以DVB方式播出，对海量信息的存储和后备放到稍后考虑。无论是哪一种思路，都会涉及从系统软件的角度、从系统内容管理的角度出发，对待播、已播节目分析、管理、统计、存储的需求，这就决定了从方法论的高度上提高对“内容管理”认识的重要性。

建设纳入内容管理机制下的数字电视系统，是数字化浪潮所带来优势的一个重要体现。以往有线电视除主要用来广播模拟电视节目外，在网络业务发展上也做过探索，如场逆程数据广播、图文电视、加密电视、Cable Modem等多种业务。采用这些传统的B2B模式由于用户群体有限，所以比较难以形成规模效应。现在，如果能在网络公司硬件平台上对电视台已有节目资源、有线电视用户资源进行有效的管理与关联，并扩展有支付可能的数据服务产品，即将内容管理系统与DVB扩展业务和增值业务有效连通起来，将对数字电视的发展起到重大的推动作用。

在数字电视系统中，将视音频、数据源实现统一的编码、存储、管理，扩展系统管理、资源管理和业务管理的功能，在节目内容组织、编排、节目单发布上实现突破，将有效地提高数字电视网络规划水平。客观地讲，只有把握住对数字电视内容管理、生产管理、经营管理的优化，才能够发挥该系统的特长，使本单位在该产业初始期占据一席之地。

通过北大方正内容管理平台——方正博思（Founder Weblish TM），借助北大方正在数字播控领域积累的丰富经验，即可为广大数字电视建设单位提供这样一种系统平台，或者说是一种内部业务组织模式，将数字电视的采、编、播、存、管以及扩展服务、增值服务、数据服务等领域以内部模块或者标准接口的方式涵盖进来。

数字电视网络的结构层次大致可以分为四层：业务层（应用、服务）、管理层（前端设备、管理系统）、传输层（骨干网、接入网）和用户接入层。在业务层和管理层都有数字电视内容管理系统的用武之地。

在业务层，主要是结合内容提供机构的栏目设置、节目编排，设计实施一些信息支持系统，如专题互动节目的数据库系统。

在管理层，主要是定制节目资源数据库管理、查询检索、节目编排、视音频存储系统。如果从基本要求来讲，建设重点在于节目（非数字化/数字化）的标引、管理、查询利用方面；如果从完整解决方案的要求来讲，需要我们提供内容管理平台、网络海量信息存储设备。此种需求接近于电视台媒体资产管理解决方案，但需要做出适于数字电视流程管理的变动。

第五节　内容获得和内容聚合

一、内容战略

比起内容制作管理，媒体组织从其他组织购买内容似乎缺少挑战性。然而对管理者而言，事实正好相反。从其他组织获得内容能够为公司带来巨大盈利，风险降低，而且花费的时间和资源更少。一旦获得了内容产品，媒体公司的管理者需要做出时间安排、营销和促销的重要决策。

广播行业很早就开始采用“外部获得内容”的方式。“外部获得内容”包括购买已经完成的节目。购买者向内容所有者付费，内容所有者向购买者开具版权许可证。

传统的媒体渠道并不参与内容聚合。电视点播频道是一个例外，这种形式目前在很多有线电视系统中流行。电视台为观众提供了许多不同类型的电影和电视节目。观众可以通过搜索名称、类型、年份、演员姓名以及其他关键词来检索节目。有线电视运营商或电影点播服务商就是内容的“聚合者”。

“内容聚合”是一个崭新的理念。媒体公司可以确定现有的信息需求，聚合相关内容，如果这些内容有价值，就可以从服务中获得收入。管理者必须花费大量时间来开发市场需求，整合各种内容资源，然后为消费者提供资源，在内容聚合的每个阶段都充满了创新的可能。

二、互联网内容聚合：门户网站、联合组织和搜索引擎

互联网门户网站和搜索引擎的发展促进了内容聚合的发展。互联网网站可能并不拥有其展示的索引内容。互联网搜索引擎仅仅建立了内容的链接，并为每个链接设定关键词，这种聚合过程决定了网站既不创造内容，也不需获得内容。

然而，一些网站也拥有内容的所有权，因为内容来自于门户网站本身、附属机构或合作伙伴。呼噜网是一个很好的例子。2007年，美国的国家广播公司（NBC）和新闻集团成立了呼噜网，因为两家广播公司都试图控制网络视频领域。2009年，美国广播公司（ABC）也加入了呼噜网。因而，美国民众可以从呼噜网上获取美国最为流行的广播电视节目。

这些公司的主管需要数月的计划才能达成合作协议。每个公司都会考虑合作的优势和劣势。财务主管估计成本和机会；法律顾问提供法律咨询，并详细地检查合同；制定决策的管理者与其他组织的管理者谈判，达成共识，然后向公司董事会提议；董事会咨询大股东的意见；最终公司的公关部门向公众发布合作信息。

在呼噜网的例子中，所有公司都制作和拥有内容。但是不是所有的内容聚合商都拥有自己的内容。例如，搜索引擎通过展示内容地址来聚合内容，以回应用户的需求，这是一种不需要获得内容的聚合。谷歌和雅虎是最大的搜索引擎网站，还有一些专业的搜索引擎网站，如视频网站、图片网站、音乐网站等。这些网站通过展示出用户请求的内容，实现内容的聚合。与此同时，用户也可以在自己的浏览器上生成个人化、定制化的“门户网站”，通过下载内容源种子，将满足特定类型或关键词的内容进行聚合。

互联网的“联合组织”与电视行业的“联合组织”区别很大。互联网“联合组织”意味着可控的、同时进行的传输。简易信息聚合（RSS）是“互联网联合组织”的发生机制。

内容被展示在多家网站上，网站和网站之间不需要进行内容的实际传输。在每个网站上都会出现关于内容的描述信息，用户只需要点击链接就可获得完整的内容版本，实际上内容依然存储在原始网站的服务器上。

某网站可以根据其他网站的内容生成“联合文件”，无论这些内容是完整内容还是内容概要。“联合文件”由“可扩展标记语言”（XML）组成，它描述了内容的传输、存储和显示方式，并将内容传递给多个网站。文件包含了原始网站的名称、标题以及内容描述，如果内容仅仅是概要形式，网站还会提供内容完整版本所在的网址。当用户发来内容请求，联合服务器就可以为用户提供内容。

iGoogle定制页面(http://www.igoogle.com) 是一个很好的例子。用户可以在自己的页面上安置不同的控件，聚合内容和应用的即时信息。iGoogle由许多新闻服务组织不断更新，如谷歌、英国广播公司、报纸和杂志。用户可以将谷歌地图、天气服务、日历、计划表等放置在自己的定制页面上，同时还可以获取社交网络上的即时更新信息。当用户点击服务选项，就可以连接到原始网站。促使用户连接到联合网站的要素包括信息的质量、受欢迎程度、透明度以及时效性。用户可以选择对自己有用的应用。

1999年，Netscape公司开启了互联网联合组织的序幕。从此以后，早期的互联网站不需要雇用大批编辑就可以即时更新内容。与此同时，用户对所需内容进行选择，整个过程都实现了高度自动化。内容制作商逐渐发现，内容采集、编辑和制作过程花费了大量成本，但是他们却无法从内容流通中获得收益。默多克计划向报纸内容收费，而且坚信消费者愿意为具有价值的内容付费。

第六节　非媒体组织生成的内容

一、政府生成的内容

每年，美国政府都制作数以百计的音视频内容，公布在国家音视频中心的网站上：http://www.ntis.gov/produas/nac.aspx。一些政府机构也会拍摄静态图片。政府将有些内容免费提供给公众，而有些资料也会收取购买和复制费用。目前，政府内容创作的总支出是未知的，但2001年的一份国会报告指出，美国政府出版办公室在1999年发行了18000本新书，占美国新书出版的25%。

二、营利或非营利组织生成的内容

为了达到各自的目的，营利和非营利性机构都制作了各种内容。这些内容包括电影、视频、音频、宣传册、电子邮件、网站和页面、静止图片等。与政府制作的内容相似，没有报告显示这些组织的媒体制作支出，但是总数一定是巨大的。2008年，某商业杂志访问了150位市场决策制定者。他们的回复是，他们的组织平均每年在内容制作上花费的成本占据总市场预算的29.42%。研究表明，这一结果与行业研究的结果非常接近。

此项调查研究了“内容”的许多类型。研究发现：69%的公司在制作电子邮件；50%的公司在制作“白皮书”；31%的公司制作了“在线研讨会”或网络广播；超过20%的公司创立了公司博客、网络入口、微型网站、社论式广告以及在线视频。

第七节　用户生成的内容

只要用户拥有计算机，就可以成为潜在的内容创造者。他们在计算机中安装各种软件，包括文本创作软件、图片创作软件，甚至是视频和音频软件。技术的进步改变了内容创作的本质。过去，内容制作的主要障碍是成本和技术问题；而现在，主要的障碍是怎样让受众发现内容，进而消费内容。

博客、社交网站、视频网站（如土豆）、个人网站、公司网站中的内容十分丰富，渐渐形成了与专业媒体内容竞争的态势。用户生成的内容持续发展，市场研究专家指出，2008年，超过8200万美国人参与了内容制作。

市场调研公司认为，用户创造内容花费的时间远远大于其他用户浏览这些内容的时间。而且，除了在社交网络媒体上安放广告，用户生成的内容很难转化成经济利益。广告商担心社交媒体不稳定的网络环境，因而他们依然愿意选择专业的内容制作媒体。

表9-2　美国创造内容的用户人数（2008-2013年）　　单位：百万

年份	2008	2009	2010	2011	2012	2013
生成视频的用户	15.4	18.1	20.6	22.7	24.9	27.2
社交网络	71.3	79.7	87.7	94.7	100.1	105.3
博客	21.2	23.9	26.7	28.5	30.2	32.1
虚拟世界	11.6	13.9	15.4	16.9	18.4	19.9
总数	82.5	88.8	95.3	101.7	108.0	114.5

数据来源：《电子营销》杂志

播客秀网站是基于用户生成内容的互联网渠道，它发展了用户生成内容的盈利化。然而，该网站受到YouTube等免费网站的冲击，因而没有形成成功的战略模式。最终，该网站分解为两个由广告支持的网站：一个是http:www.vodpod.com，主要服务是社区视频共享；另一个是http://www.meveotv .com，是一个免费的西班牙语娱乐网站。

总结

本章讨论了媒体制作组成、开发和制作内容的方式，描述了各个领域的内容制作流程和活动，指出相似点和不同点。同时，还介绍了数字制作新的剪辑系统。最终，本章探讨了互动内容战略：内容获得和内容聚合。

下章概要

第十章讨论内容产品的营销战略。营销是一个复杂的过程，要求全面的研究以及精心的包装。第十章介绍了管理者怎样向消费者定位内容，怎样捆绑和定价，从而满足消费者的要求和需要。

案例分析9.1　制作人

设想自己是一个制作人，你即将创作一个轰动一时的电视节目或电影。访问本地的音像店，选择一个别人从未想过的主题。画出内容制作的所有步骤，并设想自己即将与制作公司的主管会谈。你需要提供以下信息：

概念或想法

人物

故事概要

主要情节

潜在受众

特色（拍摄选择、促销策略）

将这些信息展示给班里的同学，让他们为这个故事命名。如果他们是媒体制作公司的主管，他们会同意这个想法吗？

案例分析9.2　游戏开发者

你需要基于案例9.1中的电视节目或电影，设计一个与之主题相关的视频游戏。记住，游戏开发包括三个阶段的工作：创意、技术设计和市场营销。

为游戏撰写1～2页的描述，包括艺术特色和声音效果。

探讨该游戏的技术特点。游戏中会发生什么？

确定你的目标市场。

你怎样向你的目标市场营销这款游戏？

第十章
内容营销战略

随着互联网的兴起和大众媒体的衰落，我相信，内容营销的成本将上升，内容传输的成本将下降。

——佐奇·爱图

>> 本章学习目标

→营销管理和管理营销
→营销计划、营销传播和SOSTAQ框架
→营销战略
→内容作为产品
→整合营销
→品牌、定位、口头营销，以及其他内容营销方式
→内容市场的定义
→全球内容市场
→受众/消费者细分市场
→全面覆盖营销

导 语

当今的媒体行业存在两个内容市场：创意市场和经济学市场。受众的数量取决于投入的资金、精力、战略，或者是机遇。如果一个媒体组织的成功与内容销售和传输密切相关，营销就变得极其重要。营销就像组织的血液，灵活、有效的营销工作决定着媒体公司的成败。因此，几乎每个媒体公司的主管都需要理解营销工作，内容制作

公司的管理者则需要深入了解内容营销的本质：受众需要什么、购买什么，以及什么内容能够吸引受众和广告商。职能部门的管理者关注于内容产品的计划、预算和资源分配。财务部门的管理者则需要记录每笔交易。

从某种意义上讲，在确定是否制作或购买某一内容产品时，营销过程已经开始。预期的销量是多少？购买者属于哪类人群？产品的成本是多少？消费者能接受的价格是多少？这些问题是内容决策的核心。一旦内容产品已经制作完成（如视频、歌曲等），就需要将其发行给消费者。企业通过“营销”实现“发行”过程。美国营销委员会对于“营销”的定义是：“营销活动由创造、传播、发行和交换内容的一系列规则和流程组成，这些内容对消费者、客户、合作伙伴和社会有益。”

随着技术的不断创新，营销活动像其他活动一样，经历了巨大的转变。正如史密斯和泰勒所说：“营销和营销组合本身也在发生转变。21世纪以来，营销领域出现了新的观念、新的工具、新的机会以及新的挑战。在扁平化组织中，管理者面临着新的压力，因为组织已经摆脱了多层级的管理方式，所以更多的管理者需要了解营销活动。”

互联网的出现使得不认识的人可以互相沟通，这从根本上改变了传统媒体的传播规律。大量的用户在网络上聚集，交换信息，从而形成了新的媒体环境。大众媒体是受众信息获取的基本来源，广告商能够以此控制受众的注意力；而社交网络使得受众能够分享对产品和服务的体验，这一新型媒介模式也引起了广告商的兴趣。

然而，用户可以与成千上万的人沟通，众多用户的回馈、评论和访问使得广告商无法控制其行为。但是广告商可以影响用户的行为。图10-1和图10-2显示出，与传统的大众传播相比，“人—人传播”怎样改变信息传播的方式。

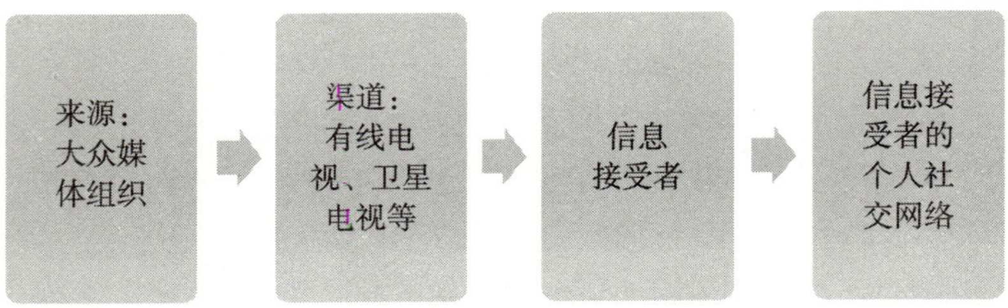

图10-1　大众传播的传播流程

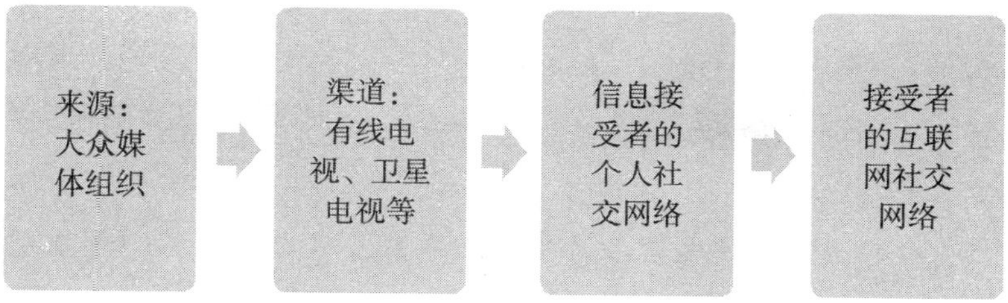

图10-2　大众媒体和互联网的传播流程

营销活动一直都十分复杂，营销人员需要对行业、市场和消费者进行深入了解。但是仅仅有知识是不够的，营销是科学也是艺术，要求创意和创新，尤其是在这个充满了机会和挑战的时代。

第一节　营销管理和管理营销

一、媒体营销

营销主管负责计划、实施、监管组织的营销活动，整合一切资源，以达成组织目标。在任何行业，营销都是组织成功的关键。在内容行业，营销需求和营销活动的范围十分广泛，因而很难进行概括。不同组织的营销主管产生的影响力也不同。小型内容制作公司可能会雇用临时促销人员；大公司的营销主管可能会开发垂直营销渠道，如以健康为主题的营销活动，或是开发横向营销渠道。品牌主管可能负责同一品牌不同产品的营销，通过各种媒介渠道开展营销活动。

从根本上来说，营销工作是“匹配工作”，即在组织和客户之间建立一个桥梁，客户包括购买者、消费者、观众、听众和广告商。营销主管的工作是在合适的时间为合适的产品带来成功的机会，更简单地说，就是“影响用户的需求”。

在大多数内容制作公司，营销不仅仅是营销部门的工作。如麦克·肯纳所说：“当今时代，营销不是一种功能；它是一种商业方式。营销不是一种新的广告活动或促销活动。公司内的所有成员都应当参与营销活动，上至董事长，下至公司前台，营销必须无孔不入。营销工作不是欺骗消费者，也不是美化公司形象，而是将消费者整合进产品的设计中，形成系统的互动过程。”

某些内容产品的营销与其他行业类似。它需要遵循经典的营销流程，运用同样的媒体平台，如广播广告、户外广告、公交站牌广告和广告牌广告、互联网横幅广告，以及电视广告。

媒体行业某些领域的营销方式与传统的营销方式有很大差异，可能由于该领域刚处于萌芽期，没有营销经验，也可能由于该领域的产品发生了很大变化。电影、电视和广播行业对目标受众极为了解，但是对个体消费者了解不多。其他媒体，如报纸、杂志和网络媒体，它们则十分了解个体消费者。许多媒体领域都拥有内容宣传的渠道，如电视网络会在黄金时间宣传该频道即将播出的电视节目。

如前面的章节所说，在媒体公司，营销与内容制作或购买的决策密切相连，也是整个内容运作过程讨论的核心。即使是财务部门也与营销密切相关，它必须为内容制作、获得、营销和定价设定预算。实质上，媒体公司里所有的管理者都需对营销有一定了解，并牢记营销对组织健康发展的重要性。

二、营销计划和营销传播

营销计划为组织完成商业计划、形成商业模式提供了“一张地图”。过去，营销主管开发或获得某个产品，设定价格、确定营销渠道，然后开发促销方式。这一系列的决策过程被称为4P营销组合：产品、价格、场所和促销。做出这些决策以后，公司会雇用一个广告公司，开发新的广告活动，设计产品包装和宣传材料，训练促销人员，并且重新定位公司形象，提升公司的声望。

如今，市场营销的重点从基于产品生产者的4P理念转向基于客户或消费者的4C理念。见表10–1。

表10–1　4P理念与4C理念

产品（product）	消费者（consumer）
价格（price）	成本（cost）
场所（place）	便捷（convenience）
促销（promotion）	沟通（communication）

这些新的转变使得营销计划变得更为复杂。媒体平台数目不断增长，产生出更多的节目和内容，使得受众日益碎片化。受众与受众之间通过社交网络和其他互动服务进行信息传播；市场日益全球化；产品日益多样化；以及针对不同受众细分市场采取不同定价，这些变化都使营销人员不得不重新考虑营销策略。媒体公司也面临着新的

挑战，如市场规模的变化、版权问题，等等。

新的内容市场的出现转变了媒体公司向消费者传输内容的方式，要求媒体公司采取弹性的定价、发行和付费模式。营销人员更加希望向某个小众市场营销内容。他们必须与消费者建立互动关系，而不仅仅是单方向传输内容。如果营销人员希望内容在网络上流行，使消费者向朋友推荐内容，那么这些内容必须具有兼容性，允许消费者通过电子邮件、聊天工具或其他形式传递内容。营销人员还需要将产品进行组合，从而能够满足消费者的需求和期望。例如，某些音乐以唱片形式进行销售，而不以单曲销售。然而，这种做法也导致用户采用“人—人”传输，从而不必为不喜欢的音乐付费。

营销计划描述了组织怎样向消费者展现公司和产品。它包括SWOT分析，即优势、劣势、机会、威胁分析，帮助营销人员理解市场状况。强大的营销计划将成为营销活动的核心。营销计划的目的是提供一张与潜在消费者和实际消费者沟通的蓝图，指明怎样与消费者建立和维持良好关系。

SOSTAC是营销传播战略的框架，是一系列活动的缩写，如表10–2所示。SOSTAC代表了：环境分析（Situation Analysis）、目标（Objectives）、战略（Strategy）、策略（Tactics）、行为（Action）和控制（Control）。环境分析占据营销传播计划内容的50%。它描述了外部环境，如经济、政治和竞争环境；同时也描述了内部要素，尤其是3Ms：人力资源、资金和时间。

表10–2　SOSTAC计划—营销—沟通模型

S 环境分析	O 目标	S 战略	T 策略	A 行为	C 控制
我们在哪里?	我们想去哪?	怎样去?	战略的细节?	怎样完成计划?	怎样知道工作的效果?
SWOT分析	沟通目标：注意、兴趣、需求、行动	特征/利益 价格决策	SWOT分析		标准：投资回报分析
外部环境 内部环境	营销目标：销售、市场份额	消费者细分市场、满足目标、定位、阶段划分	电视、广播、杂志、报纸、互联网、销售	收集信息、购买媒体、训练促销人员	标准：销量、态度或意见的变化、投票

第二节 营销战略

公司设定目标后，通过营销活动完成这些目标。营销活动基于一些基本的假设，如对产品竞争情况、消费者和资源的假设。战略是达成公司目标的想法；策略是可以推动战略的行为方式。如果战略正确，策略能够为战略服务，那么组织就很有可能达成目标。

一、媒体市场

构成市场的三个要素是消费者群体、消费能力和消费欲望。这三个要素是市场的综合体现。要实现商品的交易活动，就必须有这三个要素的结合。组成市场的这三个要素互相制约，缺一不可。如果有很多消费群体，但没有消费能力，不能形成市场；如果消费者具有消费能力(购买力)，但消费群体人数少，也没有市场潜力；如果消费群体、消费能力都比较大，但生产的商品用途、质量等不受消费者欢迎，不能引起消费者的购买欲望，也无法形成市场。

市场也是一定经济关系的体现。市场上的所有商品交换关系，都是不同的生产资料所有者之间的经济关系的体现，体现着商品生产经营者之间的交换关系。而市场就是这些商品交换关系的综合。参加市场交易活动的生产者、消费者和中间商，由于参与交换的目的和需求不同，他们的利益也不同。因此，市场运行过程中，要正确处理好商品交易活动中当事人之间的经济利益和经济关系。作为企业的经营管理者，要树立市场观念，要研究市场，研究消费者的需求并设法满足他们的需求，从而把握市场。

市场的作用具体表现在以下几个方面：

（1）市场是联结生产和消费的纽带。

商品生产离不开市场，企业的生产和经营活动的出发点和落脚点是市场。只有通过市场进行商品交换，才能使产品转移到消费者手中。整个社会的产品无论是实物形态的补充与替换，还是精神产品的价值形态的实现，都离不开市场这个纽带。

（2）市场是企业生存和发展的条件。

对于一个生产经营型企业来说，首先必须从市场上及时地购进生产所需的原材料或信息，进行加工、处理，制作成各种产品，然后通过市场迅速地将这些产品按一定价格销售出去。这样周而复始地不断循环，企业才能生存，进而向前发展。

（3）市场是商品供求关系变化的“晴雨表”。

市场可以随时反映商品的供求状况。经营者不仅要根据市场供求关系变化的趋势，指导企业的生产经营活动，生产出适销对路的产品，还要根据商品的市场份额的变化、利润的大小，来确定生产的品种和数量，不断调节生产与消费者的供求关系。

（4）市场是商品质量的“检验器”。

市场对商品的质量和商品受消费者欢迎程度的反应非常灵敏。商品的品种、规格、技术指标、用途等能否满足消费者的要求，往往可以通过市场这个“检验器”来发现。质量高的产品会带来价格提升或者畅销；质量不高的产品会导致降价出售或滞销。商品生产者可根据“检验器”的提示，改进生产工艺、改善技术方法、引进新技术与新设备，调整价格策略，不断开发高质量、价格合理、用户满意的新产品。

媒体市场是指媒体产品的交换空间和潜在信息产品的购买者。媒体行业是一种信息产业，它生产的是信息产品及各类相关产品。同时，这些产品也是人力资源和物质资源投入转化的结果，当它们作为信息产品进行交换时就形成了媒体市场。

中国的媒体市场正在形成，市场的运行机制和市场管理还不规范，还没有形成完善的市场体系。因此，加强我国媒体市场的理论体系研究，对建立具有中国特色的媒体市场具有十分重要的意义。

媒体市场与其他行业的市场相比较，不仅具有共性特征，还具有一些特殊性。其共性主要表现在：同样受到市场规律的支配和制约，例如，产品的价格以价值为基础，产品价格受市场供求关系的影响而波动；在交易过程中施行买卖双方平等交换的原则、讲究信誉的原则等。其特殊性主要体现在：产品以及由于产品特殊而带来的一系列生产、销售等方面的不同。而且，中国媒体的属性还决定了一些特定类型的产品不能进入市场进行自由生产、交易和买卖，最典型的当属新闻类节目。

二、内容产品

内容有三大特征，它与消费类产品的区别导致两者的营销战略也存在很大差异。表10-3给出内容产品所采用的营销战略。

表10-3 内容产品和营销战略

产品特征	营销策略
内容很容易复制和传播。	推动版权保护和版权管理系统。
内容产品基本上都是非刚性产品，意味着人们基于选择购买和消费。与住房、食物和衣服不同，内容产品并不影响人类的生存，不是每个人都需要获得它。	心理、情感和社会需求的直接吸引。
内容是经验性产品。一个人使用或消费了内容产品，并不影响其他人使用或消费。如果某人拥有一辆汽车、一幢房子或一件毛衣，其他人就无法同时拥有它们，而且，在这种情况下，存在关于所有权的法律条款。相反的是，如果某人阅读了一本书，听了一首歌曲，或看了一部电影，其他人能够同时消费这些内容。	在产品被大量传播之间，以最快的速度销售大量产品。

第三节 整合营销（IMC）：通过有线网和以太网的传播

整合营销的基本概念是：营销传播的所有方面，包括广告、促销、公关以及所有媒体平台的整合，形成合力。它包含两个要素：信息和媒体平台。所有的信息都必须协同配合，从而互相加强。多样性的媒体平台与营销者的预算和目的有关：

大众媒体广告（电视、广播、报纸、杂志、互联网）和公关

社交媒体（博客、维基百科、社交网络、内容共享网站）

个人媒体（手机、个人数字助理、掌上电脑）

直效媒体（电子邮件、邮寄的宣传材料、销售现场的材料和展示）

在营销活动中，大多数媒体公司都会使用整合营销方法。有可能引起轰动的电影、电视节目、视频游戏、歌曲或图书会获得整合营销的支持。整合营销包括一系列媒体平台的组合，如电视节目、广播、报纸、杂志以及互联网横幅广告。可能还要进行网站授权，在社交媒体上建立粉丝页面，在视频网站上进行宣传，或是在博客上发布信息。此外，一些媒体公司还采用了移动媒体营销的模式，虽然这种模式并不常见。

2008年，环球电影公司向手机用户发送短信，希望他们支持电影《忘记萨拉·马

绍尔》以及《好孕临门》；派拉蒙电影公司通过手机短信营销电影《鹰眼》。2009年，环球电影公司发起了一个移动媒体运动，包括为用户提供墙纸下载服务，同时为用户提供电影《快速和愤怒》的订票服务。众所周知，《美国偶像》应用了移动通信技术，观众可以为自己喜欢的偶像投票。通过这种形式，电视台获得了观众的电话号码，从而能够更好地进行节目宣传。

电子邮件和邮寄资料属于直效媒体。电影《哈利·波特》上映后，可口可乐公司发起了一次病毒式邮件营销，遭到用户的抱怨，从此以后，娱乐行业的营销人员开始反感这种营销方式。然而，公司设计的白皮书能够为公司树立品牌，为产品进行定位，因而经常得到公司主管的支持。在“企业—企业”（B2B）的商业环境下，媒体公司经常能够获得潜在客户和已有客户的信息，从而通过邮件形式进行营销。如果白皮书或其他免费的资料能够提供新鲜、有用的信息，那么这样的营销活动会取得很好的效果。

一、内容植入广告

莱夫对内容植入广告的定义是：产品或内容与电影或电视剧的结合。我们不应当将植入广告与潜意识广告混淆。潜意识广告的理念是将信息隐藏在内容中，从而潜移默化地影响消费者。相反的是，在内容中植入广告总是试图达到最明显的视觉效果。

营销人员认为，植入广告方式能够在潜在消费者心中形成正面、可信的产品形象。营销人员试图精确地证明植入广告的效果。他们希望植入广告形成明显的视觉形象，从而吸引消费者的注意。同时，营销人员希望尽可能地降低成本。

许多人可能没有注意到，娱乐领域中内容植入广告的现象已经十分普遍。在内容行业，国家广播公司和哥伦比亚广播公司都在电视节目中植入了自己的品牌广告。一些报纸、杂志、软件制造商（如奥多比公司和微软公司），甚至是Activision这样的视频游戏制作公司都在内容中植入了自己的产品广告。影院、主题公园、网站、电子设备制造公司也是如此。

目前，内容植入广告的营销方式受到越来越多的批评。虽然不是潜意识广告，但是内容植入广告在向潜意识广告的方向发展，消费者经常意识不到内容中包含广告。当电影或电视节目的受众是儿童时，这种批评就更为强烈。

二、其他营销战略

1. 品牌营销

品牌是产品或公司的名称或象征。一段时间以后，产品和品牌之间就建立了密切的联系，根植于消费者的脑海中。范德韦德曾经说过："品牌能够证明产品的认可度和可信性，也是一种承诺。"在媒体行业，品牌化是一种营销战略，可以吸引更多的消费者。

有时，品牌就是内容本身。例如，"哈利·波特"是电影和其他相关内容产品的品牌。品牌也可以是某个演员或导演，观众都愿意去看约翰·迪普主演的电影，不管电影的内容如何。在早期电影行业，演员对受众有极强的吸引力，因而电影公司通常与演员签订长期合同，演员与电影公司之间建立了密切的关联。这些电影公司斥巨资塑造演员的公众形象，因为观众愿意去看玛丽莲·梦露主演的电影，而并不关心这部电影是不是华纳兄弟公司拍摄的。

在当前环境下，由于消费者的选择越来越多，因而内容品牌变得更加重要。30年前，观众几乎看过电视台播放的所有节目；如今，电视频道的数目已经超过500个，观众不可能收看所有频道。受众只可能选取几个自己喜欢的频道。在这种情况下，电视台的品牌为受众提供了一个选择的依据。然而，如果想要获得持续的成功，还要依靠高品质的内容，而不仅仅是品牌或其他营销策略。

湖南卫视的成功来源于其品牌营销的成功。湖南卫视将"娱乐"作为主要目标。《快乐大本营》、《天天向上》等栏目成为观众周末消遣、娱乐的重要方式。《超级女声》系列更是竭力挖掘节目的娱乐性，注重湖南卫视自身的品牌形象塑造，"我要我的快乐"成为湖南卫视出现频率最高的宣传语。与此同时，湖南卫视试图吸引年轻观众，因而其品牌设计也是以年轻、活力为主。

2013年7月，湖南卫视的《快乐男声》栏目和浙江卫视的《中国好声音》共同竞争暑期黄金收视市场。浙江卫视主打"中国蓝"口号，这一口号来自于浙江卫视最新的品牌概念。2009年8月25日晚8点25分，浙江卫视全新改版的新概念揭幕晚会"最爱中国蓝"盛大直播，湛蓝的舞美、炫蓝的服饰、如潮汹涌的欢歌劲舞，整台晚会在90分钟的时间持续演绎着"后奥运时代"的"蓝色风暴"，用一场货真价实的"视听盛宴"诠释出"中国蓝"的"蓝无界、境自远"的特殊韵意。此前一周，在超过50万的观众和网友投票统计中，"浙江卫视，中国蓝"以最高票数拔得头筹，成为未来浙江卫视的新口号。

湖南卫视、浙江卫视对品牌的塑造都是为了使自己的频道拥有更加明晰的辨识度，吸引拥有特定喜好的观众群，从而提升卫视的品牌价值，获取更多广告商的青睐。

对于某些免费的商业内容，如调研报告、白皮书、产品宣传册，等等，内容本身就是品牌营销活动的一部分，能够显示出公司的发展方向。这些商业内容通常通过网络进行发布，营销人员需要在网站上注册，下载文件，然后在数据库中加入消费者信息。这些信息可以应用于其他营销传播活动，从而将潜在消费者转化为实际消费者。

在竞争型市场环境中，存在种类繁多的产品，此时可以运用定位战略。通过定位战略，营销人员可以在消费者的脑海中建立品牌形象，以区别于其他竞争对手的产品。品牌战略创造了持续性的印象；定位战略创造了具体的印象。定位战略的开发从分析市场环境开始：

在这个细分市场中，谁是消费者？

产品是什么？

消费者能够从产品中获得什么？

本公司的产品与市场上的产品有什么区别？

消费者能够从本公司的产品中获得什么？这种价值与其他公司的产品有什么区别？

2. 口头营销

口头营销是一种营销战略，它起源于“布莱尔·威驰”项目。三位电影制作者在社交网络和学校博客上发布了一部电影的信息。他们逐渐透露该电影的剧情，并建立一个专门的网站，发布与电影相关的视频。到电影上映时，观众已经对这部电影充满了期待，这部耗资2.2万美元的电影最终收获了2.48亿美元的票房。

营销人员利用“口头营销”形成内容产品的“口碑”和“讨论”，将潜在消费者转化为内容产品的营销动力，从而影响其他受众。同时，营销人员还试图刺激内容的网络传播，因为在互联网环境下，用户能够利用互联网平台更为迅速和便捷地将自己的喜好、想法、意图传递给他人。多贝尔等人在2005年进行了一项研究，研究表明，成功的口头营销活动必须生成受众的想象，形成可见的宣传内容，来自于可信的信息渠道，并且传递给合适的受众或消费者。

3. 病毒营销

病毒营销战略基于以下事实：利用多元化媒体平台进行内容营销时，某媒体向受众传输的信息能够影响受众对其他媒体平台内容的关注。某口头营销活动可能开始于网络平台，同时，广播广告中也播放了相关信息，从而能够有效地促使消费者进行网络搜索和传播。反过来，网络平台上的信息也能加强消费者对广播信息的印象，因而消费者被来自多个媒体平台的信息包围，能够使营销效果达到最大。

4．数据挖掘

数据挖掘战略关注于某一特定群体或消费者，并向他们传递特定信息。这种战略类型被称为“微营销”。微营销的目的是吸引具有特殊爱好的小众消费者。例如，iTunes.com网站会根据用户的下载记录为其推荐类似的音乐。

在互联网环境下，很容易实施数据挖掘战略。许多网站都通过谷歌分析软件开展了微营销活动。目前，对网站用户的数据分析工作刚刚起步，但已经引起各方的争议。用户担心自己的隐私被侵犯，美国国会也正在考虑出台相关法律，保护用户的隐私权。

想要进行数据挖掘工作，营销人员可以通过Cookies收集用户数据。Cookies是存放于用户计算机中的文件，用于监管用户访问过的网站、页面，在某个页面上浏览的时间，以及用户进行的交易。当然，互联网公司也可以通过自己网站的服务器跟踪消费者的行为。许多网站要求用户注册，这样可以获得用户的个人详细信息。此外，营销人员可以向信用卡公司、信息调研公司以及其他互联网运营商购买用户数据，然后将用户的个人信息或某一细分市场的消费者信息进行整合。

一旦确定了消费者细分市场，营销人员会制作吸引受众群体的信息。这种定制化信息一般通过以下媒体形式进行传播：社交媒体，如博客、社交网络等；个人媒体，如手机媒体；直效媒体，如电子邮件或邮寄资料。大众媒体一般不适用于小众细分市场的信息传播，虽然有些电视台会根据观众邮政编码或订购情况进行节目的分类传输。数据挖掘战略最好的例子是亚马逊公司。当某位用户从亚马逊网站购买了图书，网站的软件会持续跟踪该用户的购买情况，然后做出图书推荐。谷歌公司和沃玛特公司也应用了复杂的数据挖掘和微营销技术。

第四节　市场的确定

市场也就是消费者：个人或组织购买者。市场的确定是指确定潜在购买者的数量和特征。这个过程被称为市场和消费者细分，意味着根据消费者的特征将消费者划分为不同的群体。随着数据挖掘、分析和检索技术的发展，消费者市场细分的方法发生了巨大转变。媒体公司在本地、本国或世界范围内销售内容产品，如果它们更加了解潜在消费者的特征，就会获得更多成功的机会。

一、全球内容市场

这是一个十分巨大的市场：2011年，全球媒体和娱乐市场的收入已经达到2万亿美元，其中包括视频游戏的收入，但不包括计算机软件的收入。以下原因促进了全球内容经济的发展：新平台的出现，媒体渠道、用户生成内容的繁荣。除此之外，内容生产组织和营销组织的全球合作使得媒体公司获得了更多的机会：

◆发现和培养本地人才；

◆开展跨地域的营销合作；

◆在不同地区运用不同的营销战略：由于本地的媒体工作人员更加了解该地区的媒体现状，因而在不同地区运用不同的营销战略能够使内容营销活动更加有效。

当管理者计划内容的国际营销时，必须考虑某些具体问题。通过研究市场、产品和信息需求，基甘等人确定出国际营销活动前必须作出的决策。当两个市场的市场结构、消费者需求和内容消费方式十分相近时，可以应用“相同产品/相同传播方式”的战略组合；如果两个市场的内容消费方式相似，但是消费者需求有很大差异，则应当采用“相同产品/不同传播方式”战略组合；当两个市场的市场结构不同，但是消费者需求相似，则应当采用“不同产品/相同传输方式”战略组合；如果市场结构、消费者需求和内容消费方式都不同，则应当采用“不同产品/不同传播方式”战略组合。

二、受众／消费者市场细分

市场细分对市场营销工作十分重要，在整个营销计划中，市场细分会在多个领域出现，如战略计划、策略规划和传播计划。市场细分的目的是吸引潜在购买者，吸引他们购买产品、转变消费观念。通过已有消费者的数据，媒体公司可以找到合适的细分市场。如果企业刚刚成立，或者试图找到新的消费人群，那么他们可能通过市场情报获取消费者数据，这些信息通常来自于市场调研公司。其他数据来源还有信用卡公司等，对于内容制作公司而言，受众电子设备应用情况的报告是十分重要的。

一般情况下，营销人员很容易确定出最大、最重要的细分市场。但是其他细分市场可能并不明显。2004年，史密斯和泰勒提供了确定细分市场的标准。他们认为，细分市场一定要可测量，从而能够便于分析；一定是大量人群，从而值得花费营销成本；一定是可接触的，从而能够进行信息的有效传播；一定是与产品相关的，从而能够成为购买者。一旦确定了细分市场，就要分析每个细分市场的规模、收入、生活习惯、购买的可能性、忠诚度以及其他特征。

传统意义上讲，营销人员一般通过人口统计学特征对消费者进行分类。但是营销人员经常需要了解更多信息，如潜在消费者的生活习惯、价值观、心理特征等，尤其是与产品类型相关的要素。

最普遍的消费者市场细分标准是：

人口统计学特征：年龄、性别、婚姻状况、职业、地理位置、宗教信仰、收入、教育水平。

心理/生活方式：活动、信仰、态度、价值观、产品偏好。

行为特征：品牌忠诚度、用户类型（第一次使用、经常使用）、产品使用方式、使用频率。

内容营销人员很少进行详细的细分市场研究。内容产品与消费品极为不同。罐头、汽车或其他产品可能在市场上长时间流行，但是内容产品的生命周期较为短暂。因此，媒体公司可以进行前期调研，预测受众是否会接受某一特定内容。

许多营销人员和媒体公司都对“跨媒体应用”产生了极大的兴趣。“受众碎片化”使得通过自有平台进行内容营销变得更为困难。为了接触更多的消费者，媒体公司需要将信息扩展到其他媒体平台，因为他们的受众可能会在那些媒体平台上花费大量时间。他们是否使用互联网搜索引擎或社交网络来搜寻内容？他们是否会通过手机接收内容？他们是否在网络上观看视频或收听广播？如果他们喜爱上网，那么他们喜欢哪些网站？

这些问题的答案可以帮助媒体公司确定通过哪些平台营销内容产品。营销人员必须将内容信息传输到潜在消费者经常接触的媒体平台，随着消费者消费习惯的转变，营销人员也应当作出相应调整。2008年，奥巴马在进行总统竞选时，就利用了复杂的跨媒体平台传播。

第五节　全市场覆盖

吸引力是一个抽象的概念。通常情况下，吸引力基于“独特的销售主张”（USP—Unique Selling Proposition），能够将产品特征与消费者的需求紧密结合，以至于只有一款产品满足这个标准——它是独一无二的。在大多数市场信息中，每个市场的特征/需求组合都是十分重要的。

在销售产品的过程中，存在四种基本的吸引力。“创新”是引发关注的最为常见和有效的特征。“第一次”与“创新”类似，经常能够带来竞争优势，提升产品的价值。例如，电影的第一轮放映能够吸引大量电影观众，票价也较为昂贵。电影第二轮放映的票价相对低廉，影院所有者也能获得较高的票房收入。在电视行业，“一轮播出”可以带来竞争优势。

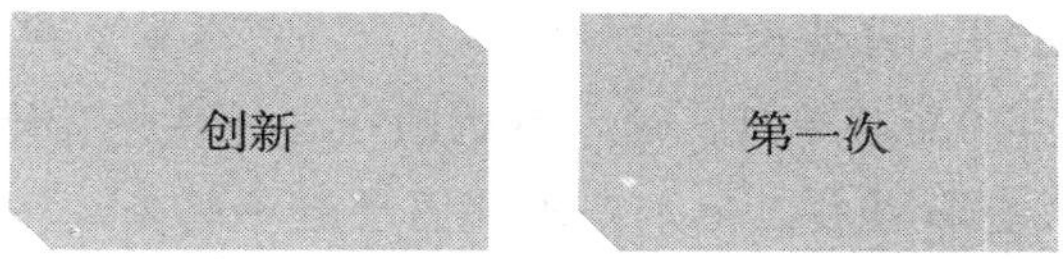

图10-3 “创新”和“第一次”的吸引力

“唯一”意味着排他性。这是一种传统的营销方式。内容产品只能在某一特殊平台上放映或播出，从而提升内容的价值。如某内容只在特定影院、电视台或网站上发行。由于平台的独一无二，所以这个平台可以收取更高的费用。“最新升级”意味着对内容质量的承诺。

图10-4 “唯一”和“最新升级”是流行至今的营销方法

总结

营销工作充满挑战，同时也十分复杂，它对内容发行起着至关重要的作用。营销人员是管理团队的重要组成部分，他们必须对内容、营销战略、传输技术有深入了解。同时，他们需要了解消费者心理，并将消费者的情感、需求等与内容的吸引力进行结合。

下章概要

下章将会详细讨论内容营销的创新性方法。介绍怎样将新内容进行包装，以及怎样将现有内容进行再包装。讨论了市场的结构，如零售、批发以及直销。最后，介绍内容产品的定价和捆绑发行。

案例分析10.1　新闻节目的营销

你刚刚成为某电视台的营销主管。这家电视台的新闻节目一直是当地新闻节目的收视冠军，但是近几年来，观众数目开始下降，调查显示年轻人对这家电视台并不感兴趣。电视台的主管希望你能够对电视台重新定位，使用新技术吸引更多年轻观众（18～34岁）。

1. 使用SOSTAC方法，设计出计划和战略，以满足这家电视台的目标。

2. 观看某家电视台的新闻节目。这家频道的标志和品牌有什么特点？分析这家电视台的优势、劣势、机会和威胁。他们是否试图吸引年轻受众？如果是这样，他们作出了哪些努力。如果不是，你希望这家电视台从哪些角度作出改变？

3. 写出你的计划。你的营销和传播目标是什么？怎样实现这些目标？

4. 采访8～12个同学。他们对当前的新闻节目有什么看法？将这些信息整合进你的营销计划中。

5. 在你的营销战略中，你将采用哪些新技术，使更多的受众知道这种转变？为了塑造新的品牌形象，新闻部门应当作出哪些改变？

6. 你将怎样测量这次营销活动的效果？为这次营销活动提供评判标准。

案例分析10.2　开发新网站

你是一家互动媒体公司的商业开发部门主管。你的任务是开发一个新的网站。首先，你需要确定一个特定的目标市场。说明你的网站怎样满足这个目标市场的需要和要求。说明你的网站与其他类似网站有什么不同。事实上，最好将你的竞争对手一一列出，并研究它们的优势和劣势。考虑一切细节，包括网站形象，如主题颜色、动画，等等。内容从何而来？是否需要雇用新的员工？

1. 进行调研，确定开发这个网站的必要性。在网站的开发过程中，充分利用这些反馈信息。

2. 设计一场“全营销活动”，生成网站的忠实用户。你将通过哪些媒体平台进行营销活动？通过调研获得用户信息。

3. 列出所有的潜在广告商。你将怎样设计网站，使其对广告商更具吸引力？

在课堂上分享你的营销计划。设想同学们是你的公司主管。让同学们进行投票。他们是否同意开发这个网站？

第十一章
包装、再包装和内容营销

美国儿童在6岁时，就已经完成了基本的美式教育。通过电视，他们学会了如何开锁、抢劫、洗衣服和谋杀。

——卢瑟尔·巴克

>> 本章学习目标

→内容产品的界定
→产品包装
→内容产品的“长尾效应”
→实时内容
→捆绑销售
→品牌延伸
→内容格式
→内容许可
→渠道营销
→屏幕营销
→零售机制：合作伙伴、发行商、聚合商
→零售终端
→直效营销和客户关系管理（CRM—Customer Relationship Management）
→价格策略

导　语

第十章讨论了内容产业的营销人员面临的理念和重要问题。本章进行了进一步讨论：深入营销过程的细节，如营销渠道、销售地点、定价和付费方式。

第一节　内容产品的定义

我们可能从某部电影中获得启示，也可能在陷入爱情时正在听某首歌曲。生命中最为重要的时刻可能与媒体内容永远联系在一起。“内容”或“产品”似乎无法完全表达这些记忆对于我们的意义。但是电影、电视节目、音乐像餐厅里的牛排一样，无论它们多么感人、多么出色，对于营销人员而言它们都是“产品”或“资产”。对于受众个人而言，他们仅仅是内容的消费者；但是对于营销人员而言，他们必须评估内容的价值，设计详细的计划，从而将内容转化为盈利性产品。

几乎每个人都梦想着写书、写剧本、创作歌曲，或建立一个有影响力的博客。很多人都在为此努力。然而基于爱好的创作很少能够获得商业成功。大多数盈利的内容都是以商业产品的形式出现，吸引某个特定人群和市场。因此，专业的内容产品从创作伊始就应当具备商业元素。

当然，还应当考虑其他要素，如类型、创新和创意。内容行业的细分市场趋向于特定的内容类型，如表11-1所示。

表11-1　媒体细分的常见类型

内容分类	细分后的内容产品
电影	影院电影、DVD
电视	观众、节目
电视网	观众、节目、网络
广播	听众、节目
广播网	听众、节目、网络
录音唱片	歌曲、唱片、歌曲集锦
印刷品	图书、杂志、报纸
广告	电视广告、广播广告、移动媒体广告、报刊广告、网络广告、视频游戏中的广告、户外广告、宣传册、宣传资料
商业咨询机构	研究报告、白皮书、通讯
软件	程序、应用

续表

内容分类	细分后的内容产品
视频游戏	操控台、计算机、移动设备、网络游戏
网络内容	动画、视频、图片、文字、网站模板
网络数字服务	搜索引擎、页面制作、在线内容和数据库、在线展示、信息整合和服务、品牌渠道、货币交换、地图、旅行计划
社交媒体内容	社交网络页面、用户接口和工具、互动图标
用户生成的内容	个人网站、博客、维基百科、社交网络页面、推特、短信、图片、视频、音乐、电子邮件、幻灯片

一、产品包装

内容本身只是商业过程的开端。它是创意作品、资产，但不是商业产品。为了将创意作品转化为商业产品，必须经过包装过程。包装是营销的第一个步骤，它能够将内容塑造成某细分市场喜欢的产品。这种“塑造”对盈利性是至关重要的。换句话说，受众支付的费用必须大于内容制作、营销和传输的成本，因而所有参与内容运营过程的人都可以分享利润。一旦内容被包装成受众喜欢的形式，并且转化为与传输渠道匹配的格式，营销人员就可以向潜在购买者、用户或消费者展开营销活动。

在不同背景下，“包装”有不同的含义。

在刚性产品行业，如牙刷、茶叶等行业，包装意味着运用塑料外盒或纸质外盒将产品进行包裹，避免产品在运输、储存、销售和使用过程中遭到损害。

在电影行业，包装意味着主要演员和创意人员的组合。这种“包装”可以帮助媒体公司从投资者处融资，或帮助其向发行商“预销售”。

在电视或其他节目/视频制作行业，包装指的是与内容相关的视觉要素，如简介、标识等。

在有线电视和卫星电视领域，包装是指一组捆绑在一起的频道或节目，订购价格通常是固定的。

这些定义都有一个共同点：都是“产品包装待售的方式”，无论是实体包装还是虚拟包装。各种媒体内容不仅包装形式不同，而且包装的作用也存在很大差异，如保护、解释、装饰和促销。

逐渐地，内容开发和包装不仅仅是内容制作人员和营销人员的工作。许多公司都将内容开发和包装看作“共同创作”过程，创意人员、营销人员和消费者都加入这一过程。在现实情况下，在作出制作决策之前，营销人员经常会征求潜在消费者的想法和建议。然后，制作人员让消费者观看包装后的产品，对消费者的回应作出分析。这种调研通常以深度访谈、群组讨论等形式进行。基于调研结果，营销人员可以在大规模销售之前建立对产品的信心。

当前内容营销的新特征在于：提供特色的发行模式。许多业内人士认为，应当使内容传输方式变得更为容易和便捷，满足消费者对内容获取方式的需要。例如，观众可以通过电视点播服务、DVD、互联网等媒体观看某部电影。

二、内容长尾

如今，内容的长尾理论轰动了世界，并获得广泛流行。过去，人们常说："一切都稍纵即逝。"安里斯·艾德森研究了当今的音乐行业后，指出，一首歌或一个电视节目可能会消失，但是由于长尾效应，内容产品可能看起来是消失了，但却处于"休眠期"，等待再次流行。图11–1（a）显示了过去的内容营销人员对内容产品的看法：引起轰动，然后消逝。然而，一切都变了。当今的内容市场呈现出长尾效应，见图11–1（b）。

图11–1（a）内容产品传统的消费者购买行为

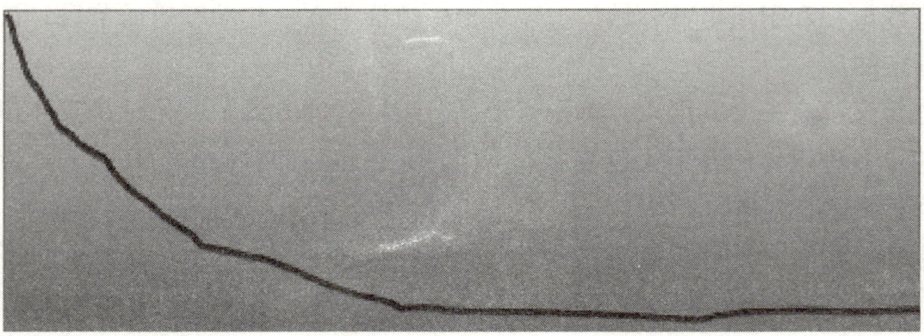

图11–1（b）内容产品的长尾模型

过去，内容行业不存在长尾效应，或者“尾巴”很短。传统大众媒体的营销人员不需要应用大量资源来进行营销活动。相反的是，他们使用自己的媒体平台向已有的受众营销内容。由于受众没有太多娱乐选择，因而有些节目可能会吸引30%～40%的受众。在广告商面前，内容营销人员占据主动地位。当某个节目不再流行，制作商可以将内容进行包装，销售给其他电视台。几年以后，这个节目就永远退出节目市场。

电视传输技术的出现使得同一节目可以在同一时间传递给数以亿计的观众。无线广播电视和卫星电视属于“一对多”传输系统。向5个人传输节目的成本与向500万人传输节目的成本几乎一样。过去，有线电视也可以达到这样的效果，区别在于它是通过数据转发器将节目传输给观众。

现在，内容产品的寿命很长。过去20年里，随着技术的进步，内容行业的长尾效应成为现实。廉价的数字存储方式使得网站和计算机能够存储大量内容；廉价的互联网内容传输方式使得个人消费者能以可接受的价格获得内容产品；廉价的在线支付方式使交易成本大大降低，买方和卖方都能接受。

当消费者能从大量内容产品类型中进行选择，他们通常变得十分谨慎，购买自己想要的内容时不会妥协。安德森指出，很大比例的销售收入都来自于轰动性内容。但是，随着时间的推移，在“长尾”上延伸的总销售额将会追上甚至超过轰动产品的销售额。安德森认为，这种趋势将会持续下去。在内容市场上，轰动性内容的影响力将会下降。

例如，爱丽丝和布金指出，亚马逊公司大约一半的收入来自于小众图书，而这些图书曾经大量滞销。然而，他们还指出，管理者必须坚定地打造轰动性产品。原因在于，不仅仅是近期的轰动性产品控制当前的内容市场，过去的轰动产品也会获得巨大收益。换句话说，今天的内容可以带来明天的收益。因此，虽然某个轰动性内容可能在某段时间的影响力下降，但是营销人员必须为未来的大规模销售作准备。

三、实时内容

实时内容是一种特殊的内容类型，必须与其他内容类型区别考虑。这种类型包括广播和电视新闻节目、脱口秀、体育节目、现场事件报道、交通节目、天气节目等等。总之，实时内容的一个共同特征是：想要成功，必须及时。

近年来，实时内容市场发生了巨大改变。一些领域获得了很大收益，然而另一些领域面临着巨大的资金缩减和人员缩减，甚至接近破产。一般来讲，这种内容类型必须在首次播出时获得巨大收益，因为它不具备其他内容产品的长尾效应。

实时内容可以是娱乐性内容，例如体育节目和脱口秀节目；也可以是信息类节目，如新闻节目、交通节目和天气节目。娱乐类节目保持着很高的盈利性和流行性，而且收入不断增加。2008年，实时节目呈现出空前的繁荣态势，一系列体育赛事受到观众的欢迎，包括北京奥运会、NBA总决赛、温布尔顿网球公开赛等。尼尔森公司将这些成功的节目归功于：

扣人心弦的内容。

高清电视的画面效果。

内容的可获得性，如体育频道大量出现，互联网和手机直播的发展。

团队体育运动的流行。

全球化市场的繁荣。

与之相比，新闻节目市场呈现出复杂的态势。许多人对此感到忧虑。根据《皮尤项目报告》，2007年到2009年，报纸收入下降23%；2008年，电视新闻收入下降7%，收视率持续下降；网络新闻受众的数目也在不断下降。然而，近期这种状况得到缓解。电视新闻和网络新闻节目表现出“目的的严肃性、责任感和趣味性”，因而重新获得一部分观众的注意。

事实表明，某些糟糕的实时类内容无法通过营销手段获得流行。一些评论人士认为，如果过于追求市场份额和收入，可能会对新闻节目带来负面影响。为了报道轰动性的新闻，只强调名人新闻或琐碎故事，受众会感到厌烦。即使是新闻节目的支持者也认为，当今的媒体公司应当意识到消费者行为方式的转变，同时也要意识到整个经济形势、行业成本和商业模型都在发生巨大变化。

中央电视台推出的新闻频道（CCTV13）对新闻事件进行实时报道和评论，受到观众好评。新闻类实时内容在中国发展十分迅速，虽然这类节目对采编人员的要求很高，但是新闻节目真正使受众可以及时获取新闻信息，提高了信息的价值和实效性。

四、捆绑销售和包装

一旦内容产品被制作出来，将其提供给更多消费者的边际成本就变得很低，主要是传输成本。结果是，许多内容制作公司将一些内容进行捆绑销售。主要是为了达到以下营销目标：

创造具有经济利益的产品。

借助捆绑产品的吸引力，接触更多受众。

设计价格等级。

提供价格折扣。

捆绑销售的例子有很多。很多电视台都将本季度的同类电视节目进行捆绑，然后以租赁或出售形式销售给网站和视频商店。软件公司也经常进行捆绑销售。例如，购买索尼Vegas Pro视频编辑软件的用户也会同时获得“新蓝”卡通制作软件。有线和卫星电视运营商同样会将一些节目进行捆绑，形成基本频道、高级频道、戏剧频道、体育频道，等等。如果用户订购了两个付费频道，电视台运营商还会降低两个频道的总价格。

五、品牌延伸

内容制作公司采用现有的成功内容来实现品牌延伸，以接触更多的受众。品牌延伸有两种方式：平面品牌延伸和垂直品牌延伸。平面品牌延伸意味着将现有品牌应用到一个全新产品，这个全新产品可以与其他产品的类型相关，也可以是一个完全崭新的类型。垂直品牌延伸意味着形成一个核心品牌，围绕核心品牌建立新产品，但是产品处于不同的等级，价格、质量、吸引力或性能各不相同。上趋延伸意味着新产品对原有产品进行提升；下趋延伸意味着产品的性能和价格比原有产品下降了。

内容行业的平面延伸包括将电影转化为电视节目或音乐剧，如迪士尼公司的《欢乐满人间》、《狮子王》和《小美人鱼》。同时，也包括电视节目向电影的转化，如福克斯公司创作了流行的电视节目《X档案》，然后拍摄成电影。垂直延伸包括电影的前传和后传、电视节目重拍、音乐录制成唱片以及软件升级。

在对成功品牌进行品牌延伸时，存在一定的风险。引入下趋品牌会带走核心品牌的销售量，从而影响核心品牌，这个过程被称为“调拨”。例如，某些受众过去可能会花费8美元去影院观看某部电影，但是在他们订购了付费电影频道之后，他们会选择坐在家里观看这部电影，而花费更低。从本质上讲，低成本的选择损害了高成本产品的销售量。另一个风险在于，新产品将会被认为品质低劣。非常常见的情况是，电影后传会引起观众的不满。

上趋延伸也会引发很多问题。消费者会感到十分迷惑。新产品会让他们对原有的核心品牌产生怀疑。他们会问：“原有的产品有哪些问题？”“为什么原来的产品中没有达到这样的品质？”这些问题在软件升级领域尤其普遍，如微软Windows系统。

苹果iphone换代速度之快令消费者质疑。例如ipad2和ipad3上市的时间间隔只有半年，消费者无法理解新的功能（照相清晰度提升）是否值得创造一代新产品，同时质疑苹果公司是否以换代之名刺激消费，获取高额利润。2013年2月22日，据巴西报纸Jornal do Com é rcio报道，苹果可能在巴西面临一项诉讼，原因是该公司去年对iPad的升级换代速度过快。报道称，“巴西政治和法律软件协会”（Brazilian Institute of Politics and Law Software）指控称，在巴西发布第三代iPad5个月以后，苹果就发布了第四代iPad，这是一种不公平的商业活动。随后巴西新闻网站O Hoje补充称，这项诉讼要求苹果向购买了第三代iPad的巴西用户提供最新版iPad或退还用户付款的一半。此外，这项诉讼还寻求对苹果处以每台已售出iPad固定金额的罚款。

六、授权

当内容公司采用平面品牌延展策略时，它们会基于核心品牌，引入完全不同的产品类型。但是媒体公司通常不会自己生产和制作新产品，而是采取“许可”的形式。“许可”形式充分证明了知识产权的重要性，《星球大战》是一个很好的例子。

前三部《星球大战》的票房收入是20亿美元，而衍生产品的收入超过了40亿美元。《星球大战前传》取得了更为惊人的许可收入。百事公司支付了20亿美元以获得“星球大战”的品牌，美泰公司支付10亿美元以获得10年的玩具生产品牌许可。《星球大战》录像带的销售量达到100万个。电影上映以后，在本地超市出现的“星球大战”授权的产品已经达到31个。

第二节　营销渠道

“渠道”指的是可通行的路径，如河流和小溪的河床、电子信号的通路等。营销渠道是促销和销售内容产品的方式，通常在发行之前就已经建立。内容市场的商业渠道包括经销、零售、直销等方式。当然，也存在其他方式。

在传统的电影和电视行业，营销和传输内容的“经销”方式早已存在。互联网和移动媒体的营销渠道正在建设之中。直销渠道还未被媒体行业认可。一个内容营销人员可能采用经销营销渠道，将内容授权给其他组织，这个组织会确定产品价格，将内容产品再次授权给其他组织、发行商或播出平台。然后，播出平台将内容传输给消费者。

垂直渠道是一个行业中所有可能的营销渠道，即任何营销机会。一些营销人员会说“我掌握了垂直渠道”以显示自己的专业性。大多数行业的营销都是通过垂直渠道进行的，但是平面渠道也能够为组织带来巨大的收入。平面渠道是向其他行业营销产品的方式。例如，在飞机上或酒店里可以观看到电影和电视节目。集成商在这一过程中起到了关键作用，如Lodge.Net 网站。教育市场是另一个平行市场，尤其是纪录性内容和新闻内容。

一、终端

人们通过屏幕来接收内容产品，即使是ipod也拥有屏幕。逐渐地，人们喜欢通过屏幕来进行媒体消费。每类屏幕都有不同的格式要求，也有不同的使用方式。人们更加喜欢从屏幕上阅读图书、杂志、报纸，如亚马逊的Kindle阅读器。对营销人员来说，内容市场的屏幕包括：

大屏幕：影院、IMAX荧幕、汽车影院。

小屏幕：电视。

更小的屏幕：互联网。

最小的屏幕：手机屏幕和其他移动设备。

表11-2介绍了四大屏幕的营销活动。

表11-2 四大屏幕的营销

屏幕	行业	营销活动
影院银幕	电影行业	影院所有者的展销会、电影节：蒙特卡洛电影节、戛纳电影节等
电视屏幕	电视行业	电视节、世界视听和数字内容市场[①]、亚洲电视节目交易会
个人电脑屏幕	互联网行业	计算机经销商博览会、国际消费类电子产品展览会、电子娱乐展览会[②]、互动电视、国际博客博览会
移动电话、PDA、掌上电脑	电信行业	移动娱乐市场、无线交易会、移动商业展览会、世界视听内容交易会

二、批发机制

市场结构一般支持四类渠道类型：批发（发行商、联合组织和集成商）、零售、“企业—企业”渠道、“企业—客户”渠道。电影娱乐内容的营销渠道通常以“许

① MIPTV（世界视听和数字内容市场）是国际性市场，专业人士在这里谈融资、谈合拍，并开展跨平台节目交易。MIPTV向与会者提供了一个无与伦比的机会：让每一位与会者分享这个50亿美元市场带来的利润。

② E3（电子娱乐展览会）是英文The Electronic Entertainment Expo头3个首字母E的组合。E3展会是全球规模最大、知名度最高的互动娱乐展示会，在全球电子娱乐产业中有着至高无上的地位，被评论誉为“电子娱乐界一年一度的奥林匹克盛会”。E3展会的官方定义为“制作中的电脑游戏、电视游戏及相关周边产品的发布会”。

可”形式运行。一般情况下，电影公司和电视节目制作公司将制作好的内容“许可”给发行商、联合组织，或直接“许可”给本国和外国的播出组织，如本国的电视台、广播台、有线频道、卫星频道，以及电信运营商。在当今的媒体市场上，它们还经常与互联网公司和移动内容发行商合作。

四类内容屏幕都有自己的营销渠道。在批发阶段，电视和电影行业的营销人员为了将内容传输给消费者，会参与一系列的座谈会、交易展或个人会议。电视行业向消费者和广告商进行营销。面向广告商的营销需要专业的媒体推销公司参与，推销公司负责媒体公司的现货销售。

许多商业交易都是在贸易展上进行的。同样重要的是，营销人员有机会见到潜在客户，建立个人联系。在国际化的贸易展上，可能会发现合作伙伴，合作伙伴会为公司提供某个地域的营销专家，而媒体公司可能正好需要在这个区域拓展业务。主管可以在贸易展上获得行业信息，收集竞争情报，这对媒体公司是十分重要的。

在任何大型产品市场上，产品都是通过供应链到达消费者。供应链过程包含了产品制作商、一个或多个批发商或中间商、零售商。内容产品的供应链与其他产品基本类似。

正如第二章所谈到的，一些大型媒体公司和娱乐公司都是垂直整合的，除了拥有制作公司、服务公司等公司，它们还拥有发行公司和自己的媒体平台，因而能够将内容直接传输给受众。即它们可能拥有电视网络、广播台或有线电视公司。

此外，还有很多的发行商和播出组织，它们没有大公司的整合能力，但是拥有传统营销渠道的优势。这类市场的参与者一般包括成品节目的供应商、电视渠道、DVD和影院发行商、品牌和电信运营商、网络发行商、零售商、本地代理商。最后，在电视节目即将播出的时候，参与者还包括广告商、媒体内容销售机构等。

每个人都知道什么是成品节目，但是“包装好的电视渠道和形式”指的是什么呢？为什么还要在这些市场上进行交易？包装好的电视渠道包括一系列的节目，购买者能够将这些节目进行编排，成为一个完整的频道。这些频道可以关于任何主题，包括烹饪、高尔夫、商业等。关键在于这是一个独立的频道，有确定的时间长度和确定的价格。

“形式”不是节目本身，而是节目的设计方式，它们是纯粹的知识产权。电视节目形式可以进行许可，由其他组织制作、播放和发行某一节目形式。目前，电视节目形式的交易在节目市场上占有重要地位。2007年，销售额达到35亿美元。

电视形式的销售获得了巨大成功，原因有以下几个方面。制片人能够避免创作原始节目的成本过高和其他风险。而且，一些节目类型，如喜剧、现实类节目、娱乐类节目等，经常能够取得成功。事实上，娱乐节目占据全球电视市场的50%。例如，成功的英国节目经常在美国复制，如《古董路演》、《美国偶像》等。同样的是，美国成功的电视节目也会在英国重新制作，如《窥探》、《危情时刻》和《学徒》。中国的《爸爸去哪儿》、《中国好声音》等节目形式也是从外国节目复制而来。

内容买卖的场所被称为内容市场。某些市场专门从事某类内容类型的买卖。“MIP”（内容信息平台）是所有类型内容的市场；MIPCOM是娱乐节目市场，每年10月在法国戛纳举行；MIP-Junior是儿童节目交易市场；MIPdoc是纪录片交易市场，每年4月于法国戛纳举行；MIP的亚洲节目交易市场每年12月于新加坡举行。

每年1月，美国国家电视节目主管协会都会举行座谈会，买方和卖方可以在此讨论行业趋势，或进行交易。近些年来，该协会的会议都是在拉斯维加斯举行，但这并不是固定的。该协会也会组织专门的地域市场会议，包括每年6月在中欧和东欧举行的东方市场会议，每年2月在中非举行的非洲市场会议，每年11月在伦敦举行的伦敦市场会议，以及每年2月在蒙特卡洛举行的蒙特卡洛市场会议。

购买多期或多集电视节目被称作“联合购买”。“网外辛迪加”意味着电视节目首先在一家电视台播出，其较高的收视率引起了其他电视台的兴趣，因而购买其剩下的电视节目。由于制作人仅仅能够收回节目80%～85%的成本，因而“联合购买”是重要的财务盈利方式。电视节目的联合购买通常允许某电视节目5年内被重播6次。一轮播出指的是直接播出从未播出过的节目。脱口秀节目经常在联合组织中一轮播出。

电影也可以通过电视市场进行交易，但是也有专门的电影交易市场。美国电影市场（AFM）交易会每年11月于加利福尼亚的圣莫尼卡举行，它是世界上最大的电影市场，独立制片人可以通过AFM直接与客户进行交易。一般情况下，在交易会之前，电影需要先参加电影节，如圣得西电影节。

每年全世界8000名电影行业精英都会在圣莫尼卡聚集一堂，参加为期8天的活动，包括电影交易、展映、会谈、红毯秀、晚会，等等，参与者来自70多个国家，包括电影公司老板、代理商、中间商、导演、发行商、投资方、电影委员会成员、制片人、编剧、媒体，以及其他在电影行业工作的人士。

三、零售机制

电影和电视节目DVD、视频游戏、计算机软件、音乐CD、图书可以通过视频商店出售。但是最为重要的内容产品零售商是大型购物中心，如沃尔玛、佳世客，等等。对于视频游戏来说，零售机制可能会决定游戏的成败。

对于娱乐行业的营销人员而言，大型购物中心在合作时占据强势位置。如果以相对低廉的价格出售，则意味着内容产品的收益可能会面临损失。大型购物中心要求每个内容产品都要贴有标签，作为一个库存存储单位，这增加了发行的工作量。而且，它们要求每个商品都印有电子码，被称为射频识别码，这样会增加内容产品的成本。购物中心对退货和顾客的投诉并不负责，而是由内容制作公司负责。其他零售商的销售规模无法与大型购物中心相比。

随着互联网的出现，音像店面临着极大的竞争。许多分析人士认为面对面的销售和培训形式将会衰退。低成本的订购服务“Netfluc”，使得消费者不仅能够在网络上获得课程，而且会收到实体DVD。其他网络服务使得消费者能够下载内容，或者在自己的电脑上观看DVD。

四、直效传播和客户关系管理

大多数内容制作公司都不希望直接面对消费者。因为处理消费者的折扣、信用、产品重置需要许多专门的组织机构，因而需要大量成本。大多数内容产品的价格都比较低廉，这些部门的效益很低，即使在互联网环境下，大型内容公司都会专注于自己的内容创造，而很少进行直接对消费者的营销和销售。

相反的是，拥有订购消费者的媒体平台提供商会提供专门的客户服务。有线和卫星电视运营商、互联网服务提供商、电信服务商每月都会收取订购费用，这类收入十分稳定，因而它们能够为消费者提供稳定的服务。大多数公司都会以内部服务和外包服务相结合的方式处理消费者问题。

与消费者直接接触的公司意识到，除了客户服务之外，它们还必须考虑客户关系管理。客户关系管理对公司的利润有重要影响。营销活动可能会吸引消费者，提高销售量，而客户关系管理可以维持客户，降低客户流失率。一个受过良好训练的客户服务专员会充分利用与客户的接触机会，销售更多产品（交叉销售），或销售更为昂贵的产品（追加销售）。如果能够将这种服务作为一种常态，则会大大增加公司的收入。

第三节　价格策略

“窗口发行”意味着电影的分级发行。订单由收入决定，即由一段时间内的票价决定。这一策略首先在电影行业应用，目的是使收入最大化。实际上，这是一种价格策略，当内容产品过时以后，则降低其价格。

过去，分级销售是电影行业的一个重要策略。然而在目前的环境下，新的内容发行方式大量出现，需要对这一策略进行重新考量，尤其是电视行业。由于内容产品存在长尾效应，分级销售的价格战略最终将会延伸到其他内容类型。

电影首先通过影院放映；4～6个月以后，可以通过销售和租赁DVD的形式发行，也可以通过电视点播的形式发行；电视点播发行后的4～6个月，电影可以在电视台播放（付费节目）；然后，产生一系列的低价发行，包括通过免费电视节目、外国电视节目、有线电视网络等发行。2003年，全球电视节目的许可收入为160亿美元，2004年，这个数字为180亿美元。

当内容产品在各个渠道发行之后，制片人会计算消费者的人均消费价格。

美国典型的电影发行窗口和收入来源是：

国内和国际影院（票价8～10美元）

其他国际影院（票价2～8美元）

家庭视频销售（每个副本12～25美元，由最终的观看次数决定）

家庭视频租赁：每次租赁费用4～6美元，由租赁人数确定，每个副本的总租赁数不多于50次

点播服务：每次点播收费4～6美元，由点播次数确定，每个副本的总点播数不多于50次

订购服务：每月的订购费为10～12美元，观看人数在1～50人之间

电视播放：每次播放的费用为10～15美元，可供成千上万的人观看

外国电视网络：外国电视台支付上百万美元的费用，供成千上万的人观看

联合组织播放：以最低的成本价格，供成千上万的人观看

一、设定价格等级

单个产品以固定的价格出售之后，交易就结束了。然而，对多渠道运营商而言，基于价格的营销服务是一种有效的营销方式，它们一般设置一个“月订购商业模型”，对不同的商业渠道和电视网络设置不同的价格等级。

每个运营商都以自己的方式设定价格等级，但是它们有一些共同的定价特征。基本价格等级的对象包括本地电视台和其他电视台，对这些电视台的定价相对低廉，每月的订购费大约为几美分到几美元，另外的渠道，如购物中心的电视媒体运营商支付

订购费，并签订分红比例。

基本订购服务的另外一种定价方式是基于点击量的收费。许多运营商都会与点击数量多的频道合作，按照用户点击进行收费。一般情况下，点击收费的分红比例为1：1，即制作公司与播放频道获得同样的收益。

高定价包括对流行频道的定价，如国家广播公司、东京广播公司等。大多数公司都有30多个电视频道，吸引用户每月交纳订购费用。流行节目的定价则需要每月额外收取10～14美元。

二、价格折扣

对于许多内容产品来说，尤其是轰动性电影，消费者都有“先睹为快”的心理。他们会排很长的队，以高昂的票价购买《哈利·波特》系列电影的电影票。在这种市场环境下，营销人员不会降低票价。

然而，随着时间的推移，影迷们的热情会逐渐退去。但是，如果价格很低，一个喜欢《西雅图不眠夜》的观众依然会购买一张DVD再次观看这部电影。事实上，这种情况是长尾营销的核心，目前营销人员已经开发出技术方法来保存这些影片目录，可以满足这类消费者的需要。

总结

本章详细介绍了项目人员怎样定义内容产品，以及怎样销售内容产品。描述了内容市场的结构，以及内容的买方和卖方怎样达成交易。研究了消费者怎样通过多渠道消费内容产品，以及营销人员怎样运用价格策略使利润最大化。

下章概要

下一章从广播电视行业内部人士的视角出发，介绍了营销学的原理，包括怎样向广告商销售广告。

广播和电视网络、本地电视台、互联网站都在寻找广告商。下章将会涵盖丰富的操作性方法，解释销售主管怎样发现广告商，怎样服务于广告商，以及怎样维护与广告商的关系。

案例分析11.1　“细节”的重要性

选择一款你经常消费的产品，如牛奶、洗衣粉等，分析其包装特征：

包装采用了什么颜色？包装上的哪些词吸引了你的注意？如“全新”、“第一次”？

产品的哪些要素能够吸引消费者购买？

你看过关于这个产品的广告吗？

广告信息与产品包装有关联吗？

现在，选择一个你喜欢的电视节目、广播节目或电影，分析这类内容产品的包装：

内容使用了何种语气语调？电视或电影中是否使用了某一主题颜色？

如果你选择的是一部电影的DVD：

描述DVD的包装以及包装上对电影的描述。

描述与电影本身相符吗？

在包装上，最明显的是什么？

如果你选择了一个电视节目：

这个节目有主题曲吗？

描述这个节目的开头和结尾是怎样设置的。

有没有特别的节目要素使得这个节目具有独一无二的吸引力？

如果你选择了一个广播节目：

这个节目的开始和整个节目流程都有主题吗？

每次，受众想从这个节目中获得什么？

这个广播节目提供了其他节目没有的要素吗？

分析前述的三类情况：

确定出内容想要吸引哪类人群？

你认为哪类受众将会被这些节目或电影吸引？做出简要描述。

你是否认为营销人员很好地包装了这个节目或电影？通过调研支持你的结论。内容成功或失败的原因是什么？

案例分析11.2　产品包装

你在音乐行业工作多年，现在是营销主管，负责一家知名唱片公司艺术家的音乐发行工作。你任务的一部分是为一个新的艺术家成功包装DVD。

选择一个你不经常听的音乐类型，为这个乐队或艺术家创造一个名字。现在开始设计你的营销计划。通常，音乐发行以多样性的潜在听众为目标进行调研。如果这个艺术家与市场上某位知名的艺术家类似，那么那位知名艺术家的主要听众是哪类人群？你希望吸引这类人群还是吸引其他人群？做出决定，而且在制定营销策略时要牢记你的决定。

对CD中的歌曲做出简要描述。当消费者购买了这张CD，他们会从中获得什么？为这次发行设计一个主题，与视觉艺术设计部门合作，设计CD的封面，虽然你不需要成为艺术设计领域的专家。你是否希望在包装上显示一些特别的要素？是否想要加入某些慈善行为？

在每一步中，不要忘记包装设计的目的是为营销活动服务，也不要忘记产品本身。

最后，确定一些在广播台播放的歌曲，解释为什么选择这些歌曲。写出发行的时间表。你希望你的艺术家出现在哪些节目中，从而支持这次发行？总结你的营销计划，与同学分享。他们是否注意到你忽略了哪些要点？如果没有，你一定可以创造出一次商业轰动！

第十二章
销售管理：内部视角

如果每隔12分钟播放一次广告，那么再深刻的纪录片也会失去意义。

——罗德·塞尔林

>> 本章学习目标

→电子媒体的销售:

→销售的组织图/工作描述

→媒体销售的新方法:

→电话销售

→第一印象

→客户需求分析

→展示技巧

→完成交易

→服务和销售

→互联网:

→收入

→标准单位规模

→专业术语

→促销:

→实况转播

→公众关系

→社区拓展
→互联网运动
→销售促销
→制作

导 语

虽然许多观众在看电视时不希望被广告打扰，许多互联网用户十分厌烦弹出广告，但是这些商业广告在媒体行业发挥了重要的作用。

在广播行业，商业广告支持了广播台的公众利益活动。1946年，美国联邦通信委员会在“广播行业公众服务责任”的文件中描述了“公众利益”的定义，这个文件通常被称为“蓝皮书”。“蓝皮书”声称，将一部分广播时间用于维持节目运作是保证公众利益的一种方式。联邦通信委员会从未正式签署过“蓝皮书准则”：如直播节目规则，推崇有关公众事物的节目，对广告过多的限制，以及节目维持原则等。然而，这些准则导致了新规则的诞生，那就是1948年由国家广播委员会出台的广播政策。

虽然随着时间的推移，许多规则或支持或挑战了联邦政府的主权，但是广播公司依然需要报道新闻或制作有利于公众利益的节目，从而更好地为社会服务。对于广播公司而言，联邦通信委员会的要求可以转化为“正确报道社会问题”，而这些工作需要一定成本，包括雇员、设备、保险、器材、电力、软件等。为了支付这些费用，广播公司需要保持健康的财务状况。虽然广播公司开始进军新媒体行业，但是它们的大多数收入都来源于商业广告的销售。现在，我们可以理解收视（听）率冠军和销售部门的重要性。

许多媒体公司都面临着双重市场，这就意味着，它们必须向两类完全不同的购买者进行营销：一方面，媒体公司需要向受众营销内容产品；另一方面，需要向广告商营销广告时间。

在广播行业，销售和促销部门负责处理广告业务，而创意服务部门负责消费者市场。互联网公司有时对这两者的界定是：企业对企业（B2B）营销和企业对客户（B2C）营销。小的媒体公司不仅需要利用B2C营销吸引消费者，增加市场份额，同时需要利用B2C营销的结果吸引广告商。这两类营销需要合理均衡。

如果内容产品质量不高，只要价格合适，依然可以获得收益，这就需要一定的营销和销售技巧。为了更好地理解销售部门和创意服务部门之间的协同作用，我们将进行深入分析。本章首先关注于广播市场的广告销售，因为这个领域已经形成先进的销售结构和流程。然后讨论了怎样向消费者营销内容。广播公司的许多销售和促销活动可以应用于互联网行业，本章的最后会讨论互联网行业的广告销售问题。

第一节 销售部门

在无线电传输时代，受众如果想接收到免费信号，必须收看商业广告。随着技术的进步，许多受众通过有线网络接收信号，也能观看到许多电视频道。卫星电视的发展使得受众不再需要接通有线线路，而是通过卫星信号接收信息，受众需要安装卫星电视天线。

许多电信公司接手了有线电视公司，利用现有的光纤网络提供电视服务。互联网则利用无线网络和光纤网为受众提供电视和广播服务。受众观看节目的替代性方法被称为“选择传输系统”（ADS）。传统的广播台、电视台和ADS存在明显差异，如传输系统的差异，但是最为重要的是，两者的收入来源不同。传统的广播台和电视台主要依靠广告收入，而ADS网络除广告收入外还有第二种收入来源：用户订购的收入。

由于受众的媒体选择复杂多变，电子媒体公司必须提升广告销售的方法。过去，电视台和广播台的数目很少，因而它们能够占据很高的市场份额。当时不存在竞争性市场，因而销售方式与现在极为不同。事实上，那个时期的销售代表被称作“订单处理员”。然而那个时代已经成为历史。在过去的30年里，受众的媒体选择越来越多，传统媒体开始衰落，如电视和广播。媒体行业从业者应当意识到，广告销售应当有一个根本性的转变。许多媒体组织已经开始做出努力，试图通过教育和培训的方式提升公司成员对新媒体平台的了解，从而提升组织的竞争力。美国的媒体培训机构包括：

电视：电视广告管理局（TVA）

有线：有线电视广告管理局（CAB）

广播：广播广告管理局（RAB）

互联网：互动广告局（IAB）

本章将详细讨论电子媒体收入生成的新方法和传统方法，包括电视、广播等。许多方法都可以应用于互联网销售流程，但是术语有所不同。

传统的广播销售部门不包含流通部门。流通部门的作用是通过计算机软件保证商业广告时间的合理分配。计算机软件产生的报告往往与销售主管制定的广告分配计划产生冲突，因此流通部门的主管向商业主管进行汇报时，通常会生成“核查和平衡”系统。有些媒体公司整合了一些部门，而有些公司设置了特有的部门。

销售主管（GSM）：销售主管对销售部门的运营负完全责任。这个岗位的职责包括：设定收入预算，设定收入目标，激励销售管理者，管理部门的人力资源，做出订单决策，以及直接向广播台、电视台的主管汇报。销售主管必须对现有的广告时间有精确了解，并且根据不同的情况调整广告费率。销售主管需要不断平衡各种关系，如果做出错误的决策，可能会给公司带来巨大损失。

销售主管是部门的领导者，也是组织内压力最大的职位之一。如果销售收入没有达到预算，销售主管要承担很大责任。如果广播集团拥有多家子公司，或者与其他广播公司签订了发行管理协议（LMA），则销售主管需要将自己公司的业绩与其他公司的业绩进行比较。销售主管也经常被提升为公司的主管。

地区销售主管（LSM）：地区销售主管的职责是处理与客户主管（AE）相关的活动。这就意味着，地区销售主管经常参与客户主管的会议，开发能够提升公司收入的项目，或签署广告订单。地区销售主管还经常与销售主管一起设定广告费率。当销售主管希望对销售部门做出调整或变革时，地区销售主管经常会转变为客户主管。

国内销售主管（NSM）：这个职位的职责是从国内的广告商获得订单。他们经常与销售公司合作，向国内的广告商进行营销。在这种情况下，国内销售主管通过销售公司与广告商进行谈判，以保证公司的商业收入。如果电视台没有与国内的销售公司合作，则国内销售主管必须与广告管理机构建立密切联系，以获得广告商的信息；另一方面，国内销售主管还负责向销售公司或广告公司呈交广告费率、销售包装、以及收视率信息。

营销管理者：他们的职责是吸引潜在客户，包括收集各种调研信息，与调研分析人员一起开发营销活动。例如，播放某赛车比赛的电视台会向广告商提供一份资料。在这些资料中，可能还会包含一些赛车比赛的门票，邀请广告商的老板去参加。这种类型的节目能够面向小众市场，刺激广告商购买广告。

作家/制作人：这一职位与客户主管一起撰写剧本、制作商业广告，以及设计网站元素。

调研分析人员：调研分析人员与营销主管一起研究电视台或网站的定量和定性数据，然后由客户主管将这些信息传递给潜在客户。

客户主管（AE）：客户主管是“收益创造者”，他们的职责是创造收入。销售主管服务于现有的客户，同时也会不断吸引新客户。想要成为成功的客户主管，需要经历许多步骤和培训。高收入的员工一般都是客户主管，而且，客户主管会从销售收入中获得分红，因而很难预计他们的收入。一些电视台设计了新的绩效方法，根据管理层设定的收益点，确定提成比例，客户主管的收入由固定工资和绩效提成两部分组成。客户主管必须是那些对金钱有敏感度的人，而且勇于面对挫折。

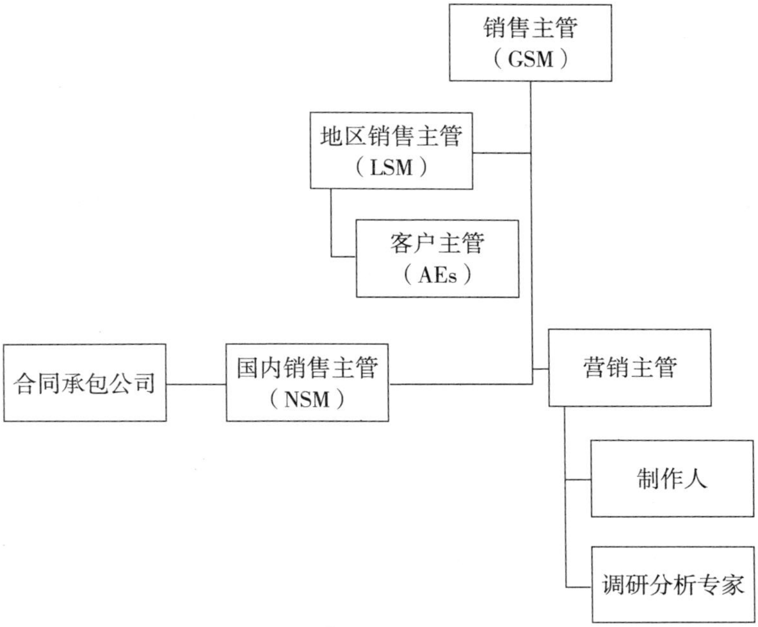

图12-1　广播电视行业销售部门的典型结构

第二节　媒体销售的新方法

在电子媒体销售领域，最为重要的转变是产生了一种新的媒体销售方法：基于用户的具体需求为其提供定制化的广告服务。

媒体公司的成功取决于销售部门的成绩。在当今不断变化的技术环境下，大多数媒体公司不断投资于客户主管的培训。总的来讲，客户主管也称为客户营销主管或广告专员，他们的职责是开发新业务，不断服务于现有客户。

新业务的开发是客户主管的生命线，因而被认为是客户主管的最大职责。开发新业务的方法包括以下几个方面。

一、电话营销

“电话营销”要求客户主管拿起电话，或直接开车到某地，在没有受到邀请的情况下，试图与客户进行会面，呈现媒体的信息。新的客户主管可能会认为这是他们最讨厌的工作。但是，成熟的销售人员会告诉你，这是他们最喜欢的工作。因为不通过这种方式就很难开发新的客户。对于电话营销，有以下几则建议：

设计自己的营销语言，吸引对方注意。

深入研究客户所在行业的特征。

电话通话言简意赅。

不要灰心。

与决策制定者进行会谈。

二、前景开发

“前景开发”的定义是寻找盈利的机会。有以下几种方式：

提及：让现有客户提供符合营销目标的公司名称。

监控：利用你的媒体平台或其他广告平台寻找客户。

黄皮书：选择一类客户，找到他们的联系方式，开始拨打电话。选择合适的时间拨打，如全国爱牙日等。

领导组织：定期与其他公司的客户代表进行会谈，获取新客户的信息。这种活动需要经过销售主管的同意，因为一些公司不允许客户主管参与这类组织。

人际网络：参与本地的商业或社区群体，从而能够与社区中更多的人进行接触。

实地拜访：去刚刚成立的公司进行拜访。

公司对公司的业务：聪明的客户主管经常会向与自己公司业务有关的公司人员留下自己的名片，如牙医、洗衣店、理发店等。

信息：无论是哪类媒体平台，都是获知新企业信息的方式。

三、第一次会谈

成功地与客户进行接触，约好见面时间，就很可能在今后的日子里与其建立长期的合作关系。但是，在第一次会谈之前，客户主管需要做好准备，简单写出“会谈前列表”：

穿着需正式、职业

收集公司的信息，以及公司的竞争者和所在行业的信息

学习一些行业术语

准备好满足对方营销计划的信息

关掉手机

带一些名片、本公司宣传册

带上笔和纸，以便做笔记

练习推销词

带上印有公司图案的物品，送给客户

建立良好的第一印象

在任何情况下，第一印象都是十分重要的。客户主管意识到，通过第一次见面，客户会形成对媒体组织的初始印象，然后客户会收集媒体组织的信息，以确定是否与之建立长期的商业合作关系。因此，客户主管应当与客户个人建立良好的人际关系。以下步骤能够帮助客户主管达成这一目标：

1. 制造良好氛围
2. 完成客户需求分析
3. 清晰、准确地呈现媒体组织的信息
4. 约好下次见面的时间
5. 再次会谈

客户主管必须细致敏锐地发现自己与对方的共同点。大多数情况下，在刚见面时，客户主管需要询问客户一些个人问题，例如墙上是否挂有足球队的照片或是大学照片、孩子的照片、获奖证书？在简短的互相介绍之后，客户主管应当立即感谢客户给予这次会谈的机会。然后，需要交换名片，这样会避免双方忘记对方名字的尴尬。客户主管可以让客户知道本次会谈的主题。在完成客户需求分析之后，应当向客户呈现媒体公司的信息，确定下次见面的时间，保证下次为客户带来一份定制的营销计划，这时，客户主管可以结束这次会谈。

客户需求分析

这是会谈过程中用时最长的一部分。客户主管需要花费大量时间充分了解客户公司的特征和其所在行业的特征。通过获得潜在客户的详细信息，才能完成客户需求分析。在为客户准备营销活动时，客户需求信息显得十分重要。客户主管的最终目标

不是让客户投放一次广告，而是与客户建立长期的合作关系，为客户带来收益。许多公司有自己的客户需求分析表格，客户主管可以带着这一表格与客户进行会谈。许多客户主管不喜欢使用表格，但他们可能会记住一些问题，从而帮助他们获得必要的信息。下面列出了会面时几个常见的问题：

你进入这家公司多久了？

描述你的主要客户的特征。

公司面临着怎样的挑战？

与竞争对手相比，你所在的公司有哪些特色？

公司目前采取了哪些广告形式？

公司受到季节性影响吗？

通过这次广告投资，你希望获得怎样的效果？

我可否参观一下公司的设备，以便能够更好地了解公司？

公司对这次广告投资有预算计划吗？

呈现媒体组织信息

一旦获得了足够的客户信息，客户主管将会向客户展示媒体组织的信息。客户主管可以假设对方对媒体组织了解不多，提供一些有关媒体组织的基本信息，但是不要过于强势。提供以下信息：

广播台或电视台的节目形式

说出几个有名主持人的名字

媒体组织参与的社区活动

广播台或电视台的优势

预约第二次见面

客户主管可以提议两周以后双方进行第二次会谈。如果客户没有对媒体组织形成良好印象，则客户主管可能会遭到拒绝。客户主管需要创造一种相互信任的氛围，充分展现在本媒体投放广告的优势。如果没有达到这个效果，预约第二次见面时会遇到很多困难。一旦第二次见面预约成功，客户主管应当再次表达感谢，并向客户赠送公司的吉祥物。

最后的步骤

第一次见面还没有结束。在回到公司之后，客户主管应当向客户发送一封致谢信。这个步骤通常被忽视，但这种简单的举动能够展现客户主管服务客户的决心，同时也确认了下次见面的时间和地点。

四、为第二次拜访做准备

在接下来的两周，客户主管需与营销管理者、调研分析专家、版权作家会面，设计一套营销计划。客户主管应当收集足够的信息，从而能够在第二次拜访时得心应手。

报告中应包含以下要素：

封面——包括媒体组织的标志、客户公司的名称、陈述的日期、客户的姓名，客户主管的姓名和电话。

导语——介绍组织信息，包括与营销战略有关的行业数据。

调研——基于客户信息，提供详细的市场信息。

广告脚本——展示的创意性内容，使潜在客户能够看到商业广告的概况。

提议——提供能够到达客户目标市场的完整市场计划，包含广告投资成本。

条款/规定——关于媒体组织商业政策的信息。

五、达成交易

客户主管向客户陈述完报告之后，双方进行双向沟通，然后达成交易。这是整个销售过程中最重要的环节，需要客户主管向客户提出请求。许多文章、专著和咨询专家都对“完成交易”进行了分析，客户主管拥有个人完成交易的喜好和方式。下面是完成交易的一些方法：

假设型方式：假设对方已经做出合作决定。将谈话的重点转向下一个阶段，如“什么时候开始执行计划？”，“你希望以怎样的方式付款？”，或“让我们确定一下广告制作的时间，以便能够在下周播出。”等等。

分级方式：提出三种建议，目标是中等建议。首先，为客户提供一种高级的策划，通常价格十分昂贵，超出了客户的承受范围。一般情况下，客户不会接受这种建议。然后，为客户提供一个价格适中的建议，也能大体满足对方的广告要求。最后，为客户提供一个廉价的方案，几乎无法满足对方的要求。一般情况下，客户会选择第二种方案。

握手方式：与对方握手，激发对方的反应。当你想完成交易时，伸出你的手，微笑和点头，就像交易已经完成的样子。观察对方，如果需要，抬高你的眉毛。

幽默方式：用幽默的方式缓解客户的情绪。讲一个笑话，或说点俏皮话。当客户紧张的时候，这种方式十分有效。如果你不确定政治性的笑话是否有效，最好不要使用它。最为保险的幽默方法是“自嘲”，能够显示出你的自信和平易近人。

总结方式：告诉客户他们将获得的价值。总结对方的获益列表，告诉他们能够获得的经济利益。使用具有吸引力的语言，使得总结更具有说服力。进行细节阐述，最好列出子项目，但是要控制好表述时间。你的目标是用“他们能够获得的价值”说服他们，而不是让他们厌烦。

“有价值的客户”方式：告诉客户，他们是一个非常有价值的客户。找出理由，说明客户对媒体组织的特殊价值，然后为他们提供一个合理的折扣。告诉客户，如果在本月或本季度内再进行一次交易，将会为他们进行折扣。

六、确定条款和规定

与客户签订协议之前，客户主管需要解释一些条款和规定。首先，回答以下问题：

客户以现金支付，还是以信用支付?

支付的时间?

客户能否用信用卡付款?

七、广告制作安排

最后，签订拍摄商业广告的协议。客户主管应当让新客户参与到制作过程中去。事实上，如果客户能够在拍摄脚本上签字是避免风险的很好方式。客户主管不希望在完成制作以后，客户告诉他们，这不是他们想要的广告。在剪辑阶段，也需要客户参与其中，与剪辑师一起完成剪辑工作。

八、跟踪客户

在项目运行之后，客户主管需要继续与新客户保持密切联系。经常的情况是，客户主管不希望听到客户的不满和抱怨，因而签订合同后他们避免与新客户进行接触。但是，客户主管的工作之一就是检查项目是否满足客户的需要。如果需要改变原有计划，客户主管应当做出迅速的回应，充分为客户服务，以保证项目的顺利实施。

九、服务于现有客户，开发新客户

通过成功的拜访和有效的信息沟通，客户主管已经获得了大量客户。但是，要做好客户流失的准备。许多客户将不会在同一家电视台投放广告，这也是商业策略之一。因此，客户主管需要经常拜访现有客户。大多数客户主管都拥有一份现有的客户名单。

经常情况下，许多电视台都会接触其他电视台的客户主管，以获得大量的客户信息。而且，许多客户主管的工作任务就是开发新客户，必须从头开始。

目前存在两种类型的广告公司：

广告机构：广告机构通常会处理许多广告业务，因为可以从电视台获得广告折扣，折扣大约是15%。客户主管通常会向这些广告机构支付佣金，但是这些佣金（大约1%~5%）少于支付广告商的佣金。

广告商：广告商直接与电视台进行交易。客户主管通常要向广告商支付大量佣金。

广告公司要求客户主管直接与广告商进行交易。换句话说，客户主管是卖方，广告商是买方。当广告商向客户主管提出“申请”时，谈判正式开始。“申请”包括广告商试图接触的目标群体，收视率目标，以及总的市场预算。经常情况下，申请会包含一个“黑名单”，即它们不愿意参与的营销活动。这些决策的做出基于项目目标、公司主管的文化信仰或政治理念。

当客户主管直接与广告商进行合作时，他们与公司的所有者或决策者进行面对面的会谈。在以上两种情况下，客户主管都会向客户提供收视率信息、节目信息、节目时段信息，从而使广告能够在目标市场上达到最好的效果。时段广告在每天的哪个时间播放，电视行业和广播行业对时段的划分并不相同。

电视/广播时段

虽然电视行业经常是出售各个节目的广告，但是广告商也可以选择时段广告。对广告商来说，时段的购买是十分重要的。以下是电视广告管理局划分的广告时段，但是根据市场的不同也存在差异。

电视节目时段

早间时段：5:00am ~ 9:00am
上午时段：9:00am ~ 3:00pm
下午时段：3:00pm ~ 5:00pm
新闻时段：5:00pm ~ 7:00pm
前黄金时段：7:00pm ~ 8:00pm
黄金时段：8:00pm ~ 11:00pm（周一到周六），7:00pm ~ 11:00pm（周日）
晚间新闻时段：11:00pm ~ 11:30pm
晚间边缘时段：11:30pm ~ 2:00am
凌晨时段：2:00am ~ 5:00am

不是所有的电视台都严格遵守以上的时段表。例如，在一些电视市场，每天的节目开始时间是下午6：30，许多电视台都提供某一时段的广告，广告商需要与有线电视网络的客户主管一起确定应当在哪家电视台安排广告，也有些电视台不允许播放地方广告。更为重要的是，广告商需要确定最为适合自己产品的电视台。电视台通常以层级形式出售广告，这些层级基于不同的收视率，同时也会收取不同的广告费用。广告商也可以选择“分散”的广告投放，即在不同的电视台播放同一广告。

广播节目时段

与电视台不同，广播广告主要是以时段为划分依据，广播广告管理局对时段的规定是：

早晨交通时段：6:00 am ~ 10:00 am

上午时段：10:00 am ~ 3:00 pm

下午时段：3:00 pm ~ 7:00 pm

晚间时段：7:00 pm ~ 12:00 pm

凌晨时段：12:00 pm ~ 6:00 am

周末的广播广告时段有很大不同，它没有确定的时间结构，广告商无法确定一个固定的有益于商业目的的时间表。这个时段的广告管理被称为广告运营，比如，可以在9:00am ~ 5:00pm运营广告，或6:00pm ~ 12:00pm 运营广告。

第三节　互联网销售

传统媒体的广告销售需要许多知识，包括收视率、节目信息、每千人到达成本、心理学知识，等等。但是在互联网销售广告时，情况完全不同。当电视台、广播台等媒体开始通过互联网扩张自己的品牌，有一个问题出现了：谁来负责互联网广告的销售？许多电视台都选择依靠现有的客户主管来销售互联网广告，而其他电视台也雇佣了全职的互联网广告销售团队。

每个选择都为媒体组织带来了难题。对于选择使用现有客户主管的媒体组织，这就意味原有客户主管必须重新学习和了解一个完全不同的媒体平台，而他们对原有媒体平台更加熟悉。结果是，当客户主管在营销广告时，他们花费大量时间解释电视和广播广告的细节，然后再提及互联网广告。

另一方面，如果雇用一个全新的互联网广告营销团队，意味着他们会与现有的客户主管争抢客户。据报道，有些销售部门将这两类团队的任务合并，从而减少两个营销团队之间的矛盾。无论采用哪种方式，媒体组织都已经意识到互联网广告的强大力量，并开发出一系列方法来保证经济收益。

一、互联网广告收入

2008年，全美互联网广告的收入达到234亿美元，比2007年增长了10%。而电视和广播行业在这一时期都经历了严重的广告收入下滑。很明显，这种下滑与互联网广告的发展有很大关系。毕竟，比起传统的60秒广播广告和30秒的电视广告，互联网能够提供更为丰富的广告信息。

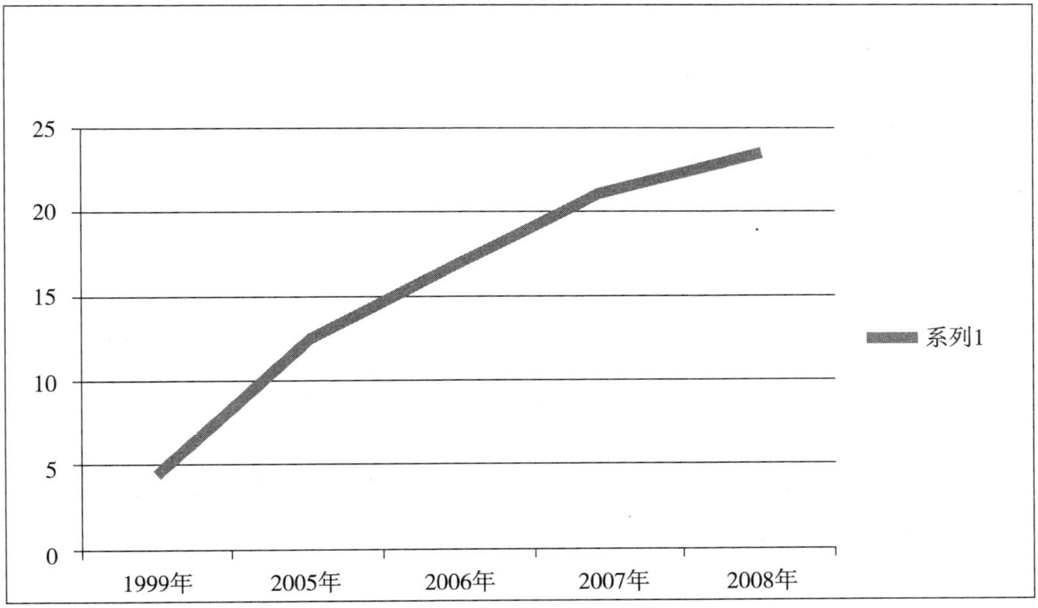

图12-2　1999年以后的互联网收入变化（单位：10亿）

用户还可以通过互联网与广告商进行交流，这样就能够建立双方的紧密联系。当然，如果广告商没有正确地与用户进行沟通，就可能丢失客户。但是随着经验的积累，广告商可以更好地找到目标市场，以及与用户进行沟通交流的方式。图12-2显示出1999年以后互联网广告的增长情况。

普华永道公司进行了更为深入的研究。2008年的互联网广告收入统计显示：头版头条广告的搜索率是45%，比2007年增长了20%，收入达105亿美元。其他的收入包括，陈列广告的搜索率是33%，收入达76亿美元。陈列广告包括柱状广告、富媒体、数字视频等。分类广告的搜索率是14%，收入达到32亿美元。在广告商的分类方面，零售广告收入占据22%，收入达50亿美元；金融服务广告位列第二，占据12%的总广告收入，达28亿美元。这些收入十分可观，互联网向传统媒体提出了巨大挑战。现在，我们可以通过互联网完成各种活动，如沟通、购物、社交、教育，等等。

2009年10月29日，互联网行业迎来了自己的40周岁庆典。40年前，加利福尼亚大学洛杉矶分校的教授利奥那德向斯坦福大学研究中心的办公室发了一份邮件。他本想发送一个单词“login”，但是系统在他打入两个字符之后就瘫痪了。因此，互联网时代的第一步只有两个字符“lo”。40年来，互联网行业还有其他的里程碑，但是这一事件确实是互联网发展的第一步。

二、互联网客户主管

互联网销售平台的销售人员必须非常清楚互联网广告的价值，从而满足潜在客户的需要。在电视、广播行业，客户主管销售的广告时间通常是10秒、15秒、30秒和60秒。当然也存在一些例外，但是它们是最容易接受的广告时间。对于互联网广告来说，存在不同的广告形式：

横幅和按钮：整面横幅、半面横幅、微横幅、垂直横幅、环形按钮、头版横幅

弹出式窗口：环形弹出窗口、直角三角形窗口、矩形窗口、长方形窗口

置顶广告：宽幅置顶广告、普通置顶广告、半面广告

每种广告形式都可以做成动画播放。

互动广告局对这些广告形式颁布了一些规定，但是根据不同页面的设计，广告形式也会有所差异。

正如我们所看到的，营销人员首先应当了解有多少广告位可以销售，然后管理者必须确定每个广告位的价格。与传统媒体相似，许多广告都是根据每千人成本进行收费。最终，广告费率还会受到市场可承受价格的影响。

三、常见的互联网广告技术

横幅广告：横幅广告是一种图片广告形式，一般位于网页的中间或边缘。横幅广告一般是GIF形式（图片互换格式）。除了图片大小的考虑，许多网站还会限制文件的大小，从而使图片在网页上快速显示。大多数广告都是动画GIF形式，因为动画能够吸引更多的用户点击量。最常见的大型横幅广告的像素是468×60。小型图片的像素一般为120×120，或120×90。互动广告局还规定了其他横幅广告的标准。

缓存：在互联网广告领域，缓存服务器或用户的计算机可以使得广告的观看情况

不被广告商发现。有几种技术可以使浏览器拒绝缓存某些页面。但是如果不适用缓存技术，用户会发现这个网站的速度比其他网站慢。

点击：根据FAST（Facility for Automatic Sorting and Testing——自动分类与测试设备）规定的广告行业标准，点击的意思是“一个用户与某广告发生了互动”。很明显，这并不是意味着用户与富媒体广告发生了联系，实际上只是用户完成了点击的动作，也并不意味着用户会等待进入广告商的广告页面。

点击流：点击流是用户请求进入某家网站的路径记录。点击流信息能够帮助互联网所有者弄明白用户怎样使用网站，以及经常浏览哪些网页。同时，点击流还可以帮助广告商明白用户怎样到达广告页面，他们浏览了哪些广告，以及怎样预订产品。

点击进入：点击进入是广告点击的结果。实际上，点击和点击进入的应用可以被综合运用。点击进入的意思是用户真的进入了广告页面。有些广告商愿意为点击进入的次数付费，而不是广告影响力。

点击率：点击率指的是导致点击进入的广告观看比例。虽然横幅广告也能被用户看到，从而提升品牌价值，但是这种价值的提升很难测量。点击进入的价值有：它显示出广告的有效性，以及能够为用户提供更多的信息。现在有一种新的营销方法，那就是点击的结果并不是进入广告页面，而是直接进入订购页面。高点击率依靠以下要素：营销目标明确、横幅广告具有诱惑性、信息明确、与用户的需求相匹配、新颖性、显示的频率适中，等等。总的来讲，横幅广告的点击率在0.15%—1%之间。具有神秘性或其他诱惑性内容的横幅广告的点击率可以到达1%—5%。如果某个广告反复出现，那么它的点击率会降低。

基于用户行为的支付：基于用户行为的支付是指，广告商对于用户做出的某些特定的行动而支付互联网公司一定费用，不仅仅是基于点击量支付。例如，一个用户可能访问了广告商的网站，然后进行了订购。

基于注册数付费：基于注册数付费是基于用户行为支付的具体形式，用户能够在广告商网站留下大量信息，从而可以为营销行为带来依据。

基于销售量的付费：指的是付费计量的对象是直接从网站进行的购买，或可以确定某些销售来源于商业广告的作用。

CPM（每千人成本）：是互联网广告的行业标准。这种方法从印刷行业时就已经开始流行。

褶皱广告：这一术语来源于印刷媒体，意思是，当页面打开时，可以立即看到的广告。用户不需要滚动页面就可以看到这类广告。因为屏幕的分辨率能够影响广告的观看效果，因而网站工作人员必须知道网站用户的计算机分辨率情况。

发送广告：发送广告发送的是单一文件，如网页文件、图片、音频，或其他文件形式。发送广告并不能显示出用户的实际阅读情况。

影响力：FAST对影响力的解释为“基本的广告测量方法”，“一次影响”是“传递的基本广告单位”。它是大多数网络广告采用的计费方式，一般是以每千人的影响为依据。

唯一的用户：唯一用户是某天某个用户第一次登录网站的计量。因此，在一天之内，如果一个用户多次登录网站，那么对他只进行一次计量。这种测量方法只关注在一段时间内有多少人访问了网站，而不关心在这段时间内他们的使用情况。

用户访问周期：用户访问周期指的是某个用户间隔多长时间访问这个网站。它能够显示出“访问情况”和“用户情况”。用户访问周期比唯一用户更能反映出网站的总体活动，因为它统计的是访问频率。

浏览量：浏览量有两个含义，广告浏览或页面浏览。一般情况下指的是广告浏览。在每个页面上，都有多个广告浏览。浏览量的统计应当考虑用户可能将广告关闭。

访问量：访问是指某一用户在一段时间内进入某个网站，访问量是所有访问网站的人的数量。即，每天有多少不同的人访问了这个网站。

第四节　促销

正如前文所说，销售人员的成功依赖于节目的成功。高收视（听）率能够带来高广告费率。促销部门有时也被叫作创意服务部门，它们的作用是通过不同的方法来提高收视率（收听率）。

一、自身媒介的促销

这种促销形式是基于电视台或广播台自己的媒体平台，对即将播出的节目进行宣传。如果该电视台拥有一个标语或品牌，而且与竞争对手的品牌存在差异，促销部门可以利用这些元素来强化电视台在观众心目中的特征。

二、公共关系

公共关系部门的任务是引起公众注意，往往是以“新闻通报”形式在地方各大媒体公司、报纸、杂志和贸易周刊上刊登。

三、社区延伸

广播公司在服务公众利益方面发挥了重要作用。许多人称广播公司为“公众服务者”。因此，促销部门将会有一个专门的团队，致力于与社区项目有关的业务。这些业务包括参与非营利性组织和社区组织的活动。在服务于公众时，广告公司也可以让自己的品牌深入人心。

四、互联网运动

媒体公司一般都拥有自己的网站，使得促销部门可以生成互动型业务，包括新闻、交通或天气提醒。

五、销售促销

促销部门在与销售部门合作时，会在收视率统计月份开发一些营销活动。例如，“五月去旅行”，意味着电视台鼓励受众在五月份的早间观看新闻节目，因而能够赢取去旅游胜地的旅行机会。这种促销包括电视台和互联网的促销，鼓励受众在尼尔森公司或阿比创公司统计收视率的月份观看电视节目。总的来讲，他们与销售部门合作，提出促销建议，为电视台创造更大的经济效益。

总结

本章研究了典型的媒体销售部门的结构，以及各个职位的责任。讨论了生成收入的新方法和实践，包括电视、广播和互联网领域。深入讨论了获得新客户的方法，以及第一次会面和第二次会面的原则。然后，讨论了促销/创意服务部门的决策，描述了这个部门的不同职位。媒体公司的竞争能力依靠于这些重要的部门，从而能够吸引受众和生成收入，尤其是在这个技术不断发展的时代。最终，本章探讨了互联网的销售时间和空间问题，以及解释了互联网行业的一些专业术语。

下章概要

下一章将会讨论内容发行、内容管理和数字版权管理发生的深远变革。数字发行对内容管理有着巨大的影响。下一章将会介绍传统传输方法和新传输方法。

案例分析12.1　客户需求分析

作为一家电视台的客户主管，你具备持之以恒的精神。过去六个月，你一直试图拜访某位客户，都没有成功。该客户在你所在的城市享有很高威望，但是他一般通过黄皮书的形式进行广告宣传。

今天你很幸运。这位客户对新一季度的黄皮书非常不满，因为它错误地拼写了公司名称。营销主管安排你与该客户见面，并建议你在他踏入电视广告领域之前给他留下很深的印象。

你向他解释说，第一次见面你不会向他提供详细的广告计划，主要是收集客户信息。他认可了你的工作方式，并将会面时间定于7天以后。他将会在早上与你会面，因为当天上午9：30他还有其他的会议，因而你只有30分钟的时间来与他会谈。

在与客户会面之前，首先你需要制定一个合适的策略。了解客户公司的详细信息。该公司成立了多久？他们与慈善组织有关联吗？他们的特色是什么？设计一份客户需求分析表。你可以问客户什么问题，从而开发出一个完美的广告计划？

第一次会面时，遵循以下原则：

提前5～15分钟到场

介绍：分享与客户的共同点或共同爱好

交换名片

概述本次会谈的要点

快速介绍你所在电视台的情况

进行全面的客户需求分析

确定下次会谈的时间，并保证会为客户呈现一份定制的广告计划

感谢他安排这次会谈

及时离开

1. 描述每个步骤的要点，并且付诸行动。在班级同学面前表演你与客户第一次会面的情况。如果有时间限制，最好将时间控制在15分钟以内。带好笔记本，因为在会谈时会用到。

2. 让你的同学评价这次会谈。如果他们是你的客户，他们是否会安排与你第二次会面？同时，确定你与客户的第二次会面距离第一次不超过5个工作日。时间过去的越长，客户就越有可能选择原有的广告形式。而且，其他电视台的客户主管也会与客户进行会谈。

案例分析12.2　营销活动设计

你与潜在客户的会面达到预期效果了吗？你是否获得了对方公司的一些信息，从而有助于你完成一个很好的广告计划？你是否询问客户对成功的广告活动的定义是什么？

有时客户希望获取更多的媒体品牌信息，因而你不需要迅速打电话给客户；而有些公司则希望你能够尽快主动地打电话。你怎样处理这个问题？

非常重要的是，你需要建立这次广告活动的期望，以及确定怎样测量广告的成功。现在你已经获得了客户的信息，就应当充分加以利用。你需要对电视台的优势有所了解，然后将电视台的优势与客户目标联系在一起。将这些优势写入广告计划的“导语”部分，但必须与客户目标和客户信息相配合，这一部分将会吸引客户的兴趣。

目标市场页面：你和客户是否共同确定了公司的目标市场？如果没有，你的工作就很难进行。因此，在第一次见面时，一定要获取目标市场的信息。你应当怎样告诉你的客户，这个目标适合或不适合他的公司？

第十三章
内容发行

内容传输的速度是看不见的。

——爱德华 R.莫洛

>> 本章学习目标

→内容发行革命

→实体发行和虚拟发行

→传统发行渠道

→电影：影院

→印刷：图书、杂志和报纸

→广播媒体

→传统的电子传输终端

→无线广播和电视

→有线电视

→有线数字传输

→有线网络

→电信公司的网络

→计算机网络

→无线数字传输

→单向无线系统：卫星传输

→双向无线系统：区域多点传输服务、多渠道多点传输服务（3G）、移动电视

→内容管理

→数字版权管理

导 语

数字技术带来的最大问题就是传输问题。在过去的媒体和娱乐行业中，这个问题并不被人重视。

内容行业与其他行业有很大差异，因为整个生产供应链，从概念构想到传输，再到消费过程，都可以通过电子设备完成。内容的创作、生产、传输都没有离开电子领域，不需要笔、纸、齿轮或打印机，从而可以降低很多成本。

更为具体的是，内容的数字化传输使得内容的制作和传输更加有效，降低了运营成本，例如，将内容从一种形式解码为另一种形式，将电视连续剧从电视节目形式转化为DVD形式。此外，数字技术还能完成模拟技术无法完成的工作，如根据需求定制内容，以及在未经授权的情况下保护内容。

数字化发行迫使当今的管理者必须充分了解内容制作和传输的知识。前面的章节讨论的是制作、营销、销售，本章讨论的是媒体的发行问题，即内容从制作公司，经过中间商、合作组织、集成商以及其他中间组织，到达消费者的家庭或媒体设备。发行也被称为输出供应链。

发行过程也发生了改变。过去，发行仅仅意味着营销，即通过营销谈判，将内容版权授予其他组织。例如，一些电影行业的发行协议包括：

制作/财务/发行协议：一个电影工作室通过与电影制作公司签订合同，投资制作过程，保留发行权。

固定投资协议：工作室同意为某部电影投入固定资金。根据协议的细节，工作室可能会保留发行权，也可能与制作公司共享发行权。

销售前协议：通常是制作公司和外国发行商之间签订的协议，允许外国公司在某个国家或地区发行某部电影。

在这些协议中，发行意味着传输权力的销售，它是一种销售的形式，允许某一组织向消费者发行电影。相似的是，电视行业的发行意味着将内容实体销售给广播公司、有线网络、地区有线运营商、电视台或合作组织。在传统的发行模型中，流程到此为止。很长时间以来，一直如此。电影发行到影院，电视节目发行到电视台，广播节目发行到无线电台，报纸发行到报亭，杂志发行到报亭或订购者的家里。

内容发行渠道日趋多元化，内容行业的发行流程更为复杂。实体传输渠道是最为常见的发行方式，但是却失去了往日的光辉。报纸行业遇到了很多问题，因为人们可以通过互联网进行免费阅读。相反的是，电影公司通过网络发行、电子邮件服务获得了更多的收益。

第一节　发行革命

过去的10年，多种内容发行渠道的增加使内容与消费者之间形成了多条通路。电影制作公司、工作室、甚至是大学生都可以即时在网络上传输内容。正如我们所看到的，任何事情都有两面性，电子化的网络也将媒体公司带入了混乱、危险的环境。

一、媒体发行的历史

许多人认为，对于过去的媒体行业，发行时除了签订合同和完成交易之外，不需要花费太多时间。然而，这种观点并不能代表20世纪以来媒体行业的状况。例如，1891年，当爱迪生实验室发明了活动电影放映机，投资者认为这种放映机每次只能为一名观众提供放映服务。然而，这种放映机迅速进入公共影院，最早的商业放映活动发生于1894年4月14日。观众只需要花费25美分，就可以看到一段2分钟长的影片。根据当时的记录，电影放映公司每年的总收入超过1.6万美元，在当时那是一笔很大数目的收入。很自然地，电影放映机迅速在伦敦和巴黎流行开来。

1911年，长胶片电影使得电影的长度得到了延长，同时出现了固定的电影放映场所，被称作“镍币影院”。因为在美国的每个城镇，观众只需花费5美分，就可以进入影院观看电影。当更换胶片时，银幕上会出现“稍等片刻”的字幕。每家影院的放映时间都是彼此间隔的，因为自行车少年会将胶片由一家影院运送到另一家影院，这种做法被称为自行车传送。在20世纪90年代时，这一术语还在被沿用。在过去的电视行业，自行车传送方式也发挥过巨大作用。

二、媒体发行的变革

目前，所有的媒体发行渠道都经历着持续的变革。随着传输技术的变化，媒体的每个领域都在变化，派生出许多发行渠道，促进了新媒体终端的开发，改变了消费模式。

内容传输方式反映出每个时代的技术特征。广播行业先是通过电话线进行传输，电视行业通过电缆和微波传输伊丽莎白皇后的登基仪式。1974年，许多电视台都通过卫星传输为观众提供电视节目。现在，电视内容的传输方式非常多样，如电缆、卫星、微波、数字电话和计算机网络。报纸和杂志起初被贴在展示板上，然后在街头出售，后来出现了报亭，然后由自行车少年进行售卖。现在，许多消费者通过电子邮件、家庭订阅或互联网方式接收报纸信息。

对内容制作公司的管理者而言，发行比以往任何时代更加重要，因为传输机制已经成为内容营销的一部分。内容销售者希望获得更高的边际收益，因而他们使得消费者能够更加容易地进行内容购买、接收和呈现。如读者能够在亚马逊网站上自由选择图书，然后由亚马逊公司送货到门；或者用户将内容下载到电子书上，通过电子书进行阅读。

多渠道和多网络的内容传输提升了媒体组织对传输流程的关注程度。而且，内容产品必须与每个发行渠道和消费设备进行匹配，这就增加了包装过程的复杂性。新的发行渠道还会向原有内容中增加广告。媒体组织已经注意到，当前的传输格式和流程十分混乱，它们试图寻找效率更高、成本更低的发行流程。

如果某个组织签订了发行协议，那么，实际的发行工作由发行商承担。传统意义上，内容制作、发行和传递的公司是彼此分离的。

随着发行渠道的增多，媒体行业的任何参与者都可以直接将内容传送给消费者。消费者也可以通过互联网将内容再次传输。图13-1描述了实体发行渠道和直接发行渠道。

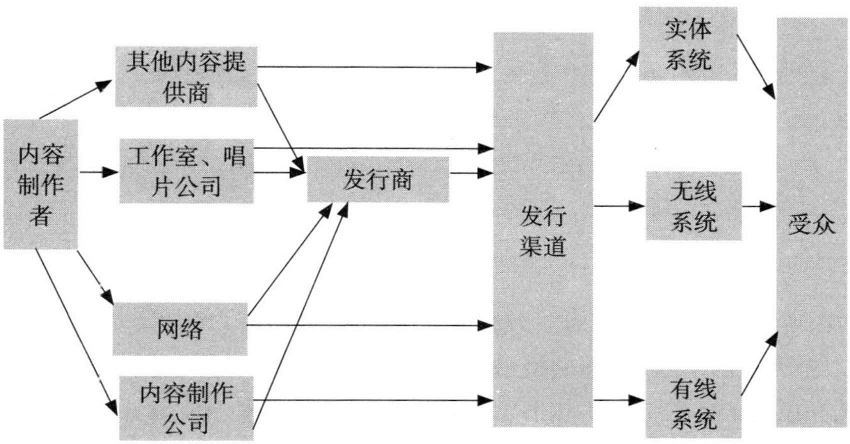

图13-1　当前的发行渠道

当一家公司选择自己发行内容，管理者首先应当理解：潜在消费者想要怎样获得内容，怎样消费内容？他们希望何时购买？在哪里购买？他们愿意为内容花费多少钱，以何种方式付费？他们希望在哪里消费？基于这些信息，管理者应当做出一个最为重要的决策，那就是以实体形式发行还是以数字形式发行，或者同时运用这两种方式。这一决策将会影响管理者的后续工作，如分解内容和传递内容。

第二节　实体发行和虚拟发行

实体发行指的是实体供应链，如商店、仓库、停车场、卡车、库存架、箱子、盒子、柜台、收银台等。

虚拟发行无法涵盖实体供应链的每一个部分，但是可以代替实体发行的许多要素，如零售商店和相关成本、商场工作人员、现金支付过程等。事实上，整个支付机制都实现了数字化。商品可以保存在生产商的库房里，或是发行商的库房里，然后直接传输给消费者。如表13-1所示，实体发行和虚拟发行存在很大差异。

表13-1　实体产品和电子产品传输方式

实体产品	电子产品
模拟形式	数字形式
本地零售商店	本地设备（计算机、操控台、移动设备）
实体的	电子的
包装产品	非包装产品
物理运输	下载
通过柜台交易	通过互联网交易
在货架上	在服务器上

对于内容发行领域来说，实体发行和虚拟发行拥有各自的优势和劣势。实体发行使得买方与卖方能形成面对面的接触，从而建立消费者的忠诚度。从长远来看，实体发行的成本很高。虽然电影、图书杂志和报纸的复制成本十分昂贵，但是包装后的产品能够与客户建立长期的关系。

许多消费者更加喜欢虚拟发行方式。虚拟发行方式更加高效，但是起始成本较高，很难避免消费者将内容传输给他人，从而造成很大的损失。

然而，实体领域和数字领域紧密地联系在一起。例如，许多已经消失不见的实体产品在数字领域再次出现，实体行业的工作人员需要同时掌控这两个领域。内容产品可能在实体领域传输，但是内容创意过程、营销过程都有可能在数字领域发生。相似的是，所有的数字内容都来源于实体领域，包括计算机、服务器、照相机等。

下面将会介绍传统的实体媒体传输渠道，然后讨论模拟和数字渠道。最后，我们将会讨论支持各个渠道的有线和无线媒体平台。

一、实体发行渠道

20世纪，传统发行渠道开始出现，对大众媒体的发展起到了巨大作用。

电影：影院

电影集团通常会通过自己的子公司进行电影发行。独立制片人可能会与电影集团或独立的发行公司签约，发行费占票房收入的32%—40%。

一旦签订了发行合同，电影的发行工作就正式开始。发行组织首先应当考虑是否在一开始就面向大众市场。有一种发行方法是小众发行策略，即电影在少数影院中发行，通过“口耳相传”的方式形成电影的知名度，然后在其他影院放映，以获得更多的观众量。

对于大篷车乐队来说，这种战略十分常见。正如大篷车乐队的名字一样，他们首先在居民家中或大篷车上演出。然后，他们选择一个固定的场所进行演出，吸引大批观众。烟枪牛仔组合也是一个很好的例子。

大范围发行是“轰动战略”。对于预算很大的国际公司而言，能够起到很好的效果。在电影行业，大范围发行非常常见，电影公司经常将电影发行到几千家影院，有时还进行国际市场的发行。营销活动只能生成两周左右的高票房，之后的票房必须依靠电影内容。如果电影内容使大多数观众失望，再大的营销和促销预算也无法保证电影的持续成功。电视节目、CD、图书的销售情况也是如此。

发行商通过研究过去放映的相似电影的表现来制定发行策略。他们还会考虑电影的潜在受众，包括他们的人口地理学特征。基于获得的信息和分析结果，发行商再安排影院和银幕。

一旦决定了电影放映银幕的个数，电影公司将会对电影进行拷贝，因为当前的电影发行依然在实体领域内进行，发行商需要将拷贝传送到影院，电影的实体发行是主要的预算项目。美国拥有大约6200家影院，拥有40000块银幕。电影拷贝的平均成本在2000美元到3000美元之间，每家影院都需要一个电影拷贝。在发行电影《王牌对王牌》时，华纳兄弟集团花费了1232万美元。

当然，影院可以获得一定比例的票房收入。发行商和影院通常会签订弹性条款，分红比例随着电影放映的时间而变化。在电影放映的前两周，发行商可以获得90%的票房收入，从而保证成本回收。两周以后，影院的分红比例提升，可以获得30%—40%的票房收入。此外，影院还可以从其他产品的销售中获得收入，如爆米花、饮料、糖果等。正如一名影院的主管所说："爆米花的利润已经能让影院老板满意了。"

电影行业逐渐向数字化发展。在2008年，世界上大约有10万块电影银幕，其中数字银幕的数量是6300块。数字化发行和放映将会降低发行的成本，过程由电子数据流控制，最后通过数字放映机放映。然而，电影的模拟制作方式将会持续很长一段时间。电影制作人员不愿放弃模拟拍摄方法，因为目前情况下模拟拍摄的质量高于数字拍摄。

印刷媒体：图书、杂志和报纸

图书、杂志和报纸行业已经拥有几百年的历史。过去，印刷媒体是通过昂贵、精确的设备制作的。现在，数字化发行得到了很大的发展，2009年，互联网的报纸阅读人数达到了历史最高点。根据某数字项目的报告，2008年，平均每人每天阅读电子报纸的时间是41分钟，而2009年，这个数字变成了53分钟。22%的用户表示，他们已经放弃了纸质媒体的订阅。

印刷媒体依然存在的原因之一是数字版本缺少可携带性。人们愿意在公共交通、户外或餐馆里阅读印刷媒体。随着技术的进步，便携式数字阅读器应运而生，包括亚马逊公司的Kindle阅读器、索尼阅读器、三星SNE-50K、ipad，以及其他各类阅读器。用户可以下载内容，在户外进行阅读。当前，数字阅读器面临的挑战在于电池待机时间、在户外和强光下的可阅读性，以及价格。不远的将来，"电子纸"将会流行，用户可以像阅读纸媒一样阅读"电子纸"。

广播和电视行业：中心化运营

广播行业已经由模拟发行转化为数字发行。在发行过程中，整个广播行业的前景都发生了改变。100年前，广播主要是地区性的，电视也是如此。如今，电视和广播媒体都成为覆盖整个国家的媒体，为大多数受众提供广播和电视节目。

美国媒体行业整合的原因有很多，结果是大多数广播台和电视台都由广播集团所有，美国的家族式广播公司已经很少见。电视节目传输的数字化促进了广播运营的中心化，包括节目发行的中心化，同时也降低了发行成本。

例如，拥有多家电视台的广播集团可以重新设计其实体设备，以满足政府的要求。这时只需要建立一个主控室，而不是每家电视台都建立主控室，从而大大降低成本。同时，可以避免工作的重复进行。许多工作只需要完成一次，然后上传到集团的中心化、网络化系统中，这种工作包括节目制作、提供新闻、提供天气预报等。会计工作等管理类工作也可以实现中心化，从而大大降低员工成本。

中心化的广播运作流程从各地方电视台转向了广播集团。尤其是许多管理者在集团的总部工作，而不是在电视台工作。然而，工作岗位的集中化取决于任务的集中化。

集中化的程度可以是完全集中化，也可以是局部集中化。总的来说，广播行业集中化的程度比电视行业要高。广播节目立足于本地市场，只需要拥有一台计算机服务器和一台发射器，其他工作都可以由总部完成。集中化的设施也被称为NOC，即网络运营中心。

相似的是，一些拥有多家电视台的媒体集团可能会在某些地区将大多数业务中心化。人员成本很高的电视媒体集团可能会通过中心化降低人员成本，通过宽带渠道传输数据。某些节目是由卫星提供的，在这样的组织中，大多数业务由地方电视台完成。在主要市场，大多数电视运营商都有附属电视台，它们尤其重视地方新闻节目的制作。在小型市场，也会进行新闻节目报道。

有线电视

和地区性的无线电视台一样，有线系统也在同一市场上，被称为家庭系统。如今，几乎所有地区的有线系统都是大型多系统运营商的一部分。地区的数据转发器接收卫星信号、汇集信号，然后将它们发送到订购者家中。模拟信号的处理相对简单，大多数数据转发器都可以自动运行。当信号传入用户家中后，会经过解调、混合、放大等过程。如果信号是混合信号，用户的机顶盒可以对信号进行解码。

过去，有线网络的传输是单向的，仅仅由有线网络向用户传递信息。如今，传输系统更加复杂，因为实现了双向传输，可以为用户提供互联网服务、点播视频、电话服务等。有线系统的工程师们已经让所有的流程实现自动化。如果某些组织希望有线系统能够播放他们想要传播的内容，则必须向有线网络支付一定的费用，这些内容包括新闻发布、公共服务广播等。

在有线电视公司和其他内容传输网络工作的主管不需要理解他们的公司怎样以数字形式传输内容，因为无线数字网络和有线数字网络的传输原理十分简单。数字数据流被称为比特流，传输数据的通道被称为比特管。然而，将内容从乔治亚的一个用户家中传输到他的邻居家中，比将内容从美国传输到希腊更难。这涉及“最后一公里”的问题，电信公司和有线电视公司花费了上亿美元，以使高速比特流传入用户家中。

二、有线数字传输

有线系统、电信系统和互联网系统的基础都是有线比特流。它们面临着相同的挑战：双向传输。运营商必须以可接受的价格提供快速、持续、可信的服务。随着用户需求的变化，运营商必须做出应对，以满足这种需求。最坏的情况是，重新构架或重新建设它们的网络。在过去的20年里，有线系统、电信系统和互联网系统的运营商都在进行持续的改进计划，对传输系统进行设计、再设计，构建、再构建，目的就是满足受众需求。

宽带网络

宽带系统通过同轴电缆传输信号，宽带系统的出现使得有线系统成为可能。运营商逐渐引进了光纤。更为复杂的设计是混合光纤同轴电缆，这一概念是戴维·潘格里克在飞机上想出来的。

时代华纳公司的工程师詹姆斯等人进一步推动了混合光纤同轴电缆的发展。混合光纤同轴电缆充分利用了宽带的使用原理，使得用户可以获得独立的宽带数据流，形成了独立的传输渠道。

混合光纤同轴电缆是指，主管道由光纤组成，通向每个家庭的电缆由同轴电缆组成。几乎每个有线电视系统都对混合光纤同轴电缆进行了升级。一些有线系统将通往用户的电缆也转换成光纤，可以为用户提供互动服务、视频点播、双向高速互联网服务，能够满足用户不断提升的需求。

有线公司的管理者十分推崇宽带网络。例如，阅读以下报告：“这个750MHz的系统通往5万家用户。设想在高峰期，视频点播服务的使用率是25%。为了提供高质量的视频点播服务，我们需要每秒输出12500MHz的视频流，主干传输管道的容量需要达到每秒50千兆比特。”有线公司的主管经常这样描述有线视频点播系统。

先进的有线电视网络的容量以MHz来计量，如550 MHz、750 MHz，最新的系统以GHZ计量。如果一个系统的容量是750MHz或1GHz（千兆赫兹），意味着从数据转发器到每个家庭，点对点的数据流容量是750MHz或1GHz。

大多数大型的有线系统都会提供视频点播服务，允许受众请求视频资料，并可以成功接收。

高峰使用量指的是在正常环境下，系统必须达到的容载量。主干道的容量是系统中最高的，必须大于各支路的容量之和。

非对称数字用户专线（ASDL）电信网络

有线系统是宽带系统，但是是单向系统，挑战在于开发双向宽带，这种建设需要大量投资。电信公司基于公共交换电话网络（PSTN），它是一个可靠的双向网络。电信公司的挑战在于开发宽带网络，这种投资需要更多资金。

主管在作出网络传输服务的决定时，面临着十分复杂的选择。一旦犯错，成本将不可想象。如果建立了高容量的网络，远远大于用户的需要量，则会造成资源的大量浪费；如果建立的网络容量无法满足用户需要，则用户会转向其他网络，这种损失更为巨大。

为了为用户传输电视服务，一些电信公司通过混合光纤同轴电缆的设计重新建立网络。这种选择的风险是过度建设。然而，大多数电信公司都会安装数字用户专线，以充分利用当前的电信网络。

向大多数当地居民提供服务的电信公司被称为本地交换运营商（LEC）。如果本地交换运营商使用的是AT&T系统，可以称这家公司为电话运营公司（RBOC）。许多城市，大公司都可以选择从竞争接入提供商处（CAP）获得电信服务，这些提供商一般都是个人公司，不存在政府规定的地域限制问题。还有一些个人公司也提供当地居民的电信服务，它们被称为本地竞争交换运营商（CLECs）。

基本的电话线是介于电话和电信公司之间的两条线路，有时被称为分支传输。这对电线总是成对出现，在用户和电信公司中心之间传输信号。本地接口为用户提供相同的拨号音、忙音、双向频率等。

电信公司通过转换器将信号传输到目的地。转换器连接电话两端，打开从起点到终点的通路。

如果电话是打给附近的邻居，可以直接由两端接线进行转换；如果是本地电话，可以通过电信公司的转换器进行转换；如果是长途电话，信号被传送给交换运营商的转换器，交换运营商通常是远程通信公司。

PSTN：Public Switched Telephone Network线路公共交换电话网络

XDSL：Digital Subscriber Line 数字用户线路

ADSL：Asymmetrical Digital Subscriber Line 非对称数字用户线路

XDSL：X Digital Subscriber Line 数字用户线路的总体

其中，非对称数字用户线路是最常见的家庭用户线路。

一些公司想要传输多渠道电视节目和获得高速互联网通路，它们通常会建立视频数字用户专线（VDSL）。例如，AT&T公司在大多数地区都使用了视频数字用户专线。VDSL的维护费用比HFC网络要高，而且某些地区的人口密度很小，因此，电信公司建立新的网络需要花费大量成本。但是，威瑞森公司建立了光纤网络，因为这家公司覆盖的地区为美国的东北部，这个地区的人口密度很大。

计算机网络

在互联网刚刚出现的时候，计算机网络通过公共交换电话网络传输内容。由于过去传输的内容主要是数据，因而这些很小的比特流会淹没在电话信息中。现在，电信公司和计算机网络公司之间的关系更为复杂，电信提供商通常利用互联网来进行电话信号的传输。

作为消费者，我们可能会发现互联网上的内容传输是免费的。发送邮件、照片、歌曲、视频都不需付费，除了每月的互联网接入费。但是个人传输的内容比特流很小，而且不是一天到晚都在传输，因而互联网公司没有必要向用户收费，以免引起用户的不满。因而向消费者传输内容的公司需要支付一定费用，以支持传输流程顺利进行。公司管理者需要花费大量时间，进行大量分析，从而选择一家可靠的互联网服务商。以可接受的成本选择互联网运营商是很困难的，因为互联网的结构不太支持大型文件的传输。

计算机网络与电信网络的不同之处在于，计算机网络是分组传输，而电信网络是电路转换。电信公司的通路从电话开始到结束一直是打开的。而计算机网络则把信息划分为不同的“包裹”，每个“包裹”的流量很小。每个“包裹”都有一个标识，确定信息的目的地、信息的长度、信息的位置，直到所有的信息“包裹”都传输到位，传输过程才算结束。

每一个互联网用户都有一个独一无二的网络地址。内容通过服务商的服务器进行转换，通过网关与其他网络连通。路由器将信息引入，读取信息的目的地，将信息“包裹”传向下一个路由器。每个路由器都会决策通往信息目的地的最短路径。

美国有4个网络连通点（NAPs），分别为华盛顿、纽约、旧金山和芝加哥。“伙伴协议”指的是“如果你为我传输信息，我也为你传输信息”。虽然在20世纪90年代中期，所有的网络运营商都为彼此传输信息，但是现在只有大型运营商才会签订伙伴协议，其他协议被称为传输付款协议，或伙伴付款协议。在大型运营商为小型运营商提供网络服务时，会收取一定费用。

没有人知道互联网运行的真正细节，在基于路由器的网络中，没有确定的信息连通开关。专业人士通常会用“云”来描述这种网络连接类型，“云”是一个膨胀的实体，处于网络架构表的中心。“云”无法描述网络连接的复杂性，但是它使管理者可以解释内容怎样到达受众。

互联网存在层级和地理位置要素：NAPs, IXs, MAEs, POPs, ISPs和用户。各个层级依次是：

第一层：NAP是互联网的路由选择层次体系中的通信交换点。每个网络接入点都由一个共享交换系统或者局域网组成，用来交换业务量。它是通达互联网主干线的点，是ISP互相连接的点。NAP可用作主要业务提供者的数据互换点。1999年初NAP和城域交换点（MAE）被统称为公共互联网交换点（IXP）。

第二层：数据经过大流量的线路流入和流出NAP，这就形成了网络的主干。

第三层：信息流向本地网络的连通点（IX），然后流向城域交换点（MAEs）。

第四层：数据流向本地互联网服务提供商（ISP），在网络上拥有一个终端。

第五层：用户层、企业和家庭。

互联网上的每一个点都存在一个服务器。网站实际上是服务器里的一个软件结构，因此当用户“访问”网站时，图片、文字、视频、音频等内容通过服务器传递给用户本地的计算机。当然，用户不需要去任何地方，网站的数据流通过互联网到达用户的计算机上。

服务器可能是大型设备——大型机，由本地互联网服务提供商或大型公司运营，或是个人计算机，计算机软件使得传输数据成为可能。无论是公司运营商还是个人，用户都处于互联网的第五层级。如果用户是一个公司，它通常有一个局域网，可以支持所有的员工需要，从而延伸了互联网的层级。对很多人来说，局域网都存在安全隐患。代理服务器或边缘服务器能够显示出安全问题，防火墙能够保护公司的局域网或广域网不受外来不明数据威胁。通过管理代理服务器的行为，公司能够防止雇员访问某些网站，如Facebook。

提供视频或音频的公司将会使用媒体专用的服务器。媒体专用服务器实际上是计算机，能够实现媒体的传输。用户的请求进入媒体服务器，服务器进行检索，确定所需信息的位置，然后将信息流传递给用户。

媒体服务面临的挑战是某个视频的过度点播。例如，当新电影刚刚上映，每个人都想立即观看，超过90%的信息流都是由轰动的电影数据流组成的。在视频商店，所有的流行电影都缺货，消费者必须预订，因而只是进行了现金的交易。

宽带有线数字传输技术的持续发展使得互联网能够不断进步和扩张。曾经有人担心互联网会衰落，但是到目前为止，互联网的发展越来越快，正如设计者们所预期的。

三、无线数字传输

有线数字传输的建设费用十分巨大，一旦建成能够使用很长一段时间。而且，如果有线数字传输通道设计得很好，就不需要很多监管和日常维护。但是，无线数字传输的建设费用较低。它们对环境条件更加敏感，因为无线设备和信号都暴露于外部环境中。

无线数字传输发展的屏障在于内容传输的光谱十分昂贵。电磁光谱指的是传输的能量，这一过程被称为辐射。辐射以不同波长的波出现，波长的变动范围被称为光谱。辐射包括日光、广播、微波、红外线、紫外线、X射线、伽马射线。这些波传输的速度被称为频率，每种辐射都包含一系列频率的波，如表13-2所示。94.1FM广播站的宣传语可能是："94.1是最棒的！"此时，94.1指的是信号的频率。

表13-2　集中化模型的比较

	枢纽	本地电视台	连接方式
模型一：监控集中化模型	传输控制和监控 远程自动信号控制 设备控制 通路控制	传输设备 发射设备的操作 自动操作系统 媒体制作和获取 现场制作——新闻 促销产品	T-1（1.5mbps）双向传输
模型二：运营集中化模型	传输控制和监控 发射设备的操作 自动化系统 所有的媒体资源 媒体制作和获得 促销	传输设备	枢纽到电视台： DS-3或OC-3 电视台到枢纽： 以太网转换或网关
模型三：资源集中化模型	传输控制和监控 设备监控 节目获得 联合组织的节目获得 促销 媒体通路	传输设备 发射设备的操作 媒体资源 自动化系统 本地节目的制作和获得 现场节目制作——新闻	DS-3或OC-3双向ATM广域网

续表

	枢纽	本地电视台	连接方式
模型四：枢纽结点模型	传输控制和监控 发射设备的操作 自动化系统 设备监控 本地节目的获得 促销 所有的媒体资源（除新闻之外） 通路	传输设备 有限的控制 本地的节目制作和获得 现场节目制作——新闻 远程发射	DS-3或OC-3双向ATM广域网

资料来源：基于对哈里斯公司的采访和报告，由作者整合。

电磁光谱受到政府的管理。有辐射的设备都要经过测量，波长必须控制在一定范围内。例如，美国食品和药物管理委员会测量和管理微波炉的微波泄漏，保证微波炉工作时不会影响使用者的身体健康。大多数设备的证书都是由“保障实验室”提供的，这是一家独立的非营利的机构，专门测量食品的安全，并为组织颁发证书。

想要通过无线网络传输内容的公司面临的商业问题在于：成本太高。1904年以来，政府开始管理广播信号的频率。广播台可以加强自己的信号，影响其他广播台的信号，从而获得竞争优势。结果是，美国国会1927年颁发的广播法案声称，广播波段是公共财产，政府将要对其进行许可，本质上是分配波段资源。1993年，美国国会授权联邦通信委员会使用竞争性投标拍卖的方式，对电磁频率进行许可。这背离了早期的政策。因为早期的政策规定，只要广播台服务于公众利益，就可以免费获得电磁频率。

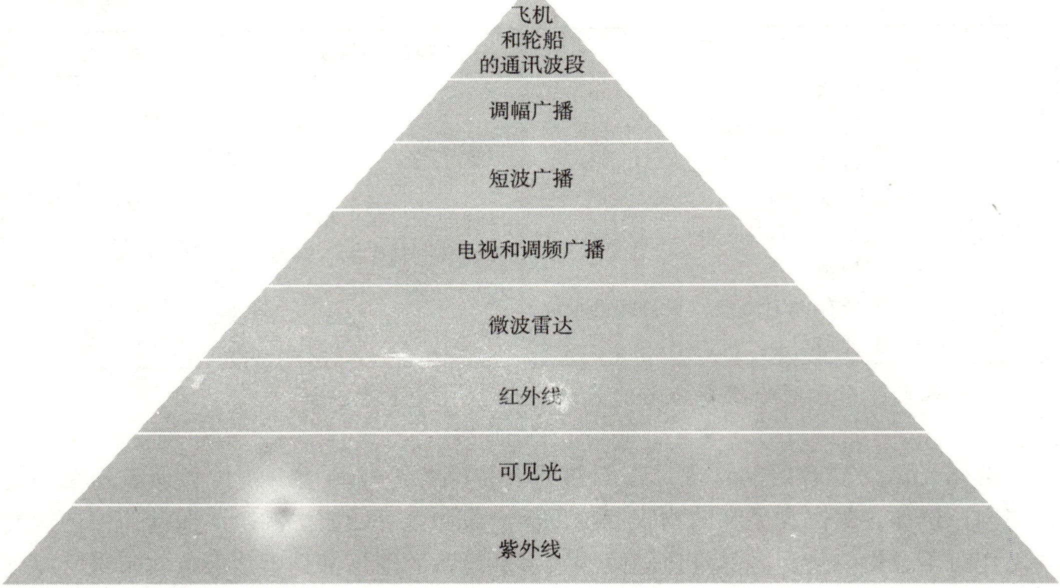

图13-2 电磁波段（波长依次上升）

电磁频率的拍卖为政府带来了巨大收益。例如，2005年，美国政府的拍卖收益达到了137亿美元。但是这一做法阻碍了无线服务的发展，使得无线服务的价格更高。电视台和广播台没有受到频段的限制，因为1993年之前它们就建立了自己的频道。然而，政府迫使它们转向数字传输，从而降低电磁频段的规模，大量被模拟信号占据的频道将会进行拍卖，一些频段将用于公共服务。

无线传输系统的优势在于：

建设的时间短

建设的费用低

维护、管理和运营成本低

当需求增加时，很容易扩建

四、单向无线系统：卫星

虽然卫星信号可以实现双向传输，但是从地面向卫星发射信号需要大量能量。有时，卫星信号会出现延迟，每个卫星电视的延迟时间并不相同。因此，卫星运营商很难提供双向服务，如互联网服务和日常的电话服务。新闻部门经常会给在偏远地区工作的记者配备卫星电话。他们使用卫星电话来发送音频和低清视频，比如在阿富汗工作的时候。

卫星有三种类型：最高的是同步地球轨道卫星（GEOs），它们的轨道固定在地球上方22 300英里处；第二类是中地球轨道卫星（MEOs），位于地球上方6 000英里到20000英里之间；第三类是低地球轨道卫星（LEOs），在距地球表面1 000英里的上空运行。卫星电视节目服务通过中地球轨道卫星和低地球轨道卫星提供。

管理者发现，如果内容的目的地很多，卫星传输的性价比较高。如果内容的目的地只有一个，有线系统的性价比较高，因为无论传输到多少个电视台，卫星传输的成本相同。将内容发送到多家电视台需要精确的计算，包括收视率和其他参数。

区域多点传输服务（LMDS）和多渠道多点传输服务（MMDS）有时被称为无线有线综合服务。LMDS是一个单向网络，将视频内容传输给消费者。LMDS和MMDS都有固定的基站。网络接口单元（NIU）将各种设备连接到网络。LMDS的性能比MMDS更为强大、复杂，成本也更高。LMDS适用于大型公司，尤其是有线服务无法覆盖的地区。LMDS容易受雨水影响，在降雨时系统传输信号的能力会下降。

MMDS的成本更低，也更为简单。同时，它较少受到雨水的侵蚀。然而，MMDS的带宽比LMDS窄，因而这种系统也有自己的劣势。MMDS系统在非洲、中东、东欧、秘鲁等地、加勒比地区较为流行，因为成本较低，建设速度也较快。但是MMDS在美国或欧洲不太常见，因为这些地区已经存在固定的多渠道网络。

另一种传输内容的方式是移动电话和其他移动设备。蜂窝数据运营商提供3G移动宽带服务。国际电信联盟（ITU）负责为3G设定标准。蜂窝数据运营商持续增加网络的贷款。在3G之前，出现过其他的技术。20世纪80年代流行的是0G，20世纪90年代流行1G，同时出现了2G。

3G技术具有不同的特征，但是传输的带宽是相同的。对站点来说，高峰数据流可达到每秒2兆比特，对移动设备来说，可达到每秒114千～384千比特。2009年，国际电信联盟还没有命名4G。iPhone、Sprint公司的宽带卡、威瑞森公司的移动宽带服务满足的都是3G标准。但是，Sprint公司已经在巴尔的摩的市场上使用了4G服务。

同时，广播电视公司已将移动电视纳入数字电视标准。广播电视公司将移动信号与数字电视信号结合。移动电视以每秒3.7兆比特的速度进行传输，移动设备上的画面非常连贯。该系统应用的标准是MPEG-4，与互联网上Quick Time使用的标准相同。

第三节 内容管理：将内容转码为不同格式

如今，每个内容提供商都必须考虑多重发行格式的问题。例如，前面的章节提到了“窗口”，意思是在不同媒体平台发行电影。发行的窗口包括点播平台、DVD、有线电视、飞机和酒店、网络电视和地方电视合作组织。

一、内容转码

这些将内容产品传输给消费者的多重渠道需要不同的格式。点播节目、DVD等版本都要求数字格式，但很多电视节目是模拟格式，需转成数字格式。数字格式的形成过程与其他格式有所不同。将数字格式转化为其他格式的过程被称为转码。10年前，卢卡斯公司就将自己拍摄的电影转化为26种格式，早于移动视频和宽带游戏操控台。

为了适应不断发展的传输格式，负责内容传播的业务部门需要采用一些内容管理的方法。“内容”章节已经介绍了媒体资产管理系统，它的作用是获取、存储和检索内容。内容管理系统（CMS）的作用是，将完成的内容转化成所需格式，然后传输给最终消费者。

内容管理系统对媒体内容的有效传输起着至关重要的作用。卢卡斯后期制作公司的工程师弗莱德·梅耶说：“我们发现，电影可以在数字影院放映，也可以在普通影院放映。我们正在寻找一种能够同时掌握两种形式的系统，避免输出系统的分离，因为每个系统都有自己的成本。基本上，我们需要掌控所有的发行媒介——电影、数字电影、标清视频、高清视频、卫星电视、DVD、网络放映等。我们正在试图建立一种系统，可以同时管理面向不同媒体平台的输出过程。”

二、大众定制和个性化定制

当内容提供商使用了内容管理系统，就为内容传输开启了一片新的天地。大众传播和小众传播的结合成为可能。事实上，如果内容以模块形式存储，剪辑过程可以在世界各地进行。有两种方式可以将内容转化为不同的版本：大众定制和个性化定制。

个人定制满足的是个人的不同期望和需求。相反的是，大众定制适应的是某一群体的共同特征。因此，当内容营销商确定受众细分市场时，大众定制使他们能够将一个版本营销给拥有某些特征的细分市场。例如，一个内容产品可以转化为符合不同年龄层的版本，儿童版本可能更短，也更简单。个人消费者可以从所有的内容产品中进行挑选，内容管理系统可以将内容进行分解，将需要的模块进行整合。学生可能只想看一本书的某些章节。报纸的订购者可能只想看房产和体育信息，或娱乐信息、食品信息，抑或头版头条信息。

大众定制实际上是与个人消费者建立良好关系的第一步。通过完全个人定制化以满足某个用户的需求是不现实的，收益成本比很低。因此，更好的做法是，在开始的时候使用大众定制方法，确定几个共同的关键属性，然后满足某个群体的需要或需求。明确的目标、精确的分析和定制化的构建能够帮助内容提供商做出些决策。

个性化框架能够确定用户核心的综合特征，从而使个人个性化定制容易实施，并且能够得到持续、可测量的结果。一个基于科学化设计的框架可以帮助识别吸引目标受众的能力、资源和要点。通过互动过程的测量，可以形成个性化的定制内容。通过个性化框架，设计者也可以设计出符合不同信息或娱乐信息的产品和服务。

大众定制的最大优势在于，它能够将复杂的信息以互动的形式提供给具有某一特征的媒体消费者，也就是在合适的时间、以合适的方式提供给消费者想要的产品和服务。这种定制不仅应用于内容传输，还可以应用于用户接口。一个很好的例子是谷歌的首页面，它允许用户自己构建谷歌搜索页面，如背景的图片设计、自由选择服务和应用，以及将服务和应用安置于页面的任意位置。

内容营销人员也可以从大众定制和个性化定制的过程中受益。消费者可以选择他们获得信息和娱乐的方式，内容提供商有机会获得更多的消费者数据，从而为未来的营销工作提供基础。而且，消费者还可以参与到内容生成的过程中，最终形成其满意的产品。

第四节　数字版权管理

媒体公司必须持续地寻找获得收益的方法，尤其是在当今互联网内容免费的情况下。过去，媒体公司无法同时向很多人传播内容，这就破坏了内容的潜在价值。为了保护公司创造或获得的内容，很多公司开始寻求能够为最终内容资产获得收入的技术。

以影院为例，它可以同时完成以下功能：

电影放映

提供电影放映信息

收钱

票房统计

100多年以来，影院成功地发挥了自己的功能。数字内容提供商非常羡慕影院发行方式，因为它们生产的内容在网络上流行，却无法获得收益，它们要么损失收入，要么得罪受众。在数字环境下，公司可以使用技术方法保护收入，这一系列的技术方法被称为数字版权管理（DRM）。

苹果公司的在线音乐商店“iTunes Store”为数字版权管理的市场化提供了一个很好的示范。iTunes商店于2001年1月正式运行。苹果公司已经与主要的唱片公司签订了协议，包括环球音乐集团、华纳公司、索尼公司等。作为协议的一部分，苹果公司同意使用数字版权管理系统，标准是MPEG—4。系统软件可以从本质上控制音乐的下载过程，显示出音乐来源和下载次数。

数字版权管理也存在缺陷。2007年5月，苹果公司宣布iTunes将会提供免费音乐。原因在于：

消费者认为数字版权的限制是不公平的。

数字版权管理的编码给实际的音乐应用带来了问题。

消费者的互动MP3没有安装数字版权管理系统。

消费者可以通过互相传播的方式获得免费音乐。

黑客迅速研究出破解数字版权管理编码的方式。

总有一天，影院也会面临同样的问题。那时，内容提供商可以开发出新的商业模型，使他们可以从运营中获益，保护内容资产的价值，同时与消费者建立良好关系。

总结

通过数字网络的内容传输已经成为媒体企业的重要业务。到达用户、宽带和成本是商业决策的基础。消费者并不关心内容的传输问题，他们关心的只是内容获得的时间、地点和方式。

下章概要

下一章解释了技术创新怎样改变媒体行业的商业图景，讨论了内容怎样为媒体制片人和公司生成经济价值，以图表形式描绘出媒体参与者各自扮演的角色，以及管理者怎样通过新的战略来完成公司目标。

案例分析13.1　创造你自己的数字生产线

为了更好地理解价值链运作在当今商业环境下发生了怎样的变化，我们需要首先了解几年前价值链的运作情况。在这个案例中，我们讨论了一个独立的视频制作公司怎样利用各种平台和方法制作内容产品。案例涵盖了内容生成的整个过程。

视频行业

1. 制作

开发：从独立制片人或电影公司获得电影版权，从头开发一部电影。

制作：高成本电影、低成本电影、家用录像设备生成的电影、TROMA电影。

后期制作：在格式转化或拷贝之前，电影或视频的剪辑。电影底片经过包装、压缩的生产线和视频后期制作工作室。

2. 发行

营销：通过贸易刊物、广播电视广告、印刷广告等形式吸引发行商。销售人员与发行商进行会谈，签订电影发行订单。

运输：在影片首映之前，电影拷贝被运到发行商的影院。在销售期前，发行商及时运到零售商商店。

消费者：消费者能够到影院观看，购买DVD等。

3. 盈利

消费者支付：在这种情况下，消费者直接为影片的零售价格付费。

财务管理：零售商向发行商进行支付。

版权所有者的版权：生成版权报告，交给制作公司的会计部门，会计部门计算版权所有者的版权。

利益分配：支付给利益相关者报酬。

现在，你应当创造自己的价值链。

1. 研究某个媒体行业，如电视行业。从历史研究开始，画出完整的价值链。
2. 确定哪些平台依然存在，哪些平台发生了改变。
3. 经过历史的沉淀，哪些业务改变了？
4. 做出总结，指出这个行业将会有怎样的发展。
5. 你是否认为这个行业将会一直存在下去？
6. 为你选择的媒体行业创造一个新的价值链。

第十四章
媒体质量管理

对产品质量来说，不是100分就是0分。

——松下幸之助

>> 本章学习目标

→质量管理

→全面质量管理

→媒体服务过程管理

→质量标准、质量管理体系的设计和实施

导 语

美国哈佛商学院教授罗伯特·卡普兰和复兴方案公司总裁戴维·诺顿在《综合记分卡：一种革命性的评估和管理系统》一书中写道：

“同制造业公司相比，信息时代对服务业的影响更大。许多服务性企业，特别是运输、公用事业、通信和保险业的公司，几十年来一直存在于舒适的非竞争环境中。这些公司在进入新领域和给自己的产品和服务定价方面很少有自由。对于制造业和服务业公司两者来说，信息时代的环境决定了，要想在竞争中获胜，必须具备新的能力。对于一家公司来说，同对实物和有形资产的投资和管理相比，对其看不见、摸不着的资产的运用和开发的能力要重要得多。”

无形资产能够：

◆发展与客户的关系，从而维系现有的客户对企业的忠心，并使新客户和新市场获得高效的服务；

◆推出新型产品和服务，以满足特定客户群体的愿望；

◆以低成本和高质量提供定做的优质产品，并提供因人而异的服务；

◆调动雇员的技能和积极性，以不断提高工艺质量和水平，缩短反应时间；

◆运用好信息技术、数据库和信息系统。

产品的生命周期继续缩短，一种产品在一个时代的竞争优势不能保证该产品在下一技术发展和竞争阶段中继续保持优势。在技术迅速革新的产业中，参与竞争的公司必须善于预测顾客未来的需要，并设计和推出全新的产品和服务，以便在高效率经营和服务过程中迅速采用新的产品技术。

所有雇员必须凭借自己的知识和所能提供的信息来贡献其价值。对每个雇员的知识增长进行投资、管理和加以利用，这对信息时代的公司来说，已变得至关重要。

在中国，媒体在信息时代发挥着越来越大的社会和经济作用。我们将媒体行业定位在服务行业，一方面，媒体提供的产品以无形产品为主；另一方面，媒体产品的交付和价值实现越来越多的是通过产品提供者和顾客的接触来实现的。

质量是一种投资，而且是回报很高的投资。要知道，吸引一个新顾客的成本是保持一个老顾客的6倍，而一个不满意的顾客通常将会把自己遇到的麻烦告诉8至10个人。这些数据从一个层面表明，质量绝对值得投入。对我国的媒体服务业者来说，服务质量不仅关系利润回报，更反映社会效益。

媒体普遍对质量管理有进一步的需求，有些在日常管理过程中已经有意识地利用了一些工具来改进服务质量。不过，一方面，媒体领导对质量管理的重视和投入都不足，因为担心投入后看不到回报；另一方面，一些质量管理活动往往是局部的、盲目的、被动的、事后的，难以有效地达到持续改进的目的。

过去，媒体的运营关注连续性和稳定性，随着服务竞争的加剧和观众对内容质量的要求越来越高，运营业绩的持续改进成为媒体的战略推动力。我国的媒体服务业正处于信息时代的转型期，媒体正在寻找新的能力去面对竞争与挑战，他们希望建立有效的投资和风险管理机制，利用知识管理系统倡导学习型组织，开发和运用品牌形象和企业文化等无形资产，核心目标就是保证服务质量并使之得到持续改进。

如何利用有效的管理工具在媒体实施全面质量管理的过程中是一个很重要和实际的问题，一种解决方案是“基于ISO 9000标准构建电视节目质量管理体系”。首先，ISO 9000标准是一个世界通用的基本的可伸缩的质量管理体系标准，适用于中国媒体的管理要求和实际；其次，2000版ISO 9000标准经过了大量的修订，除去主要针对制造业的内容，更加适用于服务业；再次，2000版ISO 9000标准以过程管理为工具框架，适合“媒体服务是动态的过程”这一特点。

以2008版ISO 9000标准实施并建立质量管理体系是媒体实现全面质量管理（TQM）的有效途径，这是一个系统工程，而且，TQM更多的是作为一种理想、一个追求的目标，是没有止境的。从管理实践来看，TQM是管理者最常用的词汇之一，也是最难以做好的部分。一方面，说到容易做到难；另一方面，TQM与员工的素质有关，对服务业来说尤其如此。在组织的质量管理活动中，应有重点地推行，结合具体的业务过程进行，不要进行大量的不相关的质量改进措施。要让员工有稳定的预期，给员工充分的授权，不要给员工造成“组织什么都关注，其实什么都无所谓”的印象。因此，从某种角度说，质量管理的核心是人。

随着中国加入WTO，经济体制改革和结构调整的步伐明显加快，国内各行业都积极进行重组，提升竞争力，以应对来自国内外的竞争压力。对中国传统带有福利性质的公共服务行业，如教育、医疗、交通、广播电视等，虽然加入WTO不会带来全面的开放，但是，一方面，政府对这些行业的控制放松，内部竞争加剧，相关的外围市场逐步放开；另一方面，国内的消费者对服务质量的期望给这些行业带来很大的压力。

由于这些服务行业长期以来一直受到政府的保护，市场化程度较低，而往往这些行业所服务的市场的规模又相当大，对老百姓的生活又很重要。因此，这些公共服务行业应积极面对竞争压力和挑战，建立质量管理体系来提高服务质量和竞争力。

媒体服务是特殊的公共服务行业，因涉及意识形态领域，受到政府的控制。中国的媒体受众传统上将媒体服务视为带有福利性质的公众服务，对广告多带有抵触。而提供媒体的主要收入来自广告，媒体面对市场化程度已经很高的内容市场和广告市场，不得不参与激烈的竞争去争取受众和广告客户。

第一节　质量管理的基本概念

一、质量

对质量定义的认识将决定质量管理的工作内容和工作效果。一些企业内部对质量理解不正确、不全面或者不统一，这在一定程度上影响了质量管理工作的效果。因此有必要对质量的定义进行剖析。

对于质量，很多专家学者有过论述，从对质量管理学科产生重大影响的质量管理专家的论断中，可以将质量的定义分为两类：

1．产品和服务的特性符合给定的规格要求，通常是定量化要求。

2．产品和服务满足顾客期望。

第一类定义的代表人物有克劳士比和田口玄一。克劳士比认为质量就是符合规定要求，田口玄一则认为质量就是产品上市后给社会带来的价值。

第二类定义的代表人物有休哈特、朱兰、戴明、费根堡姆和石川馨，其中被广为传播的定义是朱兰博士的适用性质量。朱兰博士认为产品质量就是指产品的适用性，即适合使用的特性。其实，休哈特博士早在20世纪20年代就对质量有过精辟的表述，他认为：质量兼有主观性的一面（顾客所期望的）和客观性的一面（独立于顾客期望的产品属性）；质量的一个重要衡量指标是一定售价下的价值；质量必须由可测量的量化特性来反映，必须把潜在顾客的需求转化为特定产品和服务的可度量的特性，以满足市场需要。正是由于质量的主观性一面，质量的内涵是非常丰富的，而且随着顾客需求的变化而不断变化；同样，正是由于质量的客观性一面，使得对质量进行科学的管理成为可能。

随着ISO 9000质量管理体系认证在企业的广泛应用，ISO 9000关于质量的定义逐渐为越来越多的人所接受。ISO 9000中质量的定义为：一组固有特性满足要求的程度。在这个定义中，产品质量指产品满足要求的程度、满足顾客要求和法律法规要求的程度。因此，质量对于企业的重要意义可以从满足顾客要求、满足法律法规的重要性程度上来加以理解。其中，顾客要求是产品存在的前提。

在这个定义中，所指的“固有的”（其反义是“赋予的”）特性是指在某事或某物中本来就有的，尤其是那种永久的特性，包括产品的适用性、可信性、经济性、美观性和安全性等。

（1）适用性

适用性是指产品适合使用的特性，包括使用性能、辅助性能和适应性。注意产品的使用性能与产品功能的区别：产品的功能反映产品可以做什么；产品的使用性能是指产品做得怎么样；辅助性能是指保障使用性能发挥作用的性能；适应性是指产品在不同的环境下依然保持其使用性能的能力。如一辆轿车有无天窗属于汽车的功能范畴，不属于质量范畴，天窗是否好用、是否漏水则属于使用性能问题，属于质量范畴；一块手表走时是否准确属于使用性能范畴，是否带有夜光属于辅助性能范畴，是否提供防水功能则属于适应性范畴。

（2）可信性

产品的可信性包括可靠性和可维修性。可靠性是指产品在规定的时间内在规定的使用条件下完成规定功能的能力，它是从时间的角度对产品质量的衡量。可维修性是指产品出现故障时维修的便利程度。对于耐用品来说，可靠性和可维修性是非常重要的，如汽车的首次故障里程、平均故障里程间隔、车体结构是否易于维修等都是顾客十分重视的质量指标。

（3）经济性

产品的经济性是指产品在使用过程中所需投入费用的大小。经济性尽管与使用性能无关，却是消费者所关心的。如空调是一种需要消耗电能的产品，在达到同样的制冷效果下，能耗越低给顾客节约的成本就越大；洗衣机则是一种需要大量消耗水的产品，在达到同样洗净比的前提下，用水越少则其经济性越好。

（4）美观性

产品的美观性是指产品的审美特性与目标顾客期望的符合程度。顾客通常不会对一种产品的审美特性提出具体要求，但当产品的外观、款式、颜色不符合顾客的审美要求时，顾客就会排斥这种产品；当产品的外观、款式、颜色符合顾客的审美要求时，顾客就会被这种产品所吸引。如瑞士SWATCH手表的成功更多地应归功于其对顾客审美需求的准确把握。

（5）安全性

产品的安全性指产品在存放和使用过程中对使用者的财产和人身不会构成损害的特性。不管产品的使用性、经济性如何，如果产品存在安全隐患，那不仅是消费者所不能接受的，政府有关部门也会出面干涉或处罚。对于家用电器、汽车、工程机械、机床设备、食品、医药等，安全性是一个特别重要的质量指标。

因此，对产品质量的评价判断可以从以上5个方面来综合考虑。当然，对于不同的产品来说，质量的内涵可能有所偏重，有的产品如易耗品不需要考虑可维修性的问题，有的产品如复印纸不需要考虑安全性的问题，有的产品如地下供热管道则无须过多考虑美观性的问题。从企业的角度来看，必须深入识别顾客对产品质量特性的关注重点，避免闭门造车，防止顾客关心的质量特性不足、顾客不重视的质量特性投入过多的情况发生。

另外，企业还应注意理所当然的质量特性与富有魅力的质量特性的区别。如果企业的产品仅仅具有理所当然的质量特性，只能保证顾客不会不满意，但无法保证顾客满意；只有富有魅力的质量特性，产品才会有吸引力，企业才会赢得忠诚的顾客。如果企业满足于理所当然的质量特性表现，那么企业的质量管理工作就可能出现事倍功半甚至适得其反的效果。某知名钟表制造企业在深陷亏损困境之时，其质量部门负责人还坚持认为企业亏损的原因在于产品质量太好、产品太耐用导致顾客需求不旺，殊不知，这位质量负责人所指的质量仅仅是理所当然质量的一个方面，因而产品无法吸引更多的顾客。

但理所当然的质量和富有魅力的质量特性不是一成不变的，随着时间的推移和社会的进步，原来富有魅力的质量特性会逐渐变为理所当然的质量特性而不再具有吸引力。如早在1908年，通用汽车公司的工程师们在皇家汽车俱乐部会员面前拆解了3辆凯迪拉克轿车，并把这些零件混在一起，而后从中选择零件重新组装成车，最后驾车绝尘而去。这令在场的会员极为震惊，认为凯迪拉克车质量之高令人惊叹。显然，在当时汽车零件具有互换性是一种了不起的质量特性，是一种富有魅力的质量特性，这也是福特公司的N型车和T型车取得辉煌成功的重要原因；然而时至今日，即使农用三轮车的零部件也具有极高的互换性，零部件的标准化和互换性已经是理所当然的事情，不再是吸引顾客的富有魅力的质量特性。因此，任何企业都不能一味抱着过去的成功模式不放，需要积极寻求并打造富有魅力的质量特性。

二、媒体产品的质量特征

在ISO 9000中，“质量”被定义为“一组固有特性满足要求的程度”。其中，“固有的”是指在某事或某物中本来就有的，尤其是那种永久的特性。“要求”是指“明示的、通常隐含的或必须履行的需求或期望”。“特性”是指“可区分的特征”。

例如，电视节目质量就是电视节目服务质量，是电视节目服务满足观众和各类顾客的程度和属性。例如，电视接收画面的清晰度，电视节目好不好看，播出时间安排得合不合理，节目宣传推广的效果怎样，广告时段的营销能力和手段如何，公共形象和节目品牌好不好等，许多相关因素都反映了电视节目服务质量。

在ISO 9000中，顾客是指接受产品的组织或个人，例如，消费者、委托人、最终使用者、零售商、受益者和采购方。顾客可以是组织内部的或外部的。相关方是指与组织的业绩或成就有利益关系的个人或团体，例如，顾客、所有者、员工、供方、银行、工会、合作伙伴或社会。电视节目服务的顾客包括观众、有线网用户、广告客户、节目发行商和音像出版商等。

要精确定义媒体服务质量并不是简单的事，不过我们可以从分析电视节目服务质量要素入手。

首先，我们来了解服务质量如何描述。在下面这个感知服务质量模型中，顾客对服务质量的满意度可以定义为“将对接受的服务的感知与对服务的期望相比较”。当感知超出期望时，服务被认为具有特别质量，顾客表现出高兴和惊讶。当没有达到期望时，服务注定是不可接受的。当期望与感知一致时，质量是满意的。如图14–1所示，服务质量受到口碑、个人需要和过去经历的影响。

服务质量可定义为：

Qs=PS–ES

其中，PS（Perceived Service）代表感知服务，ES（Expected Service）代表期望服务。这样，服务质量不仅决定于服务本身，还与顾客的期望直接相关。

服务质量要素说明如下：

（1）可靠性（Reliability）是可靠地、准确地履行服务承诺的能力。

（2）响应性（Responsiveness）是指协助顾客，并迅速提供服务的愿望。

（3）保证性（Assurance）是指员工所具有的知识、礼节以及表达出自信与可信的能力。

（4）移情性（Empathy）是设身处地为顾客着想和对顾客给予特别的关注。

（5）有形性（Tangibles）是指有形的设施、设备、人员和沟通材料的外表。

顾客从这5个方面将预期的服务和接受到的服务相比较，最终形成自己对服务质量的判断。期望与感知之间的差距是服务质量的量度。从满意度看，服务质量既可能是正面的，也可能是负面的。

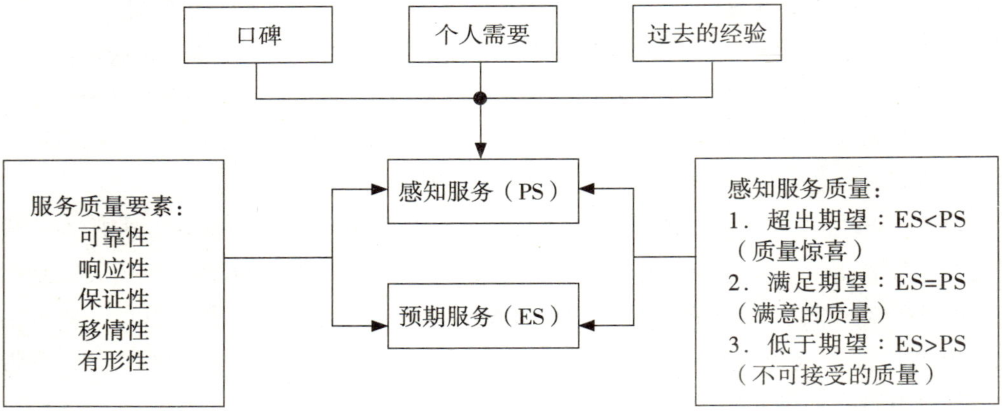

、图14–1　感知服务质量

那么，这个服务质量由哪些因素来决定呢？我们来看图14–2的服务质量差距模型。

由图14–2看出，顾客的服务期望与服务感知间的差距被定义为差距5，它依赖于与服务传递过程相关的其他4个差距的大小和方向。

服务质量与这些差距有如下的函数关系：

$$Q_s = f(\Delta_5) = g(\Delta_1, \Delta_2, \Delta_3, \Delta_4,)$$

其中，5个Δ分别代表服务质量差距模型中的5个差距。

差距1是顾客期望与管理者对这些期望的感知之间的差距，导致这一差距的原因是管理者对顾客如何形成他们的期望缺乏了解。顾客期望的形成来源于广告、过去经历、个人需要和朋友介绍。缩小这一差距的策略包括改进市场调查、增进管理者和员工间的交流、减少管理层次、缩短与顾客的距离。差距2指管理者没有构造一个能满足顾客期望的服务质量目标并将这些目标转换成切实可行的标准。差距2可能因为管理者对服务质量缺乏重视和支持，认为满足顾客期望是不可实现的。然而，实施质量管理体系，设定目标和将服务传递过程标准化可弥补这一差距。差距3指服务绩效的差距，因为实际服务过程不一定能达到管理者制定的要求。许多原因会引起这一差距，如缺乏团队合作、员工招聘问题、训练不足和不合理的工作设计等。顾客对服务的期望来自于媒体广告和与组织的各种交互过程。差距4是实际传递的服务和对外沟通间的差距。对外沟通中可能提出过度的承诺，而又没有与一线服务人员很好地沟通。对中国目前的电视节目服务来说，这4种差距都有缩小的空间。

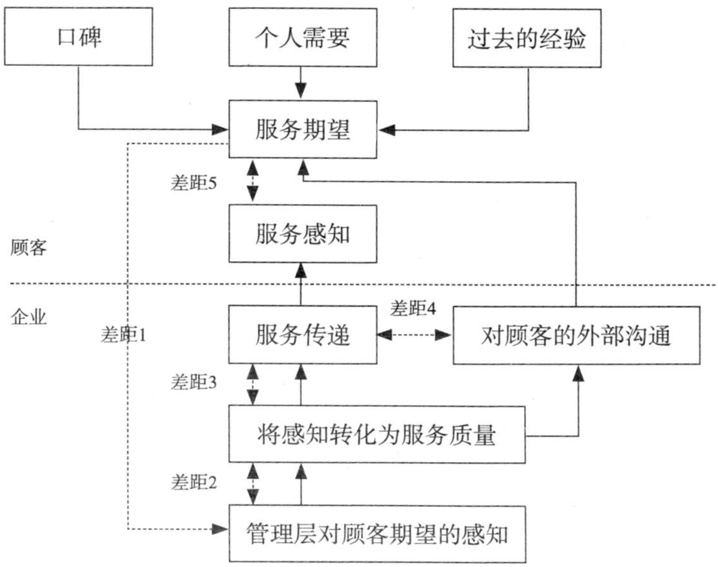

图14–2 服务质量差距模型

例如，电视节目服务是长期持续的公共服务。随着顾客的成长，顾客的要求和期望也越来越高。如果电视服务提供者不能随着顾客一起成长，让顾客不断感知到服务质量的提升，那么只有被市场淘汰。优秀的电视节目服务提供者会察觉到不断变化的顾客需求，甚至预测到未来的顾客期望走向，向顾客提供超出他们期望的服务，为他们带来惊喜。例如，CNN为电视观众提供24小时连续现场新闻报道服务，这在初期远远超出了观众的期望，获得了巨大的成功。可是，CNN没有坚持为观众带来惊喜，它的地位正受到挑战。因此，电视节目服务提供者要做到领先，就必须充满活力，不断挑战自我。而要做到这些，提供电视节目服务的组织必须要拥有高素质的专业人员和实施有效的质量管理体系。

电视节目服务过程比较复杂，专业性很强，涉及的因素较多。因此，影响节目服务质量的因素也十分复杂，可以说，大到整个社会经济文化环境、观众的收视需要，小到节目编排、节目营销工作，都会直接或间接地影响节目服务质量。

电视节目服务提供者与顾客的直接接触较少，电视观众接受的服务产品是无形的，是个体的精神感悟，一般不可重复，观众的主观需求是不稳定的。因此，对电视节目服务提供者来说，外部因素往往难以控制。例如，国家的媒体政策可能改变电视节目市场的竞争格局；社会文化环境的变化可能带动某类节目的兴起；观众收视习惯的改变会影响观众对节目的期望；广告客户的投放策略也会间接影响节目经费和节目质量。外部因素有市场的和非市场的，有些因素可以理性地进行分析预测，有些则反映了市场变化的不确定性。当然，经营者可以通过营销和公关活动一定程度地影响外部环境。

不过，电视台能够控制内部环境和因素，也就是管理制度和经营战略。提高电视节目服务质量是电视台的战略目标和归宿，电视台通过建立质量管理体系，实施适应外部环境变化的运行机制，有效配置人力资源；最高管理层不断更新经营理念，保持和持续改进电视节目服务质量。例如，电视剧节目服务按照边制作边播出的模式，以观众满意度来制定节目决策，这种模式降低了电视台的投资风险，同时利于改进节目质量。从业务运营管理的角度，电视业务是多专业分工协作完成的，每一个专业人员都会直接或间接决定节目质量。因此，应参照ISO 9000标准，实施以过程为对象的电视节目质量管理体系，在组织结构、领导方式、控制系统方面建立适应程序化的服务技术手段和运营模式。通过全面质量管理，电视台要能够切实控制节目服务的每一个环节按既定的程序要求进行，掌握每一个过程的资源使用和产出情况，分析市场变化和业务运行信息，有效地实现业务增长和节目质量的不断提高。

第二节　全面质量管理和媒体产品质量战略

一、全面质量管理

卡普兰和诺顿认为，业绩的突破要求实现重大改革，包括改革企业所采用的业绩测量和管理系统。他们提出，企业要为将来的竞争成功而努力进行自我改造，其中首要的建议就是“全面质量管理”。

全面质量管理（Total Quality Management，简称TQM）对服务性企业而言是重要的无形资产，是企业提升服务质量，保持竞争优势的系统能力。

那么什么是“全面质量管理（TQM）”呢?

TQM是指由顾客需求和期望驱动，关注工作过程持续改进的管理思想。TQM使质量控制成为组织全体人员的共同责任。TQM以顾客为导向，从计划、执行、检查到处理，组织全体人员都参与到质量持续改进的过程中。

TQM强调：

1. 以顾客为中心；
2. 持续改进；
3. 关注过程；
4. 改进组织每项活动的质量；
5. 精确测量；
6. 对员工的授权。

TQM是持续的质量改进（Continuous Quality Improvement），不是重组再造（Reengineering）。TQM是一种连续、递进的改变过程，集中于修整与提升，自下而上地进行。所以，TQM的实施原则有：

1. 最高管理层的承诺、支持及参与；
2. 全员教育；
3. 有重点地循序渐进；
4. 强有力的推行部门；
5. 耐心细致的坚持；

6. 融入日常管理；

7. 培养以质量为中心的企业文化。

TQM具有以下主要特点：

1. 所管理的质量是广义的；

2. 提倡以预防为主；

3. 全员参与；

4. 采用多种管理技术与方法。

二、媒体产品质量评价

我们从服务质量的角度对电视节目质量特性作了分析，下面我们仍以电视节目质量为例。可以看出，测量服务质量是一项挑战，因为顾客满意是由许多无形因素决定的。与具有物理特性的客观可测的物质产品不同，服务质量包括许多心理因素。非营利性服务组织不能使用单一指标（如利润最大化）来评估业绩。而且，在服务系统的投入不可比的情况下，仅用产出来评价服务绩效也是不合理的。例如，对电视节目服务，不同栏目的播出日期不同，播出时段不同，投入的资金也不同，那么就很难用同一个标准来衡量它们的服务质量。

电视节目服务充满了随机性和复杂性，使得有效地评价电视节目质量成为一项困难的工作。从顾客的角度测量服务质量的标准和方法有两类，一类是软指标，一类是硬指标。软指标难以观察取得，必须要通过与顾客和相关方的沟通才能获得。软指标为电视台获得顾客满意提供方向、指导和反馈，并可对顾客的感知和印象进行量化。例如，下面的SERVQUAL就是一个较为复杂的软指标测量系统。硬指标是能够计算、测量的指标，如收视率、广告收入、收视人口、发行量、净利润、投资回报率等。如下面的标杆瞄准主要是通过硬指标来对质量进行评价。综合指标评价体系则结合了软硬两类指标，只是在这个评价体系中，指标分为“主观指标”和“客观指标”两类。

1. SERVQUAL

服务质量差距模型的发明者开发出一个叫SERVQUAL的表来测量服务质量的5大要素（可靠性、响应性、保证性、移情性、有形性）。

服务质量的得分是通过计算问卷中顾客期望与顾客感知的差来得到，这个得分就是服务质量差距模型中的差距5。其他4个差距的得分也可用类似的方法得到。这种方法最主要的功能是通过定期的顾客调查来追踪服务质量变化趋势。

对电视节目服务来说，利用SERVQUAL工具，电视台可以获取服务质量差距的各种参数，探索造成质量问题的根源，并提出改进措施。另外，SERVQUAL还可用于市场调研，与竞争者的服务相比较，确定电视台的服务质量在哪些方面优于对手，哪些地方逊于对手。

2. 标杆瞄准

衡量企业绩效的质量可以通过将本企业与最好的企业相比较来完成，这个过程就是标杆瞄准。对每一个质量要素，都有公司做得最好，他们就是比较的基准和要瞄准的标杆。标杆瞄准不仅是统计数字的比较，还包括访问领先的公司，掌握他们实现杰出业绩的第一手资料。很明显，这经常需要跨越本身的领域。

其实，中国的电视台已经在使用标杆瞄准来改进服务质量了。有的电视台模仿和引进欧美、日本、港台地区的先进节目形态，达到了很好的效果。可是，简单的模仿，没有形成自己的特点就难以持续。我国的电视台应思考得更细更深，应消化吸收领先电视台的管理经验。例如，通过标杆瞄准，应考虑学习领先电视台的节目制作体制，制片人（或制片经理）的授权机制；在信息化方面，应考虑学习信息化领先的企业；在项目管理、人力资源管理方面，电视台都应学习不同行业和领域的领先者。

3. 综合评价指标体系

针对目前中国电视台的实际情况和对节目质量管理的需要，可设计一套可操作的电视节目质量评价方案。实施节目质量评价为电视台节目质量管理评审提供了稳定有效的手段，为节目质量改进提供了可靠准确的依据。

在这个方案中，电视节目质量评价指标体系由主观评价指标体系和客观评价指标体系两大系统构成。主观评价指标系统由专家评价指标、观众评价指标和领导评价指标三方面的指标构成。客观评价指标系统由收视率指标、广告创收评价指标和技术评价指标三方面的指标构成。

这个评价工具将电视节目服务反映出的6种结果量化，结合了自我评价和第三方评价，并不直接测量服务的内容、过程、结构和深层影响。这样的评价方法简单易行，而且十分有效。缺点是没有反映出服务的微观质量要素，对提出改进措施缺乏参考价值。ISO 9004标准描述了四种测量质量管理体系业绩的方法，即顾客和其他相关方满意程度的调查、内部审核、财务测量和自我评定。那么，在电视台实施质量管理体系以后，质量评审能够为过程质量策划提供依据，从而持续改进服务质量。

第三节　媒体服务过程管理

一、过程与过程管理

过程管理（Process Management）是一种业绩改进的结构性方法，过程管理以组织端到端（End to End）业务过程的规定性机制和认真执行该机制为中心。一个业务过程（Business Process）是一系列有组织的相关活动，共同进行以获得顾客价值创造的结果。业务过程的所有活动必须同时展开，以服务顾客需求的共同目标来安排。组织成员必须以团队为单位运作，而不是狭隘地只关注个人任务，防范个人工作领域。业务过程的所有活动应由一个机制来指导，该机制指定哪些活动要进行，什么时候，由谁来进行。过程机制保证了过程的可重复性和一致性。

表14-1　传统组织与过程组织的对比

	传统组织	过程组织
运作轴心	职能	过程
工作单位	部门	团队
岗位设定	限制	拓宽
评价措施	狭窄	端到端
关注焦点	上级	顾客
补救手段	基于活动	基于结果
管理者角色	监督者	教练
关键人物	职能经理	过程负责人
组织文化	冲突型	合作型

1. 过程就是服务，过程质量就是服务质量

在ISO 9000标准中，服务被定义为一种产品类别，而产品被定义为过程的结果。ISO 9000标准还解释说，服务通常是无形的，并且是在供方和顾客接触面上至少需要完成的一项活动的结果。服务的提供可涉及，例如：

（1）在顾客提供的有形产品（如维修的汽车）上所完成的活动；

（2）在顾客提供的无形产品（如为准备税款申报表所需的收益表）上所完成的活动；

（3）无形产品的交付（如知识传授方面的信息提供）；

（4）为顾客创造氛围（如宾馆和饭店的氛围）。

服务是易逝性商品，它的生产和消费同时发生，服务的无形性使得它很难被识别。服务可以认为是一个由在支持性设施内使用辅助物品实现的显性和隐性利益所构成的“包”（Package）。服务包（Service Package）是指在某种环境下提供的一系列产品和服务的组合。该组合有四个特征：

（1）支持性设备：在提供服务前必须到位的物质资源。例如，卫星、有线电视网、电影院和飞机。

（2）辅助物品：顾客购买和消费的物质产品，或者顾客自备的物品。例如，电视机、机顶盒、网球拍和替换的汽车零件。

（3）显性服务：那些可以用感官察觉到的和构成服务基本或本质特性的利益。例如，通过收看电视财经节目，股票投资决策更可靠；通过电视发布，广告产品的知名度扩大了；经过修理过的汽车可以平稳行驶；补牙后没有感觉到疼痛。

（4）隐形服务：顾客能模糊感到服务带来的精神上的收获，或服务的非本质特性，如美丽大方的新闻播音员，高尔夫会员的身份象征，在氛围优雅的餐厅就餐。所有这些特性都会被顾客经历，并形成他们对服务的感知。

随着服务业在国民经济中所占的比例日益增加，服务业制造了更多的就业机会，是提高人民生活水平的主要动力。因此，服务业实施TQM，不断提高服务质量，有利于促进消费和投资，是造福社会的好事。

二、过程管理模式与媒体质量管理

通常，识别核心业务过程对过程管理是有效的。对电视台来说，节目制作和播出是核心业务过程。对一个电视节目栏目组来说，除了一些支持性服务（如后勤、技术、通信、财务、信息等）过程，节目制作是核心业务过程。过程管理保证业务活动按照预期和机制在一个过程环境中进行，当员工认识到他们的活动是更大的业务过程的一部分，就会以顾客和组织的共同目标来进行。当业务过程有一个端到端的明确化的机制，员工就能工作一致，管理者就能在一个规定的方式下来改进过程。过程管理保证了组织的业务过程有更好的机制，机制能够被执行并随着技术和业务环境的变化不断更新。

过程管理的首要步骤包括：

（1）识别组织业务过程。

（2）让组织所有员工意识到业务过程，以及个人工作与业务过程的关系。

（3）从顾客需求出发，制定和部署端到端过程的业绩评价指标，评估目前过程的表现，并设定今后目标。

（4）指定过程负责人，即对一个业务过程具有端到端职权的高级管理者，保证过程有稳定一致的优秀表现。过程负责人建立过程的机制并保证过程按照机制进行，获得过程进行必需的资源，改进过程并在需要时进行干预。

（5）选出2到3个过程重新设计机制，进行改进，并阶段性地实施这些新的机制。

（6）隔一定时间，以过程的新特点来安排组织的管理体系。

过程管理的中心人物是过程负责人。对电视栏目来说，制片人就是节目制作过程的过程负责人。过程负责人应保证在业务过程中工作的员工理解过程，在过程中受到训练，具备必须的工具，并按照规定的机制来进行工作。为了修正一些小问题，或者引入新的内容，过程负责人将会对过程机制进行小的改动。如果过程现有的表现与期待出现巨大的距离，那么过程负责人必须领导大家努力建立一个全新的过程机制，也就是说，做一个业务重组项目。

过程管理的收益是显著的。建立一个具有活力的过程机制将会带来业绩的提升，因为资源和时间不会浪费在毫无意义的活动上，项目也不会进行得支离破碎。过程管理为组织每个人安排一个共同的以顾客定位的目标，提供一个有效的过程重组（即有意识的整体性的工作机制的重新设计）实施架构。组织的成功依赖于具备良好机制的业务过程及其有效的运作表现，无论员工多么努力工作，他们也不能超越现有机制下的过程能力，而持续改进需要机制的改进。

ISO 9000标准为我们提供了一个质量管理体系框架，使得组织的过程能够在这种框架下持续进行机制的改进，从而改进过程的表现，即持续的质量改进。

三、网络媒体产品及服务的持续改进

还记得日本制造业管理方法的风靡一时吗？那时，你几乎不可能读到没有提及“精益制造”、“即时存货系统”和“全面质量管理”的商业出版物。你没有再次听到这些概念了，可是，并非因为它们不再流行。真实情况却恰恰相反：实践应用已如此广泛，以至于它们不再有新闻价值。如今，轮到了美国的执行经理们，尤其是那些来自高科技产业的经理，他们正在向全世界的其他人宣讲Web 2.0的奇迹和从硅谷涌现的最时髦的新事物。

因此，网络商业成功最重要的推动力之一就是直接取自于记载日本管理方法的书籍。这个推动力就是改善（kaizen），即持续改进的活动。改善并非单单意指企业应该不断尝试新事物，而是指一种规范化的过程，该过程包括系统的探究、受控的实验以及随后艰苦地对新程序的采用。在最初的设想中，改善应用在制造业中，进行实验就能够仅在数月之内确定一个新的过程是否促使质量改进或成本节省。应用改善到产品设计中要困难得多，这是因为设计并推出一种新产品可能轻易地就耗去数年的时间。

不过，对网页进行可控的实验是简单的。亚马逊网站可以每隔100名访问者显示不同的页面，几日之内就可决定新的设计是否可提高销售。与此相似，搜索引擎可以进行可控实验来尝试其搜索算法的新变动，在几个小时之内就可发现用户是否觉察到这是对旧的算法的改进。在网络上，持续改进的确是在持续进行的。

对网络应用来说，探索、实验及采用的周期被大大地缩短了。这不仅仅是过去所说的原子与比特之间的差异。

给出一个绩效的度量，可以是点击数、收入，或者其他度量，实验和评估的规范过程就能促使快速的改进。实验越容易，用户数越大，这个过程见效就越快。最成功的网络企业就是建立在改善之上的，尽管进行这种测试的人中很少会认识到这个术语，因为创立这些网络企业的许多人在20世纪80年代时还在读小学。

纸质媒体就不理解在线改善，它们的意识还紧扣在印刷世界中，在那里改变设计是代价高昂的。《华尔街日报》耗时数年来规划印刷版的重新设计，并耗费数百万美元来推出它。可是，在这些改变有多成功变得明朗之前，还将历时数月。相比之下，网络内容页面版式的微小变动对提高用户满意度和广告点击量是非常有效的，能够使用可控实验在数日之内就可决定这些改变的作用，而不必要几个月。

可是，有多少主流的出版商拥有进行这种受控实验的网页软件呢？大多数情况下，只有一套版式设计，进行实验十分困难。你不能控制你不能测量的东西，即如果你不能容易地对你正在做的事进行实验，那么就会严重妨碍对它的管理。

改善意味着，目前处于产业中的公司对新进入者拥有一种内在的优势。进入者不得不去猜测什么会起作用，已经在营运的公司就能进行实验并找出答案。这种信息优势不会排除新的进入，它只是令其更加代价高昂，因为学习曲线更为陡峭了。

Amazon在网络百货商店上面临一些有价值的竞争者。但是，一个新进入者在该领域竞争成功的可能性有多大呢？要复制像Amazon，Buy.com和eBay这些现有的网络零售商的经验是困难的，新的进入者，就算像沃尔玛这么强，也发现网络世界步履维艰。这并不是说，新的进入没有可能。正如俗语所说："你总能认出那些拓荒者，他们是那些背后带箭的家伙。"

新进入者拥有可避免早期错误的优势，它们能够效仿成功的运作，并在许多情况下进行改进。相比那些坚守上一代基础计算设施的先行者，更新更快更灵活的信息系统有的时候能够赋予新进入者一个竞争优势。不过，对基于网络的应用来说，容易实验的能力是一个决定性的因素。网络世界从来都不是静止不动的。新的用户、新的产品、新的技术源源不断地出现。有能力快速地找出哪些有效、哪些无效的意义可能有生死存亡的差别。

第四节　质量标准与质量管理体系

ISO9001：2008和ISO9004：2009是质量管理体系标准主导的两类模式：一类为ISO9001：2008为代表的质量管理体系要求标准（含各行业质量管理体系要求标准，如：ISO/TS16949、ISO22000等）其特点是对质量管理体系具体活动提出通用或专业性要求，思路是"以最少的一致要求提供产品符合性保证和信任"，其评价手段是符合性评价。另一类则是以ISO9004：2009标准及各类卓越绩效评价准则为代表的指南标准，其特点是应用质量管理的原则，为提升组织整体绩效及可持续性提供公认有效途径的信息，评价手段是成熟度量度。其典型作用是帮助已按ISO9001或其他管理体系标准建立管理体系的组织，在推进组织整体持续发展方面发挥作用。ISO9004：2009除了特别关注改进一个组织的总体业绩与效率，还将源于ISO9000：2005八项管理原则的组织成熟度描述为：初学型组织、前摄型组织、弹性组织、创新型组织、可持续组织五种类型。对于最高管理者希望超越ISO9001要求，通过业绩持续改进，追求成熟的组织，ISO9004：2009推荐了指南。在组织有意愿并在合同条件下，ISO9004：2009可用于认证或成熟度评估。

一、新版ISO9000标准

为了成功地领导和运作一个组织，需要采用一种系统和透明的方式进行管理。针对所有相关方的需求，实施并保持持续改进其业绩的管理体系，可使组织获得成功。质量管理是组织各项管理的内容之一。

八项质量管理原则已得到确认，最高管理者可运用这些原则，领导组织进行业绩改进。

（1）以顾客为关注焦点

组织依存于顾客。因此，组织应当理解顾客当前和未来的需求，满足顾客要求并争取超越顾客期望。

（2）领导作用

领导者确立组织统一的宗旨和方向。他们应当创造并保持使员工能充分参与实现组织目标的内部环境。

（3）全员参与

各级人员都是组织之本，只有他们的充分参与，才能使他们的才干为组织带来收益。

（4）过程方法

将活动和相关的资源作为过程进行管理，可以更高效地得到期望的结果。

（5）管理的系统方法

将相互关联的过程作为系统加以识别、理解和管理，有助于组织提高实现目标的有效性和效率。

（6）持续改进

持续改进总体业绩应当是组织的一个永恒目标。

（7）基于事实的决策方法

有效决策是建立在数据和信息分析的基础上。

（8）与供方互利的关系

组织与供方是相互依存的，互利的关系可增强双方创造价值的能力。

这八项质量管理原则形成了2008版ISO9000族质量管理体系标准的基础。

2008版ISO9000标准适合于所有类型的组织，基本没有制造业的偏向，同等地适合所有行业，包括服务业。新标准所确定的质量管理体系是基于过程模式和以顾客为中心的。

ISO9000：2008族标准核心标准为下列四个:

（1）ISO9000：2005《质量管理体系——基础和术语》

标准阐述了ISO9000族标准中质量管理体系的基础知识、质量管理八项原则，并确定了相关的术语。

（2）ISO9001：2008《质量管理体系——要求》

标准规定了一个组织若要推行 ISO9000，取得 ISO9000认证，所要满足的质量管理体系要求。组织通过有效实施和推行一个符合ISO9001：2000 标准的文件化的质量管理体系，包括对过程的持续改进和预防不合格，使顾客满意。

（3）ISO9004：2000《质量管理体系——业绩改进指南》

标准以八项质量管理原则为基础，帮助组织有效识别能满足客户及其相关方的需求和期望，从而改进组织业绩，协助组织获得成功。

（4）ISO19011：2002《质量和环境管理体系审核指南》

标准提供质量和（或）环境审核的基本原则、审核方案的管理、质量和（或）环境管理体系审核的实施、对质量和（或）环境管理体系审核员的资格要求等。

2008 版 ISO9001《质量管理体系要求》国际标准于2008年年底发布 GB/T 19001—2008《质量管理体系要求》。ISO9001:2008标准发布1年后，所有经认可的认证机构所发放的认证证书均为ISO9001:2008认证证书；内审员全称叫内部质量体系审核员，通常由既精通ISO9001:2008国际标准又熟悉该企业管理状况的人员担任。按照ISO9001:2008新标准的要求，凡是推行ISO9001:2008新标准的组织每年至少需进行一次内部质量审核，所以，凡是推行ISO9001:2008的组织，通常都需要培养一批内审员。内审员可以由各部门人员兼职担任，因此内审员在一个组织内对质量体系的正常运行和改进起着重要的作用。

二、ISO9000标准下的质量管理体系

质量管理是指在质量方面指挥、控制、组织、协调的活动，通常包括制定质量方针和质量目标，以及质量策划、质量控制、质量保证和质量改进。

“质量管理体系”是在质量方面指挥和控制组织的管理体系，其中，“管理体系”是指建立方针和目标并实现这些目标的体系，其中，“体系”也可称为系统，是指相互关联或相互作用的一组要素。

采用质量管理体系应当是组织的一项战略性决策。一个组织质量管理体系的设计和实施受需求、具体目标、所提供的产品、所采用的过程以及该组织的规模和结构的影响。统一质量管理体系的结构和文件不是ISO9001标准的目的，ISO9001标准鼓励在建立、实施质量管理体系以及改进其有效性时采用过程方法，通过满足顾客要求，增强顾客满意。

ISO9000标准鼓励采用过程方法管理组织。

那么，什么是“过程”和“过程方法”呢？

任何使用资源将输入转化为输出的活动或一组活动都称为“过程”。

为使组织有效运作，必须识别和管理众多相互关联的活动。通常，一个过程的输出直接形成下一个过程的输入。系统地识别和管理所应用的过程，特别是这些过程之间的相互作用，称为“过程方法”。过程方法的优点是对各个过程的系统中单个过程之间的联系以及过程的组合和相互作用进行连续的控制。

以过程为基础的质量管理体系模式参见图14–3。

另外，最早由美国质量管理专家戴明提出的“PDCA”方法适用于所有过程，又被称为“戴明环”，即

◇Plan（计划）：根据顾客的要求和组织的方针，为提供结果建立必要的目标和过程；

◇Do（实施）：实施过程；

◇Check（检查）：根据方针、目标和产品要求，对过程和产品进行监视和测量，并报告结果；

◇Action（处理）：采取措施，以持续改进过程业绩。

PDCA不断循环的结果，使得质量管理体系得到持续改进，产生螺旋式上升的效应。而质量管理体系的四个过程实质上就是一个PDCA的循环递进过程。

过程方法在质量管理体系中应用时，应强调以下方面的重要性：

（1）理解并满足要求；

（2）需要从增值的角度考虑过程；

（3）获得过程业绩和有效性的结果；

（4）基于客观测量，持续改进过程。

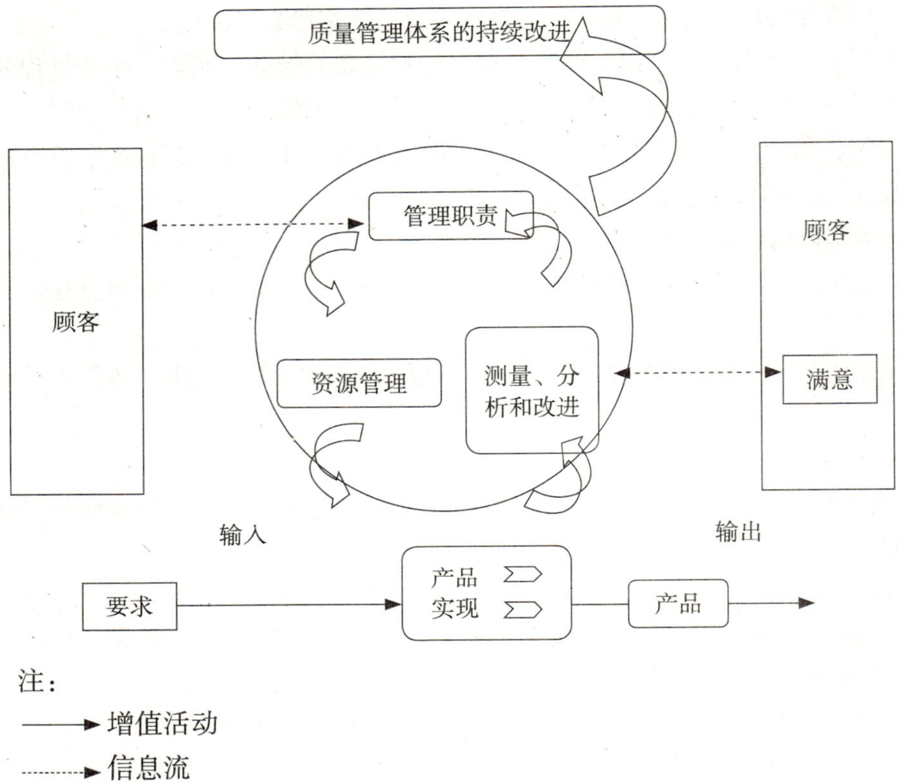

图14-3　以过程为基础的质量管理体系模式

三、有效建立与实施质量管理体系

质量管理是组织各项管理的内容之一。ISO9000标准不包括针对其他管理体系的指南，如财务、风险管理特有的指南。然而，ISO9000标准使组织能够将自身的质量管理体系与相关的管理体系结合或整合。组织为了建立遵循ISO9000标准指南的质量标准体系，可能会改变现行的管理体系。

ISO9001：该标准实际上改动很少。主要是一些轻微的编辑上有一些改变，另外将该标准中的一些术语跟ISO14001中的术语统一。基本上原标准所关注的内容没什么变化。

ISO9004：该标准已经完全地重新编写并且与ISO9004：2000没什么关联。现在该标准关注的焦点是以一个组织的所有者的角度来看如何保持组织业务的可持续性。

ISO9004 CD1标准的介绍中体现出该标准的走向及其关注的内容。

“可持续性是使组织所有者感到持续满意的结果；所有者是那些实体（组织、个人、公共机构）致力于为组织创造价值及提升职能，没有他们的话，组织的目标就不能达到。这个国际标准为组织提供了一个指导：如何在一个苛求的、不断变化的及不可预测的环境下达到可持续发展。这个国际标准也同样应用了八大质量管理原则，同时这八大质量管理原则也是ISO9001:2000的基础（见ISO9000:2005，条款0.2），改版中的ISO9004为如何应用八大质量管理原则从而达成组织长期的、可持续的、成功的目标提供了指南；并且为如何管理整个组织的活动提供了指南，而不仅仅是组织中导向可持续性的部分。”

推行ISO9000标准的“五段十五步”工作方法，此方法可结合企业具体情况做相应的调整。

一、培训起步，职能分工；二、编写文件，试点运行；三、内部审核，正式运行；四、模拟审核，准备认证；五、正式审核，体系维持。

建立一个质量体系的程式应符合ISO9000系列标准所规定的要素。例如，现行质量控制的状况、产品的市场诉求情况，等等。

组织实施质量控制的步骤以及实施ISO9000体系时应被作为主要计划来采纳、实行的一些步骤。

1．最高管理部门作出的质量评估应作为企业必需的要素。

2．要树立起一种观念，即建立一个符合ISO9000标准的质量体系是使公司发展和获得长远利益的基础。

3．由管理部门来对公司采用相应的ISO9000标准进行审议，并提出一个适当的实施对策。

4．与上级管理人员讨论采用ISO9000的方案并选择适当的质量体系保证模式（ISO9001，9004）以便实施。

5．与工会或工人代表协商，向他们阐明原则、概念以及实施ISO9000标准对公司及公司的雇员的利益。这是必需的，因为要成功地实施ISO9000标准需要公司内所有人员的积极协作 。

6．设立一个在主要执行人员领导下的控制委员会，以便在规定时间内的计划程式能全面有效地实行。

7．对人员在ISO9000和其实施方法等的多方面的工作能力的培训。

8．调查现行的质量控制体系识别缺陷的能力或质量全过程与ISO9000标准要求比较后的偏差。

9.提出规范活动的鉴定要求并系统地阐述对计划中各工作要素的解释；对不同部门和人员责任的规定；预计活动完成的时间。

10. 制定工作指南，根据ISO9000标准条款的要求，认可本公司的工作程式的过程。

11. 质量手册包括：公司的质量方针、组织结构、体系过程概要。这个概要应包括描写过程的更为详细的档案出处，为各部门、职能小组提供的工作指南。

12. 为掌握标准方法对全体职员和工人的培训。

13. 公司应保证让全体职员清楚地了解其质量方针和为实施ISO9000标准而制定的目标。有关的目标和程式应被翻译成通俗的语言。

14. 确定采用新体系的日期并公布为实施新体系所要执行的指南。在大的公司，新体系应被逐步协调地采用，它可首先作为指导计划在一个或两个部门或产品工厂实行，根据获得的经验再逐步推广到其他部门、小组直到公司的所有运行部门。

15. 让新体系试运行几个月并保证内部的审核是依照ISO9000标准进行的。

16. 对审核发现的不合格项采取纠正措施。

17. 经过适当的时期之后，再进一步实施审核并采取纠正措施直至质量体系充分地运行起来。

18. 安排一个外部的机构进行初步的审核。

19. 根据外部审核小组的检查意见采取纠正措施。

20. 安排一个经认可的认证人员进行日常的评估。

第五节　设计和实施质量管理体系：以电视台为例

对中国的电视台来说，设计和实施符合ISO9000标准的质量管理体系，并坚决地推行下去，是电视台获得核心竞争力的有效途径。质量管理体系应融入电视台日常的运营，成为电视台的有机组成部分。那么，以顾客为导向，持续改进组织业绩就不再是一句口号，而是组织内在的系统能力。要实施质量管理体系，电视台的最高管理者应当做到：

（1）确定体系和过程，保证这些体系和过程能得到准确的理解以及有效和高效的管理和改进；

（2）确保过程有效和高效地运行并受控，以及确保具有确定组织良好业绩的测量方法和数据。

新版ISO9000标准为服务型组织设计实施质量管理体系提供了依据，电视经营者（即电视台）应在组织内逐步推行质量管理体系，在制度上、组织上形成有效的结构来保证质量管理体系的运行，可采用自上而下的方式推动全体组织成员理解并贯彻组织的质量方针和质量战略的价值理念，形成以节目质量和观众满意为核心的组织文化，协助节目质量管理体系的建立和实施。

电视节目服务质量是个综合性的指标量，由于服务质量要从观众和相关方的反映间接得到，本身就不易量化。因此，管理上要将质量目标分解到具体的部门和工作环节是有一定难度的，要测量质量目标的完成情况也并不容易。对电视节目质量管理来说，许多业务过程的质量管理应更强调质量目标和结果，以项目为单位来进行动态管理，不应过多纠缠于既定的工作程序。

本书针对中国电视台的运行实际，按照过程方法的要求，具体设计和分析电视节目服务质量管理体系的基本架构。

一、管理过程与要素分析

1. 电视节目传播服务基本过程

中国电视节目传播服务提供者是各电视台，以及新组建的广播影视集团的各节目频道机构。电视节目服务除了在节目内容方面要精彩，符合观众的收视需求，在服务方式上也要求很高的时间性、准确性和方便度，力求达到最佳的服务质量和效果。图14–4解析了电视节目服务过程的各环节及其关系。

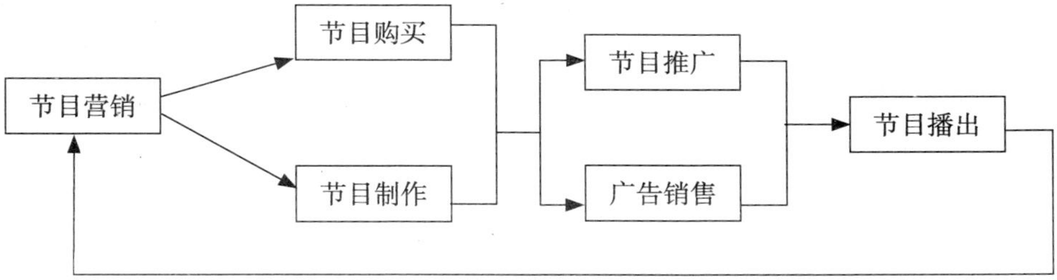

图14–4　电视节目服务过程

以上是从业务的角度来描述电视节目服务传送过程。其中，节目营销是电视节目服务的核心环节之一，将调查分析节目播出后的观众反映和服务质量，预测观众收视习惯的改变和节目发展趋势，根据运营者自身的资源优势和节目市场竞争状况做出未来节目经营决策。对服务型组织来说，运营和营销职能的整合是十分必要的。

图14–5是从技术系统的层面来描述电视节目传送过程。

图14–5　电视节目技术系统

电视技术系统是电视节目服务的硬件基础和支持性设备，其效益依赖于组织的软环境是否能够最大地发掘人的潜能，也就是技术系统与管理体系的配套。

2. 要素分析

电视业务运营者只有通过建立有效的节目质量管理体系，才能切实有效地控制内部业务运行，进而对外部环境的变化作出正确的决策。

下面从电视台管理职能等角度，我们对影响电视节目服务质量的各个要素作简要的分析。

（1）组织

电视台的组织结构应适时改变以适应业务需要，机构设置应考虑电视节目质量控制的要求，对不同职能的业务部门要划分清楚，明确其质量责任，建立健全业绩测量机制，加强内部的竞争合作，协调组织沟通和激励。

电视台应进一步简化业务流程，理顺各部门的关系，整合组织资源配置，设计合理的组织结构，为质量管理体系提供有效运行的保障。

电视台的管理者应当规定并实施一个有效和高效的过程，以便沟通质量方针、要求、目标及完成状况。沟通这些信息有助于电视台进行业绩改进，并有助于电视台内人员直接参与质量目标的实现。管理者应当积极鼓励组织内人员进行反馈和沟通，并将其作为一种使人员充分参与的手段。

电视台应在组织机构设计和组织文化建设等方面加强各职能部门的内部沟通，提高内部服务质量和服务运行效率。

（2）领导

最高管理者通过其领导作用及各种措施可以创造一个员工充分参与的环境，质量管理体系能够在这种环境中有效运行。

最高管理者的领导作用、承诺和积极参与，对建立并保持有效和高效的质量管理体系、使所有相关方获益是必不可少的。为使组织和相关方获益，有必要确立、保持并提高顾客的满意程度。最高管理者应当考虑以下活动：

①确立符合组织宗旨的设想、方针和战略目标；

②通过实例引导组织，以促进人员间的相互信任；

③就组织在质量和质量管理体系方面的方向和价值观进行沟通；

④参与改进项目，寻求新的方法、问题的解决办法以及开发新产品；

⑤直接获得有关质量管理体系有效性和效率方面的反馈；

⑥识别能使组织增值的产品实现过程；

⑦识别影响产品实现过程有效性和效率的支持过程；

⑧营造鼓励组织内人员参与和发展的环境；

⑨提供支持组织战略计划实现所必需的结构和资源。

管理者应当确保过程都以有效和高效的网络方式运作，并分析和优化过程（包括产品实现过程和支持过程）的相互作用。

在电视台内部，积极的领导作用能够激励员工充分发挥创造性，主动改进业务表现，提升节目服务质量。

（3）人事

电视台应当识别其人员在得到承认、工作满意和个人发展等方面的需求和期望。对他们的这种关心有助于确保最大程度地调动其人员参与的能动性。

员工素质的提高与质量管理体系的有效运行能够相互促进。管理者应当通过人员的参与和支持来提高组织（包括质量管理体系）的有效性和效率。

人事管理将会协助测量质量活动中员工的表现，提出奖惩制度，将节目质量与员工业绩挂钩，与各业务部门合作，职位与员工的相匹配，发挥员工的潜能。

结合质量管理工作培养和选拔各类业务人才，细分专业岗位，结合质量控制机制建立岗位责任制，竞争上岗，鼓励人才的合理流动，用活用好人才。

教育和培训的目标是使组织内人员具备相应的知识和技能，而这些知识和技能与经验相结合将提高他们的能力。教育和培训应当强调满足要求、满足顾客和其他相关方需求和期望的重要性。教育和培训还应当包括对未能满足这些要求而对组织和其人员所造成后果方面的意识的教育。管理者应当按照对组织有效性和效率的期望及影响来评价所提供的教育和培训，并将此作为改进将来培训计划的手段。

（4）财务

节目服务质量不能脱离经济效益，电视台必须保持财务健康，才能够拥有长期发展、为用户提供质量不断改进的节目服务的财务资源。同时，有效的财务系统能够及时将电视台各部门的业绩向管理层报告，以便管理层及时调整质量方针和决策。

电视台管理者应当策划、提供并控制为实施和保持一个有效和高效的质量管理体系以及实现组织目标所必需的财务资源。管理者还应当考虑开发具有创新性的财务方法，以支持和鼓励组织的业绩改进。

提高质量管理体系的有效性和效率可对组织的财务结果产生积极影响，如：

①在组织内部，减少过程和产品故障，或减少材料和时间的浪费；

②在组织外部，减少产品故障，降低因担保而引起的赔偿费用，以及减小因失去顾客和市场所付出的代价。

提出这些问题的报告可以确定效果差或效率低的活动，以及采取适宜的改进措施。与质量管理体系业绩和与产品符合性有关的活动的财务报告应当用于管理评审。

管理者应当考虑将过程有关的数据转换为财务方面的信息，以便提供对过程可比较的测量并促进组织有效性和效率的提高。财务测量可包括：

①预防和鉴定成本的分析；

②不合格成本的分析；

③内部和外部故障成本的分析；

④生命周期成本的分析。

著名的质量专家朱兰（Joseph M. Juran）的质量成本系统将服务质量成本分为四类：

①预防成本：与避免失败发生或检查成本最低化有关的活动和工作的费用；

②检查成本：检查服务状况确定是否符合质量标准所发生的费用；

③内部失败成本：在交付顾客前改正不符合标准的工作所发生的费用；

④外部失败成本：在交付顾客后改正不符合标准的工作所发生的费用或未满足顾客特殊需要而发生的费用。

其中，生命周期成本（Life Cycle Cost）是指一个项目或计划在整个存续期间与之相关的所有期望费用的总和。

目前，中国电视台还缺乏与管理配套的成本核算制度，节目质量控制与资源管理脱节，难以形成有效的激励约束机制。因此，财务制度的建设是电视节目服务质量管理体系有效运行的前提和基础。

（5）技术

电视台管理者在考虑相关方需求和期望的同时，应当规定产品实现所必需的基础设施。电视台的基础设施包括办公楼、演播室、工具和设备、支持性服务、信息和通信技术以及传输网络设施等。不可控制的自然现象会影响基础设施。基础设施计划应当考虑识别和降低相关风险，并应当包括保护相关方利益的战略。

技术可作为一种提供服务的协助方法。电视节目业务的开展要求技术系统的正常运行，节目服务质量很大程度在于节目接收信号的质量。节目传输网络是电视台的重要资产资源，保证其可靠稳定地运行对电视台是具有战略意义的。但是，技术系统管理的周期较长，无明显的直接效益，因而往往容易被忽视。

（6）信息

信息是决策的基础。为了进行信息转换以及组织知识的持续更新，电视台管理者应当将信息作为一种基础资源，这对以事实为依据作出决策以及激励人员进行创新也是必不可少的。

电视台应将质量管理体系文件保存为数字化信息，并利用信息技术向员工和顾客宣传。这些文件也包括相关的质量记录，利用统计技术对这些信息的加工处理，能够得到改进过程和管理的依据。

要得到节目服务质量信息，电视台必须进行大量的市场调查和数据分析工作，同时建立服务质量管理信息系统，包括观众反馈系统和广告客户关系管理系统等，这些系统将会与其他的管理信息系统整合为一个整体。因为电视台只有抓住节目市场的发展趋势，才能够有针对性地进行质量策划，改进节目服务质量。

（7）营销

电视台管理者应当确保组织对与其顾客和其他相关方相互认可的有效和高效的沟通过程作出规定。电视台应当实施和保持这样的过程，以确保充分理解相关方的需求和期望，并将其转化为组织的要求。这些过程应当包括对相关信息的识别和评审，并使顾客和其他相关方积极参与。

为了提高服务业绩，更好地为观众和客户服务，电视台应进行有效的营销活动，了解观众和广告客户的消费习惯和方式，使观众和客户更容易、更方便获得节目服务，为观众和客户创造更多价值。

（8）机制

电视台管理者应当考虑与其供方建立合作关系的潜在利益，以便为双方创造价值。合作关系应当基于共同的战略、共享知识和利润以及共同承担风险。例如，电视台播放电视剧节目，可以和节目发行商签定协议，以播后节目收视率或广告收入来决定播出权费用。在电视台内部，组织管理者应重视通过合理的机制来促进过程的有效性和效率。

电视节目服务是专业性很强的特殊业务，具有许多特有的运行机制，如制片人制、经纪人制、节目发行制、广告代理制等，质量管理活动如何有效地结合业务运行机制是电视节目服务质量控制的关键要素之一。

二、组织结构与质量职能分配

一流的服务组织应是灵活可变的开放系统，组织结构是可变的，以保证允许为满足顾客需求的波动而进行全体人员的重新部署。

如前所述，电视台的组织机构设置应根据业务需要进行调整，并根据质量控制的要求进行机构和人事的调配，其目的就是为了明确各机构和职位的质量责任，以便进行有效的质量管理活动。要实施TQM，根据持续质量改进的连续递进的特性，我们按照中国电视台目前典型的组织结构模式来进行讨论。

质量管理委员会由电视台最高管理层、各核心业务部门主管和质量管理专家组成，负责制定电视台的质量政策和方针，对重大质量活动作出规划和决策。质量管理部是质量管理委员会的执行机构，负责协调日常的质量管理活动，维持质量管理体系的正常运转，贯彻落实质量管理委员会的质量决定，同时对内部各部门进行质量教育和宣传。

质量管理职能分配的原则就是要简单、明确，容易实施控制，且符合业务过程管理的实际。按照以过程为基础的质量管理体系模式，质量管理体系的持续改进由“管理职责”、“资源管理”、“产品实现”和“测量、分析和改进”四个相互关联和作用的过程要素构成。

许多部门的职能和质量管理活动存在交叉。一方面是机构设置和职能分配还需要优化；另一方面是电视节目服务业务本身需要各职能部门紧密配合，业务流程的接口复杂。

质量管理职能分配是质量管理体系有效运行的前提，科学合理的职能分配能够提高质量管理体系的运行效率。电视台应结合自身的组织结构和业务运行机制来设计简明易行的机构配置。

三、质量管理体系文件

质量管理体系文件体现了质量管理体系的开发和设计过程，文件的性质和范围应当满足合同、法律、法规要求以及顾客和其他相关方的需求和期望，并要与组织相适应。文件可以采取适合组织需求的任何形式。对电视台相对分散的工作环境，利用网络媒体存放和传播文件是很好的方式。

1. 质量管理体系文件应具有以下作用：

◆质量活动的法规。

◆达到所要求质量和预期管理目标的保障。

◆评价质量管理体系有效性和持续适宜性的依据。

◆质量改进的保证。

◆制定培训需求的依据。

2. 不同组织的质量管理体系文件的数量和详细程度取决于：

◆组织的规模和活动的类型。

◆过程及其相互作用的复杂程度。

◆人员的能力。

3. 电视台属于大型组织，质量管理体系文件通常分为四层：

◆质量手册（为什么）。

◆质量管理体系程序（谁、做什么、何时、何地）。

◆作业文件（怎么做）。

◆质量记录（证据）。

（1）质量手册

组织应编制和保持质量手册，质量手册包括：

①质量管理体系的范围，包括任何删减的细节与合理性；

②为质量管理体系编制的形成文件的程序或对其引用；

③质量管理体系过程之间的相互作用的表述。

最终的质量手册应反映出组织满足选定的质量管理体系标准和质量管理体系要素中所规定要求的独特的方法和措施。质量手册是电视台实施电视节目服务质量管理的大纲，确定组织的质量方针，规定各部门和职位的质量职能的管理原则。质量手册通常由质量管理委员会负责编写，由台长批准后宣布实施。

这里的“节目制作”是指电视台栏目组完成节目录制包装后播出的过程，实行制片人制，而不涉及直播方式的节目服务，直播节目由技术管理部和播出部负责协调，由直播导演具体执行，直播质量管理属于“节目播出”部分。

（2）质量管理体系程序

质量管理体系程序是描述实施质量管理体系过程中所需要的质量活动的程序文

件。它是质量手册的具体展开和有力支撑。电视台制定质量管理体系程序时，应根据ISO9000标准的要求，紧密结合电视节目服务业务的特点，创造性地对各工作过程进行优化，努力提高增值效益。

按照新版ISO9000标准的规定，质量管理体系程序应至少包括6个程序：

①文件控制程序；

②质量记录控制程序；

③内部质量审核程序；

④不合格控制程序；

⑤纠正措施程序；

⑥预防措施程序。

电视节目服务业务有特殊性，除了对顾客的技术支持服务会与顾客发生直接接触，节目服务的交付是通过技术手段实现的，服务人员的工作多处于后台，不与顾客发生直接接触，顾客关注节目服务的技术和内容这两个满足自身需求的质量属性。另外，电视节目业务具有很强的灵活性和创造性，需要工作人员不断适应变化，不断调整。因此，将业务程序规定得过细可能会限制工作人员的创新精神，降低电视节目服务适应市场变化的能力。

质量管理体系程序应强调节目服务基本过程的程序环节，明确各职位的专业分工和责任，建立适应工业生产流程的组织结构，完善工作程序和记录，制定各专业工作的质量目标并坚持贯彻实施，使节目服务质量管理体系有效地运行。同时，程序文件应由专门部门负责管理，根据情况及时进行调整，为各单位质量管理活动提供依据。程序文件应具有适当的灵活性，为工作人员的创造性工作提供空间。

（3）作业文件和质量记录

电视节目业务包含许多技术管理的过程，这些过程的技术质量指标都有国家或行业标准，因此，技术过程的标准化相对简单，对业务关键过程的作业活动均应编制详细的作业程序文件。这样就能够有效确保技术系统的稳定优化运行。

对于非技术业务过程，正如前文所说，应根据情况编写符合实际的作业文件，对专业化很强的工作应制定作业指导书，保证工作质量的保持和不断改进。

组织应建立并保持记录，以提供符合要求和质量管理体系有效运行的证据。记录应保持清晰、易于识别和检索。应编制形成文件的程序，以规定记录的标识、贮存、保护、检索、保存期限和处置所需的控制。

质量记录是质量管理决策的基础，质量管理委员会应对组织成员加强保持质量记录的宣传教育，并利用信息技术降低记录工作的成本，提高质量管理效率。

四、质量体系运行管理

为了认真贯彻实施节目服务的质量方针和目标，电视台内应开展各种形式的方针目标的宣传教育活动，使员工深入理解质量方针目标，并贯彻落实到实际工作中去。

为了使质量目标更具有可操作性，质量管理委员会应明确中长期的质量目标，并制定具体的年度质量目标，使质量目标实现动态管理，使管理和产品质量不断得到提高。

为了有助于确保组织的未来并使相关方满意，管理者应当创造一种文化，以使组织内人员都能积极参与寻求过程、活动和产品性能的改进机会。

文件资料控制应严格规范，未经审批或更改，审批不得发布文件资料，这样能够提高文件资料的适用性和充分性。文件资料的发放应规范化，在组织内部做到受控分发，标识和分发记录完整，具有可追溯性。所有发放和使用场所都有文件资料清单，实现动态管理，提高文件检索和利用效率。

对于电视节目业务的质量管理，“领导”和“顾客满意”是关键。一方面，最高管理层的重视会保证质量管理体系的有效运行，使员工积极投入；另一方面，以“顾客满意”为工作中心能够使质量工作真正落到实处，而不流于形式。

电视节目业务流程并不复杂，节目质量难以控制是因为有许多人为的和未知的因素可能影响节目质量。对电视台进行节目质量管理，一方面要在外部建立一个好的节目服务环境，另一方面应完善内部运行机制，明确划分节目质量的控制点，提高员工的质量意识，将不可控因素降到最低。

总结

本章介绍了质量管理的概念，讨论了全面质量管理的理念、方法以及媒体产品质量战略。聚焦于媒体服务过程管理，提出服务过程管理的流程与策略。讨论了ISO 9000体系，并以电视台为例分析了媒体怎样设计和实施质量管理体系。

下章概要

媒体行业不仅存在生产链，而且存在价值链。与生产链不同，价值链是由后向前的。在媒体行业，内容价值链包含开发、预制作、制作、后期制作、营销和内容传输几个阶段。只有在价值链的各个阶段增加产品的价值，才能使最终用户获取最大的价值。

案例分析14.1　中央电视台的播后数据统计

近年来，中央电视台对节目的播后数据统计开始正规化，对播出时间的统计已经要求精确到秒。对于播出时间误差进行严格控制，一旦出现问题，则向当事人追究责任。

1. 简述媒体产品的质量特征。
2. 阐述全面质量管理的特点。
3. 在媒体服务过程中如何实施质量管理？
4. 试分析中央电视台的“播后数据统计”在电视媒体质量管理中的作用。

第十五章
变化中的媒体价值链

作为一种沟通方式，“电话”存在太多的缺陷，它对我们来说实际上没有价值。

——麦默（它放弃了购买电话的专利权）

>> 本章学习目标

→数字内容价值链

→变化中的价值链

→受众的力量：最终用户控制商业内容的交易

→内容版权保护和价值链

→脱媒：取代其他公司

→破坏性创新及媒体行业怎样应对挑战

导 语

媒体行业将技术和创意结合在一起，创造出能影响人类思想和心灵的内容。这些内容对受众来说很有意义，因为它们提供了信息，也可以激发受众的情感。消费者的体验价值转化为媒体组织的经济价值。

制作内容和传递内容需要一系列复杂而同步的活动。在流程的每个阶段，都会增加最终产品的价值。作家提出概念和创作剧本；制片人提供远景和管理能力；摄影导演和特效制作人完成画面；营销人员建立内容的需求，等等。

当技术发生了改变，内容产品的价值链也会随之相应调整。在过去的20年里，几乎技术的每个领域都开始走向数字化，包括制作设备，计算机生成的图像（CGI），以及互联网和其他网络。因此，制作、传输和营销内容的流程也发生了改变。

同时，内容传输的速度也大大提高，传输过程更加便捷。因此，媒体公司可以更好地参与多个市场。广播行业形成的时候，每家广播公司都需要向受众和广告商进行营销。这种市场结构被称为“双向市场”，需要与两类消费者沟通，制定不同的营销战略。例如，对于电视台来说，第一类市场是观众，它们必须开发出面向观众的商业计划，从而持续吸引观众，并从中获得经济收益；第二类市场是广告商。另外一些媒体公司面向多个市场。相似的是，它们必须制定不同的战略，以满足不同客户群体的需要。

第一节 数字价值链

价值意味着相对的重要性、优势，或值多少钱。在商业环境下，价值一般指的是经济价值，描述的是某人愿意为某资产、产品或服务支付的价格。因为每个人都拥有不同的喜好，因此产品或服务的价值由买方购买的意愿决定。

1985年，迈克尔·波特出版了《竞争优势》一书，怎样增加产品经济价值的问题成为各行业的热点问题。在我们去参加媒体行业会议时，经常会发现几乎每个会议都包含价值链或供应链的问题。

波特将“价值链”定义为：组织创造和增加价值的一系列活动。在媒体行业中，内容价值链包含以下几个阶段：开发、预制作、制作、后期制作、营销和内容传输。不同产品拥有不同的价值链，创建网站的价值链可能包含：概念设计、计划和流程图绘制、页面网格建模、用户接口设计、内容创作和图片获取。

在波特的通用模型中，图表上部显示的是支持性活动：公司架构、人力资源管理、技术和采购。这些活动并不增加产品的价值，但是可以为其他活动提供支持。

公司架构：组织流程、程序、文化、控制系统

人力资源管理：招募、雇佣、提升、培训

技术：信息技术和协调沟通

采购：确定采购的资源，签定合同

在表的底端有五个格，分别为：内部组织、运营、外部组织、营销和销售、服

务。这几个活动能够为组织的最终产品创造和增加价值。价值链的描述看起来很简单，但是需要注意的是，成百上千个公司参与了总的过程，并且活动的类型各不相同。而且，在每个步骤背后都隐藏了很多消费者。虽然这些活动在产品到达消费者时才显示出价值，但是每个阶段相对于前一个阶段都实现了价值的提升。

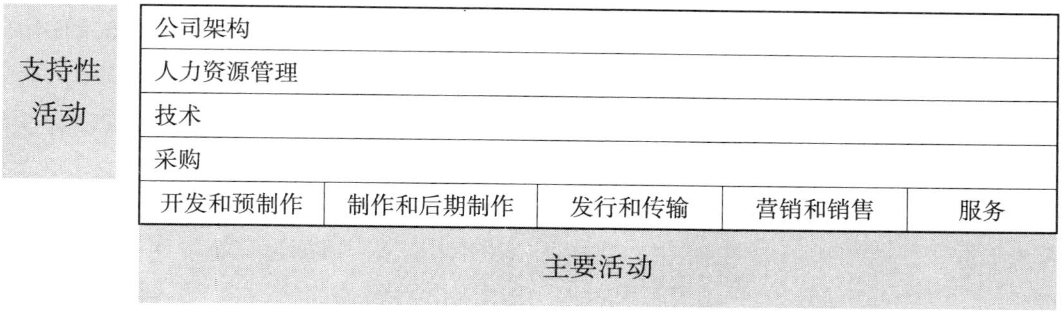

图15-1 数字内容价值链

价值链的作用是使管理者理解每个主要的活动怎样影响产品总的价值。基于这种理解，他们可以制定战略，以提升产品价值。这些活动在媒体行业具体表现为表15-1中的活动。有时，价值链这个术语可以与供应链互相转换。然而，供应链是公司流程管理的一种传统模式，强调的是物资获得、建设、满足和支持。波特对价值链的定义是对供应链的延伸，增加了一些流程，如研发、品牌管理、营销和促销、服务。

表15-1 波特的价值链模型在媒体行业的应用

普遍活动	媒体行业活动
进料后勤	开发和预制作：创意蓝图 例子：剧本、歌曲、文章、图片、预生产协调、签定合同
企业生产	制作和后期制作 例子：录制、印刷、网站架构、表演
发货后勤	发行和传输 例子：编码、版权保护、汽车、货车、飞机、广播、电视、电话、无线网络
营销和销售	营销和销售 例子：双向营销和销售活动
服务	媒体服务 消费者需要的额外服务，如DVD的维修；广告商需要的额外服务，如电视广告与现场促销活动的配合

为了更好地理解价值链，让我们来考虑一下一家电影公司是怎样向空白DVD中增加价值的。最终产品的零售价至少是15美元，甚至更多，在促销时也会达到5—10美元，但是光盘本身的成本不到1美元。电影公司开发和制作电影，营销，然后拷贝到DVD中。在这个过程中，许多大公司、小公司、个人都参与其中，完成了自己的工作，为最终产品增加了价值。

第二章介绍了数字生产线的概念，它使得媒体公司可以以数字化的形式制作内容。拍摄电影的脚本逐渐变成数字化形式。而且，许多轰动的电影都包含大量数字特效，例如，电影《阿凡达》中有60%的镜头是计算机生成的图像，只有40%的镜头是真人拍摄。

对于大多数媒体内容，如图书、杂志、音乐等，它们都有机会以数字形式进行创作、营销、传输、发行、接收和完成支付。换句话说，可以通过计算机网络完成大部分工作，甚至是全部。表15-2展示出过去10年支持媒体行业的“端对端”数字平台。

表15-2　端对端数字内容行业的组成要素

1. 制作：数字生产线				
	开发	预制作	制作	后期制作
平台	文字处理软件	项目管理和可视化软件	数字相机、录音设备	剪辑软件
2. 发行				
	营销	运输	传输	消费
平台	Office办公软件、制作软件	数字网络	数字网络	数字播放器
3. 盈利				
	消费者支付	财务管理	版权管理	利益分成
平台	基于网络的电子银行	财务软件	版权管理系统	文字处理软件：合同

我们知道，媒体行业存在双重市场。其中之一是由媒体消费者组成。如图15-2所示，媒体是以实体形式创作、营销和传输的。在这种情况下，消费者购买媒体内容，然后在自己的电子设备上收听或观看。

然而，对于广播台和电视台来说，消费者支付的费用很少。媒体公司需要转向第二类市场：广告商市场。图15-3展示出广告商市场的价值链。在这个模型中，节目是波特定义的“内部组织”的一部分，也就是广告商市场价值链的原始材料。

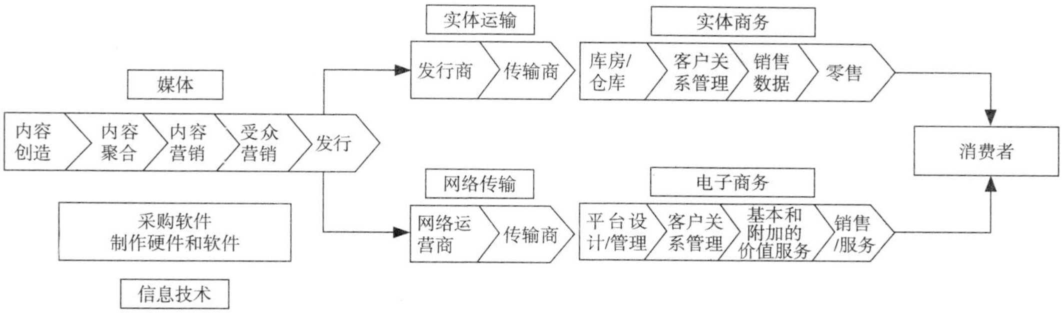

图15-2　媒体—受众价值链

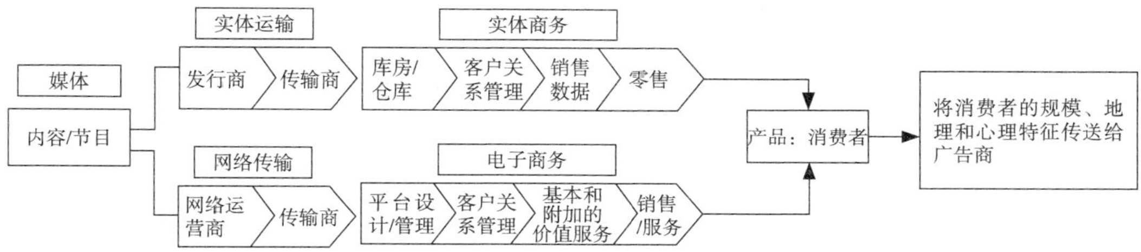

图15-3　受众—广告商价值链

价值链分析是从后向前进行的，首先分析的是“市场”。管理者对市场调研结果进行研究，确定总体市场的特征，以及公司客户或潜在客户的人口统计学特征、心理学特征和生活方式特征。基于这些研究，分析组织的活动怎样为市场带来价值，这些都是由最终客户决定。

然后，需要构建价值链。对表15-1中的5个活动进行详细描述。每个活动都可以由业务单元的名称来代替。这个表可能包含许多单位、组织和个人。

一旦管理者理解了价值链中的所有要素，就有可能分析它们怎样共同协作。波特确定了价值链的结构化要素和动态化要素。表15-3分析了这两类要素。

表15-3　价值链框架

结构要素	描　述
终端市场	市场规模和特征、机会、竞争、终端消费者
商业环境	法律和规则系统、税制、社会和技术架构、关税

续表

结构要素	描　述
垂直合作	价值链中发挥不同作用的公司之间的协调和联系 例子：制作公司和后期制作公司
平行合作	价值链中依靠同样资源的组织之间的协调和联系 例子：制作公司依靠演员来制作内容；营销部门依靠演员进行营销活动
支持性市场	对公司市场起到支持作用的市场 例子：如果事先了解信息和消费者的电子设备发展状况，可以影响公司的发展机会。许多知名的电影和电视剧都来源于小说改编；酒吧歌手和乐队歌手也可以为唱片行业带来很好的机会
动态要素	**描　述**
对价值链的控制	价值链中各个组织的权力关系。确定谁设定和推动价值链的规则 例子：虽然微软公司的业务重点是操作系统，但是它会影响计算机的价格，同时也影响了软件公司参与计算机市场的方式
内部关系	价值链中组织和个人的关系：合作/竞争，朋友/敌人，持续性/临时性
升级	价值链对创新的反应

在分析的这个阶段，管理者已经了解了组织将产品引入市场的所有过程。波特还研究了价值链影响盈利性的方式，并指出两类重要的成功方式：成本优势和差异化。低的价格使得产品对消费者更有吸引力；差异化使得产品独一无二，可以吸引更多的消费者，因为他们无法从其他同类产品中获得这些特征。

组织可以仔细研究价值链，试图在每个环节降低成本。可以在采购环节实现集成化，更有效率地使用设备，与供应商或合作伙伴谈判，要求更低的价格，以及采用其他降低成本的方式。例如，一个电影公司可以将所有的DVD交给一个公司生产，从而要求一个很大的折扣。

同时，可以分析怎样在价值链的不同阶段引入独一无二的特征。对于内容行业来说，这种战略尤其重要。一部由布拉德·皮特主演的电影更有可能获得经济利益，一个由著名专家做出的报告更有可能吸引决策制定者。

第二节　变化中的价值链

对于媒体行业的价值链来说，技术创新是其变化的主要来源。传输网络的速度大大提升，包含互联网、无线网、移动网；更加强大的掌上设备出现，如苹果手机和掌上电脑；更快、更强大的计算机操作系统出现，同时还有视频摄像机、音频录音机等。图15-4显示出技术转变影响媒体行业内容制作价值链的方式。文字处理软件使得剧本撰写和修改更加高效，但是并不能降低内容开发的难度。前期图像显示软件，代替了用手完成的剧本分解和故事板，它提高了前期制作工作的效率，为制作阶段提供了坚实的基础。

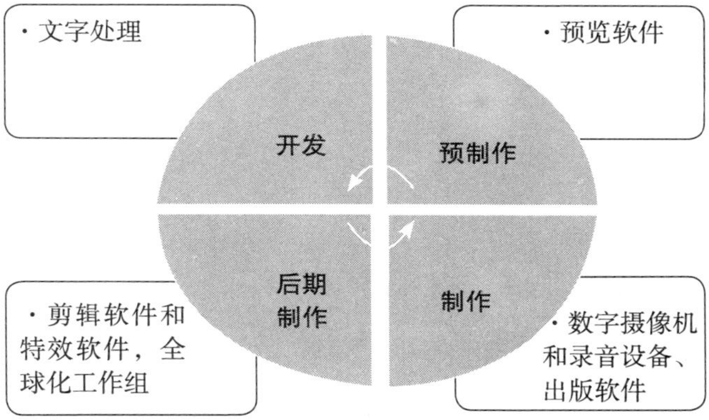

图15-4　技术对媒体价值链中制作部分的影响

但是价值链已经开始发生变化。消费者可以使用照相机、录音机、剪辑设备、数字特效软件来自己制作内容，这大大影响了媒体公司的经济效益。20年前，这些设备十分昂贵，甚至会达到上百万美元。专业人员用一生的时间去学习专业的设备操作技巧，从而进行音视频的制作和后期制作。现在，消费者已经拥有了自己的内容制作设备，他们制作的内容质量无法与好莱坞相比，但是差距越来越小。

价值链的下一个环节是发行，它改变了媒体行业的格局。过去，这个阶段被纳入营销环节，内容传输给消费者的过程被看作是理所当然的。如果人们想看电影，可以去电影院或租录像带；如果人们想收看电视，可以打开电视机；如果想听广播，可以打开收音机；如果想看书，可以去书店。换句话说，发行被认为是一成不变的，因为每个媒体都有自己固定的发行形式。现在，消费者可以通过至少5种不同的设备观看电影，因而价值链发生了巨大改变。

发行增加了内容的价值，使得媒体公司可以获得竞争优势。内容提供者必须在正确的时间、正确的地点向消费者提供合适的内容。奥巴马在总统竞选时采用了新媒体方法。通过互联网、社交网络、Twitter、iPhone、电子邮件等新媒体以及传统的大众媒体，奥巴马能够与民众建立密切的联系，比单纯使用大众媒体的方式更加奏效。

图15-5展示出技术怎样影响媒体公司的发行活动。消费者可以通过聊天工具或电子邮件进行内容传输，因此媒体公司必须想办法使内容产品获得盈利。全球化传输要求大型媒体公司、娱乐集团必须和当地的媒体公司密切合作，共同为这些市场创造内容。

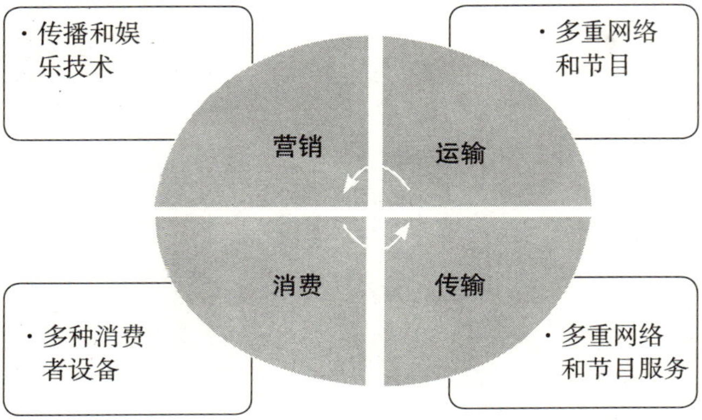

图15-5　技术对媒体价值链中发行部分的影响

在营销阶段，需要很快的信息传播速度，因此产品经常在世界范围内同时发行，以获得全球市场的支持。许多媒体公司与地区的专家合作，生成市场计划以及共同创造吸引本地市场的内容。传输网络是这些工作的基础，因为跨地区的合作需要不断地联系和密切地协调。

发行阶段的技术转变可以增加成本，也可以降低成本。通过数字网络进行内容的传输和发行能够降低发行成本，因为运输电影母带、DVD及图书要昂贵得多。在某些情况下，内容传输甚至是免费的，比如报告和文章可以通过电子邮件形式传输。然而，电子形式的传输也会增加成本，包括将内容编码为不同格式。以下3种情况是造成损失的最大原因，它们是全球网络发行的衍生品：

消费者地位的提升

版权所有者对内容的控制力降低

脱媒现象

消费者地位的提升也被称作网络边缘力量的提升，它发生的原因有两个：第一，消费者能接触到更多内容，通过搜索，他们可以拥有完全的选择权；第二，消费者可以将不同特征和价值的内容进行比较，从而选择性价比最高的内容产品。

同时，还存在版权保护问题，换句话说，数字时代缺乏版权保护。内容要被消费者看到或听到必须转化为模拟形式，人们无法看到数字流。为了将数字内容转化为模拟内容，内容就必须可见。一旦转化为模拟形式，内容就可以被复制，这样会造成难以计算的损失。工程师们将来一定能够为媒体公司想出许多版权保护的办法，但是到目前为止，各种办法都不尽完善。

事实上，内容传递给消费者的路径有很多。互联网使得作家、艺术家、音乐家和其他创意人员能够自己将内容传输给消费者。买方和卖方之间消除媒体的过程被称为“脱媒”。“脱媒”参与者有很多，例如，创意人员可以跨过音乐唱片公司、出版商，直接传输内容；大型公司也可以购买自己的传输网络、影院和网站；大型唱片和电信公司也可以购买自己的内容制作公司。

在媒体行业价值链的许多环节，都存在脱媒现象，甚至是在零售环节。例如，零售运营的管理者可以直接与底层的销售人员进行沟通，获得库存和销售数据，给予销售人员指导，而不需要通过书面的报告或总结。许多人认为这种做法去掉了许多中间管理环节，对于提升工作效率非常有益。

正如我们所看到的，价值链的转变对创意和传输领域具有负面作用。然而，在价值链的货币化环节，大型媒体公司可以从这些变化中受益。图15–6显示出每个支付阶段自动交易的大规模系统，方向是从消费者到销售者，然后回到版权所有者和利益相关者。

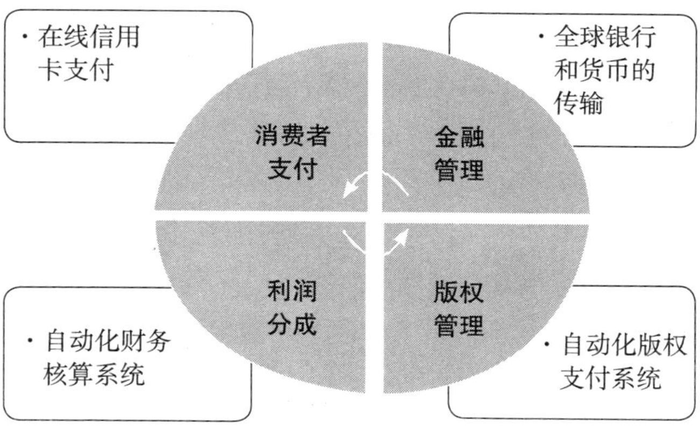

图15–6　技术对媒体价值链中盈利部分的影响

从数字化收益链中获益的主要是媒体巨头，至少是那些可以控制销售的媒体组织。如果是这样，在收益链的开端，当消费者购买内容产品时，他们会快速支付。但是，由于信用付款形式的存在，大型公司的会计系统可以延迟信用，从而延迟对利益相关者的分红，以满足自身利益。媒体渠道和创意人员的争端经常出现，如演员、作家、音乐家等。当然，如果媒体公司通过媒体中介销售产品，如媒体唱片公司通过itunes销售，它们能够立即获得支付。

第三节　创新困境

技术进步带来了媒体价值链的变化，也影响了稳定的商业流程。预测和计划变得困难，许多活动受到影响，总体的商业环境也会变得动荡不安。克莱顿·克里斯顿森是哈佛大学商业管理专业的教授，他研究了企业中的创新，并设计出“创新困境理论”。

在价格/绩效曲线的低端，成功生产产品的公司形成“下降价格/绩效曲线”，它们生产的产品价格很高，绩效也很高。它们会关注于消费者的需求，然后将这些需求增加到产品中，形成产品的特征。价格反映了这些特征的成本。

对于创新价格/绩效曲线，起初价格很低，绩效也很低。许多消费者更希望购买到创新的产品，但也有一些消费者无法承担价格，因而他们可能只会为产品的部分绩效埋单。

以台式电脑为例。在台式电脑刚刚被发明时，它是个“大家伙”，占据大量空间，将数据写到磁带上，而且第一台台式电脑看起来更像是玩具。它们的运行能力很弱，存储空间也很小，但是它们善于写信和家庭账户管理。大公司很少注意到这样的机器，因为它们不值得称为“计算机”。

但是技术人员、发明家和作家发现计算机具有很大价值。这些客户不会购买企业计算机，而是想购买个人使用的计算机。一段时间以后，这些客户获得了使用经验，苹果公司和IBM公司将计算机进行了改良，性能变得更加强大，程序变得更快，存储空间也增加了。苹果公司使计算机获得了艺术上的美感。IBM使计算机变得更加灵活和廉价。不久，台式计算机就在企业的办公桌上出现了。它们没有代替大规模的计算机，现在只有国家宇航部门、政府机构和大型跨国公司可能会购买大型计算机。

以YouTube网站为例。10年前，将视频上传到网上几乎是不可能的。2004年，一个工程师需要花费几个小时、使用几台电话才能配置网站，将视频传输到网上。如今，一个五年级的小学生也可以很快将视频上传网络。

随着视频网站的兴起，电视网络与其签订播出合同，或建立自己的视频网站，如央视网。快播视频、压缩技术、传输网络速度加快都提升了观众的观看体验，观众群体也发生了变化。2009年6月的一项研究表明，“62%的成人用户都通过互联网观看视频，而2006年12月的统计结果是33%。全球的互联网用户都在通过网络观看视频，89%的互联网用户表示他们会在视频网站上观看内容，36%的用户表示他们每天都会观看网络视频。”

创新干扰曲线的初始值很小，在价格/绩效曲线之下。然后，创新干扰曲线慢慢提升，可以满足更多的使用需求。虽然绩效在上升，但是产品的创新本质使得曲线保持在原有曲线之下。

对于大型媒体公司来说，创新干扰曲线对它们提出了严峻的挑战。它们干扰了原有的价格/绩效曲线，最终也会影响收入流。随着创新的内容产品增加，更多市场受到影响，媒体公司必须做出回应。在媒体行业，创新更为频繁，因而对价值链的影响更大，媒体公司必须应对技术变化带来的困难和危机。

第四节　行业对技术挑战的反应：价值链系统

随着市场全球化的发展，媒体行业竞争日益激烈，金融风险也随之增加。媒体公司的解决办法之一就是扩大规模。无论是并购、联合，还是寻找合作伙伴，媒体公司都试图在这个复杂的新环境中实现规模的扩大。当组织形成包括供应商、传输渠道、消费者在内的价值链时，则构成了价值链系统（图15-7）。

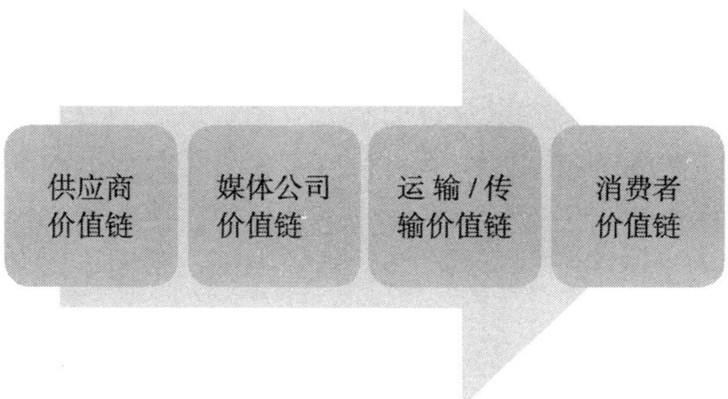

图15-7　价值链系统

组织应对竞争环境的一个方式是与其他存在核心业务的组织合并或形成联盟。如果以平面或垂直形式控制了市场，这种交易就可以为公司带来协同作用。20世纪90年代，出现了许多实体合并的现象。

根据《华尔街周刊》的调查，在1995年上半年，美国信息技术领域出现了649次合并现象。主要来自于巨头之间的合并，包括美国广播公司与迪士尼公司合并，维亚康姆公司与派拉蒙公司合并，以及时代华纳公司购买了“美国在线”。同时，业内对内容制作商和传输商之间的关系问题展开了大讨论。讨论的重点在于，内容制作商应当与其他制作商合并还是与传输商合并。这个问题被称为“内容/传输”问题。结果证明，内容制作商与制作商合并比与传输商合并更加有利于公司的发展。

现在，这个问题可能再次成为媒体行业的热点问题，因为内容提供商需要传输渠道，传输商需要内容。在数字化生产的背景下，创意人员和技术人员的联系则更加紧密。

多个公司进行联合，形成松散的联盟，以追求产品一系列的标准，这一过程称为“阵营建设”。由于内容格式必须与播放设备的技术相匹配，因而标准对产品的成功推出起着至关重要的作用。新一代DVD播放器的标准化导致了两大阵营：索尼蓝光阵营和东芝高清阵营。每个公司都拥有自己的影视工作室、技术公司和工程师，最终，索尼阵营取得了胜利。东芝阵营已经接受了蓝光技术，作为下一代计算机的配置。

日本的“经连会”和“财阀”为价值链系统的运作提供了成功的模型。“经连会”是一个联盟性公司组织，各公司的高层存在交叉所有权。经常，这些公司都是从一家银行获得资金。“财阀”是具有大量交叉所有权的公司的联合，拥有共同制定的战略。在全球化媒体环境下，许多互相联系的工作必须快速甚至同时进行，包括营销和发行，因此这两类组织的形成是十分必要的。

总结

第十五章讨论了价值的概念以及价值链的应用，以说明公司怎样将内容的体验价值转化为经济价值。陈述了过去20年内容价值链发生了怎样的改变，以及改变的原因是什么。讨论了媒体企业怎样将技术转变为企业优势，以及怎样降低技术变革带来的风险。

下章概要

下章将会讨论媒体公司的商业问题。管理者制订商业计划，采用商业模型，在寻求成功和盈利性时将计划和模型作为公司运营的蓝图。下一章将会涵盖媒体行业商业模型的各个要素，详细描述组织怎样将内容产品带入市场。

案例分析15.1 “B和C”

在当今竞争性商业环境下，越来越多的公司选择从实体领域转向互联网领域。这是不是正确的商业路径？让我们完成以下分析。

1. 确定一家公司，这家公司正试图从实体领域转向互联网领域。
2. 为公司和网站命名，详细叙述企业的情况。
3. 这家公司有多少家实体店？
4. 网站什么时候投入运行？
5. 分析实体店和网站各自的优势与劣势，例如成本和消费者服务情况。
6. 公司首先从事什么业务？多久以后开始开展其他业务？
7. 至少确定公司的两个竞争对手。它们都有网站吗？
8. 这家公司怎样与竞争对手抗衡？
9. 你会对这家公司今后的商业发展提供怎样的建议？

第十六章
媒体行业商业模型

想抓住顾客的眼球？那就销售广告。想传递价值？那就销售订购。

——媒体行业警句

>> 本章学习目标

→商业计划和商业模型
→内容模型
→内容聚合模型
→受众聚合模型
→受众细分市场模型
→发行模型
→窗口模型
→跨媒体/跨平台模型
→屏障模型
→市场模型
→整合营销传播
→口头营销
→病毒营销
→数据整合和数据挖掘
→纵向市场营销
→收入模型
→基于许可费的交易支付
→服务费
→订购费

→绑定和捆绑销售
→接入费
→网络使用费
→广告支持
→数据销售

导 语

一个公司想要获得成功，必须筹集资金。筹集资金的方式可以是借款，也可以是吸引投资者。这两种筹资机制都需要企业准备一个长远的商业计划。商业计划是商业企业最基本的文件。典型的商业计划包含以下要素：

企业的特征

组织管理

产品情况

市场和竞争分析

潜在消费者和消费者分析

营销和销售机会分析

商业模型

财务计划和财务目标，包括收入和盈利性估计

无论是哪类企业，总的商业计划提供的信息大体相同。但是，商业模型可以反映出某个行业或领域独一无二的特征。例如，在模拟广播向数字广播过渡时期，一位电视台的主管承认："在过渡期，我们的商业模型也在发生改变。"

模型是原型的简要描述，比如汽车模型能展示出汽车原型的某些特征。相似的是，商业模型是商业状况的简要描述，可以展示出如果输入一定的资源和过程，公司的目标将会怎样实现。理想情况下，如果向商业计划中输入一些数字，可以显示出公司未来的财务状况。商业计划是机密文件，管理者不能公开讨论，也不能向公司外的其他人提及计划的详细信息。但是管理者可以讨论商业模型，通常会涉及可带来盈利性的运营和战略问题。

本章研究了近几年来数字媒体市场和娱乐市场显现出的商业模型。分为内容模型、发行模型、营销模型和收入模型，如表16-1所示。每类模型都可以与其他模型进

行结合，形成与特定的内容、受众、产品、发行和交易相关的总模型。

表16-1 媒体行业商业模型

商业模型组成	描 述
内容模型	内容可以吸引消费者，影响他们的行为。内容模型包括产品类型和组织将会提供的特有产品，以及内容怎样吸引消费者和用户。
发行模型	描述了内容怎样到达消费者和用户，以及受众接触内容的各种状况。
营销模型	显示出怎样将潜在消费者转化为实际消费者，怎样使他们得知内容或服务的信息，并且使他们想要获得内容或服务。
收入模型	详细描述公司怎样赚钱。收入模型显示出内容价值链上的公司怎样获得收益，无论是直接从内容获益，还是间接通过销售产品或服务获益。例如，电视台可能免费提供给观众电视节目，但是从广告商处获益。

第一节 内容模型

内容是媒体行业最令人激动的要素，它是观众去电影院的原因，观看电视的原因，也是购买游戏操控台的原因。内容原型开始于创意人员开发新的内容想法。例如，传统的电视内容模型试图吸引每个人，因而内容必须满足不同兴趣的人的需要，顾及到每个受众的情况。一段时间以后，最为常见的电视元素变成性、暴力、新闻和音乐。

广播台、电视台、印刷媒体能够吸引广泛的受众。相反的是，某些定位后的媒体吸引的是小众市场，如基督教的电视频道和广播台。电视和广播为消费者提供内容，印刷媒介为消费者和行业读者提供内容。

网上的内容最为丰富。网站能够吸引广泛的受众，如谷歌，也能够吸引小众，问题在于究竟应当确定多大的市场，因为这既关系到内容创意，也关系到产品制作。

假设某人对保时捷汽车特别感兴趣，他想要将这个爱好转化为网络商机，而且，他收集到了旧的911s模型。他注意到，保时捷汽车的配件很难更换，如减震器和汽化器。网站的目标客户是否可以确定为保时捷的爱好者，经典的保时捷迷，911s模型的收集者，难以获得保时捷配件的消费者，还是将这些受众都作为网站的目标受众？哪种选择将会是可行的？市场范围应当怎样确定？

在数字传播的许多领域，这类产品开发问题十分普遍。以机顶盒为例，是否应当在机顶盒上安插硬件？是否应当使机顶盒具备连接网络的能力？机顶盒应当提供多少软件？应当提供多少服务？是否应当将机顶盒与卫星、电话和数字用户线路（DSL）相连接？每一种选择都对最终产品产生影响。

从这种意义上来讲，网络市场更加具有竞争力，因为制作网站的成本比实体市场更低，网络环境的规章限制也更少。然而，像印刷媒体一样，网络内容的计划通常需要确定消费者的范围，某些网站的目标受众就是特殊人群。大型公司网站可能拥有一个公共领域，供货商、传输商、机构购买者、员工可以通过账户登录。

当网站服务于大众时，它参与的是"企业—客户"业务；当网站服务于企业时，它参与的是"企业—企业"业务。根据服务对象的不同，网站内容也存在很大差异。

总的来讲，存在四类网络内容：信息、娱乐、服务、应用。很难将这四类内容进行区分，因为它们经常互相结合，成为混合型内容。几乎所有的网站都提供信息，包括新闻、事实、趣闻、观点，以及相关的文本、图片、音频。娱乐内容包括小说、游戏、音乐等。最难区分的是服务和应用：服务是为人们做事情，应用是使人们做事情。

"企业—客户"网站基于信息和娱乐，但是也逐渐增加了控件形式的应用和服务。控件是增加到网站的少量软件代码，当没有娱乐性内容时，开发人员也试图让网站变得更为有趣，以吸引用户。

"企业—企业"网站一般不会过多关注娱乐内容，它们不会投资于娱乐内容，虽然必须使网站具有可读性和可执行性。"企业—企业"网站聚焦于产品信息和销售，它们也开始提供服务和应用，基于订购或应用次数进行收费。

在线服务提供的是产品或免费文件，如文件共享、文件存储、购物助手等。应用包括搜索引擎、地图、支付计算、货币转换、音视频编辑、电子报表管理以及其他活动。当然，服务和应用之间存在重叠，如搜索引擎会向消费者提供服务，购物助手会向消费者提供服务。

应用导致新的网络内容提供商的出现，他们被称为"应用服务提供商"（ASP）。应用服务提供商为用户提供软件，使他们能够实现某些目的，如股票市场软件等。据预测，应用服务提供商市场可能会增长到数十亿美元。

无论是服务于消费者还是企业，都存在三类内容模型：内容聚合模型、受众聚合模型、受众细分市场模型，如表16-2所示。

表16-2 数字媒体和娱乐行业的内容模型

内容模型	
内容聚合模型	聚焦于内容，将内容聚合到一起，吸引目标受众
受众聚合模型	聚焦于受众，创造或获得能够吸引广泛受众的内容
受众细分市场模型	聚焦于受众，创造或获得能够吸引某一细分市场的内容

第二节 内容聚合模型

几乎每个数字内容提供商都会考虑内容模型问题，他们可以将这些模型进行整合。选择消费者体验模型的公司同时会考虑到接口对流程的重要性，以及首页是接口最重要的部分。同时，公司会综合内容或在网站上增加内容。内容聚合模型的特点是"首先关注内容"，受众对内容进行自我选择。

一、消费者体验模型

这类模型的理念是：内容的展示、交易、导航和接入必须让消费者感受到独一无二的愉悦体验。这种理念认为商品和服务不仅仅是产品，而是整体的体验，它们与传统的产品类型存在差异。在这种理念的推动下，产业经济被服务经济代替，现在服务经济又被体验经济代替。

约瑟夫和詹姆斯认为，信息不是新经济领域的基础，也不是经济产品，信息应当是免费的。只有当公司将信息包装成消费者需要的形式，如信息产品、信息服务或信息体验，信息才能创造经济价值。

使用这一模型的媒体公司和娱乐公司希望，消费者在检索、观看、预订、购买时不会感到迷惑、愤怒、沮丧，或产生其他负面情绪。许多人认为，为消费者提供愉悦体验是理所当然的事情，但是研究表明，几乎一半的用户在网络交易过程中会终止付费，因为流程过于繁杂。调研的成本很高，只有大型网站才能对网站的使用情况进行详细调研。

对于非营利性网站来说，对网站满意的用户更加可能进行捐献、成为志愿者、使用网站、再次访问网站、推荐网站、推荐组织，以及对组织产生良好印象。如表16-3所示。

表16–3 用户对非营利网站的满意度对其行为的影响

	高满意度（满意度高于80）	低满意度（满意度低于69）	高满意度和低满意度之间的差别
为组织捐款	76%	51%	49%
成为组织的志愿者	66%	48%	38%
将网站看作主要的信息来源	83%	50%	66%
再次访问网站	93%	60%	55%
向他人推荐网站	89%	54%	65%
向他人推荐组织	91%	61%	49%
对组织产生很好的总体印象	91%	58%	57%

iGoogle提供了一个很好的模板，它将用户体验转化为网页设计，因为设计工作移交给了消费者。消费者有很多服务和应用的选择，可以确定控件在页面上的位置。这些控件能够链接到其他页面，如谷歌聊天软件、谷歌地图、脸谱网站以及其他页面。

二、绑定和捆绑销售

绑定意味着将不同的内容捆绑到一起，内容可以来自于不同渠道，也可以是不同类型。在有线电视、卫星电视和计算机软件行业，消费者通常会为捆绑内容进行付费。在线内容通常是免费的，但是大型网站意识到想要增加点击量，必须吸引更多的消费者。方法之一就是在页面上提供内容捆绑销售。内容里可能包括新闻网站的种子，社交网站的种子，或其他第三方网站开发的内容。网站对这些内容进行授权，经版权所有者许可，或与其他网站运营商签订协议。一般情况下，这些内容或者是具有内在实用性，或者是能够满足消费者的特殊需求。

三、接口控制模型

这个模型的理念是，消费者的接口是最为重要的，即控制消费者连接内容的通路。如果内容提供商提供了许多产品，消费者将会很难找到他们需要的内容。一个设计良好的接口可以解决这一问题。这个模型认为，接口也是内容，它可以控制消费者的行为，如电视或音乐节目的标签，以及图书作品的清单。

接口控制使得网站能够掌控消费者的体验。接口为内容设定了背景，建立系统的设计，构建消费者能够做出的选择，提供导航机制。它界定出选择的数目和类型，以及用户在操作过程中必须经历的过程。

出于商业利益的考虑，网络公司必须为用户提供接口。除了能够让用户更快地找到内容，接口还能为运营商带来新的销售机会。盈利性高的内容可以覆盖盈利性低的内容。而且接口所有者也能获得一部分收入，因为消费者通过接口订购产品。接口还能收集消费者行为信息和数据，使得营销人员能够快速确定目标受众。

接口提供的导航十分重要，尤其是最后一个接口决定了“游戏”的胜负。每个参与者，无论是谷歌公司，还是有线电视公司，都想要拥有最后一个接口，因为那样就能与消费者建立直接的联系。

沟通设备的复杂性为消费者提出了新的问题，因而提供导航的接口对消费者是十分重要的。从消费者打开设备时，在整个过程中消费者都想知道自己处于什么页面，将会进入哪个页面，以及还有可能进入哪个页面。

移动电话运营商为接口控制模型提供了很好的示范。他们为消费者提供了大量内容和服务，包括语音信息、电子邮件、商业新闻、娱乐服务、购物、游戏、财经信息、网络通路等。移动电话运营商控制接口的每个维度，包括外观和体验、内容、应用、产品、服务，以及订购者在操作过程中经历的所有流程。

它们可以向内容提供商收费，也可以向消费者收费，同时，它们掌握了一定比例的交易。

四、屏幕实体模型

屏幕实体模型是接口模型的变量。许多控制接口的公司掌握的优势同样适用于控制屏幕实体的公司。这一模型的理念是，在所有接口中，最重要的两个方面是：

1. 登录页面：即用户打开设备后看到的第一个页面。在一些接口中登录页面也被称为首页，消费者在使用设备的过程中会反复打开首页。

2. 数据包：在屏幕上方、下方、左方和右方的数据，与屏幕或整个页面分离，向消费者展示他们需要的信息。

比尔·盖茨提出了一个理念，那就是控制消费者和内容提供者之间的通路。比尔·盖茨实行了台式电脑的实体战略，直到互联网浏览器的出现。现在占据优势地位的是IE浏览器和火狐浏览器。当微软的Windows系统受到来自互联网浏览器的强力冲击时，微软公司迅速决定将它自己的IE浏览器与Windows系统进行捆绑。然而，这一浏览器没有促进屏幕实体战略的生成，因为建立个性化的主页不需要很多技术。

谷歌公司的iGoogle定制页面属于屏幕实体战略。它控制了用户几乎所有的页面，保证用户通过谷歌进入其他页面。同时，谷歌也控制了用户所有重要的数据包。

五、升级电视模型

升级电视模型的概念在不断变化。这一模型的基本概念是允许来自多个渠道的信息在家庭终端展现，通常是通过电视屏幕展现。起初，这一模型允许电视和电影节目形成互动服务。热键是视频上可以点击的区域，它使得受众可以获得更多内容，如文本。当点击热键时，可能会打开一个网络页面，将视频覆盖。华纳有线电视公司运用了这一模型，为用户提供以下服务：

再次启动：重新从头播放节目

快播：快速播放内容

回放：重新播放错过的内容

图片展示：在电视屏幕上提供图片自动播放服务

六、用户创造模型

以YouTube网站为例，几乎所有的内容都是由用户创造的，还有一些网站也对用户生成的内容有很高的依赖性。

1998年，互联网上就出现了很多图片内容。很明显，想要使一个网站获得成功就必须提供丰富的内容。同时，许多用户想要表达自己的想法，创造出可以与他人分享的内容。应用这一模型的内容提供商发现，这个过程需要一定的规律，上传内容的流程必须十分明晰。同时，需要制定许多规则并且严格执行。基于用户生成内容的网站通常会避免色情内容，以及其他冒犯性图片和语言的出现。

用户生成内容模型还未在广播或杂志行业流行，但是用户生成的音乐、图片在网络上无处不在。很自然地，在个人网站上，用户创造的内容占据主要地位。许多内容创造者，如艺术家、音乐家、作家、电影制作者都将互联网看作是接触受众的最好方式。但是还有一些人持反对观点，他们认为互联网上的内容很难被他人发现。事实上，互联网对名人具有特殊的优越性，因为众所周知的个人品牌能够冲破杂乱的互联网内容，获得大量用户关注。

七、企业联合和许可

企业联合和许可都属于内容聚合战略，目的是吸引更多受众。它们能够为公司带来更多的收入。企业联合和许可在电影、电视、广播和报纸行业十分普遍。但是在互联网行业，这类战略刚刚起步。

通过企业联合和许可战略，网站运营商和所有者可以为特殊受众提供个性内容，从而实现网站的成功。这一过程不需要承担编辑人员的费用。其他网络运营商也可以从中受益。如表16–4所示。

表16–4　互联网企业联合和许可战略的收益

角　色	收　益
内容制造商	从多个网络运营商处获得许可费 聚合大量受众，增加广告收益
网络运营商	能够获得更多高质量的内容 使网站对用户更具有吸引力 增加用户参与度 增加用户的逗留时间、页面访问的次数 增加广告对用户的影响
广告商	大量目标受众的聚合 可控的环境 方便的在线购买过程
用户	更高质量的互联网内容，便捷性增加

“完全内容综合”的意思是，通过一些协议，在互联网上发行的内容允许其他网站以窗口的形式进行播放。内容发行的控制权由内容所有者掌握，虽然网站可能会对内容做一些调整。

第三节　用户聚合模型

聚合内容（RSS）是一个系统，通过这一系统，内容运营商允许消费者自动接收内容。从内容所有者的角度来讲，RSS是一个发行模型，但是从用户的角度来讲，它是内容聚合的方式。用户在本地电脑上安装RSS阅读器，可以选择内容，形成自己个性化的信息获得渠道。在这个模型中，用户控制了内容的发行过程。表16-5和表16-6显示出用户聚合模型和用户细分市场模型的特征。

表16-5 用户聚合模型（大众）

聚焦于用户，创造和获得吸引广泛受众的内容	
平行接入网站和目标网站	聚合大量内容，吸引大量受众
免费的内容和服务	提供吸引力强、价值高的内容以吸引消费者

表16-6 用户细分市场模型（小众）

聚焦于用户，创造和获得吸引特殊受众的内容	
平行接入网站和目标网站	聚焦于具有特殊兴趣的受众，创造出能吸引他们的内容
免费的内容和服务	聚焦于已经存在互动的群体，创造出能吸引他们的内容

一、聚合网站和目标网站

在Portlet规范JSR168里是这样讲的："portal是一种Web应用，通常用来提供个性化、单点登录、聚集各个信息源的内容，并作为信息系统表现层的宿主。聚集是指将来自各个信息源的内容集成到一个Web页面里的活动。"

美国在线在互联网上获得成功的原因是，它建立了自己的品牌聚合内容。聚合网站是一种通路网站，而目标网站是用户浏览的网站。聚合网站最重要的特征是，它通常是搜索引擎，从互联网内容中获取列表，显示给用户。目标网站则需要更多的内容和服务。

聚合网站和目标网站之间的区别越来越模糊，因为基于搜索引擎的网站开始发展各种服务和应用。美国前20位的网站中，有8家是互联网引擎网站，6家是社交网站（包括脸谱、推特和QQ），2家是用户创作的目标网站，3家是信息网站。只有一家是服务网站。美国前20位的网站名单如下：

谷歌
脸谱
雅虎
YouTube

Windows Live
维基百科
部落格
MSN
百度（中国）
雅虎（日本）
聚友网
谷歌（印度）
推特
Google.de（德国）
QQ.COM（韩国）
微软公司
RapidShare
WordPress.com
谷歌（法国）
谷歌（英国）

怎样成为聚合网站？我们可以以谷歌为例：用户可以创造自己的页面，使用不同的主题和背景，以及许多个人应用控件，如记事本、地图、天气、新闻种子、社交网站等。

二、免费服务模型

在广播行业，为了吸引更多受众，广播公司往往会提供免费广播服务。互联网行业模仿了这一模式，成为许多网站的流行战略。像广播和电视一样，许多免费内容都是由广告支持的。这种模式通常被称为“免费媒介模型”——营销人员提供免费服务，然后使消费者升级使用附加服务。这些附加服务包括：

互联网通路，网域，主页
博客和社交网页
文件空间和文件共享
视频、音频和图片共享
推荐网站

第四节　受众细分市场模型

互联网与广播电视行业不同，它具有其他媒体无法相比的能力——到达特殊受众的能力，而且制作成本和发行成本都相对较低。你是否对航天感兴趣？在互联网上你可以找到许多资料。下面介绍的模型都致力于开发吸引共同经验或兴趣的特殊群体。

一、垂直聚合网站和目标网站

平面聚合模型的目标是使聚合的内容吸引最多的受众。垂直聚合模型的任务是确定某类潜在受众的细分市场，然后聚合与这个细分市场相关的内容。那么，平面聚合模型的市场范围应当怎样确定？何时转变为垂直聚合模型？反过来说，垂直聚合模型应当确定多窄的市场范围，何时转变为平面聚合模型？

两类模型的基本区别在于，平面聚合模型以聚合内容开始，垂直聚合模型以细分市场开始。垂直聚合模型的类别十分广泛：iVillage网站专为妇女设计；ThirdAge网站专为中年人设计；Bolt网站专为20岁左右的年轻人设计；Webkinz网站专为儿童设计。

当然，也存在市场范围很小的网站，如Adobe的文件转换网站，以及爱鸟者联盟网站，它可以教你如何为鹦鹉制作笼子。

二、网络社区模型

从某种意义上讲，使社区成为网络或数字服务的中心是用户生成内容的特殊情况。然而，所有用户生成的内容并不是以社区为基础，社区的作用是创造互联网服务，使用户可以彼此参与讨论。在网络社区，沟通是不同步的，参与者可以发表评论，然后阅读他人对此的回应，进而做出相应评论。

还有一种情况是即时聊天，参与者可以通过语音或文字进行交流。采用互联网社区模型并不意味着网站上不包含其他内容，通常情况下，运营商将用户可能感兴趣的内容放到网站上，如信息、服务、应用，以及电子商务互动。

社区能够形成任何类型的联盟，互联网上已经形成了数以万计的社区。政治可以触发某些网络社区的形成。在美国民主党建立的网站，注册用户达到21.5万人，每月都有250万次浏览量。共和党方面没有公布注册用户的数量，但是他们承认用户的规模很大。

一些娱乐网站，如在线游戏网站“星球大战”，创造了与网站相关联的社区：http://www.worldofwarcraft.com/community/。

在互联网上沟通的人们往往并不认识对方，但是他们的互动能够创造出许多内容。虽然人们之间可能存在兴趣、地理位置、环境的差异，但是他们可能会热衷于同一内容。内容提供商通过社交网站的“人—人”交流以及广告进行内容的宣传。图16-1显示出社区驱动的内容怎样使用户进行经验共享的循环，以及怎样影响彼此的行为。

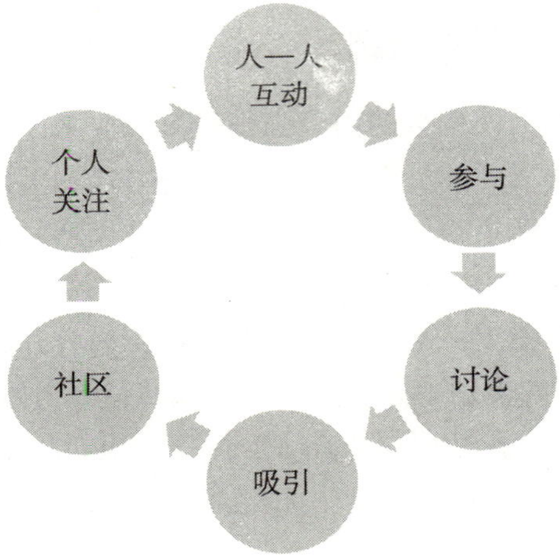

图16-1　营销螺旋模型

第五节　营销模型

营销模型（表16-7）解释了媒体消费者怎样发现内容，以及怎样使他们观看、租赁或购买内容。营销人员必须回答以下问题：这类特殊内容吸引某类受众的要素是什么？消费者怎样发现内容？怎样使消费者互相传播内容？下一部分讨论的是生成品牌战略和促销战略的营销模型。

表16-7　营销模型

传统模型	品牌营销 定位 整合营销传播（IMC） 交叉媒体营销 植入式广告 口头营销 受众/消费者市场细分
螺旋模型	将受众从一个媒体平台引入另一个媒体平台，直到受众观看、进入、租赁或购买。
口头营销模型	创造出受众容易口耳相传的内容，从而促进受众观看、进入、租赁或购买。
亲和模型	与其他内容提供商进行合作，因为这些内容提供商拥有同样的目标受众。
数据挖掘	收集消费者信息，向消费者营销其他产品。
纵向共生模型	跟踪同一群体，向其营销不同的内容，以满足其变化的兴趣。

一、再次讨论整合营销传播：螺旋营销模型

你可能已经在广播电视媒体上发现新媒体的广告。大多数传统媒体上的新媒体广告都是由螺旋模型驱动的。营销人员可以利用多种媒体向消费者传达同一产品的信息，以不同的方式影响消费者。螺旋模型的主要理念在于，每个媒体都应当发挥自己的优势，如表16-8所示。

表16-8　螺旋模型中应用多种媒体

	电视/广播/印刷	互联网站	社交媒体	电子邮件
媒介提供	内容	便利	沟通	通知
内容	30s广告、印刷广告	搜索能力、购买和选择的信息	用户生成内容	邀请、提醒、告知
传播结构	一对多	一对多（有时是一对一）	一对多或一对一	一对多或一对一
对消费者或用户的吸引力	内容的丰富性	信息、行为能力	即时性、可信性	满足需求或利益
媒体最为有效的营销要素	销售	服务	建议	可寻址能力
影响力要素	情感	行动	个人关系	目标化信息
用户行为	被动	主动	互动	主动/被动
消费者的感知反应	注意	产生目的	交谈	注意/回应
消费者的最大反应	产生兴趣	接入/购买	参与	互动

过去的螺旋模型要求首先使用传统媒体，如电视、广播和印刷媒体，因为传统媒体可以接触到更多受众，引起受众的兴趣，在品牌和大众之间建立情感联系。大众媒体信息将消费者引向网络的原因有以下几点：

网络是具有行动力的媒体，受众可以获得更多信息，并且可以帮助受众订购内容。

网站可以综合多重服务要素，如价格比较、客户服务、定制服务、在线价格折扣等。

网站可以收集到个人消费者的信息。

一旦营销人员获得了消费者的电子邮件地址，他就能转向新的媒介形式：电子邮件。电子邮件使商家与消费者之家建立了一对一的联系。电子邮件可以为消费者提供“提醒服务”，提醒消费者观看或收听媒体内容。这都属于螺旋营销的范畴。

通过运用社交网络，媒体公司可以与消费者保持长期联系。如果消费者订购了许多电影，内容提供商就会询问消费者是否加入维基百科的电影小组。通过这个小组，消费者可以进一步地选择电影。营销人员希望这些消费者购买更多的内容，但是更为重要的是，这些消费者会影响自己的朋友，造成病毒式传播的效果。

反复进行螺旋营销是十分重要的。营销信息需要保持持续性，因而消费者可以记住这个品牌，并在其他媒体上发现这个品牌。同时，一个持续的信息使得消费者能够根据自己的经验对品牌加以描述，从而影响朋友。比如，国家广播公司的标志十分具有可识别性，无论它们的内容在哪种媒体上出现，消费者都可以马上辨别出国家广播公司的标志。

螺旋式营销的力量在于，如果反复营销某个内容，就会建立良性循环。一个事件会影响其他事件，依次循环。以创新性内容的开发为例，它可以引发投资、营销、生产、经济增长、消费者购买，最终产生的利润可以用于再次创新。在这种情况下，良性循环使品牌管理和客户关系管理融合到一起。

螺旋营销的问题在于成本过高。在一些情况下，获得消费者的成本无法在一定时间内收回。因此，一些营销人员在营销活动开始的时候应用螺旋营销，随后转向社交媒体营销和大众媒体营销。

二、病毒营销模型

病毒营销意味着将用户转化为你的营销代表，向朋友和虚拟世界的好友传递营销信息。这种具有传染性的传播与人体病毒传播相似。病毒营销这一术语来源于《媒体病毒》一书，书中认为，大众媒体节目应当包含隐含信息，向受众传递隐藏的态度和观念。

病毒信息可以通过面对面的交流进行，也可以通过电子邮件、社交网络和聊天软件传播。内容销售者发现，病毒营销十分有效，因为人们经常会向朋友推荐内容。营销人员可以设计具有病毒性质的内容，鼓励消费者向好友推荐内容。

三、亲和模型

亲和营销的有两种意思。传统的亲和模型要求营销过程关注现有群体，如组织成员、同一行业的公司员工、学生和社交群体。一旦确定了这样的群体，营销人员就可以为亲和组织提供特殊的内容、安排、折扣。

在互联网领域，亲和模型指的是网站之间的密切关联。人们可能会在互联网上显示出对同类内容的兴趣，为了开发这样的相关性，网站与网站之间可以达成协议，建立URL链接。这种关系在游戏行业和零售行业最为常见。

例如，一个房地产网站可以与房屋租赁网站建立亲和关系；一个吉他制造商网站也可以与以下网站建立链接：音乐社区网站、音乐家网站、音乐设备销售网站、音乐设备维修网站等。

四、数据挖掘

口头营销和螺旋营销都聚焦于吸引新客户。史蒂夫认为，客户关系的货币化分为“获取”和“聚集”两类。使用口头营销和螺旋营销的过程是客户关系获取过程。关注现有客户，使他们再次购买的过程是客户关系聚集过程。

数据挖掘是信息收集技术。如果营销人员充分了解客户过去的购买信息，详细分析这些信息，就可以获得很多有益的指导。有时某些附加信息，如邮政编码、性格统计数据能够带来很有价值的线索，帮助营销人员更快地接触到客户。营销人员与消费者的互动越多，就越容易产生商业上的重构。

数据挖掘的成本较高，吸引一个新用户的成本大约是41美元。然而，一些知名网站的数据挖掘成本较低，例如buy.com吸引一个用户的成本是22美元，亚马逊是12美元，易趣网是8美元。在线商店可以从总收入中抽取7%—8%的比例用于新用户的开发。

过去10年，数据挖掘技术变得非常复杂。由于计算机技术和软件技术的发展，营销人员可以同时分析多重数据，例如，信用卡信息、统计数据、消费数据。结果是，个人消费者的信息甚至可以被归纳为：“简·墨菲，36岁，爱尔兰人，波斯顿大学毕业，年薪84000美元，在出版公司担任中层管理者，会去巴哈马度假，每周观看5次点播电影，喜欢《豪斯医生》，经常看国家广播公司的节目，是全球健康协会会员，参与政治团体，参与一些非营利组织，每天乘坐地铁上班。”

五、纵向共生模型

这个收入模型与受众细分市场有关，为特殊受众群体提供内容。这一模型试图预先估计受众喜好的内容，然后提供相关内容。玛丽安娜是数字媒体委员会的主席，她是纵向共生模型的坚定支持者。她说："关键问题不是要创造最好的节目，而是要寻找到一个细分市场。你需要为细分市场提供多重内容。在创意之外，你还需要拥有经验，详细了解受众的生活方式，然后再为目标受众提供服务。"

纵向共生模型的关键是，要长时间地关注某个人群。使用这一模型的营销人员需要不断收集目标消费者的信息，随着消费者的变化而变化。网络营销人员不仅应当关注城市人群，而且应当关注乡镇人群。

MTV经常使用纵向共生模型，它主要关注的是青少年受众。相反的是，国家广播公司在20世纪90年代和21世纪以来，都试图吸引60后、70后、80后的受众，最终获得了领先的收视率。

第六节　发行模型

内容一旦被开发出来，就要进入发行环节。发行模型显示的是内容怎样到达消费者，即通过怎样的媒体平台和技术传输给消费者。过去，产品本身的性质决定了发行的方式：电影在影院放映，然后通过视频商店进行出售和租赁；音乐在广播台播放，然后在商店和CD店出售；电视节目在电视台播放，等等。

在数字环境下，内容怎样到达消费者并不明确。一首音乐在广播台播放，通过有线电视和卫星电视获得付费点播，在互联网上传播，或通过手机播放。基于这种现实，数字领域存在三种发行模型：窗口模型、交叉媒体/平台模型、围墙花园模型。如表16–9所示。

表16–9　发行模型

窗口模型	分级发行内容，使用不同的框架、媒体平台和价格。
交叉媒体/平台模型	使消费者可以从多个媒体获得内容，如在书店购买图书或将电子书下载到个人电子阅读器。
围墙花园模型	使消费者从一个平台获得内容，不允许消费者进行其他选择。在有线电视公司提供互联网服务之前，消费者不得接入互联网。

在考虑模型之前，必须考虑的发行问题是：内容提供商和消费者之间的关系。互联网的双向传播促进了新的发行方式的出现，即“推”、“拉”和“选择性加入”。“推”意味着无论受众是否喜欢，都向受众发送内容，如电视节目、广播节目、电子邮件等。“拉”意味着传播受众需要的内容，如受众在网站上下载内容，这是一种需求—接收模式。“选择性加入”的特征是“推—拉”。它反映了公司与消费者建立良好关系的需要。客户首先发出请求，内容提供商满足这种请求。在这种情况下，消费者保持与公司的联系，直到他们表示结束这一请求。

一、窗口模型

根据不同的情况，这一模型可以是营销模型、收入模型，也可以是发行模型。当使用这一模型吸引消费者时，它是营销模型；当使用这一模型制定价格时，它是收入模型；当使用这一模型在不同平台上发行内容时，它是发行模型。前几章提到，窗口模型首先作为营销战略和收入模型在电影行业应用，然后被电视行业、互联网行业效仿。

窗口意味着在不同的发行阶段，使用不同的发行方式。在电影行业，它描述了电影发行的所有环节。发行窗口的顺序基于每个订单的收入。首先，在国内和国际影院发行，每个观众支付的票价是4.5美元到12.5美元。然后，发行的是付费电视窗口，每个家庭支付的费用是4美元到5美元。接下来，进行视频租赁发行，价格是每晚3美元到4.5美元。在这些窗口发行之后，进行有线电视、外国电视、网络电视、联合组织的发行，这些发行窗口的收入较低。

每个消费者支付的费用不是架构发行窗口的唯一标准，到达特殊受众或媒体平台的战略也可以确定发行窗口。例如，分析人士可能会提出，在影院发行之前，通过高清卫星电视渠道首先发行电影。许多人可能愿意支付10—20美元观看高清电影，因为他们想最先看到这个电影。这笔收入将会十分巨大，而且通过受众之间的传播，影院发行也会得到促进。当然，口碑不好的电影也会受到不好的影响。

数字发行窗口包括DVD、视频CD、数字有线网络以及互联网。音乐的发行会受到受众传播的影响，但是窗口模型会减轻这种危害。比如，音乐可以首先在音乐会上发布，然后在互联网上进行付费发行，受到版权的保护，然后转向CD发行，最终通过有线电视和卫星网络进行订购发行。

二、交叉媒体/平台模型

交叉媒体/平台模型意味着通过多种媒介或多种接收设备发送内容。像窗口模型一样，它可以作为营销模型和收入模型，也可以作为发行模型。消费者的观看习惯不同，许多消费者都拥有多种接收设备。某个消费者可能会在不同的时间观看电视、手机视频、移动DVD设备，或在互联网上获取内容。他们也会将媒体与互联网结合，如在参与社交网络活动时观看视频。

变化中的公众消费习惯迫使内容提供商和发行商必须将内容发送到消费者可能接触的任何电子设备。为不同的发行平台、网络连接速度、格式、接收设备和消费者特征创造内容的意思是：在不同的环境、状况下，必须实现内容定制。在数字领域，越来越多的内容制作公司坚信，现在的媒体现实是“一次创作，多次发行”。

这种战略要求：跟踪消费者的行为，向消费者传输内容，收集消费者在不同媒体平台的反应。目标受众的范围可大可小，但内容必须基于目标受众的需要和要求。内容只被创造一次，然后由自动程序转化为需要的格式，这就意味着内容必须是灵活可变的。内容成本可以由所有的平台收入进行摊销。

玛莎·斯图尔特是交叉平台发行模型的先锋者，她将公司的业务划分为四大部分：出版、电视、贸易和电子商务。在公司业务层，内容创作组织包括：

月刊杂志
季刊杂志
一个小时的电视节目
哥伦比亚广播公司的周播节目《早间印象》以及其他周播黄金时间特别节目，都是与哥伦比亚电视台合作的节目。
在食物有线频道每天播出两次的半小时节目，由与食物相关的内容组成，由玛莎·斯图尔特制作。
联合报纸专栏
国内广播节目
在线交易业务
一个网站，由电视节目、广播节目、报纸专栏、杂志和七个网站发行渠道组成，每个渠道都关注不同的内容，如家庭、娱乐，等等。每个渠道都会提供实时的交流论坛，24小时更新的公告板，用户可以在公告板上发表建议、提问等，每周都有专家予以解答。

三、围墙花园模型

围墙花园模型这一术语是由电子通信公司的创始人约翰·马龙提出的。它是一个封闭网络，将订购者约束在一定范围内。在“花园”里，订购者可以选择一系列的服务，这些服务是由网络公司进行选择、设计和控制的。围墙花园服务不允许没有限制的互联网连接。有线电视公司和卫星电视公司在运营电视节目时运用围墙花园模型，在提供宽带网络服务时，它们提供没有限制的互联网通路。

随着媒体行业的日益整合，围墙花园模型更加难以实施。例如，移动设备运营商只允许用户选择它们的服务和应用。既然这些手机能够连接到互联网，用户就能找到其他资源。大多数手机都对设备软件存在限制，但是黑客通常能打破这种限制。手机经常与某些服务进行捆绑。但是消费者能够买到“开放型”手机。

第七节 收入模型

消费者愿意为需要的内容付费，但及时性是十分重要的，因为信息和娱乐产品是具有时效性的，就像盛开的花朵一样。对于金融信息和商业信息来说，时效性尤为重要，人们愿意为这些信息支付大量费用。对于娱乐信息来说，人们愿意在第一时间获得，但是更为重要的是，获得愉悦的享受。

收入模型描述的是与盈利相关的包装、定价、机制问题，以及收入分配问题。传统媒体应用的许多模型都被移植到数字媒体。毫无疑问，在这种移植过程中会出现许多问题。新媒体行业可能会应用传统媒体的一些术语，但是代表的意义完全不同。

在所有的商业模型中，收入模型可能是最多的。因为，企业的目的是追求利润。随着内容行业背景的变化，面对着技术变革的压力，企业可能无法顾及所有模型。但模型之间可以相互结合，形成各种结合后的模型。表16–10显示出一些最为常见的收入模型。

表16–10 收入模型

收入模型	收入形式
多重收入流	从多个来源获得收入
广告支持模型	广告商支付广告费用
浮动交易模型	内容消费者直接为内容付费
绑定和分层模型	将多种内容产品进行捆绑，收取内容包的费用
暴利模型	在第一次发行时获取暴利
订购模型	消费者根据协议价格在一定时间内为内容付费
商业支持模型	内容是免费的或是负盈利的，由其他产品进行支持

续表

收入模型	收入形式
使用费模型	根据用户使用的程度进行收费
背负模型	盈利性内容支持其他非盈利性内容
许可费模型	对经销商或用户收取费用，保持版权所有权
收入分享模型	与合作伙伴分享消费者和收入
联合模型	与内容提供商建立收入分享机制，增加受众规模
网络中介模型	网络经销商聚合链接，代替实体行业的零售商
消费者生成内容模型	允许消费者提供内容，当内容获得收入时支付给消费者一定报酬
数据销售模型	通过销售消费者和用户的数据获得收入

一、多重收入流模型

对于内容制作公司来说，它们都会拥有多重收入流。无线广播行业主要依靠广告收入，但是在节目开发阶段，也会向联合企业进行节目销售，以增加收入流。现在，成功的节目也会转化成DVD形式。

在媒体和娱乐行业，收入的多重来源是十分重要的。音乐唱片领域发现，流行音乐的彩铃市场具有很高的商业价值，而电影行业则发现某些附加唱片的开发比票房收入更高。

二、广告支持模型

广告是电视和广播的主要收入来源，有60s、30s、20s、15s、10s等不同的广告长度。互联网也越来越依赖于广告支持，如柱状广告、弹出广告、视频广告、动画图标广告、音频广告等。广告商可以通过支持互联网广告接触到任何形式的受众。

对于传统媒体来说，广告费率是根据每千人的到达成本来计算的。某些能够吸引大量用户的网站，如雅虎，也可以运用这种广告费率计算方式。但是大多数网站的广告费率都是不确定的。虽然网站可以向具体的目标受众传递内容，受众的行为也可以被监控和记录，但是测量问题一直没有得到很好的解决。许多在线消费者的测量方式如表16-11所示。

表16-11　广告商问：我们的广告效果如何？

方　法	建　议
广告统计	生成的客户和浏览次数
缓冲和缓存	测量标准：用户看到的机会
测量活动	包括信标传输、302重定向传输或网页JAVA版本的传输、数字视频广告内容的传输
报告	包括植入广告的细节和安排对受众的影响
筛选	具体鉴定和基于行为的鉴定相结合
审计方法	计算方法 流程/控制

目前行业内存在一种争论，那就是到达率和点击率是不同的。互联网运营商对于广告的效果无法控制，因而他们认为应当以到达率作为计量依据，而广告商则更希望以点击率作为计量依据。

美国互联网广告管理局发布了测量数字视频广告的标准。它希望为广告测量设立标准，制定程序，从而促进互联网吸引更多的商业广告。

随着高速宽带网络更加流行，广告收入对支持内容发挥了更加重要的作用。视频和音频比文字和图片的制作成本更高，宽带传输使得内容供应商更加依赖于广告收入，利用这些收入制作和发行流行内容。

三、浮动交易模型

在“浮动”这个术语出现之前，人们就会根据不同的票价观看电影、话剧和演出，票价分为不同的级别，如高级票、特价票等。然后，电话公司引入了按分钟收费的收费策略，对长途电话和本地电话收取不同的费用。有线电视公司实行根据观看次数收费的策略，后来美国国家广播公司为奥运会比赛转播提供按照观看节目收费或按照节目包收费的方式。视频录像带和播放器的出现引发了“按天收费”的租赁方式。

浮动收费模型对买方和卖方都是有益的，很多互联网服务都提供浮动收费模型，如按照下载量收费，按照比特数收费，按照文章数收费，按照照片数收费，按照音乐数收费，按照视频数收费等。问题在于，许多小型交易的运营成本比获得的收入更高，内容提供商很难从小型交易中盈利。然而，“贝宝”付费方式的出现，使得小型交易的盈利成为可能。

PayPal（在中国大陆的品牌为贝宝），1998年12月由皮特·泰尔及马克思·莱文奇恩建立，是一个总部在美国加利福尼亚州圣荷西市的因特网服务商，允许在使用电子邮件来标识身份的用户之间转移资金，避免了传统的邮寄支票或者汇款的方法。PayPal也和一些电子商务网站合作，成为它们的货款支付方式之一；但是用这种支付方式转账时，PayPal收取一定数额的手续费。在中国更为流行的第三方支付方式是“支付宝”，它是由马云在2004年12月创立的，属于经营方阿里巴巴的关联公司。随着淘宝网的繁荣发展，支付宝已经成为网民们不可缺少的一种支付方式。

四、绑定和分层模型

绑定和分层是定价模型，也是营销模型。多渠道电视节目提供商充分发展了这个模型，而其他领域应用相对较少。大多数绑定和分层模型都是由产品类型推动的，如电影节目、体育节目，或其他流行的内容类型。流行节目收费较高，关注度较低的节目收费较低。当然，可以以时间性作为分层的依据，最先看到节目的观众付费较高，节目发行一段时间之后收看节目的观众付费较低。

电视行业很好地发展了这一模型。第一层是基本的电视节目；第二层增加了扩展的节目包，每月收取附加费用；第三层由热播频道组成；第四层是捆绑而成的数字频道；第五层是根据观看次数进行收费的频道，通常是电影和体育频道；最贵的是第六层，它们是根据点播进行放映的节目，通常是电影。高速互联网通路和电信通路不属于“层级”，它们通常与电视节目进行捆绑，提供一个相对较低的捆绑价格。

五、暴利模型

暴利模型是窗口模型的对立面，通过在不同的发行系统采用不同的收费方法获得盈利。有专家提出：“忘掉窗口模型。因为在再次创作和发行时，窗口模型并不奏效。在第一次发行时，必须采用暴利模型。吃掉苹果，扔掉苹果核，因为如果在第一次发行时不获得暴利，会造成巨大损失。”

一旦产品在网络上流行，销售价格就可能降到零。网络游戏是一个很好的例子。通常情况下，开发一个网络游戏需要18个月到2年的时间，销售期大概是几个月。如果该游戏能够在网络上获得，那么游戏制作商的努力就会功亏一篑。

六、订购模型

订购指的是消费者根据协议价格在一定时间内为内容付费。在电视行业，系统运营商按月收取基本的订购费，黄金频道则按频道、按月收取订购费。许多在线网络游戏也按月收取费用，网络服务提供商和许多网站也是如此。

七、商务支持的收入模型

内容可以吸引用户，因而一些公司的营销部门会运用商务支持的收入模型。当内容以低于成本的价格进行销售，这种内容被称为“损失的内容”。然而，对于版权所有者来说，这种做法总体来说是有益的。比如苹果公司通过苹果手机的应用程序来增加苹果手机的价值，从而刺激更多的消费者购买苹果手机。

网络的优势之一在于，它具有行动力。通过互联网，你只需要一张信用卡即可进行交易。电视广告和广播广告则无法做到这一点，消费者需要开车到商店进行交易，或拨打购买电话，交易的步骤十分烦琐。因此，这个模型不适用于单向媒体，它只适用于互动平台，如互联网和互动电视。

设计人员指出，互联网想要获得进一步发展，就必须抓住内容生成的电子商务机会。因此，用户生成的内容可能是新的电子商务契机。由免费内容引发的电子商务方法可能是隐藏的边框、链接、弹出式广告，而这些形式是用户最不喜欢的互联网广告形式。

白皮书和免费报告通常由公司提供，因为公司想要成为市场上的意见领袖。这些公司免费提供信息，通过用户的注册流程获得用户信息。当内容被下载之后，销售人员就会对用户的行为进行跟踪。

八、使用费模型

使用费是通过时间或服务进行收费。一般情况下，使用费的形式包括平台服务费、网络使用费或网络连接费，如表16-12所示。平台服务费包括网络使用或连接的成本。移动电信行业经常运用这一模型，用户为平台服务支付一定的费用。

表16-12　使用费的类型

平面服务费	在一定价格水平上收取服务费用
网络使用费	根据网络的使用情况收费
网络连接费	根据接入网络的状况收费

当消费者为长途电话付费时，一般都属于网络使用费。在网络使用费中包含着网络接入费用，由本地电话运营商支付。另一个例子是移动宽带服务网络接入费用，由

AT&T等公司支付。在酒店行业，消费者为每日的网络使用付费，这种费用是网络接入费用。

九、背负模型

背负模型指的是一个内容产品或服务支持另外的产品或服务。在电视行业，有些轰动性节目可以刺激一个电视台的收视率。有些电视台会将轰动性节目安排在两个新电视节目中间，刺激受众观看这两个新电视节目。

十、许可费模型

对于具有持续价值的内容产品来说，许可费模型是十分奏效的，如电影、电视和音乐。这一模型是将版权授权给第三方，允许第三方在一段时间内重新销售或重新发行内容。然而，版权所有者保持对内容的所有权。

对时间敏感的内容，如体育报道、新闻、用户生成的内容，它们的价值较低，除非它们成为许可内容包的一部分。大多数的内容都可以进行授权。然而，内容的长尾可以很长，因此收入不一定很高。

十一、收入分享模型

收入分享模型有很多例子。有些情况被认为是理所当然的，因此很少有人注意。例如图书作者的版权费，电影行业中参与者获得的收入，以及音乐行业参与者的收入。中间商和发行商经常从销售收入中获得佣金。而且，互联网行业复制了许多传统行业中的收入分享模型。

十二、联合模型

在互联网领域，电子商务网站与其他网站建立联合关系，提供可点击的内容、标示、柱状广告和链接。当消费者点击时，可以进入零售商的网站，进行交易。反过来，零售商会与网站一起分享收入。随着网站柱状广告成本的增加，这种协议的使用也变得越来越重要。

从本质上讲，这是一种到达潜在消费者的方法，而不需要等待消费者主动访问零售商网站。如果相关联的网站与受众观看的内容相一致，受众就很有可能点击链接。如阵列营销一样，一致性是十分重要的。在销售图书、视频、音乐和电影票时，提供娱乐信息是很自然的。体育网站同时可以销售比赛门票和运动设备。金融网站可以提供股票和基金信息。

想要建立联合网络，一个网站可能会进行以下商业分析：

联合网站数量为250个，每个网站每日的浏览量为1500次，每月获得1125万次的浏览量，3.5%的点击率，生成393750个潜在消费者。

1%的潜在消费者转化为消费者，每月生成3937次产品销售。

如果交易的价格是25美元，那么每月总的销售额是98425美元，减去10%—50%的网站佣金，再减去产品的成本，可以得到利润。

建立和管理联合网络需要一定规模的复杂架构。电子零售商必须建立产品数据库，以及确定进行交易和完成订单的方法。在数据库中，需要插入附属的统计软件，因此交易可以被记录和计算。

联合佣金率存在很大差异，从1%到50%不等。亚马逊网是一个很好的例子，它与许多网站建立了合作关系，用户可以在班纳斯皇家网站上看到图书的简介，然后通过这个网站进行图书购买。

十三、网络中介模型

网络中介是批发商、发行商的在线版本，行使的功能是：建立产品生产商与消费者之间的关联。这些网络中间商的唯一作用就是方便买方和卖方之间的交易，提供商品列表，消费者可以通过这些列表找到自己想买的东西。如http://www.shopper.com 或http://www.buy.com。网络中间商还可以为消费者提供服务，如处理退货问题。

在实体领域，存在相似的架构。在美国和其他高度商业化的企业环境下，许多产品的销售都依靠批发商。一项研究表明，高质量衬衫的中间商获取了衬衫最终价格62%的利润。同时，许多分析人士提出了一种观点：网络使得买方和卖方之间可以获得直接的沟通，这样就能完全消除中间商。这种变化被称为层级脱媒。

根据中间商的传统定义，除了批发商之外，零售商也属于中间商的范畴。一些中间商通过发挥有价值的功能获得利益，包括包装产品，提供能够吸引消费者的信息，将消费者与产品进行匹配，创造交易的规模经济，降低制造商和消费者的风险。事实上，这种价值来自于服务，中间商通过网络中介再次实现了自己的价值。

在线用户通过雅虎网和谷歌寻找商品信息。汽车购买者会通过网络服务获得汽车信息。同样，易趣网也是许多买家和卖家的网络中介，它击败了传统的中介——报纸。企业—企业网站提供实时的市场信息和交易网络。消费者在网站上浏览，从而获得产品信息和价格比较。

十四、用户生成内容的收入分享

在http://www.istockphoto.com网站，任何人都可以购买图片、视频、音频、动画内容。图片的价格一般为1.3美元，动画片的价格一般为15美元。用户需要事先向账户充值，然后下载内容。然而，用户不仅仅可以购买内容，同时也可以在网站上出售内容。iStockphoto以出售内容为主要收入来源，内容创造者可以从中获得20%—40%的版税。

博客博主可以从自己撰写的内容中获利。一些博客网站通过页面广告获得收入，而且网络运营商也会向点击率高的博客博主支付报酬。

十五、数据销售模型

除了从消费者的支付中获利，网络公司还可以通过收集到的消费者信息获利。事实上，消费者信息可能是网络公司获得的最有价值的信息。在与合作伙伴谈判时，这些信息可以作为谈判筹码，当然，也可以直接出售信息。根据信息的深度和广度的不同，信息可以被重新包装，出售给多元化的购买者。

总结

70多年以来，媒体行业存在三类商业模型：零售、票务出售、广告销售。现在，管理者将这三类模型进行整合，以获得最大化的利润。很明显，目前媒体公司营销、销售和发行内容需要更为复杂的商业战略。

下章概要

下一章讨论的是媒体法律、规章规定的权利和义务，以及运行过程中的限制。公司的生产、营销和发行必须满足本地区的法律和规章。不同等级法律和规章反映了不同的文化、社会和政治背景。

案例分析16.1　想象未来

网络内容或者是吸引大众，或者是吸引小众。市场的范围大小决定了互联网企业的成败。

设想你即将建立一家网站，这家网站服务的是小众市场。现在，开始计划未来。有想法了吗？在确定公司名称之前，你需要制订一个详细的商业计划，以使你的网站获得商业成功。

内容模型：

网站生产哪一类在线内容？记住，有四类在线内容，详细地说明你的计划。

这是企业—企业的网站，还是企业—消费者的网站？

创造你的内容模型，指明它是“内容聚合”、“受众聚合”还是“受众细分市场”模型。

发行模型：

内容怎样到达消费者？

对于消费者的体验，你有什么看法？你怎样提升消费者的体验？

描述你的发行模型。它是推动、拉动还是选择插入模型？

你是否会应用屏幕实体模型？你需要描述你的登录页。你的网站是否拥有“数据包”，如果有，你将把数据包放到网站的什么位置，数据包发挥怎样的功能？

营销模型：

你的目标市场是什么？

你怎样将潜在消费者转化为实际消费者，说明你的营销战略。

是什么让你的网站独一无二，与竞争对手产生区别？

确定网站的品牌，制订计划，营销你的品牌。

你的广告标语是什么？你将怎样传递广告信息？你会使用传统广告还是口头广告，还是两者结合使用？

收入模型：

你的网站通过什么获利？

除了直接收入，是否存在其他间接收入？

如果你把这些信息提供给一些投资商，他们会有什么反应？

第十七章
法律和规章

第一修正案通常很难实施。但是这并不是借口。实施的难度无法使政府摆脱保证言论自由的义务。

——律师 安东尼·肯尼迪

如果不颁布法律，人们的生活、自由、财产都得不到保护。

——审判长 基迪恩·塔克尔

>> 本章学习目标

→美国媒体政策法规体系

→中国媒体政策法规体系

导　语

当讨论媒体法规时，你第一个想到的可能是联邦通信委员会和美国国会的《第一修正案》。但是媒体管理者必须了解更多的法规。

毫无疑问，在美国创建广播台最大的困难在于获得联邦通信委员会的许可。事实上，其他的法规也提出了很大挑战。对大多数广播台来说，发射机都与广播台距离很远。广播台需要建设一个高塔，将天线安放在塔顶，然后建立一个基站，以保证发射机和相关设备正常运行。为了安置天线，广播站需要建立一个巨大的坚实建筑。

一位管理者回忆道："想要建设这样的建筑，你需要经过当地政府的许可。我本以为建设10英尺×12英尺的建筑是很简单的事，但是当我将计划呈交给当地政府时，审查员花了很长时间阅读计划。稍后，他看着我，只问了我一个问题：'冷却室在哪儿？'

我回答：‘发射机并不需要冷却室。’

他问：‘需要工作人员在里面吗？’

‘工作人员一周去一次。’我回答说，‘只是去检查一下设备。’

‘你需要一个冷却室。’他回答，然后拒绝了我的建设请求。”

这件事情的教训是，所有的媒体组织，必须关注许多规章。在美国，主要的媒体管理法规是《第一修正案》，但是其他的法律、规章、法院的决定都会影响媒体的运行，涉及财务、销售、员工安全等许多问题。

想要理解媒体法律和规章，就必须了解：媒体法律和规章来自于各级政府，包括州立政府、联邦政府、本地政府。大多数媒体管理教科书都会主要讨论《第一修正案》和联邦政府的法律问题，因为在美国的媒体组织是通用的。因此，媒体管理者应当对本州、本市、本郡的法律进行充分了解，这些法律会影响日常的媒体组织运营活动。

美国存在三类法规来源。第一类是法律，由法律实体颁布，包括国会法案和城市法令。第二类是规章，由政府机构颁布，它具有法律效力，通常用以推动特殊的法律条款。问题在于，任何法律都从属于法律解释。在美国的法律系统中，法律解释是由法庭提供的，当法庭在解决法律问题时，会做出法律解释。“案例法”形成了法规的第三个维度，管理者在进行日常决策时必须充分考虑“案例法”的规则。

你可能会问自己：我怎样才能遵守所有的法律、规章和案例法？从实际的角度考虑，很难顾及到每个影响媒体组织的法律。但是你可以寻求帮助。一些法律公司专门处理这类法律和规章问题。但是问题在于，没有一家法律公司精通所有的媒体法律问题。因此，你需要收集一些法律公司的电话和联系方式。毕竟，能够提供员工合同指导的法律公司可能并不精通联邦通信委员会的法规。

解决方法很简单。当面对法律问题时，拿起电话，向你的律师求助。这些法律专家受过专业训练，他们时刻准备着处理客户的问题。至少你应当在手机电话本里存有这些律师的电话，包括精通雇佣法、合同法、税法、新闻法的律师。

此外，你还可以通过协会组织获取媒体行业法律、法规和法律解释的最新动态。几乎每个行业都有协会组织。例如，在美国，国家广播委员会（NAB）是广播公司的主要代表，它位于华盛顿。国家广播委员会向国会进行游说，保证广播公司的利益，同时确保广播公司能够获取行业的最新信息。

相似的是，大多数州都有自己的州立广播协会，例如田纳西广播委员会，它们的职能与国家组织的职能相似，那就是监管和代表广播公司的利益。电影行业有美国电影协会，报纸行业也有州立和地区的出版组织，有线电视行业有国家有线电视协会。

本地的法律同样包括税法，但是也包含了其他的规章，指引你在哪里进行商业活动，可以建立怎样的商业结构，以及你是否可以在街道上拍摄视频。

第一节 美国的媒体管理政策法规体系

一、联邦法律和规章

美国国会颁布的《第一修正案》是美国传播法的里程碑。

《第一修正案》规定：

“国会不得制定关于下列事项的法律：确立国教或禁止信教自由；剥夺言论自由或出版自由；或剥夺人民和平集会和向政府请愿伸冤的权利。”前十条修正案于1789年9月25日提出，1791年12月15日批准，被称为“权利法案”。其中关于新闻言论自由的这一条被列为第一修正案，很多人可能会认为这是因为那个年代美国的民众和政治家们把它当作是最重要的一项民权法案。这个“自由第一”的看法可算是关于美国新闻界的第一个神话。

《第一修正案》保护的“新闻自由”并不是绝对的。一些法庭发现，政治演讲受到很少的限制，但是商业演讲受到更大限制。同时，法庭还发现，广播公司并没有受到《第一修正案》的绝对保护，因为频段是有限的，政府必须限制这些无线电波的数量。

结果是，媒体组织受到两个完全不同的法律实体的管理：新闻法和广播法。但是必须考虑第三个法律实体：常见载体法。在美国，常见载体法一直应用于电信行业。很有趣的是，常见载体法来源于公路法。管理电信行业的许多原则和术语多是来源于公路法。

20世纪下半叶法律制定者意识到，信息可以通过各种形式传播，如无线电、有线网络。经过几十年的尝试，国会最终于1996年颁布了《电信法案》，适用于广播、有线电视、电话、卫星传输。《电信法案》与《第一修正案》并不冲突。

1996年颁布的《电信法案》最基本的条款如下：

放宽所有权限制，允许一家公司拥有同一媒介的多个媒体终端。

通过允许电信公司提供有线电视服务，允许有线电视公司提供电信服务，鼓励媒体行业的竞争。

对有线电视公司放松管制。

其他鼓励先进技术竞争的条款。

虽然1996年的《电信法案》十分重要，但是它从属于《第一修正案》。《第一修正案》是媒体行业最为重要的法律规则。近些年来，许多法庭案例验证了《第一修正案》的约束力，对媒体管理者提出了更高的要求。

新闻记者获得了很大的自由。许多记者认为，最重要的自由是对事先限制的否定，即政府不能阻止媒体信息的公开。虽然《第一修正案》会阻止“事先限制”，但是过去50年里法院的决策暗示，危害国家的信息会受到政府的限制。

拥有新闻自由的权利并不意味着媒体不对错误信息负责，它只是意味着这些信息不会事先受到阻止。媒体组织，包括新闻组织，如果它们损害了个人或公司的声誉，需要对此负责。如果发布了不实的新闻，或是诋毁他人的新闻，媒体公司无法免责。

如果记者得到了比其他信息传播者更加有力的保护，就会出现一个逻辑问题：“记者是什么？”现在，每个人都能够建立一个博客，公布信息，他可以自称为记者。因此，在未来10年的法律案件中，“记者”的定义将会是一个十分重要的问题。

另一个对“新闻自由”的限制是“隐私权的侵犯”。虽然“隐私权”并未在各法案中出现，但是联邦法院和州立法院都定义了“隐私权”，用以保护公民个人的生活免受侵犯，个人姓名不被商业活动利用。

阻止侵犯原则指的是，个人在大多数日常生活中，拥有合理的隐私权保护，包括在家中或其他非公共场所。但是隐私权并未延伸到公共场所。在非公共场所，媒体组织或任何个人，不得对他人拍照、录音，或获取其他信息。

“阻止挪用原则”指的是，公司在未经个人允许的情况下，不可以将个人的姓名或特征用于商业目的。必须指出的是，这种限制不适用于新闻，因为新闻内容比商业内容拥有更大的自由，受到更多保护。

1. 版权

在联邦政府层级，另外的媒体实体法规是“版权法”。媒体内容的所有权受到版权法的保护。版权是媒体管理者面对的最为复杂的问题。在获得内容之前，必须经过版权所有者的许可。美国的版权法适用于美国，但其他法律和规则涵盖国际范围内的法律问题。

虽然各国试图统一版权法，但是大多数国家都保持了自己特有的法规和习惯。

例如，大多数国家的版权法都要求广播公司向作曲家、歌唱家和制作人支付音乐的版权费用。但是在美国，广播公司只需向作曲家支付音乐费用，不需要向歌唱家支付费用。另一个区别在于，美国的版权期是版权所有者的生命期限加70年，如果版权所有者是受雇的员工，则是生命期限加90年。

在全球范围内，《伯恩法》和《全球版权法》为全球的媒体组织提供了一系列通用的版权法规，大多数国家的版权法都与其统一。但是每个国家有权力采用这些版权条约的部分条款，反对有关条款，或建立一套新规则。

从实际意义上讲，媒体管理者面临的最为常见的版权问题是他们拥有哪些内容权。版权法规定了必须经过谈判进行版权支付，但是并没有明确规定支付的额度。这些条款通常是合同的一部分。例如，电视台可以向联合组织授权节目的播放，但是除非合同上明确规定，联合组织不可以在网站上播放内容。同样的是，一家报纸可以从联合网站或广播公司获取内容，但是，如果没有明确规定，不得将内容在网上公布。

在媒体整合的时代，媒体管理者面临的挑战在于，大多数媒体公司的内容传输范围已经超越了地域限制。而且，内容经常通过网络、电子邮件等形式传播，世界范围内的用户都可以获得内容。

因此，媒体组织必须重视内容的网络发行。只在一个城市设有办公室的本地报纸不需要了解其他国家的法律，但是跨国媒体组织必须保证网络内容遵循发行地国家的法律和规则。媒体组织可以采用的一个方法是在每个国家创立不同版本的网站，不仅使用本地的语言，而且遵循本地的法律和规则，尤其是涉及版权和广告问题时。

大多数媒体组织会生产大量媒体内容，因而必须得到版权保护。在美国，只要作品被创作出来，就立即受到版权保护，无论是新闻、图片、视频，还是其他内容。这一规定为媒体管理者创造了两个机会。其一，只要公司与雇员事先签订了雇佣协议，公司就可以将这些内容进行授权，获得收益。其二，管理者必须保证公司的内容不被盗用。例如，任何人都可以从电视台复制节目内容，传输到YouTube等视频网站上。但是，如果版权所有者提出申诉，视频网站会撤销这些视频。事实上，2007年，维亚康姆公司向YouTube公司提出诉讼，诉讼金额为10亿美元，因为YouTube视频网站发行了16万个受版权保护的视频。YouTube迅速对维亚康姆公司的诉讼作出反应，将这些内容从网站上撤除。然后，维亚康姆公司将这些内容发布到自己的网站上，获得了大量收益。

2. 衍生产品

正如本章前面谈到的，法律和规章通常从属于法律解释。没有受到法律解释影响的一个新的领域是“衍生产品”。衍生产品是内容产品的一部分，在内容基础上生成。以音乐集锦为例，原来的音乐都是受到法律保护的，但是创意人员经过选择、编辑，可以对这些音乐进行再创造。关键问题是，谁拥有新产品的版权?

奥巴马在竞选时使用的海报"希望"是由艺术家雪莉创作的，但是该作品由美国联合通讯社的一张图片变化而来。美国联合通讯社控告雪莉侵犯了其所有权。直到2010年，这一诉讼仍未得到解决。

从法律的角度，没有规定原作品修改多大比例之后，被认定为新作品。在当前的数字技术环境下，任何人都有能力在原有内容的基础上编辑、组合和创造新内容。未来，此类问题将大量出现。从现实的角度，解决方法相对简单：如果组织中的员工基于原有内容创作了新的内容，最好在新产品发行之前获得原有内容的版权。

3. 其他联邦规章

几乎所有商业法律和规章都会影响媒体组织。本章讨论的是最为重要的联邦法律和规章。但是需要指出的是，本章无法涵盖所有的法律、规则和规章。但是可以为媒体管理者带来一定的启示。

税法：在政府的所有权力当中，作用范围最为普遍的可能是税法。在联邦法中，税法是由内部收入服务部门管理。任何媒体组织，无论是营利组织还是非营利组织，只要获得收入就必须向相关部门缴纳税款。

工作场所安全规章：美国劳工部的职业安全和健康管理部门（OSHA）的职责是制定规则，管理员工在工作场所的安全。OSHA的目标是提供安全的工作场所和工作环境。

劳工关系：国家劳工委员会管理工会的各种事务，以及为劳工进行薪资谈判。如果你在联盟组织中工作，你需要了解劳工合同的具体规则。如果你在一个没有联盟劳工的组织中担任管理者，你也需要知道，所有员工都有进行薪资谈判的权利。管理员工行为的规则很复杂，因此一旦出现问题，你可以咨询劳工关系方面的律师。

财务报告：如果你的公司是上市公司，即股票在公共股票交易所交易，你需要遵守许多与财务报告相关的规则，这些规则是由"安全和交易委员会"颁布的。这些规则规定，财务信息必须对公众公布，信息的本质也必须对公众公布。同时，规则还会管理能够得知这些信息的工作人员。例如，你所在的公司即将公布收入信息，你获得了内部信息——公司收入比预期收入高很多，因此你预测股价会上涨。在公众得知这些信息之前，如果你购买了公司的股票，这种行为就是违法行为。公开交易公司的官员也受到与财务信息安全相关规则的约束。根据《萨班斯——奥克斯利法案》，一个误导公众的收入报告可能导致公司高层受到罚款或审判。

病假：如果你的组织雇用了超过50名员工，员工有权利申请事假和病假（不带薪）。期限最长是3个月。在事假和病假期间，你不可以解雇员工，在假期结束后，员工必须以原有的薪水回到岗位。

歧视：劳工部的作用之一就是促进《反歧视法》的实施。《反歧视法》的设立是为了避免基于年龄、性别、民族、国籍和性别取向的歧视。劳工部还会颁布其他形式的法规，以避免性侵犯等情况的出现。

广告内容：联邦商务委员会（FTC）颁布有关广告内容的法规。这些规则的目的是避免错误的或误导性广告。

食品和药物管理：食品和药物管理委员会（FDA）的职责与联邦商务委员会相似，但是它的管理范围只限于食品和药物领域。

航空：许多媒体组织必须关注于来自联邦航空管理局（FAA）的规定。联邦航空管理局对电视台和广播台建设的发射塔进行管理。任何可能会对航空业造成威胁的建设都要经过联邦航空管理局的批准，并且要安装夜间照明设备，以避免飞机受到高塔的威胁。

广播：在美国，广播公司需要比其他媒体遵守更多的规则。广播频段是有限的，因此不是每个想获得频段的人都能获得。法院做出的裁决表明，广播公司不享有《第一修正案》提供的所有自由。

例如，法院一再指出，政府不可以对报纸进行限制，只要报纸的信息不危害到国家安全，就不可以事先阻止报纸信息的出版。但是广播电视行业长时间受到内容管理的限制。例如，根据1990年颁布的《儿童电视法案》，广播公司每周需要播出3小时的教育类或信息类儿童电视节目。广播公司还需要向联邦政府的领导候选人提供宣传时间。而且，政治广告的广告费率是由联邦政府确定的。在选期内，广播公司向政府收取的广告费用不得高于向其他广告商收取的最低广告费用。

为了获得联邦通信委员会对建立广播台或电视台的许可，个人或组织必须首先确定一个空白的频段，这个频段不可干扰其他现有的电视台和广播台。在美国的大多数地区，实际上可用频段都已经被占用了。很罕见的情况下，可以找到一个空白频段，这时需要完成两个工作。第一，联邦通信委员会需要对此进行许可；第二，联邦通信委员会需要从众多申请人当中选择。过去，这种选择的形式是众多候选人进行辩论，最终由联邦通信委员会确定结果。

20世纪80年代，一个彩票系统代替了这种选择形式，系统随机选出最终的结果。现在，拍卖程序被引入选择程序，以最高价格出价的个人或组织将获得许可权。如果你的公司运营了广播设备，你必须遵守联邦通信委员会的一系列规定。除了报告组织所有权和控制权的改变，你还需要定期报告你是否遵守了儿童电视法案的规则，组织是否服务于社区，以及组织是否遵守了联邦通信委员会的雇佣规则。联邦通信委员会还会收取管理费和市场服务费。同时，广播公司还要支付由“不得体”内容产生的费用。首先需要指出的是，“不得体”内容与“猥亵”内容是不同的，“不得体内容”指的是可能产生冒犯的内容，但是它受到第一修正案的保护。“猥亵”内容的定义是，“拥有当前社会标准的人将会发现作品吸引的是淫秽兴趣；作品描述的是法律规定的冒犯性内容；作品缺少严肃的文学、艺术、政治、科学价值”。

现在，生成了一系列“安全时间”的规则，“不得体”内容不得在早晨6:00点到晚上10:00内播出，但是可以在晚上10:00到早晨6:00播出。卫星电视和卫星广播也受到联邦通信委员会的管理，但是管理的程度不如广播、电视行业高。在美国，卫星电视提供商也需要获得许可，避免受到其他服务的干扰，这些制定服务的内容限制不高，因为受众需要申请内容，才能获得订购的内容。

4. 互联网组织的特殊规则

作为新兴媒体，互联网受到了管理当局的关注。但是到目前为止，针对互联网的内容管理规则很少。互联网广告管理原则与其他媒体类似。2009年，人们注意到许多博客入口的误导性，因此联邦通信委员会出台了一系列规则，管理互联网和博客。

2004年，美国联邦通信委员会颁布了《反垃圾邮件法》，该法规定了对广告邮件的管理规则。这些规则要求必须披露广告发送者的身份。

其他管理互联网的法案并未获得成功。1996年颁布的《网络文明法案》试图阻止互联网上的不文明内容的传播，但是后来法院裁决《网络文明法案》的管理范围过宽。

在网络上发行内容的最大挑战是网络的全球性。一旦内容上传到网络，全球范围的计算机都可以获得内容，除非某个地区存在内容获取限制。如果没有国际化的规则，人们可能利用复制的内容建立服务器，然后在世界范围内传输内容。互联网的唯一持续性控制是与网页地址条款相关的。ICANN是域名的管理机构，保证公司和个人拥有唯一的网络地址。

二、州立法律

实际上任何由联邦政府许可的规则都会得到州政府的认可。但是实际情况下，大多数州对商业运作的管理范围比联邦政府小。

与联邦政府的规章相似，最常见的州立规章与税务有关。这些税有各种形式，包括公司所得税、消费税、员工的所得税。在美国，各州的法律存在差异，许多公司选择在税务优惠的州注册。但是无论公司的总部在哪儿，如果你的公司在一个州拥有办公室，并生成收入，你就需要遵守该州对于收入报告和税款支付的要求。

营业税是必须重点考虑的。大多数州都基于零售额征收营业税，如果内容制作公司在某州拥有实体店，它就需要向这个州支付营业税。目前，网络公司如果没有实体店，就不要求征收营业税，但是这个漏洞迟早有一天会引起管理部门的重视。

每个州都有劳动法，但是各州的劳动法各不相同。例如，许多州都规定雇员可以以任何原因辞职，除非法律明确禁止的情况。这些州允许雇员加入工会。组织管理者必须熟悉本州的法律。

三、地区法

地区法没有专门针对媒体组织的法律和规章，但是媒体组织必须注意针对每个行业的地区法。这些法律包括税法、资产评估法、雇佣法等。

与联邦政府和州政府相同，地方政府最为重要的工作可能就是征税。大多数州都要求针对公司的实体资产征收财产税，包括房地产、设备、存货等。财产税的税额基于当地税务评估部门估计的财产价值。争取低价值的评估可以为公司节省很大的支出。

本地的区域法还会管理公司的物理位置，控制公司的所在地、工厂位置、其他设施的位置，以及其他与城市规划相关的问题。

四、管理周期

纵观美国媒体组织的历史，存在一个持续的管理和再管理的循环。例如，20世纪初，政府对电子媒体的管理程度很低，因为电子媒体刚刚起步。1927年颁布的《联邦广播法案》和1934年颁布的《新闻法案》加强了对电子媒体的管理。20世纪80年代，放松管制的理念与里根政府的管理原则发生了矛盾。例如，之前政府不允许一家公司拥有7家以上的广播台，也不允许一家公司拥有7家以上的电视台。20世纪80年代，规则逐渐放松，大型媒体公司可以拥有数百家电视台和广播台。

如果历史是一面镜子，我们可以预见放松管制的循环会再次到来。

还没有组织规定全球性的媒体法规，但是许多国际性的机构和条约负责协调全球管理法规。包括：

国际版权条约：虽然并不存在统一的“国际版权法”，但是国家之间的条约提供了对版权产品的保护。每个国家都有自己的版权法，在一个国家发行或制作内容时，要尤其注意该地区的法律。但是伯恩委员会和全球版权委员会对版权的保护作用十分有限。这些委员会颁布的条约只对签署国发挥作用，因此必须注意没有签署这些条约的国家颁布的法律。

国际电信联盟：美国的一个机构，负责协调广播波段频率的安排。

ICANN：互联网名称与数字地址分配机构，协调互联网的域名系统，解决与域名所有权相关的争议。

第二节　中国媒体管理的政策法规体系

在任何社会活动领域中，要调整各种社会关系或规定行为准则，都离不开一些条文规定，这就是广义的法。法是调整人们行为的一种社会规范。一切社会的法，都有两种作用：一是规范作用，可以指引人们如何合法、有效地行为，对人们的行为作出法律评价，或人们依靠法律预测将如何互相行为，等等。这种规范行为是建立社会秩序、保障社会经济运行、为人们建立安全感的必要条件。二是社会作用，这是从法要实现一定社会作用的这一角度来说的。法的社会作用一般可概况为两个方面：一方面是为了维护统治阶级的统治，另一方面是执行社会公共事务。中国社会主义初级阶段法的社会作用可概况为以下四个方面：保障和促进社会主义经济建设和经济体制改革、社会主义民主政治建设和政治体制改革、社会主义文化建设和对外交往。法的规范作用和社会作用相辅相成，即通过调整人们行为这种规范作用达到实现一定社会作用的目的。

中国的媒体管理法，目的也在于保障人民群众在媒体活动中享有充分的自由，推进中国物质文明和精神文明建设的进程。

一、中国对媒体法律、法规、政策的界定

我们将结合中国的立法体制和媒体管理的主体两方面对媒体管理中的法律、政策和法规进行概念的界定，也就是规定了中国的法律、政策、法规的具体形式。

1. 中国的立法权限

根据宪法和立法法的规定，中国的立法体制是以国家立法权为主干，包括行政法

规制定权、地方性法规制定权、自治条例和单行条例制定权以及授权立法权的一个完整统一、层次分明的立法体制。

概而言之，全国人民代表大会和全国人民代表大会常务委员会行使国家立法权，制定法律，国务院有权根据宪法和法律制定行政法规；省、自治区、直辖市的人民代表大会及其常务委员会在不同宪法、法律、行政法规相抵触的前提下，可以制定地方性法规；民族自治地方的人民代表大会有权依照当地民族的政治、经济和文化的特点，制定自治条例和单行条例，报全国人民代表大会常务委员会或者省级人民代表大会常务委员会批准后生效。此外，海南省、深圳市、厦门市、珠海市、汕头市根据全国人大及其常务委员会的授权享有经济特区法规制定权；省、自治区人民政府所在地的市、经济特区所在地的市和经国务院批准的较大的市的人大及其常务委员会可以制定地方性法规，报省、自治区人大常务委员会批准后施行。根据香港、澳门特别行政区基本法的规定，香港和澳门两个特别行政区的立法会有权制定法律，报全国人大常务委员会备案。可以说，以宪法为核心的有中国特色社会主义法律体系的框架已经初步形成，国家的政治生活、经济生活、文化生活和社会生活等主要方面已经做到有法可依。

2. 法律、政策和法规的界定

（1）法律

法律通常规定社会政治、经济以及其他社会生活中最基本的社会关系或行为准则。狭义的法律指拥有立法权的国家机关依照一定的立法程序制定和颁布的并由国家强制力保证执行的行为规范，主要是针对“涉及到国家的根本性的问题”，“决定国家根本性的、长远的、重大的问题”，效力及于全国并带有强制性的问题。中国拥有立法权的国家机关是全国人民代表大会及其常务委员会。中国目前的法律一般可分为七个部门法律，即宪法及宪法相关法、民法商法、行政法、经济法、社会法、刑法、诉讼与非诉讼程序法。

广义的法律包括国家行政机关根据宪法和法律制定的行政法规、规章和地方权力机关制定的地方性法规等。法律、法规、规章在效力等级上存在着差别，一般来说，宪法是根本大法，一般法律的效力仅低于宪法，其他一切行政法规和地方性法规都不得与法律相抵触，凡有抵触，均属无效。法律、法规和规章又具有相同的根本的特性，即：同样是统治阶级意志的体现，是规范人们行为的普遍性规则，并且以国家强制力为实施保障。所以，按照宪法和法律规定的行政机关制定的行政法规和行政规章，也应当是法律的组成部分。

（2）法规

法规具体又可分为行政法规、部门规章和地方性法规。

◆行政法规

行政法规是国务院根据宪法和法律以及中国共产党的政策，为领导和管理国家各项行政工作，在政治、经济、教育、科技、文化、外事等领域制定的各类规范性的行政管理法规的总称。它规定了国家行政机关的职责、权限、组织原则、管理制度、工作程序，调整国家行政机关之间、国家行政机关与其他国家机关、社会团体、事业、企业单位、公民之间的社会关系，以调动各方面的积极性、创造性，促进经济和社会发展，维护社会安定团结，保障社会主义现代化建设顺利进行。行政法规常用的名称是条例、规定、办法、决定等。

国务院颁布的行政法规在中国的经济、文化建设中发挥了重要的作用，主要体现在：

第一，行政法规是国务院对国家实行行政管理的一个重要手段。国务院是最高权力机关的执行机关，是最高行政机关，为了领导和管理好国家行政事务，一要靠政策，二要靠法律。除了执行人大通过的法律外，国务院要制定大量的行政法规，以保障社会主义现代化事业的顺利进行。

第二，行政法规能够比较迅速地反映党和国家的政策。法律和法规都是党和国家政策的具体化、条文化、规范化。法律和法规一经制定，都具有相对稳定性，但是，两者相比较，行政法规较之法律，能较快地反映实践发展的客观要求，对于推动和促进经济发展以及经济、科技、教育等方面的改革，发挥着积极作用。

第三，行政法规既为制定法律做准备，又推动了既有法律的施行，也是制定地方性法规和规章的渊源。许多重要的行政法规，经过一段时间实施以后，总结完善，就可上升为法律。同时，如果法律制定之后，没有行政法规来具体化，就很难执行。因此，法律制定出来之后，必须同时或稍后制定一套实施办法，与之相配套，这也是行政法规的任务。另外，部门与地方政府制定的规章，也以行政法规为渊源，制定规章时，不得与行政法规相抵触。

总之，我们要充分认识到行政法规的重要作用，使其更好地成为促进和保障改革和社会主义现代化建设的强有力手段。

◆部门规章

部门规章一般是指国务院各部门在职权范围内，依法行使本部门职权而制定和发布的一些规范性文件或根据法律及行政法规的规定，制定的实施细则或办法。此外，部门制定的规程、标准等，也称技术法规。

◆地方性法规和规章

地方性法规和规章的制定主要是针对下面几种情况：第一，根据法律和行政法规的规定，需要制定实施细则；第二，根据地方组织法规定，在省、自治区、直辖市人大或政府职权范围内，为发展经济文化，保障社会安定等各项工作需要而制定必要的规定；第三，根据地方经济体制改革或其他方面改革需要而制定的法规；第四，根据中央、国务院的指示，在全国立法尚不具备条件，而客观需要又不能等待的情况下，由地方制定法规，先行一步，为全国立法做准备。

严格来说，法规也应和法律一样采用规范化、标准化的格式和名称，这对于维护法制的统一和尊严是十分重要的。在中国这方面的工作还有待完善。就目前的情况来看，法规的具体形式有几十种，常见的有条例、规定、规则、规程、决定、决议、指令、命令、指示、措施、办法、细则、意见、通知等。根据名称和实际工作的经验，可以大致把法规分为几种类型：

条例——凡是比较全面地、系统地调整某一方面的关系，而立法条件成熟一些的，可以称为“条例”。

规定——凡是部分地、个别地调整某个方面的关系，立法条件相对尚未稳定，缺乏完整的经验的可以称为“规定”。“规定”往往加上“若干”、“几项”、“暂行”等限定。

办法——凡是具体地规定某个问题怎样管理，怎样办手续，可以称为“办法”。

实施细则——是为实施某项法律或行政法规所作的具体规定。对法律的实施细则，除重大的或涉外方面的问题由国务院发布外，一般按法律规定，经国务院批准后，由主管部门发布施行。对国务院行政法规的实施细则，一般由部委制定发布。

这里需要说明一点的是，虽然同一部门制定的不同法规可能有名称上的不同，但实际的效力是一样的。当有法规相矛盾时，后法优于先法，即新的法规生效后，同一机关及它的下属机关过去所制定的与其相抵触的法规就自然失去效力。虽然有的法规中特别注明了“本规定生效后，《××××》即宣告废止”字样，但有的法规中却没有明确指出应废止的其他法规，使用者仍应按这一原则进行判断。

（3）政策

关于政策的定义，不同的学者有不同的看法。有的学者认为它是“国家、政党为实现一定历史时期的路线和任务而规定的行为准则”，有的学者把它定义为“政党、国家的活动方向”，法学中则把政策定义为“一定阶级为了自己的经济利益，从具体的阶级关系和斗争形势出发而制定的路线、方针和原则”。这些定义都未能概括出政策的全部内容。政策作为一个政治术语，常常和“路线”、“方针”并列使用。为了更清楚地了解政策的含义，我们先来理解一下政策和路线、方针的关系。

政策的定义与路线、方针的定义相近，在内涵上无本质的区别。在1979年出版的《辞海》中，“政策”被定义为“国家、政党为实现一定历史时期的路线和任务而规定的行为准则”。在同一本书中，“路线”被定义为“国家、政党在一定历史时期内为实现政治目标而制定的行为准则”，“方针”被定义为“国家、政党在一定历史时期内为达到一定目标而确定的指导原则”。可见，政策、路线、方针都被定义为“与国家、政党的行为有关的原则”，它们在内涵上没有本质的区别。这种情况在《简明政治学辞典》中也能反映出来，在该书中，“路线”被定义为“政党在一定历史阶段为实现其纲领和目标所规定的根本途径和行动方针”，“方针”被定义为“一个政党或国家在一定历史阶段内为实现一定目标和完成一定任务而确定的工作指导原则”，“政策”则被定义为“一个政党或国家在一定历史时期内为实现一定任务而规定的行动准则和依据”。简言之，“路线是方针”，“方针是原则”，“政策也是原则”，它们的含义是相近的。当人们并列提及路线、方针、政策时，这三个概念在层次上稍微有一些差别，“路线”是指高层次的广义政策，即总政策；“方针”是指高层次的狭义政策，即基本政策；“政策”指的是具体政策，是路线、方针的具体化，这是政策的狭义概念。具体政策必须以总政策、基本政策（路线、方针）为依据，它们同属于一个范畴，共同表现了政策集合内的层次关系。在实际的运用中，哪些叫方针、哪些叫政策，并没有严格的界限。大的政策原则常被叫作方针，如“双百”方针，有的既可叫政策也可叫方针，如“对外开放”。在一般情况下，可以把路线、方针和政策统称为政策，这时政策是一个广义的概念，它包括总政策、基本政策和各种具体政策。

从上述的讨论中也可以看出，关于政策有多种定义方法。一般来说，一个完整的政策必须包含目标、原则、任务、方式、步骤和措施等几方面的内容，按照这个标准，我们这里借用《中国大百科全书》中对本书中所指的政策进行定义：政策一般是指国家政权机关、政党组织和其他社会政治集团为了实现自己所代表的阶级、阶层的利益与意志，以权威形式标准化地规定在一定的历史时期内，应该达到的奋斗目标、遵循的行动原则、完成的明确任务、实行的工作方式、采取的一般步骤和具体措施。

政策的实质是主体化、实践化反映。政策和法律的关系是：第一，政策指导法律的制定和实施。首先，法律是政策的具体化、条文化，任何一项法律都要体现政策，如基本法律要体现党和国家的基本政策；其次，法律一般比较稳定，制定与修改的程序比较复杂，政策则比较及时灵活，因此在实施法律时，仍需因时、因地制宜地参照有关的政策，进行综合分析处理。

第二，法律对政策有制约作用。国家的宪法和法律，是执政党和国家意志的统一，是国家权力的最高体现。执政党和任何政治团体的活动必须在宪法和法律的范围内进行，任何政策的制定都不能与宪法和法律相违背，而要与宪法和法律的规定相符合。

第三，政策和法律是可以互相转化、互相补充的。政策和法律是辩证统一的关系，二者相辅相成，可以互相转化。政策和法律相比，法律的执行更严肃。在一定条件下，政策可以具体化为法律，以促进政策的完善和执行；在另一些情况下，法律条文可以转化为政策，以促进法律的严格实施。

二、中国媒体政策法规体系

根据中国国情和立法工作的实际情况，中国媒体管理的政策法规体系一般由法律、政策和法规组成，共同作为媒体依法管理的法律保障。其中政策和法规能够及时调整以适应新的历史情况，是媒体管理工作的重要依据。

中国不同媒体的行政主管部门实现了整合。过去，广播电视由国家广播电影电视总局和各省广播电视厅（局）进行管理，报刊则由国家新闻出版总署和各省新闻出版局管理。现在，国家广播电影电视总局和国家新闻出版总署合并，相关法律法规也将进一步整合。

中国各类媒体管理的法律依据，从广义上说，泛指国家机关依法定的权限和程序而制定和发布的各种规范性文件。在现阶段，它包括这样几个层次：

（1）全国人大制定的宪法中有关媒体工作方面的条款。如《宪法》第二十二条规定："国家发展为人们服务、为社会主义服务的文学艺术事业、新闻广播电视事业、出版发行事业、图书馆博物馆文化馆和其他文化事业，开展群众性的文化活动。"

（2）民法、刑法、全国人民代表大会组织法、新闻法、版权法、出版法等基本法中有关媒体工作的条款。例如，《刑法》中关于煽动分裂国家罪、煽动颠覆国家政权罪、煽动民族仇恨罪、煽动群众抗拒法律实施罪的刑事制裁规定，同样适用于媒体工作。

（3）按照法律规定，国务院制定的有关媒体管理工作方面的行政法规，如《广播电视管理条例》、《电影管理条例》、《出版管理条例》。

（4）省、直辖市人大或它的常务委员会制定的有关媒体方面的地方性法规。如《山西省广播电视管理条例》（1995年），就是在以上几种法律基础上制定的针对山西省广播电视管理的地方性法规。

（5）民族自治地方人大依据当地民族、经济和文化的特点制定的有关媒体方面的单行条例。

（6）依据法律和国务院的行政法规，各媒体的对口管理部门在法定的职权范围内制定的部门规章。

（7）根据法律和国务院的行政法规，省、直辖市人民政府在法定的职权范围内制定的有关媒体方面的地方性规章。

所有这些法律、行政法规、地方性法规和行政规章等，以宪法为准绳，并力求统一协调和相互配套，构成了一个多层次的、相互关联的、合理有序的媒体政策法规体系。

除此之外，中国媒体政策法规体系还包括中国政府已签署的国际公约和国际惯例中有关媒体工作活动的内容，例如，中国已于1992年加入《世界版权公约》和《伯尼尔保护文学艺术作品公约》；2001年中国与WTO正式签署入世协议，中国的媒体工作也必须遵循协议中的《知识产权协定》。

三、中国媒体的相关法律规定

中国针对媒体管理的专门的法律虽然很少，但是其他法律部门的一些法律之中也有涉及媒体问题的，这些法律是媒体管理活动必须遵循的法律规范。

1. 二为方针

《宪法》第二十二条规定：“国家发展为人民服务、为社会主义服务的文学艺术事业、新闻广播电视事业、出版发行事业、图书馆博物馆文化馆和其他文化事业，开展群众性的文化活动。”这是中国媒体活动的根本指针，也是媒体管理的根本法律依据。

2. 维护国家安全

《宪法》第五十四条规定：“中华人民共和国公民有维护祖国的安全、荣誉和利益的义务，不得有危害祖国的安全、荣誉和利益的行为”。第五十二条规定：“中华人民共和国公民有维护国家统一和全国各民族团结的义务。”

3. 禁止危害国家安全的言论

（1）煽动分裂国家罪

《刑法》第一百零三条在第一款规定了“组织、策划、实施分裂国家、破坏国家统一”的罪行，这种犯罪行为的主要表现就是公然散布煽动分裂国家、破坏国家统一的言论，如煽动中国国内某民族、某地区、某部分领土脱离祖国而“独立”，煽动破坏两岸统一大业，鼓吹“两个中国”、“一中一台”、“一国两府”等。本罪属于行为犯，行为人只要实施了煽动性的宣传鼓动，就构成本罪既遂，而不必问其反动宣传煽动效果如何，是否有人接受其宣传煽动实施分裂国家的行为。

（2）煽动颠覆国家政权罪

《刑法》第一百零五条规定：“以造谣、诽谤或者其他方式煽动颠覆国家政权、推翻社会主义制度的，处五年以下有期徒刑、拘役、管制或者剥夺政治权利；首要分子或者罪行重大的，处五年以上有期徒刑。” 本罪的客观方面要件为实施了下列任意一种或多种行为：其一，以造谣的方式煽动他人进行颠覆国家政权、推翻社会主义制度的活动，所谓造谣即凭空捏造中国人民民主专政政权和社会主义社会的所谓“劣迹”、“阴暗面”，以鼓动人们的不满和仇视。其二，以诽谤的方式煽动他人进行颠覆国家政权、推翻社会主义制度的活动，诽谤是捏造事实贬损他人声誉的行为，诽谤与造谣的区别在于诽谤是有特定指向的，既可以是诽谤个人，如诽谤党和国家的领导人，也可以是诽谤特定组织，如诽谤中国共产党、诽谤政府，而造谣则没有特定指向。其三，以其他方式，比如散发标语、口号等，煽动他人进行颠覆国家政权、推翻社会主义制度的活动。与煽动分裂国家罪一样，本罪也属行为犯。

（3）煽动民族仇恨、民族歧视罪

《刑法》第二百四十九条规定：“煽动民族仇恨、民族歧视，情节严重的，处三年以下有期徒刑、拘役、管制或者剥夺政治权利；情节特别严重的，处三年以上十年以下有期徒刑。”本罪的侵犯客体是中国各民族之间的团结友好关系。如果后果严重，发生民族分裂，当然也会危及国家安全。本罪的客观行为是以语言、文字等方式挑拨离间不同民族之间的关系。

4. 保守国家秘密

《保守国家秘密法》第二十条规定：“报刊、书籍、地图、图文资料、声像制品的出版和发行以及广播节目、电视节目、电影的制作和播放，应当遵守有关保密规定，不得泄漏国家秘密。”

5. 维护社会正常秩序

（1）禁止传播淫秽、色情内容。《刑法》规定，制作、复制、出版、贩卖、传播、组织播放淫秽物品等行为，都构成犯罪。《刑法》对“淫秽物品”的定义是：“本法所称淫秽物品，是指具体描写性行为或者露骨宣扬色情的淫秽性的书刊、影片、录像带、录音带、图片及其他淫秽物品。有关人体生理、医学知识的科学著作不是淫秽物品。含有色情内容的有艺术价值的文学、艺术作品不视为淫秽物品。”

（2）禁止危害未成年人身心健康。《未成年人保护法》第二十五条规定：“严禁任何组织和个人向未成年人出售、出租或者以其他方式传播淫秽、暴力、凶杀、恐怖等毒害未成年人的图书、报刊、音像制品。”

《预防未成年人犯罪法》第三十条规定：“以未成年人为对象的出版物，不得含有诱发未成年人违法犯罪的内容，不得含有渲染暴力、色情、赌博、恐怖活动等危害未成年人身心健康的内容。”第三十二条规定：“广播、电影、电视、戏剧节目，不得有渲染暴力、色情、赌博、恐怖活动等危害未成年人身心健康的内容。”

6. 保障公民、法人的合法权益

（1）侵害名誉权。《中华人民共和国宪法》和其他法律都有关于名誉权受法律保护的规定。《宪法》规定：“中华人民共和国公民的人格尊严不受侵犯。禁止用任何方法对公民进行侮辱、诽谤和诬告陷害。”《中华人民共和国民法通则》规定：“公民、法人享有名誉权，公民的人格尊严受法律保护，禁止用侮辱、诽谤等方式损害公民、法人的名誉。”“公民、法人享有荣誉权，禁止非法剥夺公民、法人的荣誉称号。”

媒体侵害名誉权主要表现为四种形式：一是报道内容无中生有，凭空捏造，造谣中伤他人；二是采访时偏听偏信，未找被报道人核对情况以至于报道的主要事实失实；三是报道内容真实，但使用了侮辱性的语言诽谤他人名誉；四是评论失当，意见与事实区分不清，把意见混同于事实。

（2）侵害肖像权。《民法通则》第一百条规定：“未经本人同意，不得以营利为目的使用公民的肖像。”依照侵害肖像权的两个条件，即未经本人同意而使用肖像和这种使用具有营利目的，凡不同时具备这两个条件的任何一种使用肖像行为都不构成肖像侵害行为，但如为了国家利益和社会公共利益或为了公民自身利益而必须使用公民肖像权的，肖像权人不得以侵权为由提出诉讼请求。

影视作品几乎都会出现公民肖像，在广告中使用肖像是以营利为目的，一般都要同肖像人签订合同。但节目制作走向产业化后，除新闻报道中出现公民肖像是公共利益使用之外，其他所有节目出现完整的可以辨认的公民肖像，原则上都应征得肖像权人同意。

7. 维护正常的市场秩序

《刑法》第二百二十二条规定：“广告主、广告经营者、广告发布者违反国家规定，利用广告对商品或服务作虚假宣传，情节严重的，处2年以下有期徒刑或拘役，并处或者单处罚金。”这是为维护市场秩序而做的保障。

8. 维护社会管理

《刑法》第二百八十八条规定：“违反国家规定，擅自设置、使用无线电台（站）；或者擅自占用频率，经责令停止使用后拒不停止使用，干扰无线电通讯正常进行，造成严重后果的，处3年以下有期徒刑、拘役或者管制，并处或者单处罚金。”

9. 著作权的保障

对于媒体工作者来说，他们的劳动成果就是以文字、声音或图像形式存在的作品。因此，著作权是和媒体联系最为紧密的权利之一。在现实生活中，媒体从业者经常会和他人发生著作权纠纷，有的是因为在制作自己的节目或开展其他方面工作时侵犯了他人的著作权，有的是别人在使用自己的作品时侵犯了自己的著作权。为防止这两方面问题的发生，要求媒体工作者必须遵循《著作权法》、《著作权法实施条例》以及其他有关法律、法规的规定，不侵犯其他人的著作权，同时依法保障自己的著作权。

四、中国媒体违反政策法规的现象和应对方法

近20年来，中国媒体管理部门十分重视立法工作，媒体政策法规建设已取得了很大成绩，媒体管理正逐步走上法制化、民主化的轨道。从形式上看，中国媒体政策法规具有法律、政策、法规并存的特点。

长期以来，中国的新闻宣传工作主要是靠党的政策加以规范和调整的，党委及宣传部门不仅直接实施对新闻媒体的政治领导，而且代表政府管理部门的行政管理职权。党在领导和管理新闻宣传工作中作出过大量的指示、决定等，形成了完整的新闻宣传政策。改革开放以来，中国的媒体工作发生了根本性的变化，超越了过去单纯的党的宣传工具的范围，成为广大人民群众社会文化生活的重要内容，以法律规范媒体活动提上了议事日程。在中国目前现行的一些法律规范中，有许多规定正是由各种政策上升而来的。但在今后相当长的一段时间内，党的政策仍是十分重要和不容忽视的。有时是当政策在实践中检验成熟后，再立法。在中国媒体工作法律未完善之前，党的政策是一个主要的执行依据。

同时，完备的立法需要较长的时间周期，而媒体事业的发展日新月异，不断出现新情况、新问题。制定周期短、灵活多样的法规和规章则可以较快出台以调整各种情况，形成了对法律的非常必要的补充。

从另一个方面看，中国媒体政策法规建设虽然目前已经取得了很大的成绩，但和

法制建设的总体要求相比，还存在着一定的差距，主要体现在：

1. 内容不完备

虽然媒体管理的法律法规建设已经取得了很大的成绩，但是和其他部门相比，仍然较少。在媒体管理的各种关系没有充分发育成熟，很多事物处于发展状态的时期，现有媒体管理的政策法规是不完备的。一些重要的、急需的法律、法规还没有制定出来，一些该修订的法规也没有及时修订。除此之外，各类媒体管理中至今没有专门制定的法律，很多管理工作还习惯性地靠命令、指示来完成，这是形式上的不完备，更多的是体现在内容上的不完备。

中国《宪法》中对媒体工作的很多环节都有规定，包括新闻宣传的方针、公民的言论出版自由、维护国家安全、禁止淫秽色情的内容等。按照中国现行制度，宪法与专门法律是不同的。宪法虽然具有最高的法律权威和最高的法律效力，但它只是专门立法的法律基础，不能代替专门立法。宪法规定的权利要通过专门立法来具体化，只有这样，这些权利才成为可操作的权利。在中国媒体方面的很多事务是依靠法规性文件去管理，但由于法规性文件只是行政部门领导和管理各项行政工作的规范性文件，它调整的是国家行政部门和媒体部门及媒体工作者之间的管理与被管理关系，难以在宏观的范围内就保障公民权利、制裁公民违规行为作出规定，即使是规定了，行政部门也没有去执行的权力，因此很难操作。

2. 政策的不稳定

对属于文化领域的媒体来说，超前立法的难度是相当大的。立法本身又需要一定的时间周期，而各种媒体在现实环境的发展变化很快，所以很多法规出台后不能有效地发挥功效，甚至有些法规一出台，很快就表现出了滞后性，就需要不断进行调整，制定新的法规。

3. 各类政策法规不协调

从目前的情况看，有些法规之间还存在着许多不协调、不衔接甚至互相矛盾的现象。法规的编纂、修订、清理、废除工作还没有形成经常化、制度化。例如，2000年颁布的目前仍在使用的《电视剧管理规定》（原国家广电总局令第2号）中关于进口电视剧的播出规定是“电视台每天所播出的每套节目中，进口电视剧不得超过电视剧总播出时间的25%，其中黄金时间（18时至22时）不得超过15%”。而在2004年9月23日广电总局颁布的第42号令《境外电视节目引进、播出管理规定》中，关于境外引进剧的规定变为“各电视频道每天播出的境外影视剧，不得超过该频道当天影视剧总播出时间的25%；每天播出的其他境外电视节目，不得超过该频道当天总播出时间的15%。

未经广电总局批准，不得在黄金时段（19:00—22:00）播出境外影视剧”。但《电视剧管理》目前仍未废止或调整，两个法规文件并用。1997年颁布的行政法规《广播电视管理条例》中的内容也随着广播电视事业的发展显现出很大的滞后性，原国家广电总局随后颁布的一些法规其实已经与其有较大的不同，《广播电视管理条例》亟须修订，但由于立法程序的复杂，它仍在使用，这种现象使得媒体管理工作非常被动，管理者和相关行业工作者只能依靠法律的颁布时间判断该如何操作，这对于媒体管理的有序化是有害的。

4. 各类媒体间的不平衡

从媒体管理业务来看，广播、电视、电影、音像、出版等的发展是不平衡的，现行的法律、法规和规章在不同领域也是不平衡的。有的有行政法规，有的只有部门规章，有的领域法规多些，有的少些，有的还是空白。在较长时期内，这种法律法规在不同部门间的不平衡现象仍会存在。当然，随着经济体制改革和政治体制改革的不断深化，这种状况会很快得到改变。

中国媒体政策法规的上述不足，决定了媒体法制建设的努力方向。首先是立法，使各项管理工作都有法可依；其次是规范，只有管理法规的规范化，依法管理才能规范化，如果不同法规之间相互矛盾，势必出现有法不依的情况，管理的随意性就会增加。

第三节　中国媒体管理的法规化建设研究

随着中国民主与法制建设的不断推进，管理部门逐渐确立了依法管理、依法行政的观念，相关部门也加快制定媒体管理的各项法规，基本上已经形成了一个相对完整的法律法规体系，使中国媒体依法管理进入了一个全新的阶段。但在媒体产业化发展的初级阶段，对产业部分的市场规范管理是需要一个过程的，在具体实施过程中还存在一些不尽如人意的地方，有些单位存在侥幸心理，出现了一些打“擦边球”的现象。这些现象一方面反映了当前媒体法规贯彻执行的力度不够，另一方面也反映出目前法律法规体系不完备、法规效力低的问题。

一、问题分析

1. 主要违规问题

近几年来，在广播电视领域发生的主要违规问题表现在以下几个方面：

（1）非法侵占播出机构资源：包括擅自增设播出机构或频道（率），系统外建网设台，播出机构出租、转让时段、频道的问题。这些问题在县、乡镇一级的地区发生得较多。

（2）违规播出节目：播出未经审查的引进节目，黄金时间播出引进剧，播出节目有重大导向问题和地方台不按规定转播中央台节目等问题。

（3）电视节目违规在海外发行：如一些电视剧在未经国家主管部门审查通过、未取得《电视剧发行许可证》的情况下，就已先期在境外媒体播出。

（4）违规播出广告：插播时间和次数未按规定，广告内容违规等。

电影的违规主要集中在一些电影还未审查通过就擅自洗印拷贝、在境外公映；一些合拍、协拍影片尚未通过电影审查委员会审查，就送到国外的电影节去参赛、参展等方面。

报刊的主要违规问题表现在：一些报刊为了经济利益，片面追求市场“卖点”，严重偏离原来的业务范围和办报宗旨；一些报刊为迎合低级趣味，刊登格调低下、凶杀暴力的作品，有的热衷于传播小道消息和谣言，负面报道过多，内容低级庸俗；还有的刊登虚假新闻，对自由来稿不严格把关，只凭道听途说，乱登乱转，毫不负责，导致虚假新闻屡有发生；一些报刊擅自增加主办、协办和合作单位，甚至将部分或全部出版权承包给其他单位和个人；有的报刊违背报刊出版管理规定，利用改变刊期或扩版，进行一号多报、一号多刊、一号多版等违规出版，以专版、专刊名称作报头，变相出版新的报纸；有的报刊社为了部门经济利益，出让、出卖版面或刊号，把报刊的部分版面甚至整个报刊的出版权出卖给个人或其他单位，致使少数报刊成为某些人敛财或宣扬错误观点的工具；一些报刊过分追求经济利益，刊发不良虚假欺骗广告，等等。

互联网领域典型的违规事例主要集中在版权问题，淫秽色情内容泛滥问题，一些非法网站借助网络进行赌博、诈骗、开设黑网吧进行非法经营，等等。互联网是新生事物，由于它的传播往往超越了区域和国界，管理涉及的领域十分复杂，在世界其他国家也是媒体管理中的难题。

2. 主要处理方法

就目前对各类违规事件处理情况来看，存在效率低、处理程度轻等问题。中国的媒体管理是行业归口管理。这种层级的管理体制使得有些问题的处理程序比较复杂。例如，对于群众举报的一般性问题，接受举报的管理部门会逐级下达查处任务，直到最直接管理层对举报情况进行核实；然后逐级上报处理意见，经层层批示后最终逐级去执行处理决定。对一些跨几个管理部门的事件，这些部门需要协调一致，联合处理，对处理结果研究的时间也会比较长。而对于重大问题，最上级管理部门会直接派工作组，联合当地管理部门共同查处。这些做法使得对很多违规事件的处理周期较长，花费的人力也比较多，有的时候因人力资源不足，一些问题得不到及时的处理。

就目前对一些违规事件的处理结果来看，行政手段（党纪、政纪处分、罚款、通报批评、警告等）多于法律手段。在媒体行业巨大的经济盈利潜力的诱惑下，上述种种的处理都显得较轻，当违规的成本和代价远不及非法收益时，受利益驱使的单位和个人就会铤而走险，各种违规事件就可能会不断发生。

3. 违规原因分析

从违法者方面，主要有以下几方面的原因：

（1）法制意识淡薄

由于历史文化的原因，中国国民的法制意识普遍较为淡薄，尤其是文化程度偏低的群众更加明显。纵观在媒体领域公民个人的违法行为，例如私自开办电视台等，大部分的违法者都存在法律意识淡薄，法律知识贫乏，有的并没有意识到自身的违法性质，而实际上已经构成了比较严重的违法。

（2）违法成本低

以最小的成本获取最大的收益，是各种经济活动的基本法则，因此，对于一些单位和个人，趋利的动机就会因成本预估的高低而决定是否实施违法行为。

对于媒体领域的违法事件来说，违法成本低以及投机趋利心理可能是最主要的原因。这其中有多方面的因素，首先媒体管理行政部门没有强制性的执法手段，多数情况下只能通过行政手段解决，如罚款（额度比较小）、警告等，这种处罚力度与违法者的非法利益相比无关痛痒，几乎没有任何成本。没有受到法律的惩处，自然把违法行为当成儿戏，所以才会出现屡禁不止，执法人员前脚离开，后脚又接着开工的现象。

而对于执法人员来说，执法成本要高得多，人力、物力上的消耗往往成为他们执法持久性的限制因素。

（3）存在需求的空缺

需求空缺的主要表现是私自安装卫星接收设备接收境外电视节目这类的违规事件。随着人们生活水平的提高，精神产品的消费要求也在逐渐提高。而中国目前的电视节目存在类型雷同、制作质量不高、插播广告数量较多等客观情况，由于这种需求的空缺、投机心理的驱使以及非法制造和安装卫星电视接收设备的公司吹嘘和宣传，使得私自安装卫星接收境外电视节目的违规事件时有发生，又由于这类事件量大而分散，加大了执法的难度，而且执法人员缺乏充分有力的惩罚依据，造成处罚力度较轻，这些因素相互影响，使得这种违法事件不断出现。

从管理部门方面来分析，也有以下几方面的原因：

（1）立法环节

在民主社会，由立法机关立法，行政机关执法，是民主最基本的要求和体现。虽然目前中国行政主管部门在媒体管理领域制定了大量的行政法规、规章和规范性文件，但几乎没有专门的效率高的法律，绝大多数文化领域还缺少法律规范，目前这些缺项主要是由国家行政机关的行政法规、规章甚至规范性文件来填补的。这种状况与民主政治的要求相悖。而且，行政机关的规章和规范性文件制定程序简略，缺乏公开性、民主性，某些带有部门利益色彩，致使规章之间存在矛盾和冲突。

（2）执法环节

行政执法是中国法治建设主要的内容和环节之一。依法行政、建设法治国家是党和国家的一个重大战略决策和非常切合实际的治国方略，也是当前和今后相当长一段时期的奋斗目标。改革开放以来，中国在规范和改进行政执法方面取得了很大成绩。但与社会预期相比，与推进依法行政、建设法治政府的要求相比，行政执法的现状仍然不容乐观，一些深层次矛盾和问题尚未从根本上消除。

首先，法是带有强制性的行为规范，而作为主管各类媒体的职能部门不具备强制性手段的权力，因此在执法过程中，往往需要同公安、司法、工商、税务、海关等具有国家强制性权力的单位配合，实行联合执法。但这又取决于违法事件本身是否违反一般的法律条文，否则联合执法也师出无名。例如，《广播电视设施保护条例》是一项行政规章，广播电视行政管理部门可以根据其对各种广播电视设施管理实行组织、指导、监督和协调工作，而如果出现在该领域的违法行为，就需要司法机关依法按照破坏、盗窃等违法性质进行惩治，当然这需要媒体管理部门主动和当地的党委、政府、司法机关去协调，媒体管理部门不具备单独惩处违法者的权力。

其次，作为政府的职能部门，不论在纵向还是在横向都应当为实现政府的管理目标而共同努力、相互配合与支持。而现实中却并非完全如此，执法不协调和冲突已经成为一个严重影响行政效能和政府形象的突出问题。一是部门间的执法冲突。主要表现在涉及多个部门共同或交叉管理的领域，而这些部门之间缺乏充分的沟通，执法权限缺乏明确的分工，客观上造成管理上的混乱和漏洞。二是上下级执法部门的执法冲突。一些上下级执法部门之间职责没有明确的界定。

（3）违法惩罚环节

违法惩罚环节与前两个环节密切相联。由于缺乏详细的惩罚依据，当出现管理环节的违法后，最多也就是“纠正”、“整改”，力度太低，达不到惩罚的目的。

二、媒体法制化建设的要求

针对上述问题及原因的分析，我们认为，中国媒体法制化建设应该从几个针对性的方面展开。

1．加强立法，重在建设

随着改革的深入及传媒产业的发展，特别是入世以来中国媒体管理的法律法规建设已初见成效，但是与其他行业相比，媒体管理的法律法规建设相对滞后，立法的空白点较多。在媒体管理的各种待调整的法律关系没有充分发育成熟、很多事物处于发展状态的时期，现有媒体管理的政策法规建设的完备还需要一定的时间。一些重要的、急需的法律、法规还没有制订出来，一些该修订的法规还有待于修订与完善。除此之外，各类媒体管理中至今没有专门的人大常委会制定的法律，很多管理工作还习惯性地依靠命令、指示来完成。

（1）加强立法的紧迫性

加强媒体政策法规的贯彻执行，当务之急就是解决“有法可依”的问题。这种“急需”表现在以下几个方面：

◆经济方面的原因

首先，媒体已成为国家的一个特殊产业，通过立法的方式确立媒体主体灵活的所有制形式，以吸引民间、外国资金，在资金、税收等方面予以扶持，以壮大媒体产业，这已是许多国家，特别是一些发达国家的成功经验。

其次就中国情况而言，加入WTO后，一方面应通过立法与WTO的规则相协调，而更为重要的一方面是，中国与发达国家的媒体产业相比，在资金、技术、经验等方面处于明显的劣势，因而面临“文化侵略”的危险。在不违反WTO规则的前提下，以立法的方式保护中国的文化产业发展，抵御外国资本的冲击，显得十分重要。

◆技术方面的原因

以立法方式管理媒体事业和媒体产业，还有技术方面的原因。随着现代技术手段的逐渐普及，一些以前属于高精尖的技术现在已经被广泛使用。这些技术手段既可为国家发展媒体事业和媒体产业服务，同时也可能成为不法分子违背政策法规进行扰乱媒体市场活动的工具。因此，随着现代科技的快速发展，媒体管理要基于各种技术的发展变化情况及时做出调整，加强立法，而且要使立法具有必要的前瞻性，对各种可能出现的违法行为防患于未然。

◆国家治理方式转变方面的原因

依法治国是社会主义市场经济发展的前提。但由于受长期计划经济的影响，媒体产业缺乏引导产业发展的相关内容；大多管理规定是以政府管理部门为中心制定的，较少考虑被管理者的状况；限制性和禁止性的规定较多，保障性、促进性的规定较少；重事前审批，轻事后监管；重微观把握，轻宏观调控；重管理，轻服务；重直接干预，轻间接调节。这种状况显然与中国国家治理方式的转变不相适应，也不适应中国媒体产业改革发展的新形势。

（2）加强立法应注意的问题

◆要处理好的关系

在进行媒体管理立法时，应注意处理好以下关系：

第一，制定法律与修改法律的关系。随着科技的发展和媒体领域内新技术的日新月异，媒体管理不断面临新的情况和课题，例如，中国正在大力推行有线电视数字化，并大力发展地面数字电视和卫星直播数字电视业务。随着这些技术的不断进步，媒体领域的新业务也在不断出现。为了适应现实的需要，在加强立法的同时，也应注重对已经制定的法律及时修改和完善，使其能够适应新情况，解决新问题，对出现新的媒体业务产生促进和保障作用。其他国家在立法时也特别注意立法的前瞻性和不同位阶法律的衔接。

第二，立法的社会效益与经济效益并重的关系。中国过去的媒体管理立法中过多地关注立法的社会效益，没有把媒体作为一种产业来对待，也没有注意立法在推动媒体产业发展方面的作用。从发达国家的情况看，媒体产业在其国民生产中占据着重要的地位，媒体管理立法在推动国家的媒体产业发展方面也起着重要作用。今后，中国媒体管理立法时应当改变观念，在注重立法的社会效益的同时，也应关注立法的经济效益，全面促进中国媒体事业的发展。

第三，代表立法与专家参与的关系。媒体管理领域的立法任务十分繁重，专业性也较强。目前，中国在媒体管理方面的立法力量还比较薄弱，不能适应媒体管理立法的需要。在加强全国人大立法力量的同时，应广泛吸收相关行业的专家参与立法，使媒体管理的立法更加科学化、专业化，增加媒体管理法律的实效性和法律效力。

第四，立法与司法实践的关系。媒体管理立法调整的对象通常与人们的精神生活密切相关，较为复杂多变。因而在立法中明确规范某些事项时，可适当为司法机关创造性地适用该法预留一定的空间，以更有效地调整媒体管理的法律关系。

第五，法律规范与非法律规范的关系。媒体的许多方面没有必要事事立法，某些领域可以通过行业自律、市场、道德或习俗等非法律的手段来予以调整。立法是有成本的，是否在某一方面进行立法，要看立法的收益是否超过立法成本，要看是否以其他规范来调整更合适、更经济。

第六，立法确认与媒体管理体制改革的关系。立法既是对现行社会关系的确认，又是对现行社会关系的重组。我们在进行媒体管理立法的同时，应积极主动地研究媒体管理体制改革方面的问题，如所有制结构、管理体制等，为媒体立法提供理论支持。

◆借鉴国外经验

媒体技术的发展是瞬息万变的，由此带来的业务发展也是多变的，相对于立法过程的严谨和复杂，媒体领域的立法常常表现出滞后性，使得有的法规颁布不久就得废止。

这里我们可以来看一下美国是如何解决这类问题的。如1976年，美国的版权法以广播电视为中心来界定版权保护，一部作品被固着在任何有形的介质之上，无论这种介质是现在已存在的或是“将来发展出来”的，都获得版权保护。这种方式等于是预先对信息社会的革新也进行了立法。所以对通过计算机传播信息的版权问题，虽然法案中找不出任何一处提到计算机，然而该法案包含了在未来社会中所有传播方式中的任何一种方式。

这种广泛授予权利的方式，以使其能随着时代的发展适用于任何新的媒介形式的做法，在中国的媒体立法实践中是可以借鉴的。

总之，减少媒体领域的违法违规行为，最核心的问题就是有法可依。需要在充分调研的基础上，统筹兼顾各方面的利弊，尽快设立各管理领域的部门法律，同时做好法律解释以及法规的配套工作，力求形成一个具有不同名称、不同法律位阶和效力的、严密统一的、多层次的法律法规体系。各种法律形式必须上下协调，互相配合。

同时应重在提高立法质量，不可盲目追求数量，不能把立法数量作为衡量政绩的标准。所谓立法质量，归根到底，在于法律规范能够反映客观规律，具有科学性、合理性，并且具有可操作性，能够解决实际问题。

我们很欣喜地看到，目前在媒体管理领域，《广播电视传输保障法》、《电影促进法》已经进入了起草制定阶段，不久的将来媒体领域的部门大法就可以面世，从法律维度来约束相关的活动，从而使媒体管理真正走上依法管理的道路。

2. 加强执法，严格监督

社会主义法制建设的基本原则是：有法可依、有法必依、执法必严、违法必究。“有法可依”是首要的，但当法制逐渐健全，有法可依具备一定条件时，“执法必严”也就成了法制工作的中心环节。

（1）执法主体的转变

在媒体管理各级行政部门执法过程中，常常可能存在执法环节的随意性和人为性。随着法律的逐渐完善，应主要通过法律手段而不是行政手段来调整媒体产业的发展秩序。执法主体应从媒体管理部门过渡到执法部门，适用于通过已制定的法律或民事诉讼法、刑事诉讼法等法律去解决和调整的，就不依靠行政手段处理。

（2）加快行政体制改革

国务院依法行政实施纲要已经提出了行政体制改革的方向和目标，但在行政体制改革实践中，如何科学稳妥地推进各项措施，保证改革不流于形式，是需要认真思考和研究的问题。在改革过程中，必须遵循科学原则，另外还要注意立法的保障作用，这样才有利于行政体制改革目标的实现，也必将会增强行政执法的效果。

（3）强化行政执法监督

责任是法律的生命，也是政府管理的核心。在当前体制转轨和社会转型的重要历史关头，要将政府责任真正落到实处，有效地规范行政执法活动，最有效的措施就是加强监督。针对中国现行行政监督存在的问题，必须要完善监督机制、强化执法监督，同时也必须要注意监督机制的权威性。

3. 建立违法预警机制

违法预警机制是“违法必究”的前提和要求，是违法违规事件反馈到执法部门或管理部门的重要途径。现阶段中国媒体管理是立法与行业自律相结合，其中以行业自律为主，即“民不举，官不究”。在建立公开、公平、公正、和谐的法制社会前提下，建立流畅的信息反馈和预警机制十分必要，可以从如下几个方面开展工作：

（1）加强媒体法规的宣传

媒体政策法规和其他领域的法律一样，同样关系着人民群众的生产和生活。因此，在一项政策、法律、法规制定之后，要及时借助有效途径向群众说明讲解，加强他们的法制意识和普及常识性的知识。只有群众了解了相关的管理规定后，才能辨别什么是违法行为、什么是正常的经营行为，这样做有助于群众自律，在法律的威慑下减少违法行为的发生。另一方面也会激励群众举报社会上的违法行为。在宣传手段上，要积极探索行之有效的宣传技巧和手段。比如要有针对性，根据宣传对象的情况和要求宣传相应的内容；宣传要用事实说话，注重群众的能动性，避免说教，但要有引导；重视具体问题和矛盾的解决，等等。

在其他法律的宣传普及活动中，各种媒体充当了重要的角色。在对媒体法规自身的宣传中，可以更方便地借助媒体这个有效的大众传播工具，以专栏、特刊、评论等形式展开。

（2）借助先进技术手段进行监管

目前，违规事件的线索来源主要依靠群众的自发举报，随意性很强，因此往往会遗漏大量的实际存在但群众未举报的违规事件，使媒体依法管理工作处在较为被动的局面。实际上，依靠群众举报不失为一个被许多管理领域普遍采用的、有效的信息反馈方式。但对于媒体这个特殊的行业，有时群众的自身利益和违规事件本身是相关的，对于有的违规行为，群众可能不愿意举报；还有部分群众可能缺乏足够的社会责任感或缺乏举报意识而不去举报，等等，这些因素导致了完全依靠群众自发举报的不稳定性。

随着科学技术的发展，一些最新的技术应及时应用于媒体管理活动中。对媒体的违规情况应借助最新技术手段开展日常性监管，例如对广播电视节目的监听、监看，对互联网内容的过滤，等等。

总之，通过全面的立法、严格的执法和有效的反馈机制，共同构建媒体管理法规建设与执行的良性循环，是加强媒体管理的有效方法。

总结

媒体组织必须遵守各级法律和规章。许多法规与媒体领域有关，还有一些与所有的商业活动有关。媒体管理者需要时刻注意这些法律和规章，如税法、劳动法、版权法等。中美两国的媒体规章、制度并不相同，我们需要掌握其各自的原则与特征。

下章概要

下章重点介绍了媒体从业人员的职业道德问题，重点讨论了媒体组织所应遵守的道德原则以及在实践过程中应当怎样应对和选择。

案例分析17.1　销售信息

美国有许多专门保护公民权利的联邦机构。在媒体行业，也有许多知名机构，如联邦通信委员会。

凯瑞·约翰逊过去7年一直为WNN（Wonld News Network—世界新闻网络）电视

公司工作。在这段时间，她掌管了公司最为盈利的几个部门。今年是很艰难的一年，凯瑞和其他客户主管被要求开发更多的创意活动，生成新的收入。到目前为止，他们的努力收效很小，但是实际上已经生成了一些额外收入。

凯瑞是公司最出名的客户主管，通过广告公司获得了很高的市场效果。她具有与广告推广公司合作的能力，而这些广告公司拥有大量的快餐店客户。当凯瑞收到广告商简的电子邮件时，她发现简要求加入附加的价值，例如免费促销，并保证新闻覆盖他们的新市场区域。

此时，简提出了“附加价值”的问题，凯瑞保证她会提供给广告商折扣，但是她无法保证新闻中包含广告的问题。简表示，如果无法做到，他们将不会购买广告。凯瑞对简表示，她会与上层进行协商。

凯瑞的领导了解了客户的请求，意识到电视台根本无法满足对方的要求。然而，销售主管多纳德认为，电视台需要维持这个客户，因此他给新闻主编打电话。多纳德并未提及广告问题，他只是提到了饭店开业的细节。新闻主编丹询问了开业的时间，以及是否具有新闻价值。销售主管解释说，这是这个地区10年来第一家开业的餐馆，可能会产生正面的新闻报道。丹同意了这则新闻报道。多纳德让凯瑞告诉客户这个消息。

凯瑞很激动，她告诉了广告商这个消息。简继续与凯瑞进行广告谈判，并提供了新闻报道的详细细节。包括现场直播车安放的地点、新餐馆管理者的名字等。这样，新闻报道人员很容易报道这个新闻。餐馆开业的那天，一个新闻记者到达了现场。记者手中拿着稿子并进行了现场拍摄，采访了当地的管理者，然后介绍了一些餐馆的食品。第二天，凯瑞获得了新闻报道的视频，发送给简。两周后，简与凯瑞签订了合同，告诉凯瑞合作很愉快，今后他们还会与WNN签订更多的广告协议。

1. 通过阅读这个故事，你能否看出哪些行为是违法的？如果看到了，请分析这些行为是非法的还是违反道德的。

2. 浏览http://www.fcc.org网站，获取更多与此案例相关的信息。

3. 如果你是凯瑞，你会怎样处理这个问题？

4. 如果其他媒体对WNN提出起诉，说明了什么？谁将为此负责？

5. 如果你是WNN的主管，面对起诉，你会做出怎样的回应？

6. 总结你的想法，确定电视台是否有权利报道商业新闻。

7. 管理者应怎样避免这类情况的发生？

第十八章
道德问题

如果没有道德，领导只能通过技术手段进行管理。

—— 詹姆斯·麦克格雷格·伯恩，《领导力》一书的作者

总是做正确的事，这将会对其他事产生正面影响。

——马克·吐温

>> 本章学习目标

→道德准则

→波特盒

→道德与实践

导　语

弗里多尼亚有三家电视台，你是排名第二的FMRX电视台的主管。你所在的电视台希望成为收视率第一的电视台，因而引入了地区第一个本地新闻/娱乐节目——《早安，弗里多尼亚》。增加员工和设备来制作90分钟的节目需要很大成本，在这个艰难的时刻，你希望这个节目能够至少持续2年。你的职业生涯与这个节目密切相关：如果这个节目没有获得盈利，你很有可能被公司高层开除。

你的广告主管说，他有办法使节目在9个月内盈利：每天，在节目中植入产品广告，当地的汽车经销商和饭店都是潜在客户，它们十分希望获得广告。

电视台的新闻主管讨厌这样的做法，他说，这样有悖于职业道德。新闻主管担心，有一天被电视台赞扬的饭店会出现卫生问题，这样会伤害电视台新闻部门的信用。

你会怎么做？

虽然这个故事是1933年的电影中的故事，但是这个案例与当前美国电视台管理者遇到的困境相似。许多决策并不是“是”或“否”的决策，而是十分复杂的决策。在日常工作过程中，管理者必须在信念和经济利益之间作出平衡。

更为复杂的问题在于，大多数媒体管理者相信媒体组织生产的内容具有内在社会价值，因此内容的实际价值大于其市场价值。这就意味着，管理媒体组织比管理百货商场的难度大得多，因为你的产品经常与产品的内在价值相关联，同时还与社会价值相关联。这些内在价值必须与经济利益进行平衡，因为组织只有通过盈利才能保证正常运转。大多数媒体组织都是媒体集团的一部分，有理论指出：“如果不降低某些人的效用，就不会提高其他人的效用。”这个理论为利益最大化提供了依据。霍斯默更加坦白地说：“利益最大化是管理领域唯一的道德标准。”

虽然《早安，弗里多尼亚》这个案例涉及金钱和工作，但是它最终是关于道德的选择。你必须选择，你是否用信用交换金钱以及交换的程度。道德的研究是特征研究，它会影响决策过程。道德与道德行为并不相同。道德来源于希腊语“特征”，它与观念相关；而道德行为来自于拉丁语“习俗”，它与行为相关。布莱克和布尼安特认为，道德是与思想相关的，道德行为是与行动相关的。道德涉及价值、意识、对错感知，它帮助我们确定应当怎样做事。

当考虑道德问题或是其他难以决策的问题时，首先我们应当考虑“人们的普遍看法”是什么。道德学家克里夫·克里斯蒂安长时间以来都在宣扬基于全球基本道德的“媒体道德”，这一理念来源于全球人类的共同想法。道德列表的首位是人类生活的不可侵犯性，他认为道德要求我们要尊重他人的尊严，并保持诚实，拒绝暴力。这些标准之间会发生冲突。比如，如果说出真相会损害他人的尊严，此时我们应当怎么办？这些价值观为我们提供了一个很好的开始，但是还不足以帮助我们进行日常的决策。

道德标准的统一是很难的事情，因为道德会受到国家和地区的文化标准的影响。通常的情况是，道德标准与传统或地域更加相关，而不是与全球性的道德相关。例如，在美国温暖的气候中，男人经常穿短裤，如果你在广告中看到穿短裤的男人，不能说明这则广告与短裤相关。

然而在西非一些国家，除了在运动会的摔跤和足球运动中，其他场合不许穿短裤。广告中如果出现穿短裤的男人，则会遭到反对，虽然当地的气候十分适合穿短裤。在全球范围内，没有统一的道德标准规定是否应当穿短裤，区域性文化的影响造成了人们观念的不同。很明显，道德与社会价值密切相关，这些价值随着社会的变化而变化。媒体组织的类型也会影响道德决策。例如，报道真人真事的新闻记者可能会丢掉工作，但是电影制作人员经常基于“现实故事”撰写电影。

两者描述的都是“事实”，但是传统的新闻记者承担着道德义务，而电影制作人员不需要考虑这个问题。

本章将会讨论道德问题，描述道德性决策的优势和劣势。但是我们不会给你确定的答案，因为道德问题没有确定的解决方法。人们能够做出不同的决策，而且可以证明决策的正确性。重要的是决策是在深思熟虑后做出的，而不仅仅是“头脑发热”的产物。本章将会讨论决策的流程，我们会帮你确定你的道德标准。并会引入一系列的系统方法指引你的思考，但是最终还是由你做出决策。

第一节　遵守法律

当面临道德问题时，我们的第一反应可能是聚焦于“法律准则”。对于大众媒体来说，法律是十分重要的。虽然《第一修正案》指出媒体拥有言论自由，但是法律制定者又制定出许多限制绝对言论自由的法律。侵犯他人隐私的言论可能会遭到罚款，许多联邦机构都限制商业演讲。色情刊物总体来讲是合法的，但是涉及儿童时又是不合法的。

因此，是否遵守法律无法说明是否符合道德，因为符合法律原则的内容可能是违反道德的。关于公众人物的不真实报道可能会被认为是言论自由，但是这则新闻是假新闻。

一般情况下，遵循规则可以获得社会的最大价值，因此遵守法律是十分合理的。然而事情也并不完全如此。种族隔离是20世纪60年代的美国法律，但是许多人认为种族隔离是不道德的。作为记者，你可能会挑战法庭，揭露事实；作为广告商，你可能会挑战法院判罚的罚款。这些情况十分罕见，大多数情况都是人们服从法律。

然而，仅仅是服从法律并不意味着你做出了符合道德的决策。道德不一定与法律相关，因为道德是定义可接受行为限制的共同观念。例如，联邦法禁止烟草广告在电视上播出，同时禁止其在学校1000英尺以内的广告牌上出现。法律认为，为了保护儿童，需要限制某些产品的广告。但是一些人也争论说，高糖和高热量的食品对儿童的健康也会产生危害，但是没有法律限制这类产品的广告。这就意味着巧克力厂商的广告可以充分接近儿童消费者。

事实上，这些食品公司在决策时不能仅仅参照法律。法律很少指导道德问题。在进行道德决策时，有必要考虑法律，但是这样做是不够的。毕竟，道德问题问的是

"我应该这样做吗？"而法律问题问的是"这样做合法吗？"让我们回想一下《早安，弗里多尼亚》的例子。没有法律明确规定禁止在新闻内容中加入广告。柏拉图曾经说过："好人不需要法律告诉他责任是什么，坏人在不停地寻找法律的空子。"

第二节　遵守道德准则

如果说法律对于我们做出道德决策帮助不大，那么道德准则呢？记者组织、广播公司组织、广告商组织等组织都出版了一系列的道德标准，描述了组织成员的最低道德要求，和最高道德要求。这些准则对新成员来说，是一个道德规范，对外界来说，是一个公关工具，即显示出组织内的成员会严肃对待道德问题。但是布莱克等人指出："最好的道德准则也存在局限，因为不能预知每种情况。"

回到《早安，弗里多尼亚》的例子，道德准则会帮助我们理解，不是每个人都能接受将新闻内容和广告内容混为一谈。美国社会杂志编辑委员会的道德准则要求编辑："保证广告内容和新闻内容之间明确的界限，这样广告不会受到影响，编辑的独立性也不会受到影响。"

广播电视新闻委员会的道德准则（2000版）规定："记者应当保证新闻的资助单位不应当控制或限制新闻内容。"职业记者协会规定："协会成员应当区别广告内容与新闻内容之间的界限。"但是，很多杂志混淆了这一界限，一些杂志甚至将封面销售给广告商。一些电视台也向广告商销售电视新闻报道的广告植入。

报纸、电视和杂志的管理组织都有各自的道德标准，虽然道德标准显示，模糊广告与新闻的边界是不道德的，但是这些道德标准无法阻止媒体销售广告植入。毕竟道德标准的遵守是自愿行为。媒体组织并不一定要加入协会，而且协会唯一能做的事就是将组织驱逐出该协会。在做出道德决策时，道德标准至多提供一些有限的帮助，当道德标准被破坏时，它无力做出其他回应。很明显，除了法律和道德标准之外，还需要其他与道德相关的方法来促进媒体组织做出正确决策。

第三节　基于道德的思考：引入"波特盒"

拉尔夫·本那杰·波特是一名长老会的牧师，1965—2003年，他在哈佛大学神学院担任教师。他的研究重点是描述核武器与基督教的关系，但是他发现自己无法得出确定的判断，因为“当人们在做出决策时，各种信念将会交织在一起。”

为了走出迷雾，波特将他的笔记分为四大主题，然后形成了一个模型——波特盒。当人们想要系统地考虑许多互相冲突的要素，最终做出决策时，波特盒可以提供很好的帮助。波特建议，决策制定者应当：

定义各个事实；

确定决策制定者的价值观念；

考虑道德哲学的道德原则；

平衡决策制定者的信念。

当制定决策时，波特盒（如图18-1所示）可以帮助决策制定者平衡以下四者的关系：当前利益、问题的事实、信念价值观和道德原则。

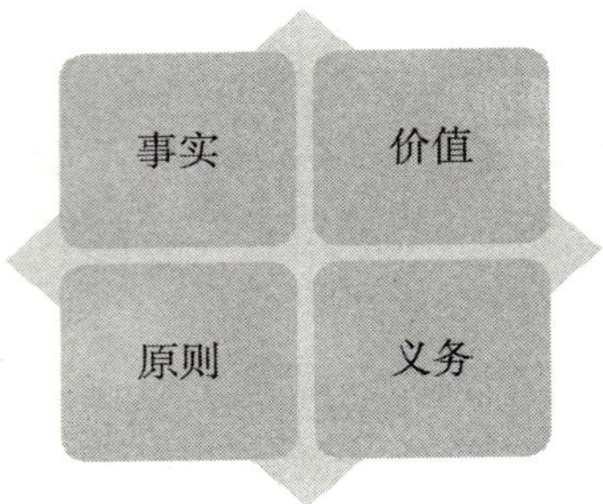

图18-1 波特盒

在进行波特盒分析时，虽然我们可以从“事实”开始，但是波特盒并不是一个随机的分离问题，而是一个相互关联的系统，你可以从一个问题转移到另一个问题。当考虑价值时，可能会让你联想到信念，然后，你可能会考虑原则问题。原则问题会导致你思考道德问题的定义，从而让你再次重新开始思考过程。你经过了几轮波特盒的思考，每次关注的问题都不一样，最终你会得到解决问题的答案。

在进行波特盒分析之后，你会发现答案不止一个。你可能会认为遵守原则是正确的，但是其他人可能会认为坚守信念是正确的。最终，拥有不同价值和不同信念的人会得到不同的答案。在不同的时间，同一个人也会对同一个问题得出不同的结论。波特盒分析是一个令人沮丧的过程，必须在一定时间内做出决策。波特盒的作用不是帮助你做出决策，而是为你提供思考问题的思路。

一、基于道德的思考：波特盒的应用

这一部分将重点讨论波特盒的四个步骤，深入洞察每个步骤，同时思考波特盒能否在《早安，弗里多尼亚》案例中发挥作用。

1. 定义事实

综述：虽然“定义事实”看起来很容易，但是当我们进行决策时，这一步骤是十分困难的。在预测事实之前，我们应当充分收集信息，对于事实、忽视的事实、隐藏的事实进行关注。虽然一些事实比其他事实更为重要，但是我们也应当记住，我们无法收集到所有需要的信息。正如美国前国防部官员多纳德所说：“我们有很多不知道的事情，但是我们并不知道我们不知道什么。”我们能做的就是明确、准确、完整地确定环境，并且知道，新的事实可能会改变分析结果。

《早安，弗里多尼亚》案例：这是一个小说中的案例。我们必须收集足够的信息，才能进行讨论和提出建议。你的公司老板将会怎样看待这个问题？老板将会怎样看待你的做法？本地的其他电视台是否做过同样的事情？结果是怎样的？你是否可以分析，如果销售了植入广告，这个节目能否在9个月内盈利？如果进行广告植入，主编是否会放弃现在的工作？如果不进行广告植入，销售主管是否会抱怨你的决策？只有综合考虑这些要素，你才能达成最终的决策。

2. 确定价值观

综述：正如拉丁语中对“价值”的定义，这一阶段需要我们考虑人、团队、信念，以及其他有意义的问题。价值观非常重要，因为它会最终影响我们的行为，就像如果我们的行为与价值观不符时，我们会感到十分不舒服。我们的价值观会受到父母、身份、组织、同事和社会的影响。价值观可以是正面的也可以是负面的，社会学家认为“自由”和“公平”都很重要，法西斯主义者认为两者都不重要。

决策制定者的价值观可以分为几个类型，媒体管理者的价值表可能包括：

道德：公平、平等、真实、诚实、透明、非暴力、逻辑性、思维的一致、明智、内在想法一致。

职业：言论自由、新闻自由、公众的知情权、自主权、提供有质量的故事、创新、寻求认可、利益最大化、向公众提供事实、向权力机构提供事实、娱乐受众、讨好老板。

个人：灵魂的救赎、自我尊敬、成熟的想法、自我控制、舒适的生活、快乐的生活、眼界宽广。

社会：节约、克制、个人自由、个人责任、国家安全。

艺术：美丽的世界、想象、愉悦。

这个表述并不全面，因为不同的决策制定者拥有不同的价值观。很明显，价值观之间会发生冲突。一个作家对道德思想的定义是："冲突价值观之间的博弈"。无论决策制定者是否意识到这一点，价值观通常是决策制定的起始点和落脚点。波特盒的关键在于，确定互相冲突的价值，如果可能的话，确定哪些价值需要获得更大的关注。

《早安，弗里多尼亚》案例：在这个步骤，重点在于确定哪些价值观会发生冲突。如果你从新闻岗位升职到电视台的管理者，你的价值观将会受到基本的新闻价值观的影响，即关注于新闻的可信性。如果你将广告和新闻内容加以区分，你会感到自我尊敬。你可能会挣扎于透明度的问题，因为消费者并不知道新闻中会存在广告。如果你从销售岗位升职到管理岗位，你的价值观将很可能与"利益最大化"和"讨好老板"有关。你的自我尊敬可能来源于"内容吸引了更多的广告商"。无论你的背景如何，如果你获得了更高的收入，或是在职业中的地位上升，你都会感到快乐和舒服。

正如前文所说，价值观来源于你的成长经历和世界观。你对于价值观的排列依赖于你自身的利益，如你愿意做一些事情以保证不被开除。

3. 考虑道德哲学的道德原则

综述：许多智者都十分重视这一部分，决策制定者基于道德哲学进行决策，不仅能够经受住时间的考验，还能够保持道德思维的一致性。通过依靠这些原则，决策制定者可以得到正确和一致的决策结果。

路易斯是杜克神学院的毕业生，也是华盛顿大学新闻伦理学院的退休教授，他列出了五个核心的道德原则：责任、爱、权利、真实、一致。这些原则是互相矛盾的，因为它们看起来是不同的价值观。此外，还可以基于结果或理念进行进一步的分类。例如，道义论者总会说实话，因为他们认为说谎是不对的；目的论者可能会衡量说谎与说真话的结果。

很多思想家都定义了"道德准则"，一位西方的大众传播学者总结了这些思想家的定义。

亚里士多德和孔子

亚里士多德是柏拉图的学生，他提出了"中庸法则"。他认为，道德介于"过度"与"匮乏"之间。孔子生活的年代比亚里士多德早一个世纪，他描述了相似的道德原则——"中庸之道"。

亚里士多德受到希腊文化的影响。希腊文化追求的是生命的和谐、比例和对称。正如他在《尤达米安伦理学》（Endemian Ethics）中所说：“精神的最高境界必须是中立。”他的《尼各马可伦理学》（Nicoma chean Ethics）描述了三个核心：健康、美德、差异。

最后一个核心显示出，“中庸法则”指的并不是完全的一分为二，而是不同的情况下需要不同的决策。因此，中庸之道是目的论的方法，既具有道德价值，也具有实用价值。

耶稣基督

耶稣基督的理念是“爱”和“慈善”，这种爱与家庭之爱、兄弟之爱不同。基督强调，他的追随者应当像爱自己一样爱其他人。这种道德基于价值和需要。它聚焦于爱和美德，既属于目的论，又属于道义论。

伊曼努尔·康德

他是18世纪德国的思想家，他以道义论方法的伦理观著称，他认为价值高于一切。康德否定意志受外因支配的说法，而是认为意志为自己立法，人类辨别是非的能力是与生俱来的。这套自然法则是“无上命令”，真正的道德行为是纯粹基于义务而做的行为，而为实现某一个人功利目的而做事情就不能被认为是道德的行为。

《早安，弗里多尼亚》案例：很明显，并不是以上所有的道德原则都对本案例有益，但是你选择关注的道德原则将会影响你的决策。在一些情况下，不同的人会运用相同的理论来进行判断。根据这些道德标准，考虑你是否允许新闻中加入广告内容？

根据亚里士多德和孔子的理念，在新闻中安插广告只要不涉及个人隐私，不是强迫性的信息，在某些情况下是合理的。这也是有些管理者对此问题作出的回应。

康德的“无上命令”原则可能会认为，在新闻中安插广告的做法是错误的，因为如果我们是观众，我们自己不希望这种事情发生。新闻主编可能会依据这一原则，坚称新闻观众不是新闻消费者，如果这样做，新闻将会被广告商掌控。

约翰·罗尔斯

约翰·罗尔斯会让你进行反省，想象自己是观众，你可能并未意识到新闻中包含了广告的内容，那样新闻会对你产生误导。罗尔斯将会提出建议：如果是依据道德标准，至少应当让观众知道新闻中包含广告。

约翰·穆勒的功利主义方法很微妙，因为很难确定什么能够带来最大的效益，或最小的伤害。销售主管可能会认为，广告收入可以弥补信用损失，但是新闻主管会持相反态度，他们会说：“不透明的玻璃球迟早会破碎。”

耶稣将会怎么做？很难说。因为耶稣“爱”的原则很难应用到这一案例中。

4. 平衡决策制定者的忠诚

综述：第四个盒子让决策制定者思考——他们对谁负责？首先需要确定与决策相关的众多个人、组织和团队，然后考虑决策将会怎样影响这些主体，最后对这些“义务”进行次序排列。

你应当对谁忠诚？有6类必须考虑的义务：

（1）你自己。首先，你应当保持正直，时刻监督自己和自己作出的决定。为了提升自我，我们都有一定的底线。在追求道德的过程中，野心可能会让我们关注于自己的利益。

（2）道德判断。我们应当尤其考虑我们的决策可能会对他人/群体造成哪些伤害，比如收看电视的儿童或新闻中关注的人物。

（3）资金支持者。最终支付员工工资的人，可能是订购者、广告商、客户，他们值得引起我们的注意，不仅仅是因为他们购买了我们的产品。

（4）组织。不仅包括公司中的直接领导，也包括股东。

（5）员工和同事。我们经常基于同事的想法作出决策，经常以提升员工期望为目的。

（6）虽然社会是无序的，但是我们的信息在构筑社会秩序方面发挥着重要作用。社会是由许多群体组成的，他们有不同的想法、需求、利益，我们无法预测媒体会对群体和社会造成怎样的影响。

如波特盒的其他要素一样，我们可以很容易看到义务的对抗。波特盒的作用是帮助我们确定各个义务，以及义务的潜在顺序。我们通常是基于我们选择的道德原则排列义务顺序，这些道德标准包括康德的“必须以自己喜欢被对待的方式对待他人”，或穆勒的“我们能做的是使损害达到最小”。

《早安，弗里多尼亚》案例：在这个案例中，销售主管会强调我们对雇主的义务，或对广告商的义务，并且认为这两个义务是最为重要的义务。新闻主编会强调对观众的义务，他们认为职业性大于义务。作为电视台的管理者，你必须平衡义务之间的关系，在做出最后决定之前进行深入思考。

二、波特盒的缺陷

波特盒在思考问题、安排义务方面发挥着重要作用，但是它没有提供最好的解决方法。当我们结束了《早安，弗里多尼亚》的案例分析时，可以发现，作者并没有提供解决方案。我们希望能够找出问题的变量，最终指导问题的解决。

虽然波特盒是有用的，但是以利益为中心的公司通常不会采用这一方法，它们更加关注于净利润，而不是新闻道德。巴库斯等人指出："除了公共关系管理之外，波特盒没有在商业领域获得流行。"许多商业学校的教科书里都包含了相似的模型，但是它们都具体分析了法律要求和经济结果之间的关系，这在波特盒模型中是没有提到的。媒体管理者必须注意到决策的经济学要素，但是也要平衡社会影响，关注伦理道德。

第四节　道德的实践性观点

在媒体的各个领域中，这些道德原则的使用方式各不相同。一些职业，如记者，工会会提供附加的道德指导原则或职业责任。这些原则可以很好地指导记者的工作。下面将讨论你在职业生涯中可能会遇到的具体问题。

一、道德和新闻

在民主社会，人们一直要求记者具有很高的道德标准和社会责任感，因为他们发挥着无法替代的作用。美国国会颁布的《第一修正案》规定，新闻拥有不受政府控制的自由。正是由于这种自由的出现，新闻业拥有比其他媒体更大的责任。除了法律上的考虑，新闻行业还有很多现实考虑：道德行为能够帮助新闻组织保持信用，这对于吸引受众、销售广告具有重要意义。

世界范围内，许多行业组织、媒体组织和其他组织都规定了记者的道德标准。职业记者协会的标准如附录一所示。这一标准将记者的道德责任划分为四类：

寻找事实，报道事实；

使伤害最小化；

保持独立性；

具有可信性。

在每一类中，还有不同的标准，分别指导记者、编辑和其他新闻职业的道德标准。详见附录一。

二、道德和娱乐

娱乐节目的出现，尤其是电视娱乐节目和电影的出现，向媒体道德提出了新的挑战。起初，我们可能会认为创造和制作娱乐节目的过程与传统媒体道德没有关联。毕竟，娱乐节目缺乏严肃性，而且经常由文学改编而来。

从道德角度考虑，问题在于，受众可以从娱乐节目中获得大量信息。艾尔伯特的“社会学习理论”认为，人们会模仿他人的行为，包括媒体上出现的他人行为。他强调，复制媒体上他人的行为是人类的本能，而且人类会模仿他们感知到的行为过程。

例如，1993年的电影《叛逆赢家》中有一个场景十分著名，几名足球运动员为了显示他们的勇气，躺在马路中央的双黄线上。许多青少年都对这一行为进行模仿。宾夕法尼亚的一名少年因此死亡，至少有两名少年受伤。问题就在于“道德责任”。一个月以后，迪士尼公司剪掉了电影中的场景。那么，作者和导演是否有责任避免可能造成受众伤害的剧情出现?

更为普遍的例子在于，媒体对于吸烟和饮酒的描述。美国公共健康办公室长时间以来都要求媒体限制吸烟和饮酒镜头的出现，从而避免受众模仿这些行为，尤其是对极易受影响的青少年而言。但现实情况是，受众受到了影响。摆在我们面前的问题是，是否应当净化媒体环境?

娱乐和新闻之间的界限十分模糊。新闻组织一直以来都存在道德规范，但是娱乐组织没有相关的指导。《早安，费里多尼亚》栏目属于新闻道德还是娱乐道德？如果是广播脱口秀，或喜剧新闻，应当怎样确定道德问题?

三、道德和销售

许多公司主管都基于帕累托优化进行道德决策。帕累托优化是指，公司应当以股东利益作为决策的依据。然而实际情况是，这些决策不仅仅是为了追求短期利润。许多基于短期利益的决策可能会给组织的长期利益带来巨大危害。例如，向某广告商销售大量广告时间可能会对公司的短期利润有益，但是长期来看，广告需要满足客户的需求。当广告商投资于大量广告，它们希望的是获得大量回报。

广告中的道德问题不仅涉及媒体组织的需求和目标，而且还涉及与受众相关的道德行为。广告商希望从广告投资中获得收益，消费者也希望从购买的产品中获得广告中介绍的价值。媒体组织肩负着避免错误或误导性广告的道德、法律责任。一些公司会销售或提供有问题的产品或服务，但是媒体组织可能拒绝承担责任。这种短期思维忽视了长期利益。如果广告信息使媒体组织丧失了信用，消费者可能会质疑这个媒体播出的所有广告内容。

四、道德和内容所有权/发行权

媒体组织参与内容的制作、营销和发行。内容管理过程如其他领域一样，也涉及很多道德挑战。

内容所有者面临的一个问题在于，他们获得了怎样的权利？娱乐行业中的联盟一直都认可创意人员对媒体内容的所有权，并且要求组织向他们支付报酬。对于非联盟的生产过程，内容所有者必须与组织进行谈判，争取利益。过去的20年里，新媒体的出现使问题变得更为复杂。产生的道德问题在于：

（1）原有的协议是否认可将内容在新媒体上发行？

（2）内容所有组织是否应当向参与制作的人员分配收入？

先回答第一个问题。过去几十年里，大多数内容合同都会包含以下内容：将所有权转移给购买者，无论今后内容在哪类媒体上发行。

现在回答第二个问题。因为内容所有者已经购买了所有权，因此他应得到所有发行渠道获得的收入。但是反对的观点认为，创意人员应当有权利获得一部分产品的收入。这不属于法律问题，因为目前，法律明显倾向于内容所有者。这是一个内容所有者必须考虑的道德问题。

媒体内容的处理涉及更为复杂的道德问题。过去，技术的限制使得内容处理很难进行。但是当前的数字技术使得内容创造者可以很容易对已有的内容进行修改，包括图片、视频、音频。

修改媒体内容、获得新的创意作品涉及法律和道德双重问题。在确定法律所有权时，法院会考虑一系列问题，包括修改的比例，多少收入来源于再加工过程，修改后的内容是商业属性还是政治属性。道德问题很简单：当你应用他人的内容来创造新作品时，你是否应当事先征求原作者的同意？

第五节　道德、法律和用户生成的内容

从20年前美国家庭拍摄的视频节目，到现在的视频网站，媒体组织对用户生成的内容具有很高的依赖性。媒体组织可以从用户生成内容中获益。这样不仅能够降低成

本，而且还加强了用户和媒体组织之间的关联。但是媒体组织在使用用户生成的内容时，必须考虑一系列道德问题：

内容所有权：每次用户贡献内容时，媒体组织必须明确规定权利的转移状况。对于突然发生的新闻事件内容，这些权利尤为重要，因为民众处于事件现场，他们更有可能抓拍到图片或视频。值得注意的是，2013年9月，中国最高人民法院、最高检察院关于办理利用信息网络实施诽谤等刑事案件的司法解释公布。《解释》规定，利用信息网络诽谤他人，同一诽谤信息实际被点击、浏览次数达到5000次以上，或者被转发次数达到500次以上的，应当认定为刑法第246条第1款规定的“情节严重”，可构成诽谤罪。因此，媒体组织必须注意内容所有权问题，避免法律纠纷的产生。当用户将内容的所有权转移给媒体之后，他们不再对内容承担法律责任。

内容的真实性：用户生成内容的权利使得他们有机会制作假消息。制作假消息的目的各不相同，但是媒体组织有责任证实信息的来源和内容的真实性。

内容审核：媒体组织有责任确定内容的真实来源，尤其要保证内容不属于其他组织。

观点和事实：研究表明，博客网站上经常出现自己的员工撰写的博文，网站拒绝对这些内容承担责任。问题在于这样做是否道德？

与此相关的是网站对用户评论的编辑。许多博客和新闻网站允许用户发表评论，但是不会编辑这些评论，如果媒体组织编辑了这些评论，他们可能会被认为是侵犯他人的言论自由。结果是，为了避免法律问题，网络上充满了侮辱和欺骗的内容。

扩张报道团队：媒体组织可能会使用“市民记者”来生成内容，以代替专职记者的工作。看起来这样做可以节省成本，但是培训过程需要花费大量资金。同时，还必须考虑道德和《第一修正案》的规定。当媒体组织用市民记者代替专业记者时，媒体组织会面临很大的挑战，包括自身组织的标准和其他相关法律问题。

第六节　中国的媒体职业道德

媒体工作者的品德修养是其素质的重要组成部分，要做一个合格的媒体工作者，不仅要有较好的政治思想素质和业务素质，还必须具备良好的职业道德修养。随着传媒行业在社会生活中的影响越来越大，媒体工作者的品德修养问题也越来越重要。

一、人格修养

人格修养是媒体工作者取得成功的必要条件。媒体工作者良好的人格是正直、热忱、勤奋、信义。完善自我，追求至真、至善、至美是媒体工作者的理想和目标。人格是人的完整的存在方式，是个人自我确立并在行为（心理、情感、思想、交往等）中表现出来的特殊而稳定的形象。它既包括个体外在的特征，也包括个体内在的质的特点，具有政治的、伦理的、审美的规范作用。所谓学会做人，从某种意义上讲，就是把社会基本人格当作一种人的标准和尺度接受和实践。媒体工作者应该比普通社会成员有更高的道德修养和人格修养。他们代表的应是社会和时代的一种优秀的道德品质和道德典型。他们应具有事业心、同情心和是非感；具有求实奉献、团结合作的精神；他们的行为应具有自律性、积极性、创造性。良好人格的修养反映在媒体内容上，表现为唯实、公正、客观、全面、向上；体现在行为上是忠诚、积极、守法、廉洁、合作。同时，中国优秀文化传统所讲求的为人之道，所提倡的精神境界和人格修养，所尊崇的气节、操守和道义担当，所重申的做人原则和治世风范，所阐述的人生意义和价值，都应该继承和发扬。

媒体工作者的人格，作为媒体中表现出来的总体精神风貌，代表着媒体的形象，特别是直接与被采访对象、受众接触的主持人、记者、编导，他们的言行直接影响着媒体的声誉。媒体工作者的角色和人格的一致不仅是自我身心健康的必要条件，也是时代和社会对他们的要求。蕴含其中、行诸于外，人格的完善就表现在人的言行一致，表里如一。优秀新闻工作者一贯重视职业人格的培养。范长江说：“有了健全的高尚的人格，才可以配做记者，新闻记者应当是社会所尊重的人物，如果人格上有了根本缺点，就不能算作新闻记者。”

二、职业道德

所谓职业道德，是指在各种职业活动中调整人们之间以及个人与社会之间相互关系的行为规范和道德准则。媒体工作者的职业道德规范和要求，既包括新闻宣传事业的特点，又体现媒体工作的根本性质和特点，对媒体工作者的个人素质又有严格的要求。

1．要有崇高的社会责任感、职业使命感以及强烈的事业心

传媒事业是党和政府重要的宣传舆论机关，肩负着为人民服务、为社会主义服务、为全党全国工作大局服务、为社会主义物质文明和精神文明服务的重要任务，要

以科学的理论武装人，以正确的理论引导人，以高尚的精神塑造人，以优秀的作品鼓舞人。为了完成其历史使命，媒体工作者首先要树立崇高的社会责任感和历史使命感，兢兢业业，勤勤恳恳，这是每一个媒体工作者应具备的最起码的职业道德。同时在社会主义市场经济条件下，在传媒行业改革的大潮中，媒体工作者要本着对社会负责的态度，正确处理经济效益和社会效益的关系，始终坚持把社会效益放在第一位，努力为人民群众提供健康文明的精神产品，不应宣传色情、凶杀、暴力、愚昧、迷信以及其他格调低劣、有害人们身心健康的内容。

2. 良好的思想作风和工作作风

传媒行业的特殊性和重要性决定媒体工作者首先要保证的就是思想作风端正，只有良好的思想作风，才能有积极向上的态度和及时准确的决定，才会不偏离党的思想和大政方针。其次就是要有踏实、认真的工作作风，戒骄戒躁。媒体工作是一种服务性的工作，只有百分之百付出才会得到受众的认可和支持，才会达到媒体传播的效果。因此，只有工作态度认真，才能把媒体工作做好。

3. 遵守宪法、法律和纪律

媒体工作者必须在宪法和法律的范围内活动，自觉遵守宪法、法律和宣传法律。维护宪法规定的公民权力，不揭人隐私，不诽谤他人，要通过合法和正当的手段获取新闻，尊重被采访者的声明和正当要求。维护司法尊严，对于司法部门审理的案件不得在法庭判决之前作定性、定罪和案情的报道；公开审理案件的报道，应符合司法程序。严格遵守和正确宣传国家的民族政策和宗教政策，坚决维护各民族的团结，维护安定团结的政治局面。严格保守党和国家的秘密，自觉维护国家的利益和安全，1992年党的十四大召开前夕，新华社记者吴某和他的妻子（《中国健康教育通讯》记者马某）在“美元两万，兑换券三千”的诱惑下私自把尚未公开的江泽民总书记在大会上的报告复印给中国香港《快报》记者，结果第二天一早就上了报纸，在中国香港成了爆炸性消息。1993年8月，北京市中级人民法院判处吴某无期徒刑，剥夺政治权利终身。其教训是深刻的。

4. 维护新闻的真实性，坚持真理，修正错误

媒体工作者要坚持发扬实事求是的作风，深入群众，加强调查研究，报实情，讲实话，不得弄虚作假，不能为追求轰动效应而捏造、歪曲事实。力求全面地看问题，防止主观性、片面性，努力做到从整体上、本质上把握事物的真实性。采写和发表新闻要客观公正。不能从个人或小团体利益出发，利用自己掌握的舆论工具发泄私愤。工作要认真负责，避免失实报道，如有失实，应主动承担责任，及时更正。

5. 以身作则、清正廉洁、团结协作

自觉抵制拜金主义、享乐主义、极端个人主义思想的侵蚀，反对“有偿新闻”等不正之风，保持廉洁自律、勤俭节约的作风。利欲熏心，终将自毁。此外，媒体工作不是只靠少数个别人就能搞好的，必须依靠同事之间、部门之间、单位之间以及整个系统全体从业者的共同努力。因此，每一个广播电视工作者都应顾全大局、讲风格，提倡团结协作的精神。

6. 公道、正派、与人为善

作为一个管理者或者一个从业者，都应该拥有做事公道、为人正派的作风。一个优秀的管理者应该能够服以众人，能够以自己的人格魅力和处世态度来赢得手下人员的拥护。同时，出色的管理者不仅仅是权力的代表，也应该能够坚持以人为本、与人为善、任人唯贤。做到真正的公平待人、以德服人、谦虚谨慎、作风民主。

第七节　广告新闻化和隐形广告的泛滥与治理

近些年来，以广告新闻化为代表的隐形广告现象在中国广泛存在，“有偿新闻”也很多见。在经济利益面前，媒体从业人员的行为受到了道德的考验。虽然法律和规章制度明文规定隐形广告不合法，遗憾的是，隐形广告不仅没有消失，反而以众多新的形式出现在受众面前。电视栏目广告化、网络软文广告、新闻炒作等隐形广告形式以隐蔽、可信的形式出现，蒙蔽着媒体受众的神经，在这些隐形广告背后，是一条巨大的利益链，以及媒体人背叛职业道德的行为。国家有关管理部门应当以更加积极的姿态，对于这些违背法律、职业道德的行为进行严厉打击，以肃清我国媒体的整体环境，保持媒体的公信力。

一、隐形广告的原型——广告新闻化

20世纪90年代，学者已经开始对新闻广告进行讨论，但新闻广告的概念至今依然十分模糊，定义的模糊性增加了法律检查和执行上的难度。为了混淆视听，某些广告商、媒体、公关部门达成了战略同盟，而且故意曲解“新闻策划”、“软广告”等概念，试图以虚假外衣掩饰广告的本质。

例如，某市电视台的一档美食节目，每期都会派遣记者到该市的大街小巷寻找本地美食。某饭店的猪蹄成为某期节目的报道主题，记者亲身去饭店体验了一番，对猪

蹄的口味和饭店的服务给予了很高的评价，并报道了该饭店新店开张的情况。毫无疑问，电视台与饭店之间存在某种契约或交易，至于饭店的食品究竟具有怎样的品质，是无法得知的。记者是带有“任务”的工作，而不是真实的体验产品。然而，许多观众会对这样的新闻报道产生信任和兴趣，因为节目中体现的是记者“客观真实”地去体验了饭店的产品和服务。

1995年，中国出台《广告法》，其中明确规定新闻部门“不得以新闻报道的形式发布广告”。然而，新闻广告和其他隐形的商业广告非但没有减少，反而在近些年呈现泛滥趋势，这是值得我们深刻思考的。

近些年来，中国的媒体行业开始了“企业化”、“集团化”的转型，原有的事业管理方式被打破，取而代之的是企业管理方式。众多电视台和广播台合并成为“广播电视台”，报社则联合变成“报业集团”。必须承认的是，企业化的转变使中国媒体行业与市场接轨，为中国的媒体行业带来了很大活力。然而，在这一过程中，媒体行业的职业道德问题凸显，亟待解决。

从经济学角度而言，隐形广告是一种不正当的市场行为。媒体市场与其他行业存在很大差异，原因是媒体市场拥有双重市场：受众市场和广告商市场。媒体向受众提供内容，向广告商提供“连接受众的通路”。早在18世纪，亚当·斯密等政治经济学家就发现，市场经济存在“看不见的手”，当人类受到市场经济作用的支配，很有可能造成社会伦理道德的丧失，社会公平、公正、诚实等法则会受到巨大挑战。当前的北美传播学的政治经济学派与古典政治学派一脉相承，他们控诉媒体传播的“不自由”，即在宏观媒体政策、媒体组织、媒体人等各个角度造成了传播内容的不真实，真相往往被掩盖，造成公众利益的损害。① 正常情况下，广告内容与媒体制作的传播内容应当相分离，而隐形广告是将这两类内容进行融合，消费者对这两类内容进行同时消费。

从传播学意义上讲，广告新闻等隐形广告实际上是一种“寻租行为”。寻租理论的一个基本内涵是，“寻求直接的非生产性利润”，即研究“通过非生产性活动而获得利润的方法”。隐形广告是媒体在运营的过程中，将经济利益置于公众利益之上，而形成的一种不正当媒体行为。传播学者梅耶将涉及利益的问题解释为五种类型：“免费馈赠，兼职，涉及社区组织，个人态度、信念、价值和社会经济地位，来自老

① 参考赵月枝：《传播与社会：政治经济与文化分析》，中国传媒大学出版社2011年版。

板、上司、广告商、政府的外在压力。”[①] 媒体行业代表的是公众利益，应当正确地反映世界，对社会上的问题进行介入和批判，维持社会的良好运转。但是隐形广告的行为由于将内容传播过程穿插进商业元素，使得传播的内容无法代表公众利益，违背了媒介的原则。

参与隐形广告的运作或参与“有偿新闻”制作的行为是违反职业道德的，也是违法的。中国的《广告法》第十三条明确规定：“广告应当具有可识别性，能够使消费者辨明其为广告。大众传播媒介不得以新闻报道形式发布广告。通过大众传播媒介发布的广告应当有广告标记，与其他非广告信息相区别，不得使消费者产生误解。”[②] 1993年，中共中央宣传部、新闻出版总署联合发布了《关于加强新闻队伍职业道德建设、禁止“有偿新闻”的通知》，在第三条和第四条中明确要求：

> 第三条：新闻与广告必须严格分开，不得以新闻报道的形式为报道单位做广告。凡属新闻报道，新闻单位不得向被报道者收取任何费用；凡收费用而刊播的，应标明为广告。
>
> 第四条：新闻报道与经营活动必须分开，记者和编辑不得从事广告业务，从中牟利。[③]

记者运作有偿新闻的行为在法律上属于“受贿行为”。中国《刑法》第九十三条对国家工作人员做出了明确规定：国家工作人员是国有公司、企业、事业单位、人民群体中从事公务的人员。国有事业单位是指国家投资兴办管理的科研、教育、文化、卫生、体育、新闻、广播、出版等单位。而《刑法》第三百八十五条对受贿罪的定义是：国家工作人员利用职务上的便利，索取他人财务的，或者非法收受他人财务，为他人谋取利益的，构成受贿罪。对于有偿新闻而言，运营过程的媒体从业人员属于国家单位的工作人员范畴，而且其行为也符合《刑法》对于受贿罪的定义，因而，有偿新闻的运营属于受贿行为，需要国家法律对其进行严厉制裁。

二、隐形广告的新形式

近些年来，隐形广告发展迅速，在“广告新闻化”之外，形成了新的运作形式。

---

① 孟威：《媒介伦理的道德依据》，经济管理出版社2012年版。

② 陈力丹：《广告新闻——广告商与传媒合谋违法》，《东南传播》2009年第10期。

③ 孟威：《媒介伦理的道德依据》，经济管理出版社2012年版。

新的隐形广告形式更加隐蔽，对于媒体受众的影响更为巨大。它们更加容易对受众进行误导，值得引起我们的注意。

1. 电视栏目广告化

从广告的新闻化，到广告的电视节目化，传播形式和传播特征发生了一定改变，但是“盈利化”的本质却没有改变。

例如，某家电视台的某档健康节目，请来专门的癌症治疗专家为观众介绍防癌知识。在讲解了许多专业知识之后，观众自然对这个节目产生了兴趣。接下来，这位专家介绍：水果的果核与果肉一起榨汁，制成的饮品可以防癌。更没有想到的是，节目的后半段，这位医学专家竟然开始对某进口榨汁机进行推荐，甚至称这款榨汁机为“防癌的法宝”。

同样的节目也相继出现，如美容专家先教女士怎样化妆，然后对常见的某些化妆用品和护肤品进行性价比的排序。

这个美容专家的排序是否真正代表这些产品的使用效果呢？还是节目背后隐藏着一条不为人知的价值链？答案是十分肯定的，那就是电视台与广告商之间形成了合约关系：电视台将支付了广告费的广告商的产品置于排位的有利位置，但是消费者却无法分辨这是专家的客观推荐，还是广告行为。因而，这种隐形广告危害性巨大，属于对消费者的欺骗。然而，国家相关部门没有对此类广告形式进行明确的规定，许多一流省级卫视都采取了这种隐形广告的方式，可见隐形广告的蔓延已经变成中国媒体行业的常态。

2. 互联网上的软文广告

当前，高额利益滋生了许多专业的新闻广告创意公司，某些公司专门为某个行业服务，有些甚至只为一家大公司服务。例如，中国的某汽车企业就专门雇用了一家广告公司为其进行网络宣传，而宣传的方式主要就是“网络软文广告”的撰写。该广告公司的职员往往拥有多个博客和多个微博，以不同的汽车使用者的身份“讲故事”，如编写自己驾车去沙漠游玩的经历。而这些“软文”的内容纯属造假，可能会对消费者带来严重的误导。

互联网作为一种新兴媒体，其强大的传播能力引起了广告商的青睐。通过互联网进行软文广告的传播，影响的受众范围更广，而且可以根据互联网用户的特征进行“目标市场”的广告传播。软文广告与互联网的结合加大了网络广告监管的难度，因为网络软文的数量十分庞大，真实性也很难把握。

本质上讲，软文广告与新闻广告是“近亲”。21世纪以来，许多学者对软文广告都持有肯定态度，如吴晔在文章中说："软文不同于一般意义上的广告，它酷似新闻或科学普及知识，让读者在不经意间接受其宣传意图。"[①] 金风认为："软文作为一种价廉物美收效高的手段，正在被众多的企业熟练运用。为企业品牌或产品推广而产生的一切宣传性、阐释性文章作品，都可以纳入软文的范畴，在西方业界的翻译是'付费文章'。"[②] 对于这种所谓的"付费文章"，众多学者的默认态度纵容了这一行为，使其在一段时间内拥有了合理的外衣。然而，究其根本，这些"付费文章"都是一种不正当的交易行为，对消费者和社会都有危害，本质上与"新闻广告"相同。

3. 新闻炒作

新闻炒作是以广告宣传为目的，故意制造事件，引起消费者的注意。比如邀请某位明星到饭店吃饭，然后以记者的身份进行报道。事实上，"明星效应"是新闻炒作经常采用的方式。再比如，故意制造出某个事件：刚开张的酒店邀请记者进行报道，对其装修风格的独特性进行批评，引起社会媒体的广泛关注。进而引发民众对这家酒店装修风格的大讨论，造成轰动效应。在这些新闻内容中，媒体受众无法分辨这些内容是广告内容，媒体机构也不会标明这些内容的广告性质。因而，这类媒体内容具有极强的隐蔽性。在这些媒体内容背后，都存在着经济利益关系。

在公共关系学领域，"新闻策划"也叫"制造新闻"，是指组织为吸引新闻媒介报道并扩散自身所希望传播出去的信息而专门策划的活动。[③] 而且公关组织的重要作用之一便是制造和发布新闻，或是制造出能够吸引新闻报道的事件。但所谓"新闻策划"实质上是有目的、有计划的广告活动，看似客观发生的事件，实际上是由某个团队完全操纵的。本质上讲，"新闻策划"与"新闻炒作"是相同的。此时，公共关系学与新闻学之间产生了不可调和的矛盾。从新闻的性质上来讲，新闻是客观存在的事实，而不是被制造出来的。被制造出来的"新闻"已经失去了新闻的本质和效用。如果媒体还以"新闻"的形式对这些内容进行展现，则会造成对消费者的欺骗。

4. 对商家的评比或排名

我们经常可以在报纸或电视上发现对于某类商家的排名，比如"2012年度最具影响力的楼盘排名"，"2012北京最受欢迎的私人会所排名"，等等。在媒体上发布的此类排名情况，不是经过科学的调研和统计得出，而是媒体从自身利益出发，对于广告商们进行的一种"回馈"。

---

① 吴晔：《对当下媒体"软文"的思考》，《新闻战线》2008年第2期。

② 金风：《软文操作的硬功夫》，《企业改革与管理》2004年第2期。

③ 王朝文：《当代公共关系学》，中国社会科学出版社1995年版。

此类排名往往是以权威机构的名义发布，受众一般不会对这些排名产生怀疑，而是认为这是客观的报道。因而，“商家评比”或“排名”也属于隐形广告的范畴。

通过分析以上四种隐形广告的新形式，我们可以发现，比起新闻性广告，近些年来隐形广告“变形”迅速，隐蔽性和欺骗性更强。媒体从业人员接受了专业的“公关训练”，制作隐形广告的技巧更加娴熟，并且费尽心力对新的隐形广告进行探讨。究其原因，都是“利益驱动”惹的祸。如果国家有关部门不对这些现象进行有效的辨别，并且进行严厉的制止，那么隐形广告将会愈演愈烈，最终影响媒体环境的健康运行，广大受众对媒体的信任程度也会不断降低。

三、隐形广告的治理对策

1. 辨别新的隐形广告形式

国家有关部门必须密切关注媒体广告的发展动态，辨别隐蔽性强的隐形广告。比如，互联网广告管理部门应当明确限定互联网隐形广告的范围，通过技术手段，对于某些发布软文广告的账户进行监管。如果发现同一个网络地址申请多个账号的行为，要对其发布的内容进行审查，一旦发现不属实的隐形广告，则进行严厉惩罚。

相关部门应对涉及广告的新闻炒作事件进行调查，确定记者是否接受了广告商提供的“回馈”，如果发现属于“有偿新闻”，则对相关记者和媒体组织进行处罚。

同时，还应当对电视台或广播台出现的有偿节目进行管理。例如，上文提及的对护肤产品的排名，涉嫌“隐形广告”的运作，国家相关管理部门应当制定相关法律和政策，对这种不具真实性的节目进行管理和制裁。对于将广告内容与节目内容相混合的行为，调查其内部存在的利益链条，对相关人员进行处罚。责成电视台或广播台的领导承担相应责任，并要求电视台和广播台内部形成“隐形广告”的审查机制。

2. 提高新闻编辑部门的自主性

随着媒体市场的竞争日益激烈，新闻编辑部门和广告部门、营销部门之间建立了十分微妙的关联。营销部门的主要任务是向广告商销售广告时间，而新闻编辑部门的主要任务应当是报道事实。当前，中国的媒体组织趋向于多部门的融合，这种融合将产生一系列的问题，其中之一便是“经济利益至上”。销售部门会与许多广告商建立广告合作关系，这些广告商就成为媒体组织赖以生存的经济来源。此时，如果广告商提出新闻广告的需求，媒体的营销部门会直接作用于新闻编辑部门，形成了一种稳定的、系统的利益链条和新闻创作模式。

一位记者曾经描述过这样一次经历：他调查某公司打印机墨盒残墨过多，严重损害消费者的利益，他准备以批判的角度进行报道，然而，打印机公司的领导赶到报社，答应支付报社一笔广告费，于是总编让这篇报道改为为打印机公司辩解的报道。由此看来，当前的广告新闻化已经不仅仅是编辑或记者个人收受商业贿赂那样简单。许多案例都表明，“有偿新闻”已经成为一种媒体组织的整体行为，它是有计划、有流程保证的常态，媒体行业内部形成了“达成共识的潜规则”。

新闻传播学学者孟威在其专著中做出如下论述：“红包、三包等方式的采访，迎合的是市场中的‘非理性’，新闻把新闻媒介的新闻发布权或者话语权商品化了，变相的将版面、栏目、时段、位置和公众的‘注意力’折合成具体金额出卖，收入却直接进入了私人的腰包。”①

问题在于，怎样才能制止新闻编辑部门与营销、广告等商业运营部门之间的“同谋”。国家相关管理部门应当采取有效措施对媒体组织的不良运作行为进行制止和规范。新闻管理部门应当制定明确的法律或规章制度，将监管责任和惩戒责任落实到各个部门。以广电行业为例，各级广电局作为电视台和广播台的上级单位，本身就具有行政上的“亲缘”关系，往往不会对下级单位进行严厉的检查和处罚。然而，在“虚假新闻”横行的今天，广电部门一定要下定决心不姑息媒体组织的“有偿新闻”报道。对于媒体组织内部广告新闻化的“同谋”现象，要给予严厉打击。即一个单位的部门出现问题，单位的各级领导都要承担相应责任。

3. 加强广告的审查和监管

自从《广告法》颁布之后，虽然在各级法律和规章中，经常提及“新闻广告”的问题，但是条文往往不够明晰，落实起来难度很大。西方发达国家的广告管理领域，法律条文经常多达几百页，与这些国家相比，中国的广告法律条文常常会造成“无法可依”或“模棱两可”的局面，因而容易让许多媒体组织抓住漏洞。

因而，应当对许多问题进行明确界定。例如，界定“广告新闻”的范围。许多记者以新闻报道的名义掩饰商业行为，对于广告监管组织来讲，辨别这则新闻属于“广告”还是“新闻”具有一定难度。以餐馆为例，如果出现了餐馆的具体地址，或餐馆的外观足够能够说明这家餐馆是哪家，就应当确定为广告新闻。对于内部交易，管理部门应当进行监管，给予媒体组织以一定压力。比如规定如果发现有偿新闻的行为，就对媒体组织及其相关负责人进行严厉的处罚。同时，媒体组织也应对新闻记者和编辑产生压力。

---

① 孟威：《媒介伦理的道德依据》，经济管理出版社2012年版。

其次，应当明确规定隐形广告的“责权利关系”。政府各部门应当分工明确，将责任落实到位，避免互相推诿的现象。打击“地方保护主义”，对不作为或袒护下级部门的政府单位给予处罚。再次，要加大处罚力度。《广告法》的规定是：“对虚假广告的责任人处以广告费用1倍以上5倍以下的罚款。”《广告法》规定：大众媒介以新闻报道形式发布广告，所承担的行政责任只是改正，处以1000元至一万元的罚款。在处罚过程中，往往按照最低限度进行罚款，或是根本就不处罚。[①] 可见，处罚力度非常低，大众媒介愿意铤而走险，即使被相关部门发现，这种成本也是可以接受的。很多广告商和大众媒介都将这种处罚列为成本预算之一，可见法律的威慑力没有得到应有的发挥。

4. 提高媒体人的职业道德

记者职业道德的欠缺使得隐形广告不断出现，甚至成为了业内默认的形态。在中国的高校，新闻专业的学生会受到各种专业的训练，《公共关系学》的课本中专门有描述“制造新闻”的章节。如在某出版社出版的《公共关系管理与实务》一书中，就专门讲到“策划具有新闻价值的事件也叫制造新闻或策划新闻，是组织争取新闻宣传机会的一种技巧。”在公共关系学的学科中，制造新闻被认为是正确而必要的，因而大学生在潜意识中就接受了制造新闻的方式。

在媒体从业人员中，也存在着不良的职业风气。“有偿新闻”被默认为正常现象，对于此类现象和当事记者，并没有人产生歧视和鄙视。在这样的媒体环境氛围中，媒体从业人员无法受到良心的谴责，造成新闻广告行为层出不穷。表18-1是2003年中国新闻传播法制建设研究课题组对55家有影响媒介的调查报告中，媒介从业人员对有偿新闻的认识。[②]

表18-1　媒介工作者对待有偿新闻的做法和态度

	同意（%）	看情况（%）	不置可否（%）	不同意（%）
接受被访单位或个人的招待用餐	21.5	45.4	17.4	15.7
接受新闻源单位或个人安排的免费旅游	10.7	31.7	23.4	34.2

① 田盛：《我国广告发布前审查制度之缺陷简析》，《现代广告》2006年学刊。

② 郑保卫：《传媒人对“有偿新闻”的看法——中国新闻工作者职业道德调查报告》，《新闻记者》2004年第5期。

续表

	同意（%）	看情况（%）	不置可否（%）	不同意（%）
接受被采访单位或个人的现金馈赠	6.3	17.8	22.7	53.2
主动淡化不利于重要广告客户的新闻	12.1	34.1	20.1	33.7
为自己单位联系广告	16.8	39.5	17.0	26.8
为自己的版面或节目联系赞助	26.0	39.0	14.2	19.8
为企业担任公关工作	9.9	23.6	19.2	47.3

由表18-1可见，在对有偿新闻进行道德判断时，大多数传媒人选择“同意”或“看情况”，潜台词就是他们可以接受不同形式的有偿新闻现象。

目前，中国传媒人的职业道德问题已经成为一个十分重要的问题，必须得到相关部门的重视。首先，需要在全行业倡导和宣扬一种正确的记者职业道德，如果有隐形广告现象发生，曝光以后会受到全社会的道德谴责。记者协会、各级新闻管理部门应当对记者的行为进行监管，对于违反记者职业道德的行为进行及时曝光，在行业内形成良好风气。

其次，新闻学教师需要对学生进行正确引导。虽然公共关系学和新闻学本身存在内在的矛盾性，但是各传媒院校应当明确告知学生公关的底线，杜绝不良之风的蔓延。在大学时就培养新闻人才的职业道德感，使他们形成正确的世界观、人生观、价值观。

再次，还应当将媒体职业道德制度化。媒体行业内部建立评估机制，约束新闻机构和从业者的行为。行业内定期对各个媒体进行职业道德的评比，将最终结果公开，让公众了解各个媒体的可信程度。同时，向公众公布举报方式，对公众的举报进行调查，使得公众在监管媒体的职业道德方面发挥重要作用。

5. 加强媒介素养教育

在解读媒介素养概念时，大卫·帕金翰认为，媒介素养指使用与解读媒介所需要的知识、技术与能力。但他同时也指出，媒介素养并非只是一种功能性的素养，还必须使个人具有社会性和批判性的能力。具有社会性强调的是个人与媒介的互动关系，批判性则指进行合理与有效沟通的必要条件，是一种对媒体各层面广泛的分析性理解。① 在欧美等发达国家，媒介素养的教育已经深入人心，获得了繁荣发展，但是在

① Bukingham, D. Media education: Literacy, Learning and contemporary culture, Cambridge:Polity.2003.

中国，媒介素养教育刚刚处于起步阶段。根据中国的文化传统，中国民众更加容易相信媒体提供的各种信息，对信息的怀疑程度和批判程度都较低。

媒介素养的批判范式来源于社会批判理论。这种理论在20世纪后半叶开始流行，它关注于文本、作者、现实、受众之间的关系。在西方的传播学研究中，批判学派发挥了重要的作用。批判学派着眼于价值判断，目的在于探究传播活动的意义，对资本主义的传播体制及其运作进行冷静的反思与尖锐的剖析，表现出忧患意识、怀疑精神，也体现了强烈的人文关怀和终极关怀。[①] 想要从根本上提升中国民众的媒介素养，对于批判理论的研究和传播是必不可少的。虽然批判学派是基于对资本主义世界的探讨，但是当今的中国出现的现象与西方资本主义世界极为相似，尤其是媒体市场化以来。当西方的媒体受制于经济财团控制，大媒体集团报道的真实性受到了质疑，新闻自由无法实现。而中国的“新闻真实性”也受到了政治和经济利益的挑战。在新闻报道的“经济场域”中，媒体人无法坚守自己的职业道德，此时，就需要通过媒介素养教育的方式提高受众的分辨能力。

此外，媒介素养的养成需要进行民众的普及。学校要从小对学生进行媒介素养的教育，媒介也要进行媒介素养的宣传。研究人员、教育人员应当撰写一些媒介素养的书籍，帮助民众提高辨别隐形广告的能力。

美国学者约·范·塔瑟尔在其专著中曾经进行过如下论述：在民主社会，人们一直要求记者具有很高的道德标准和社会责任，因为他们发挥着无法替代的作用。美国国会颁布的《第一修正案》规定，新闻拥有不受政府控制的自由。正是由于这种自由的出现，新闻业拥有比其他媒体更大的责任。除了法律上的考虑，媒体行业还有很多现实考虑：道德行为能够帮助媒体组织保持信用，这对于吸引受众、销售广告具有重要意义。如果媒体在迎合广告商和追求经济利益的同时，忽视了受众的感受，会致使媒体的品牌产生风险，最终不利于媒体的发展。

总结

本章讨论了媒体组织管理中的道德问题。道德问题没有明确的答案。本章重点强调了所有的媒体主管应当学习和拥有一套道德标准，能够帮助他们做出正确决策，从而保护组织、员工和受众的利益。你应当花时间了解你自身的道德标准，以及所在组织和行业的道德标准，这样会对你的决策十分有利。

---

① 李彬：《传播学引论》，新华出版社2003年版。

案例分析18.1　一条建议

本地电视台的主管历来都把主持人的作用放在第一位，将新闻内容的作用放在第二位。市场调研发现，某著名主持人金可以提高收视率，节目也获得了受众的认可。但是金不愿意继续从事主持人工作。

主管无法改变他的想法，让他转岗到其他岗位。这位主持人依然在电视台工作。一年以后，一个计划好的促销活动开始了，这位主持人再次回到原工作岗位。

不幸的是，接下来的九个月收视率并不稳定，一些节目的收视率甚至很低。此时，媒体主管又雇用了一名与那名著名主持人类型相似的出镜记者。这位记者获得过艾美奖，他很愿意调查本地的汽车零售商的事件。消费者抱怨该零售商二手车的出售价格大于协议价格。而且一些消费者还抱怨由于二手车的使用年限过长，汽车发生了很大损坏。调查记者与律师一起去调查这一案件，试图拍摄脚本，提供相关评论。

同时，主持人金接到了一个电话。电话来自汽车零售商，每年，该零售商都会赞助电视台举办慈善活动。事实上，金与该汽车零售商已经建立了深厚的个人友谊。零售商将事件告诉了金，希望电视台能够妥善处理这一事件。金的回复是，他没有权力过问这一报道。经销商说道："你们需要确保信息的公正。"金和经销商进行了几轮电话的探讨。

金过多地询问了这一报道，引起了销售部门的注意。销售部门问金是否与汽车零售商通过电话，金没有承认。

在报道播出的前一天，金建议零售商最好与公关专家取得联系，从而扭转局面。事实上，他还对零售商说："我妻子是公关公司的专家，她可以帮助你。"同时他要求零售商对此保密。零售商问："你妻子将会收取多少费用？"金说："她会为你提供合理的价格。"金感觉自己做得很对。在道德上，他无法给零售商做出咨询。于是他把这一工作交给了组织外的人。零售商对于公关帮助信心不大，因而他对与金的电话通话进行了录音。

新闻播出之后，汽车零售店的收入下降了50%。零售商雇用了律师，同时向当地的媒体公布了电话录音。零售商说，他好像感觉被迫接受金的妻子的服务，因为负面新闻第二天就要报道了。他同时指出，新闻中的很多信息并不属实，电视台没有进行深入的解释。

电视台的主管站在了金的一边，他解释说，金试图要帮助零售商，错误在于他不应当推荐自己的妻子。

写出几条与此案例相关的价值观，并发表你对此案例的看法。

1. 如果你是电视台的领导，你是否会支持主管的行为？

2. 本案例中有哪些道德问题？

3. 如果你是电视台的领导，你会采取怎样的步骤处理这一问题？

4. 如果你在其他电视台工作，你是否会报道这个新闻？

5. 研究波因特委员会的道德标准，你有什么启示？

6. 金的做法是否违反了联邦通信委员会的规则？将会对受众产生怎样的影响？

7. 你是否依然将金作为电视台的主要主持人？如果你这样做，观众会有什么感想？其他员工是否会有意见？

8. 零售商是否违反了法律？找出你所在地区的相关法律。你会采取哪些措施？

9. 如果你自己经营一家电视台，你会采取怎样的步骤来避免类似问题的发生？

附录一
美国职业记者协会的道德标准

（来源：美国职业记者协会官方网站）

序　言

美国职业记者协会的成员相信，公众的启蒙是正义的先驱、民主的基石。新闻记者的职责就是通过追求真实，提供关于事件和问题的全面、公平的叙述，达到启发公众的目的。来自所有专业领域和媒体的有责任感的记者，都应努力、彻底和忠实地为公众服务。职业正直感是记者信誉的基础，协会成员因此就职业道德行为达成共识，并采用本规范作为协会实践原则和标准的声明。

追求真实并加以报道

新闻记者应该真实、公正和勇敢地采访、报道和转述信息。

新闻记者应该：

——检验来自所有来源的信息的准确性，小心避免无意的错误。绝不允许故意扭曲。

——努力找到报道的主角，给他们对于声称的错误行为作出反应的机会。

——任何可能的情况下，都要指明消息来源。公众应该知晓尽可能多的信息来判断消息来源的可靠性。

——在承诺保证消息源匿名之前，永远要质问一下消息源匿名的动机。要对为换取信息而作出的承诺中各种可能的情况都做出清楚的说明，一旦承诺，则信守诺言。

——确保标题、导语和其他重点材料、照片、音像、图表和引语都没有错误表达。

——避免在改编报道和连续性的报道中误导读者。如果有必要改写一条新闻，可以这样做，但要标识清楚。

——除非传统的公开方法不能得到对公众至关重要的信息，不要采用秘密的或窃听的方法获取信息。如果使用了这样的方法，在报道中应该加以说明。

——永远不要剽窃他人的作品。

——勇敢地讲述人类经验的多样性和广泛性，即使在这种做法不受欢迎时也要坚持。

——检查自己的文化价值观念，并避免将这些价值观念强加给别人。

——观察人时不要被民族、性别、年龄、宗教、种族、地理、性取向、是否残障、外貌或社会地位这些因素框住。

——支持公开的意见交流，即使这些意见自己很反感。

——让没有发言机会的人们发出声音，官方信息和非官方信息应予以同等对待。

——在鼓吹文章和新闻报道之间作出明确区分。分析性文章和评论应被明确标出，以免与事实和报道文本相混。

——对广告和新闻作出区分，避免出现模糊二者界限的杂交式文章。

——认识到自己的特殊使命，要确保公众事务是公开处理的，而且政府记录可以公开查阅。

减小伤害

有职业操守的记者把消息源、采访对象和同事都看作值得尊敬的人。

新闻记者应该：

——对那些可能因为新闻报道而受到负面影响的人们表示同情。当面对孩子和没有经验的消息源或新闻人物时，要特别小心。

——当采访和使用受到伤害或正在悲伤中的人们的照片时，要特别小心。

——要认识到采集和报道信息会引起伤害和不适，报道新闻并不意味着你就可以傲慢自大。

——要认识到，比起公共官员和追求权力、影响和希望引起人们注意的人，普通人有更多的权利保护有关自己的信息。除非有十分迫切的公共需要，否则不可侵入任何人的私人领域获取信息。

——品位要高，避免迎合任何低级趣味。

——在指明青少年犯罪嫌疑人或性犯罪受害人时，要非常谨慎。

——在正式控诉文件出来之前指明犯罪嫌疑人时，要非常审慎。

——在公众被告知的权利和犯罪嫌疑人被公正审判的权利之间寻求平衡。

独立行动

除了公众的知情权之外，新闻记者不应该受到其他利益的影响。

新闻记者应该：

——避免自己的利益与采访发生冲突，不管是现实的还是可能的利益。

——不参加任何可能伤害自己公正和信誉的组织与活动。

——如果对记者的正直感有负面影响，要拒绝礼物、好处、费用、免费旅游和特殊待遇，并避免从事第二职业、政治涉入，以及在公共办公机构和社区机构工作。

——如果冲突不可避免，那么需向他人告知这种冲突。

——勇敢地要求那些拥有权力的人负起责任。

——拒绝广告商的优厚待遇和特殊利益，抵制他们企图影响新闻报道的想法。

——警惕新闻来源为了好处或金钱而提供信息，杜绝新闻招标。

保持责任心

新闻记者对读者、听众、观众负有解释的责任。

新闻记者应该：

——澄清和解释新闻报道，就新闻界的行为邀请公众对话。

——鼓励公众说出他们对新闻媒体的不满。

——承认错误，并迅速纠正。

——揭露新闻记者和新闻媒体的不道德行为。

——遵守他们对于别人提出的高要求。

注：该“职业道德准则”是于1996年9月颁布的。

附录二
中国新闻工作者职业道德准则

（中华全国新闻工作者协会第七届理事会第二次全体会议2009年11月9日修订）

中国新闻事业是中国特色社会主义事业的重要组成部分。新闻工作者要坚持以马克思列宁主义、毛泽东思想、邓小平理论和“三个代表”重要思想为指导，深入贯彻落实科学发展观，高举旗帜、围绕大局、服务人民、改革创新，贴近实际、贴近生活、贴近群众，用马克思主义新闻观指导新闻实践，学习宣传贯彻党的理论、路线、方针、政策，继承和发扬党的新闻工作优良传统，积极传播社会主义核心价值体系，努力践行社会主义荣辱观，恪守新闻职业道德，自觉承担社会责任，敬业奉献、诚实公正、清正廉洁、团结协作、严守法纪，做到政治强、业务精、纪律严、作风正。

第一条 全心全意为人民服务。要忠于党、忠于祖国、忠于人民，把体现党的主张与反映人民心声统一起来，把坚持正确导向与通达社情民意统一起来，把坚持正面宣传为主与加强和改进舆论监督统一起来，发挥党和政府联系人民群众的桥梁纽带作用。

1．积极宣传党和政府的重大决策部署，及时传播国内外各领域的信息，满足人民群众日益增长的新闻信息需求，保证人民群众的知情权、参与权、表达权、监督权；

2．牢固树立群众观点，把人民群众作为报道主体和服务对象，多宣传基层群众的先进典型，多挖掘群众身边的具体事例，多反映平凡人物的工作生活，多运用群众的生动语言，使新闻报道为人民群众喜闻乐见；

3．积极反映人民群众的正确意见和呼声，批评侵害人民利益的现象和行为，依法保护人民群众的正当权益。

第二条 坚持正确舆论导向。要坚持团结稳定鼓劲、正面宣传为主，唱响主旋律，不断巩固和壮大积极健康向上的舆论。

1．始终坚持以经济建设为中心，服从服务于改革发展稳定大局不动摇，着力推动科学发展、促进社会和谐；

2．宣传科学理论、传播先进文化、塑造美好心灵、弘扬社会正气，增强社会责任感，坚决抵制格调低俗、有害人们身心健康的内容；

3．加强和改进舆论监督，着眼于解决问题、推动工作，坚持准确监督、科学监督、依法监督、建设性监督；

4．采访报道突发事件要坚持导向正确、及时准确、公开透明，全面客观报道事件动态及处置进程，推动事件的妥善处理，维护社会稳定和人心安定。

第三条 坚持新闻真实性原则。要把真实作为新闻的生命，坚持深入调查研究，报道做到真实、准确、全面、客观。

1．要通过合法途径和方式获取新闻素材，新闻采访要出示有效的新闻记者证。认真核实新闻信息来源，确保新闻要素及情节准确；

2．报道新闻不夸大不缩小不歪曲事实，不摆布采访报道对象，禁止虚构或制造新闻。刊播新闻报道要署作者的真名；

3．摘转其他媒体的报道要把好事实关，不刊播违反科学和生活常识的内容；

4．刊播了失实报道要勇于承担责任，及时更正致歉，消除不良影响。

第四条 发扬优良作风。要树立正确的世界观、人生观、价值观，加强品德修养，提高综合素质，抵制不良风气，接受社会监督。

1．强化学习意识，养成学习习惯，不断提高政治和业务素质，增强政治意识、大局意识、责任意识，努力成为专家型新闻工作者；

2．深入基层、贴近群众、体验生活，在深入中了解社情民意，增进与群众的感情；

3．坚决反对和抵制各种有偿新闻和有偿不闻行为，不利用职业之便谋取不正当利益，不利用新闻报道发泄私愤，不以任何名义索取、接受采访报道对象或利害关系人的财物或其他利益，不向采访报道对象提出工作以外的要求；

4．尊重新闻同行，反对不正当竞争。尊重他人的著作权益，引用他人的作品要注明出处，反对抄袭和剽窃行为；

5．严格执行新闻报道与经营活动分开的规定，不以新闻报道形式做任何广告性质的宣传，编辑记者不得从事创收等经营性活动。

第五条 坚持改革创新。要遵循新闻传播规律，提高舆论引导能力，创新观念、创新内容、创新形式、创新方法、创新手段，做到体现时代性、把握规律性、富于创造性。

1. 深入研究不同传播对象的接受习惯和信息需求，主动设置议题，善于因势利导，不断提高舆论引导能力和传播能力；

2. 认真研究传播艺术，利用现代传播手段，采用受众听得懂、易接受的方式，增强新闻报道的亲和力、吸引力、感染力；

3. 善于利用新载体、新技术收集信息、发布新闻，提高时效性，扩大覆盖面。

第六条 遵纪守法。要增强法制观念，遵守宪法和法律法规，遵守党的新闻工作纪律，维护国家利益和安全，保守国家秘密。

1. 严格遵守和正确宣传国家的民族区域自治制度、各民族平等团结和宗教信仰自由政策，维护国家主权和社会稳定；

2. 维护采访报道对象的合法权益，尊重采访报道对象的正当要求，不揭个人隐私，不诽谤他人；

3. 维护未成年人、妇女、老年人和残疾人等特殊人群的合法权益，注意保护其身心健康；

4. 维护司法尊严，依法做好案件报道，不干预依法进行的司法审判活动，在法庭判决前不做定性、定罪的报道和评论；

5. 涉外报道要遵守我国涉外法律、对外政策和我国加入的国际条约。

第七条 促进国际新闻同行的交流与合作。要努力培养世界眼光和国际视野，积极搭建中国与世界交流沟通的桥梁。

1. 在国际交往中维护祖国尊严和国家利益，维护中国新闻工作者的形象；

2. 积极传播中华民族的优秀文化，增进世界各国人民对中华文化的了解；

3. 尊重各国主权、民族传统、宗教信仰和文化多样性，报道各国经济社会发展变化和优秀民族文化；

4. 积极参加有组织开展的与各国媒体和国际（区域）新闻组织的交流合作，增进了解、加深友谊，为推动建设持久和平、共同繁荣的和谐世界多做工作。

附则：

对本《准则》，中国记协各级会员单位要结合实际制定相应实施细则，认真组织落实；全国新闻工作者要自觉执行；各级各专业记协要积极宣传和推动，欢迎社会各界监督。

附录三
《国家新闻出版广电总局主要职责内设机构和人员编制规定》

根据第十二届全国人民代表大会第一次会议批准的《国务院机构改革和职能转变方案》和《国务院关于机构设置的通知》（国发〔2013〕14号），设立国家新闻出版广电总局（正部级），为国务院直属机构。

一、职能转变

（一）取消的职责。

1. 取消举办全国性出版物订货、展销活动审批。

2. 取消在境外展示、展销国内出版物审批。

3. 取消设立出版物全国连锁经营单位审批。

4. 取消从事出版物全国连锁经营业务的单位变更《出版物经营许可证》登记事项，或者兼并、合并、分立审批。

5. 取消只读类光盘生产设备引进、增加与更新审批。

6. 取消著作权集体管理组织章程修改审批。

7. 取消出版物总发行单位设立从事发行业务的分支机构审批。

8. 取消期刊变更登记地审批。

9. 取消影视互济专项资金使用审批。

10. 取消军队协助拍摄电影片军事预算审批。

11. 取消广播电视传输网络公司股权性融资审批。

12. 取消中外合作摄制电影片所需进口设备、器材、胶片、道具审批。

13. 取消电影洗印单位接受委托洗印加工境外电影底片、样片和电影片拷贝审批，同时强化政策导向和管理措施。

14. 取消一般题材电影剧本审查，实行梗概公示。

15. 取消出版物发行员职业技能鉴定职责，工作由相关协会、学会承担。

16. 取消图书出版单位等级评估职责，工作由中国出版协会承担。

17. 取消报纸、期刊综合质量评估职责，工作分别由中国报业协会和中国期刊协会承担。

18. 取消涉外著作权登记服务职责，工作由中国版权保护中心承担。

19. 取消调控书号总量的职责。创新书号管理方式，规范书号使用，遏制违规行为。

20. 取消管理广播剧的职责。

21. 根据《国务院机构改革和职能转变方案》需要取消的其他职责。

（二）下放的职责。

1. 将音像复制单位、电子出版物复制单位设立审批职责下放省级新闻出版广电行政部门。

2. 将音像复制单位、电子出版物复制单位变更业务范围或兼并、合并、分立审批职责下放省级新闻出版广电行政部门。

3. 将地方对等交流互办单一国家电影展映活动审批职责下放省级新闻出版广电行政部门。

4. 将国外人员参与制作的国产电视剧审查职责下放省级新闻出版广电行政部门。

5. 将地市级、县级广播电台、电视台变更台标审批职责下放省级新闻出版广电行政部门。

6. 将设置卫星电视广播地面接收设施审批职责下放省级新闻出版广电行政部门。

7. 将只读类光盘设备投产验收工作职责下放省级新闻出版广电行政部门。

8. 根据《国务院机构改革和职能转变方案》需要下放的其他职责。

（三）加强的职责。

1. 加强组织推进新闻出版广播影视领域公共服务，大力促进城乡公共服务一体化发展，促进新闻出版广播影视事业繁荣发展。

2. 加强指导、协调、推动新闻出版广播影视产业发展，优化配置新闻出版广播影视资源，加强业态整合，促进综合集成发展。

3. 加强推进新闻出版广播影视领域体制机制改革。

4. 加强对数字出版以及网络视听节目服务、公共视听载体播放广播影视节目的规划指导和监督管理，推动协调其健康发展。

5. 加强著作权保护管理、公共服务和国际应对，加大反侵权盗版工作力度。

6. 加强新闻出版广播影视国际传播能力建设，协调推动新闻出版广播影视“走出去”工作。

7. 加强管理理念和方式的创新转变，充分发挥市场调节、社会监督和行业自律作用。

二、主要职责

（一）负责拟订新闻出版广播影视宣传的方针政策，把握正确的舆论导向和创作导向。

（二）负责起草新闻出版广播影视和著作权管理的法律法规草案，制定部门规章、政策、行业标准并组织实施和监督检查。

（三）负责制定新闻出版广播影视领域事业发展政策和规划，组织实施重大公益工程和公益活动，扶助老少边穷地区新闻出版广播影视建设和发展。负责制定国家古籍整理出版规划并组织实施。

（四）负责统筹规划新闻出版广播影视产业发展，制定发展规划、产业政策并组织实施，推进新闻出版广播影视领域的体制机制改革。依法负责新闻出版广播影视统计工作。

（五）负责监督管理新闻出版广播影视机构和业务以及出版物、广播影视节目的内容和质量，实施依法设定的行政许可并承担相应责任，指导对市场经营活动的监督管理工作，组织查处重大违法违规行为。指导监管广播电视广告播放。负责全国新闻记者证的监制管理。

（六）负责对互联网出版和开办手机书刊、手机文学业务等数字出版内容和活动进行监管。负责对网络视听节目、公共视听载体播放的广播影视节目进行监管，审查其内容和质量。

（七）负责推进新闻出版广播影视与科技融合，依法拟订新闻出版广播影视科技发展规划、政策和行业技术标准，并组织实施和监督检查。负责对广播电视节目传输覆盖、监测和安全播出进行监管，推进广电网与电信网、互联网三网融合，推进应急广播建设。负责指导、协调新闻出版广播影视系统安全保卫工作。

（八）负责印刷业的监督管理。

（九）负责出版物的进口管理和广播影视节目的进口、收录管理，协调推动新闻出版广播影视领域“走出去”工作。负责新闻出版广播影视和著作权管理领域对外及对港澳台的交流与合作。

（十）负责著作权管理和公共服务，组织查处有重大影响和涉外的著作权侵权盗版案件，负责处理涉外著作权关系和有关著作权国际条约应对事务。

（十一）负责组织、指导、协调全国“扫黄打非”工作，组织查处大案要案，承担全国“扫黄打非”工作小组日常工作。

（十二）领导中央人民广播电台、中国国际广播电台和中央电视台，对其宣传、发展、传输覆盖等重大事项进行指导、协调和管理。

（十三）承办党中央、国务院交办的其他事项。

三、内设机构

根据上述职责，国家新闻出版广电总局设22个内设机构：

（一）办公厅。

负责文电、会务、应急值班、机要、档案、督查等机关日常运转工作，承担政务公开、新闻发布、安全保密、信访、建议提案办理和机关财务等工作，指导机关后勤服务管理和政务信息化工作。

（二）政策法制司。

研究新闻出版广播影视管理重大政策。组织起草新闻出版广播影视和著作权管理法律法规草案和规章，承担规范性文件的合法性审核工作。承担重大行政处罚听证、行政复议、行政应诉、涉外法律事务等工作。

（三）规划发展司（改革办公室）。

拟订新闻出版广播影视事业产业发展规划、政策和调控目标并组织实施，协调推动新闻出版广播影视事业产业发展。研究拟订新闻出版广播影视领域重大改革措施，指导、协调推进有关体制机制改革工作。依法承担新闻出版广播影视统计工作。

（四）公共服务司。

拟订新闻出版广播影视基本公共服务政策和保障标准，协调推进基本公共服务均等化和城乡一体化发展。组织实施重大公益工程，对老少边穷地区进行扶助，指导监督相关重点基础设施建设。

（五）综合业务司。

指导行政审批制度改革，组织、协调行政审批工作。拟订行政许可的实施办法，承办相关行政许可事项。

（六）宣传司。

承担广播电视宣传和播出的指导、监管工作。指导、协调全国性重大广播电视活动。指导、监管理论文献片、纪录片、电视动画片的制作和播出。具体指导中央人民广播电台、中国国际广播电台和中央电视台的重大宣传工作。

（七）新闻报刊司。

承担报纸（报社）和期刊（刊社）出版活动，国内报刊社、通讯社分支机构和记者站的监督管理工作。组织对报纸、期刊内容的审读和舆情分析工作。承担全国新闻单位记者证的监制审核、发放、备案和管理工作。组织查处重大新闻违法活动。

（八）电影局。

承担电影制片、发行、放映单位和业务的监督管理工作，组织对电影内容进行审查。指导、协调全国性重大电影活动。指导电影档案管理、技术研发和电影专项资金管理。承办对外合作制片、输入输出影片的国际合作与交流事项。

（九）出版管理司（古籍整理出版规划办公室）。

承担图书、音像、电子出版单位和出版活动的监督管理工作，组织对图书、音像制品、电子出版物内容和质量进行监管。组织指导涉及党和国家重要文件文献、教科书的出版工作，组织实施全民阅读推广活动。承担国家古籍整理出版规划的组织协调工作。承担书号、版号管理工作。

（十）电视剧司。

承担电视剧制作的指导、监管工作，组织对国产电视剧、引进电视剧和对外合拍电视剧（含动画片）的内容进行审查。指导、调控电视剧的播出。

（十一）印刷发行司。

承担印刷、复制、出版物发行单位和业务的监督管理工作，组织查处、纠正重大违法违规行为。组织指导党和国家重要文件文献、教科书的印制发行工作。指导内部资料性出版物的印刷管理工作。推动印刷业转型升级及新兴印刷业发展。

（十二）传媒机构管理司。

承担广播电视播出机构和业务、广播电视节目制作机构、广播电视节目传送、有线电视付费频道、移动电视业务的监督管理工作。指导和监督管理广播电视广告播放。

（十三）数字出版司。

承担数字出版内容和活动的监督管理工作，对网络文学、网络书刊和开办手机书刊、手机文学业务进行监督管理。

（十四）网络视听节目管理司。

承担网络视听节目服务、广播电视视频点播、公共视听载体播放广播影视节目内容和业务的监督管理工作。指导网络视听节目服务的发展和宣传。

（十五）反非法和违禁出版物司（全国“扫黄打非”工作办公室）。

拟订“扫黄打非”方针政策和行动方案并组织实施，组织、指导、协调全国“扫黄打非”工作，组织查处非法和违禁出版传播活动的大案要案。承担全国“扫黄打非”工作小组日常工作。

（十六）版权管理司。

拟订国家版权战略纲要和著作权保护管理使用的政策措施并组织实施，承担国家享有著作权作品的管理和使用工作，对作品的著作权登记和法定许可使用进行管理。承担著作权涉外条约有关事宜，处理涉外及港澳台的著作权关系。组织查处著作权领域重大及涉外违法违规行为。组织推进软件正版化工作。

（十七）进口管理司。

承担出版物、广播电视节目的进口管理。依法管理境外新闻出版广播影视机构在华设立办事机构。对境外广播电视节目的引进、播出和中外广播电视节目合作的制作、播出，以及卫星电视接收设施、境外卫星电视节目的落地和接收进行监督管理。

（十八）科技司。

拟订新闻出版及印刷业、广播影视及视听类新媒体科技发展规划、政策、行业标准并组织实施。拟订广播影视传输覆盖网和监测监管网的规划，推进三网融合。承担广播影视安全播出的监督管理和技术保障工作，承担广播影视质量技术监督、监测和计量检测工作。

（十九）财务司。

承担机关和直属单位财务管理工作，负责预决算、国有资产管理、基本建设项目、政府采购及内部审计工作。

（二十）国际合作司（港澳台办公室）。

组织开展新闻出版广播影视和著作权的对外及港澳台交流与合作。协调推动新闻出版广播影视“走出去”工作。承担国际文化协定中有关项目的执行工作。

（二十一）人事司。

承担新闻出版广播影视行业队伍建设和教育培训工作。承担机关和直属单位的人事管理、机构编制、劳动工资等工作。

（二十二）保卫司。

拟订新闻出版广播影视有关安全制度和处置重大突发事件预案并组织实施，指导、协调新闻出版广播影视系统安全保卫工作。指导、管理机关、中央人民广播电台、中国国际广播电台、中央电视台等重点单位和核心机密、要害部位的安全保卫工作。

机关党委。负责机关和在京直属单位的党群工作。

离退休干部局。负责机关离退休干部工作，指导直属单位的离退休干部工作。

四、人员编制

国家新闻出版广电总局机关行政编制为508名（含两委人员编制11名、援派机动编制5名、离退休干部工作人员编制39名）。其中：局长（兼国家版权局局长）1名、副局长4名、国家版权局专职副局长1名（副部长级）；司局领导职数77名（含总工程师1名、机关党委专职副书记1名、离退休干部局领导职数3名）。

五、其他事项

（一）国家新闻出版广电总局加挂国家版权局牌子，在著作权管理上，以国家版权局名义行使职权。

（二）关于动漫和网络游戏管理，与文化部的职责分工维持不变。

（三）所属事业单位的设置、职责和编制事项另行规定。

六、附则

本规定由中央机构编制委员会办公室负责解释，其调整由中央机构编制委员会办公室按规定程序办理。

附录四
ISO9001：2008中文版

国际标准化组织国际标准

ISO9001：2008

代替ISO9001：2000

质量管理体系要求

Quality management systems—Requirements

国际标准化组织发布

前言

本标准等同采用ISO9001：2008《质量管理体系要求》

本标准是ISO9000族标准之一。标准中的“应”（shall）表示要求，“应当”（should）仅起指导作用。

本标准对ISO9001：2000作了技术性修订，故本标准发布时，代替ISO9001：2000

ISO9001：2008（DIS稿）

ISO前言

国际标准化组织（ISO）是由各国标准化团体（ISO 成员团体）组成的世界性的联合会。制定国际标准工作通常由 ISO 的技术委员会完成。各成员团体若对某技术委员会确定的项目感兴趣，均有权参加该委员会的工作。与 ISO 保持联系的各国际组织（官方的或非官方的）也可参加有关工作。ISO 与国际电工委员会（IEC）在电工技术标准化方面保持密切合作的关系。

国际标准根据 ISO/IEC 导则第 3 部分的规则起草。

由技术委员会通过的国际标准草案提交各成员团体投票表决，需取得至少 75% 参加表决的成员团体的同意，国际标准草案才能作为国际标准正式发布。

本标准中的某些内容可能涉及一些专利问题，这一点应引起注意，ISO 不负责识别任何这样的专利权问题。

国际标准ISO9001由ISO/TC176/SC2质量管理和质量保证技术委员会质量体系分委员会制定。

ISO9001 第四版取代第三版 ISO9001：2000，包括对这些文件的技术性修订。原已使用ISO9001：2000 的组织只需按本标准的规定调整某些要求，仍可使用本标准。

本标准规定的质量管理体系要求除了产品质量保证外，还旨在增强顾客满意。

本标准的附录 A 和附录 B 仅是提示的附录。

引　言

0.1　总则

采用质量管理体系应当是组织的一项战略性决策。组织的质量管理体系的设计和实施受各种需求、具体的目标、所提供的产品、所采用的过程以及组织的规模和结构的影响。统一质量管理体系的结构或文件不是本标准的目的。

本标准所规定的质量管理体系要求是对产品要求的补充。“注”是理解和澄清有关要求的指南。

本标准能用于内部和外部（包括认证机构）评价组织满足顾客、适用于产品的法律法规和组织自身要求的能力。

本标准的制定已经考虑了 ISO9000：2005 中所阐明的质量管理原则以及 ISO9000：2009 的《可持续性管理——质量管理方法》。

0.2　过程方法

本标准鼓励组织在建立、实施质量管理体系以及改进其有效性时采用过程方法，通过满足顾客要求，增强顾客满意。

为使组织有效运作，必须识别和管理众多相互关联的活动。通过使用资源和管理，将输入转化为输出的活动，可以视为过程。通常，一个过程的输出可直接形成下一个过程的输入。

组织内诸过程的系统的应用，连同这些过程的识别和相互作用及其管理，可称之为“过程方法”。过程方法的优点是对诸过程的系统中单个过程之间的联系以及过程的组合和相互作用进行连续的控制。

过程方法在质量管理体系中应用时强调以下方面的重要性：

a）理解和满足要求；

b）需要从增值的角度考虑过程；

c）获得过程业绩和有效性的结果；

d）基于客观的测量，持续改进过程。

图 1 所反映的以过程为基础的质量管理体系模式，展示了第 4—8 章中所提出的过程联系。这种展示反映了在确定输入要求时，顾客起着重要的作用。对顾客满意的监视要求对顾客有关组织是否已满足其要求的感受的信息进行评价。该模式虽覆盖了本标准的所有要求，但却未详细地反映各过程。

以过程为基础的质量管理体系模式图

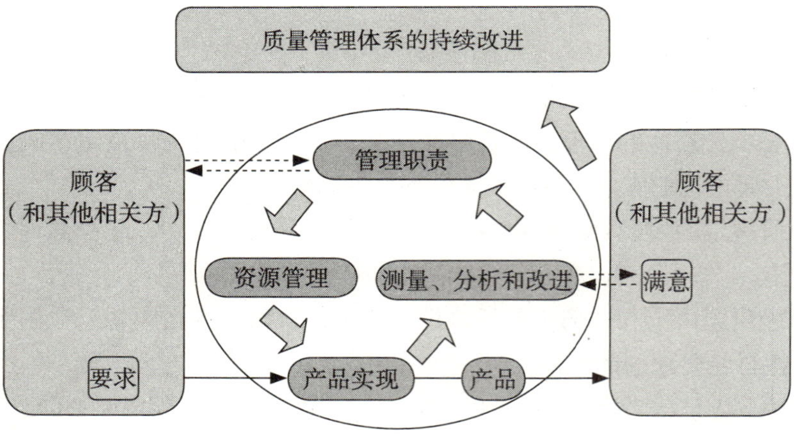

图1　以过程为基础的质量管理体系模式

注：此外，称之为“PDCA”的方法可适用所有过程。PDCA 模式可简述如下：

P—策划：根据顾客要求和组织的方针，建立提供结果所必要的目标和过程；

D—实施：实施过程；

C—检查：根据方针、目标和产品要求，对过程和产品进行监视和测量，并报告结果；

A—改进：采取措施，以持续改进过程业绩。

0.3 与ISO9004的关系

ISO9001：2008和ISO19004：2009是质量管理体系标准主导的两类模式：

一类为ISO9001：2008为代表的质量管理体系要求标准（含各行质量管理体系要求标准，如ISO/TS16949、ISO22000等），其特点是对质量管理体系具体活动提出通用或专业性要求，思路是“以最少的一致要求提供产品符合性保证和信任”，其评价手段是符合性评价。

另一类则是以ISO9004：2009标准及各类卓越绩效评价准则为代表的指南标准，其特点是应用质量管理的原则，为提升组织整体绩效及可持续性提供公认有效途径的信息，评价手段是成熟度量度。其典型作用是帮助已按ISO9001或其他管理体系标准建立管理体系的组织，在推进组织整体持续发展方面发挥作用。

ISO9004：2009除了特别关注改进一个组织的总体业绩与效率，将源于ISO9000：2005八项管理原则的组织成熟度描述为：初学型组织、前摄型组织、弹性组织、创新型组织、可持续组织五种类型。对于最高管理者希望超越ISO9001要求，通过业绩持续改进，追求成熟的组织，ISO9004：2009推荐了指南。在组织有意愿并在合同条件下，ISO9004：2009可用于认证或成熟度评估。

0.4 与其他管理体系的相容性

为了使用者利益，本标准开发中考虑到与ISO14001：2004相互趋近，以增强两类标准的相容性。

本标准不包括针对其他管理体系的要求，例如环境管理、职业卫生与安全管理、财务管理或风险管理有关的特定要求。然而本标准使组织能够将自身的质量管理体系与相关的管理体系要求结合或整合。组织为了建立符合本标准要求的质量管理体系，可能会改变现行的管理体系。

1 范围

1.1 总则

本标准为有下列需求的组织规定了质量管理体系要求：

a）需要证实其有能力稳定地提供满足顾客和适用的法规要求的产品；

b）通过体系的有效应用，包括持续改进体系的过程以及保证符合顾客与适用的法律法规要求，旨在增强顾客满意。

注 1：在本标准中，术语“产品”适用于预期提供给顾客或顾客所要求的产品。

这也包括采购产品和实现过程的中间产品。

注 2：法律法规可表述为法定要求。

1.2 应用

本标准规定的要求是通用的，意在适用于各种类型、不同规模和提供不同产品的组织。

当本标准的任何要求由于组织及其产品的特点而不适用时，可以考虑进行删减。

除非删减仅限于第七章中那些不影响组织提供满足顾客和适用法规要求的产品的能力和责任的要求，否则不得声称符合本标准。

2 引用标准

下列标准所包含的条文通过在本标准中引用而成为本标准的条文。本标准出版时，所示版本均为有效。所有标准都会被修订，使用本标准的各方应探讨使用下列标准最新版本的可能性。

ISO9000：2005 质量管理体系——基础和术语

3 术语和定义

本标准采用 ISO9000：2005 给出的术语和定义。

本标准描述的供应链：

供方→组织→顾客

本标准所出现的术语“产品”也可指“服务”。

4 质量管理体系

4.1 总要求

组织应按本标准的要求建立质量管理体系，形成文件，加以实施和保持，并持续改进其有效性。

组织应：

a）确定质量管理体系所需的过程及其在组织中的应用（见 1.2）；

b）确定这些过程的顺序和相互作用；

c）确定为确保这些过程有效运作和控制所需的准则和方法；

d）确保可以获得必要的资源和信息，以支持这些过程的运作和监视；

e）监视、测量和分析这些过程；

f）实施必要的措施，以实现对这些过程所策划的结果和对这些过程的持续改进；

组织应按本标准的要求管理这些过程。

注 1：上述质量管理体系所需的过程应该包括与管理活动、资源提供、产品实现和测量有关的过程；

注 2：4.2 采购条款的要求也可适用于外包过程。

针对组织所外包的任何影响产品符合性的过程，组织应确保对其实施控制，用于外包的过程的控制应在质量管理体系中加以识别。

4.2 文件要求

4.2.1 总则

质量管理体系文件应包括：

a）形成文件的质量方针和质量目标；

b）质量手册；

c）本标准所要求的形成文件的程序和记录；

d）组织为确保其过程有效策划、运作和控制所确定的必要文件和记录；

e）本标准所要求的质量记录（见 4.2.4）

注 1：本标准出现“形成文件的程序”之处，即要求建立该程序，形成文件，并加以实施和保持。

注 2：一个单一文件可以包括一个或多个程序的要求，一个文件化程序的要求可被多于一个文件覆盖。

注 3：不同组织的质量管理体系文件的多少与详略程度取决于：

a） 组织的规模和活动的类型；

b） 过程及其相互作用的复杂程度；

c） 人员的能力。

注：文件可采用任何形式的媒体。

4.2.2 质量手册

组织应编制和保持质量手册，质量手册包括：

a）质量管理体系的范围，包括任何删减的细节与合理性（见 1.2）；

b）为质量管理体系编制的形成文件的程序或对其引用；

c）质量管理体系过程之间相互作用的表述。

4.2.3 文件控制

质量管理体系所要求的文件应予以控制。记录是一种特殊类型的文件，应依据条款 4.2.4 的要求进行控制。

应编制形成文件的程序，以规定以下方面所需的控制：

a）文件发布前得到批准，以确保文件是充分与适宜的；

b）必要时对文件进行评审与更新，并再次批准；

c）确保文件的更改和现行修订状态得到识别；

d）确保在使用处可获得有效版本的适用文件；

e）确保文件保持清晰、易于识别；

f）确保策划和运作质量管理体系所必需的外来文件得到识别，并控制其分发；

g）防止作废文件的非预期使用，若因任何原因而保留作废文件时，对这些文件进行适当的标识。

4.2.4　记录的控制

应控制建立的记录，以提供符合要求和质量管理体系有效运行的证据。记录应保持清晰、易于识别和检索。应编制形成文件的程序，以规定质量记录的标识、贮存、保护、检索、保存期限和处置所需的控制。

5　管理职责

5.1　管理承诺

最高管理者应通过以下活动，对建立、实施质量管理体系并持续改进其有效性所作出的承诺提供证据：

a）向组织传达满足顾客和法律法规要求的重要性；

b）制定质量方针；

c）确保质量目标的制定；

d）进行管理评审；

e）确保资源的获得。

5.2　以顾客为关注焦点

最高管理者应以增强顾客满意为目的，确保顾客的要求得到确定并予以满足（见 7.2.1 和 8.2.1）。

5.3　质量方针

最高管理者应确保质量方针：

a）与组织的宗旨相适应；

b）包括对满足要求和持续改进质量管理体系有效性的承诺；

c）提供制定和评审质量目标的框架；

d）在组织内得到沟通和理解；

e）在持续适宜性方面得到评审。

5.4 策划

5.4.1 质量目标

最高管理者应确保在组织的相关职能和层次上建立质量目标，质量目标包括满足产品要求所需的内容（见 7.1a）。质量目标应是可测量的，并与质量方针保持一致。

5.4.2 质量管理体系策划

最高管理者应确保：

a）对质量管理体系进行策划，以满足质量目标以及条款 4.1 的要求；

b）在对质量管理体系的更改进行策划和实施时，保持质量管理体系的完整性。

5.5 职责、权限和沟通

5.5.1 职责和权限

最高管理者应确保组织内的职责、权限及其相互关系得到规定和沟通。

5.5.2 管理者代表

最高管理者应指定一名该组织的管理者，无论该成员在其他方面的职责如何，应具有以下方面的职责和权限：

a）确保质量管理体系所需的过程得到建立、实施和保持；

b）向最高管理者报告质量管理体系的业绩和任何改进的需求；

c）确保在整个组织内提高对顾客要求的意识。

注：管理者代表的职责可包括与质量管理体系有关事宜的外部联络。

5.5.3 内部沟通

最高管理者应确保在组织内建立适当的沟通过程，并确保对质量管理体系的有效性进行沟通。

5.6 管理评审

5.6.1 总则

最高管理者应按计划的时间间隔评审组织的质量管理体系，以确保其持续的适宜性、充分性和有效性。评审应包括评价质量管理体系改进的机会和变更的需要，包括质量方针和质量目标。应保持管理评审的记录（见 4.2.4）。

5.6.2 评审输入

管理评审的输入应包括以下方面的信息；

a）审核结果；

b）顾客反馈；

c）过程的业绩和产品的符合性；

d）预防和纠正措施的状况；

e）以往管理评审的跟踪措施；

f）经策划的可能影响质量管理体系的变更。

5.6.3　评审输出

管理评审的输出应包括以下方面有关的任何决定和措施：

a）质量管理体系及其过程有效性的改进；

b）与顾客要求有关的产品的改进；

c）资源需求。

6　资源管理

6.1　资源的提供

组织应确定并提供以下方面所需的资源；

a）实施、保持质量管理体系并持续改进其有效性；

b）通过满足顾客要求，增强顾客满意。

6.2　人力资源

6.2.1　总则

基于适当的教育、培训、技能和经历，从事影响产品要求符合性的人员应是能够胜任的。

6.2.2　能力、意识和培训

组织应：

a）确定从事影响产品要求符合性的人员所必要的能力；

b）适当时，提供培训或采取其他措施，达成必需的能力；

c）确保达成必需的能力；

d）确保员工意识到所从事活动的相关性和重要性，以及如何为实现质量目标作出贡献；

e）保持教育、培训、技能和经验的适当记录（见 4.2.4）。

6.3　基础设施

组织应确定、并维护为实现产品的符合性所需的基础设施。基础设施包括，如：

a）建筑物、工作场所和相关的设施；

b）过程设备（硬件和软件）；

c）支持性服务（如运输、通讯或信息系统）。

6.4 工作环境

组织应确定和管理为达到产品符合要求所需的工作环境。

注：工作环境指达成产品要求符合性必需的条件，如：洁净室，防静电措施、卫生控制等。

7 产品实现

7.1 产品实现的策划

组织应策划和开发产品实现所需的过程。产品实现的策划应与质量管理体系其他过程的要求相一致（见 4.1）。

在对产品实现进行策划时，组织应确定以下方面的适当内容：

a）产品的质量目标和要求；

b）针对产品确定过程、文件和资源的需求；

c）产品所要求的验证、确认、监视、测量、检验和试验活动，以及产品接收准则；

d）为实现过程及其产品满足要求提供证据所需的记录（见 4.2.4）。

策划的输出形式应适于组织的动作方式。

注 1：对应用于特定产品、项目或合同的质量管理体系的过程（包括产品实现过程）和资源作出规定的文件可称之为质量计划。

注 2：组织也可将条款 7.3 的要求应用于产品实现过程的开发。

7.2 与顾客有关的过程

7.2.1 与产品有关的要求的确定

组织应确定：

a）顾客规定的要求，包括对交付及交付后的活动要求；

b）顾客虽然没有明示，但规定的用途或已知和预期用途所必需的要求；

c）产品适用的法律法规要求；

d）组织确定的任何附加要求。

7.2.2 与产品有关的要求的评审

组织应评审与产品有关的要求。评审应在组织向顾客作出提供产品的承诺之前进行（如：提交标书、接受合同或订单及接收合同或订单的更改），并应确保：

a）产品要求得到规定；

b）与以前表述不一致的合同或订单的要求已予解决；

c）组织有能力满足规定的要求。

评审结果及评审所引发的措施的记录应予保持（见 4.2.4）。

若顾客提供的要求没有形成文件，组织在接收顾客要求前应对顾客要求进行确认。

若产品要求发生变更，组织应确保相关文件得到修改，并确保相关人员知道已变更的要求。

注：在某些情况下，如网上销售，对每一个订单进行正式的评审可能是不实际的，而代之对有关的产品信息，如产品目录、产品广告内容等进行评审。

7.2.3　顾客沟通

组织应对以下有关方面确定并实施与顾客沟通的有效安排：

a）产品信息；

b）问询、合同或订单的处理，包括对其的修改；

c）顾客反馈，包括顾客抱怨。

7.3　设计和开发

7.3.1　设计和开发策划

组织应对产品的设计和开发进行策划和控制。

在进行设计和开发策划时，组织应确定：

a）设计和开发阶段；

b）适合每个和开发阶段的评审、验证和确认活动；

c）设计和开发的职责和权限。

组织应对参与设计和开发的不同小组之间的接口进行管理，以确保有效的沟通，并明确职责分工。

随设计和开发的进展，在适当时，策划的输出应予以更新。

注：设计开发的评审、验证和确认的目的有区别，可以视产品和组织的方式分别或结合实施和记录。

7.3.2　设计和开发输入

应确定与产品要求有关的输入，并保持记录（见 4.2.4）。这些输入包括：

a）功能和性能要求；

b）适用的法律法规要求；

c）适用时，以前类似设计提供的信息；

d）设计和开发所必需的其他要求。

应对这些输入进行评审，以确保其充分性与适宜性。要求应完整、清楚，并且不能自相矛盾。

7.3.3　设计和开发输出

设计和开发的输出应以能够针对设计和开发的输入进行验证的方式提出，并应在放行前得到批准。

设计和开发输出应：

a）满足设计和开发输入的要求；

b）给出采购、生产和服务提供的适当信息；

c）包含和引用产品接收准则；

d）规定对产品的安全和正常使用所必需的产品特性。

7.3.4　设计和开发评审

在适宜的阶段，应依据所策划的安排（见 7.3.1）对设计和开发进行系统的评审，以便：

a）评价设计和开发的结果满足要求的能力；

b）识别任何问题并提出必要的措施。

评审的参加者应包括与所评审的设计和开发阶段有关的职能的代表。评审结果及任何必要措施的记录应予以保持（见 4.2.4）。

7.3.5　设计和开发验证

为确保设计和开发输出满足输入的要求，应依据所策划的安排（见 7.3.1）对设计和开发进行验证。验证结果及任何必要措施的记录应予以保持（见 4.2.4）。

7.3.6　设计和开发确认

为确保产品能够满足规定的或已知预期使用或应用的要求，应依据所策划的安排（见 7.3.1）对设计和开发进行确认。只要可行，确认应在产品交付或实施之前完成。确认结果及任何必要措施的记录应予以保存（见 4.2.4）。

7.3.7　设计和开发更改的控制

应识别设计和开发的更改，并保持记录。在适当时，应对设计和开发的更改进行评审、验证和确认，并在实施前得到批准。设计和开发更改的评审应包括评价更改对产品组成部分和已交付产品的影响。

更改的评审结果及任何必要措施的记录应予以保持（见 4.2.4）。

7.4 采购

7.4.1 采购过程

组织应确保采购的产品符合规定的采购要求。对供方及采购产品控制的类型和程度应取决于采购产品对随后的产品实现或最终产品的影响。

组织应根据供方按组织的要求提供产品的能力评价和选择供方。应制定选择、评价和重新评价的准则。评价结果及评价所引发的任何必要措施的记录应予以保持（见4.2.4）。

7.4.2 采购信息

采购信息应表述拟采购的产品，适当时包括：

a）产品、程序、过程和设备的批准要求；

b）人员资格的要求；

c）质量管理体系要求。

在与供方沟通前，组织应确保规定的采购要求是充分与适宜的。

7.4.3 采购产品的验证

组织应建立并实施检验或其他必要的活动，以确保采购的产品满足规定的采购要求。

当组织或其顾客拟在供方的现场实施验证时，组织应在采购信息中对拟验证的安排和产品放行的方法作出规定。

7.5 生产和服务提供

7.5.1 生产和服务提供的控制

组织应策划并在受控条件下进行生产和服务提供。适当时，受控条件应包括：

a）获得表述产品特性的信息；

b）获得作业指导书；

c）使用适当的设备；

d）获得和使用监视和测量设备；

e）实施监视和测量；

f）放行、交付和交付后活动的实施。

注1：交付后活动可包括：提供担保、契约义务，如维护服务、附加服务（如再循环和最终处置）。

注2：产品和服务提供包括防护。

7.5.2　生产和服务提供过程的确认

当生产和服务提供过程的输出不能由后续的监视和测量加以验证时，组织应对任何这样的过程实施确认，这包括仅在产品使用或服务已交付之后问题才显现的过程。

确认应证实这些过程实现所策划的结果的能力。

组织应对这些过程作出安排，适当时包括：

a）为过程的评审和批准所规定的准则；

b）设备的认可和人员资格的鉴定；

c）使用特定的方法和程序；

d）记录的要求（见 4.2.4）；

e）再确认。

注 1：对许多服务组织，所提供服务不能在服务交付前便利验证，此过程应在策划阶段（见 7.1）予以考虑。

注 2：例如：焊接、消毒、培训、热处理、呼救中心服务或紧急响应过程可能需要确认。

7.5.3　标识和可追溯性

适当时，组织应在产品实现的全过程中使用适宜的方法标识产品。

组织应贯穿产品实现过程针对监视和测量要求识别产品的状态。

在有可追溯性要求的场合，组织应控制并记录产品的唯一性标识并保持记录。

注：在某些行业，技术状态管理是保持标识和可追溯性的一种方法。

7.5.4　顾客财产

组织应爱护在组织控制下或组织使用的顾客财产。组织应识别、验证、保护供其使用或构成产品一部分的顾客财产。当顾客财产发生丢失、损坏或发现不适当的情况时，应报告顾客，并保持记录（见 4.2.4）。

注：顾客财产可包括知识产权和个人资料。

7.5.5　产品防护

在内部处理和交付到预定地点期间，组织应针对产品的符合性提供防护，这种防护应包括标识、搬运、包装、贮存和保护。防护也应适用于产品的组成部分。

7.6　监视和测量装置的控制

组织应确定需实施的监控和测量以及所需的监控和测量装置，为产品符合确定的要求（见 7.2.1）提供证据。

组织应建立过程，以确保监视和测量活动可行并以与监视和测量的要求相一致的方式实施。

为确保结果有效，必要时，测量设备应：

a）对照能溯源到国际或国家标准的测量标准，按照规定的时间间隔或在使用前进行校准或验证。

当不存在上述标准时，应记录校准或验证的依据：

b）必要时进行调整或再调整；

c）得到识别，以确定其校准状态；

d）防止可能使测量结果失效的调整；

e）在搬运、维护和贮存期间防止损坏或失效。

此外，当发现设备不符合要求时，组织应对以往测量结果的有效性进行评价和记录。组织应对该设备和任何受影响的产品采取适当的措施，校准和验证结果的记录应予以保持（见 4.2.4）。

当计算机软件用于规定要求的监视和测量时，应确认其满足预定用途的能力。确认应在初次使用前进行，必要时再确认。

注 1：更多信息，参见 ISO10012。

注 2：监视和测量装置包括测量设备（无论其用于监视还是测量）及用于监视要求符合性的除测量设备外的其他装置。

注 3：计算机软件满足预定用途的能力的确认典型活动包括对软件的的验证和配置管理，以保持其适用性。

8 测量、分析和改进

8.1 总则

组织应策划并实施以下方面所需的监视、测量、分析和改进过程：

a）证实产品的符合性；

b）确保质量管理体系的符合性；

c）持续改进质量管理体系的有效性。

这应包括统计技术在内的使用方法及其应用程度的确定。

8.2 监视和测量

8.2.1 顾客满意

作为对质量管理体系业绩的一种表现，组织应监视顾客有关组织是否满足其要求的感受的有关信息，并确定获取和利用这种信息的方法。

8.2.2 内部审核

组织应按计划的时间间隔进行内部审核，以确定质量管理体系是否：

a）符合策划的安排（见 7.1）、本标准的要求以及组织所确定的质量管理体系要求；

b）得到有效实施和保持。

考虑拟审核的过程和区域的状况和重要性以及以往审核的结果，组织应对审核方案进行策划。

应规定审核的准则、范围、频次和方法。审核员的选择和审核的实施应确保审核过程的客观性和公正性，审核员不应审核自己的工作。

应建立文化程序以规定策划和实施审核、建立记录（见 4.2.4）以及报告结果的职责和要求。

负责受审区域的管理者应确保及时采取措施，以消除所发现的不合格及其原因。

跟踪活动应包括对所采取措施的验证和验证结果的报告（见 8.5.2）。

应保持审核及其结果的记录。

注：作为指南，参见 ISO19011。

8.2.3 过程的监视和测量

组织应采取适宜的方法对质量管理体系过程进行监视，并在适宜时进行测量。这些方法应证实过程实现所策划的结果的能力。当未能达到所策划的结果时，应采取纠正和纠正措施，以确保产品的符合性。

注：在确定适当方法时，组织应根据其过程对产品要求符合性和质量管理体系有效性的影响，考虑对其每一个过程进行监视和测量的适当类型和程度。

8.2.4 产品的监视和测量

组织应对产品的特性进行监视和测量，以验证产品要求得到满足。这种监视和测量应依据策划的安排（见 7.1），在产品实现过程的适当阶段进行。

应保持符合接收准则的证据。记录应指明有权放行产品的人员。

除非得到有关授权人员的批准，适当时得到顾客的批准，否则在策划的安排（见 7.1）均已圆满完成之前，不得向顾客放行产品和交付服务。

注：符合接收准则的证据可以是一份记录，或其他在策划安排中规定的方式（如样品）。

8.3 不合格品的控制

组织应确保不符合产品要求的产品得到识别和控制，以防止非预期的使用和交付。不合格品控制以及不合格品处置的有关职责和权限应在形成文件的程序中作出规定。

组织应采取下列一种或几种方法，处置不合格品：

a）采取措施，消除发现的不合格；

b）经有关授权人员批准，适当时经顾客批准，让步使用、放行或接收不合格品；

c）采取措施，防止原预期的使用或应用。

应保持不合格品的性质以及随后所采取的任何措施的记录，包括所批准的让步的记录（见 4.2.4）。

在不合格品得到纠正之后应对其再次进行验证，以证实符合要求。

当在交付或开始后发现产品不合格时，组织应采取与不合格的影响或潜在影响的程度相适应的措施。

8.4 数据分析

组织应确定、收集和分析适当的数据，以证实质量管理体系的适宜性和有效性，并评价在何处可以进行质量管理体系的持续改进。这应包括来自监视和测量的结果以及其他有关来源的数据。

数据分析应提供以下方面的有关信息：

a）顾客满意（见 8.2.1）；

b）与产品要求的符合性（7.2.1）；

c）过程和产品的特性及趋势，包括采取预防措施的机会；

d）供方。

8.5 改进

8.5.1 持续改进

组织应利用质量方针、质量目标、审核结果、数据分析、纠正和预防措施以及管理评审，持续改进质量管理体系的有效性。

8.5.2 纠正措施

组织应采取措施，以消除不合格的原因，防止不合格的再发生。纠正措施应与所遇到的不合格的影响程度相适应。

应编制形成文件的程度，以规定以下方面的要求：

a）评审不合格（包括顾客投诉）；

b）确定不合格的原因；

c）评价确保不合格不再发生的措施的需求；

d）确定和实施所需的措施；

e）记录所采取措施的结果（见 4.2.4）；

f）评审所采取的纠正措施的有效性。

8.5.3　预防措施

组织应采取措施，以消除潜在不合格的原因，防止不合格的发生，预防措施应与潜在问题的影响程度相适应。

应编制形成文件的程度，以规定以下方面的要求：

a）确定潜在不合格及其原因；

b）评价防止不合格发生的措施的需求；

c）确定和实施所需的措施；

d）记录所采取措施的结果（见 4.2.4）；

e）评审所采取的纠正措施的有效性。

图书在版编目（CIP）数据

电子媒体管理 / （美）塔瑟尔，（美）赫菲尔德著；高福安，徐建华编译．-- 北京：中国广播电视出版社，2014.8

书名原文：Managing electronic media

ISBN 978-7-5043-7093-8

Ⅰ．①电… Ⅱ．①塔… ②赫… ③高… ④徐… Ⅲ．①电子设备－传播媒介－经济管理 Ⅳ．①G206.2

中国版本图书馆CIP数据核字(2013)第308915号

北京市版权局著作权合同登记号：01-2013-3004

电子媒体管理

[美] 约·范·塔瑟尔 [美] 丽莎·波·赫菲尔德 著

高福安 徐建华 编译

责任编辑 温雨桐

封面设计 茗尊设计

出版发行 中国广播电视出版社

电　　话 010-86093580 010-86093583

社　　址 北京市西城区真武庙二条 9 号

邮　　编 100045

网　　址 www.crtp.com.cn

电子信箱 crtp8@sina.com

经　　销 全国各地新华书店

印　　刷 三河市人民印务有限公司

开　　本 787毫米×1092毫米 1/16

字　　数 524(千)字

印　　张 29.25

版　　次 2014 年 8 月第 1 版 2014 年 8 月第 1 次印刷

书　　号 ISBN 978-7-5043-7093-8

定　　价 65.00元